미국의 저명한 교의학자 벤자민 B. 워필드가 칼뱅 신학을 다룬 작품이 드디어 우리글로 번역되었다. 워필드는 이 책에서 칼뱅의 생애와 신학의 특정 부분을 밀도 있게 다룸으로써 독자들로 하여금 몇몇 주제를 깊이 사색할 수 있게 한다. 그는 I부에서 칼뱅의 시대적 상황과 교회 정서 등을 모두 고려하면서 칼뱅의 삶을 다루었다. 혹 칼뱅에 대해 선입견이 있는 사람은 이 책을 읽으면서 칼뱅을 공정하게 재평가할 수 있는 기회를 가질 수 있을 것이다. 특별히 신론에 관심 있는 독자들은 II부와 III부에서 유용한 정보를 얻을 수 있다. 이 책은 가벼운 책은 아니다. 하지만 독자들이 인내심을 가지고 끝까지 읽는다면 칼뱅을 보다 더 깊이 이해할 수 있을 것이다. 워필드의 글을 번역하는 데 애써주신 이경직 교수의 노고에 깊이 감사한다. 칼뱅 신학에 관심 있는 모든 독자에게 이 책을 추천한다. **권문상** | 웨스트민스터신학대학원대학교 조직신학 교수

워필드가 우리에게 유산으로 물려준 칼뱅 연구는 영어권에서 이 분야의 표준이자 기준이 되었다. 박학다식한 워필드는 칼뱅 탄생 400 주년을 기념하려고 이 책에 포함된 글을 비롯해 수많은 논문을 발표했다. 그리고 이 논문들로 인해 자신이 소속되었던 구 프린스턴 신학자들 가운데서 단연 돋보이는 칼뱅 연구의 업적을 남겼다. 나는 워필드가 칼뱅을 "성령의 신학자"라고 명쾌하고 적합하게 해석했음을 내 글을 통해 수차례 주장했다. 워필드는 하나님을 아는 지식이나 삼위일체론을 세우는 데 있어서 칼뱅의 특징적인 공헌을 아주 탁월하게 되살렸고, 오늘날에도 그의 연구는 칼뱅의 방대한 사상체계를 정리하는 데 큰 도움을 주고 있다. 독자들은 이 책을 읽으며 칼뱅의 어려운 삼위일체론을 아주 쉽게 풀이하는 워필드의 탁월함에 매료되고 말 것이다. 성자가 "처음부터 스스로 하나님이시다"라는 개념을 도입해서 성자가 성부와 동등하다는 사실을 입증하는 칼뱅의 모습은 충분히 명쾌하고 매력적이다. 이 탁월한 칼뱅 연구서가 한국 신학계에 성경과 기독교를 바르게 이해하도록 도움을 주는 신선한 샘물이 될 것을 확신하며 기쁜 마음으로 이 책을 추천한다. **김재성** | 국제신학대학원대학교 부총장

미국 프린스턴 신학교 조직신학 교수였던 워필드는 네덜란드 신학자 아브라함 카이퍼, 헤르만 바빙크와 함께 세계 3대 칼뱅주의 학자로 널리 알려져 있다. 그가 칼뱅에 관해 쓴 글이 우리말로 출판된 것을 진심으로 환영한다. 많은 신학자가 20세기 말부터 시작되는 신칼뱅주의의 부활을 괄목할 만한 기독교 신학 현상으로 평가하고 있다. 이런 상황에 고전적 칼뱅 신학 연구서인 이 책이 출간된 것은 아주 시의적절하며 한국 기독교계의 경사다. 워필드는 이 책에서 자신만의 고전적 해석 렌즈를 사용해 칼뱅 신학의 핵심인 하나님에 관한 지식과 삼위일체론을 일목요연하게 정리해 보여준다. 비록 100년이 흐른 작품이지만 이 책은 아직도 칼뱅 신학 연구에 대한 보수적 입장을 잘 대변해주며, 지금도 여전히 유용한 칼뱅 연구서다. 현대의 중요한 칼뱅 신학 연구서들과 비교해 읽는다면 더욱 유익할 것이다. **류호준 | 백석대학교대학원 신학 부총장**

워필드는 자유주의 신학에 맞서 미국 개혁주의 장로교를 수성한 위대한 신학자다. 그는 교의학자이면서도 성경신학에 대한 이해가 깊었고 주해도 탁월했다. 그는 이 책에서 『기독교 강요』에 대한 이해를 탁월하게 개진하면서 칼뱅과 동시대에 활동했던 학자들에 대한 폭넓은 정보를 소개한다. 그의 설명은 기독교 교리사와 관련해서도 큰 의미를 지닌다.

또한 그는 『칼뱅』뿐만 아니라 계시론, 삼위일체론, 기독론, 구원론을 망라해 주옥 같은 작품들을 많이 저술했다. 이 책을 계기로 워필드가 쓴 훌륭한 작품들이 우리말로 많이 번역되어 국내에 소개되기를 바란다. 그는 모든 작품에서 진리를 변증하는 자세를 견지했고, 그런 그의 모습은 우리 시대 많은 그리스도인에게 귀감이 될 만하며, 또한 가장 필요한 자세이기도 하다. 워필드가 소개하는 칼뱅으로 인해 참 진리에 대한 인식이 진작되길 바라며 진심으로 이 책을 추천한다.

문병호 | 총신대학교 신학대학원 조직신학 교수

그동안 간절히 기다려 마지않던 구 프린스턴 신학교의 세계적인 칼뱅 학자 벤자민 워필드의 글이 이경직 교수의 수고로 한국의 독자들에게 소개되었다. 가히 워필드의 펜을 통해 칼뱅이 한국에 돌아왔다고 할 수 있다. 칼뱅을 배우는 자들이 『칼뱅』을 읽을 수 있다는 것은 큰 축복이다. 이 책은 칼뱅의 신학뿐만 아니라 칼뱅주의 역사까지 학문적으로 파헤친 칼뱅 연구의 고전이며 명작이다. 워필드는 칼뱅이 최초의 성령 신학자일 뿐 아니라 성령의 증언을 통해 성경의 권위를 확신하고, 말씀하며 역사하시는 성령을 강조했다고 설명한다. 이런 그의 가르침은 혼란스러운 한국교회의 신학적 현실에 정통 개혁신학의 근본적 본질을 확립시켜줄 것이다. 이 책에서 연구되는 성령에 관한 교리가 성령을 그릇되게 이해하는 한국교회에 큰 도움이 되리라 확신한다.

안명준 | 평택대학교 피어선신학전문대학원 조직신학 교수

여기 한 칼뱅주의자가 우리에게 칼뱅을 잘 이해할 수 있도록 귀중한 책을 선물했다. 이 책에서 워필드는 칼뱅에 대한 훌륭한 안내자 역할을 하면서 칼뱅이 기독교 신학의 역사에 위대한 기여를 했음을 깨우쳐준다. 칼뱅을 소개하는 책들 중 이와 같은 훌륭한 안내서를 만나기란 쉽지 않다. 때때로 칼뱅주의자들은 자신들의 칼뱅 이해와 칼뱅 자신의 이해를 대조하며 누가 더 칼뱅을 잘 이해했는지를 두고 논쟁한다. 우리는 이와 같이 뛰어난 작품을 보면서 누가 잘못된 전제를 가지고 논의하는지 알 수 있다. 우리는 이런 튼튼한 신학의 유산이 지속적으로 우리에게 나타나고 있음을 감사해야 한다. 한국의 그리스도인들이 칼뱅, 그리고 워필드와 대화하면서 더욱더 성경에 충실해지기를 바란다. 이 책은 그런 대화가 가능하도록 모든 그리스도인을 초대한다.

이승구 | 합동신학대학원대학교 조직신학 교수

워필드는 여러 신학 잡지에 칼뱅을 소개하는 글을 기고했다. 1932년 옥스퍼드 대학교 출판부는 그의 글을 모아 워필드 신학전집 10권을 출간했다. 이후 2003년 미국 베이커 출판사(Baker)가 이것을 재출간했다. 이 책은 워필드 전집 가운데『칼뱅과 아우구스티누스』(*Calvin and Augustine*)에서 칼뱅 부분을 번역한 것이다. 이 책에서 워필드는 칼뱅의『기독교 강요』1권 1장부터 13장을 집중적으로 분석하고 있다. 특히 II장에서는『기독교 강요』1권 1장부터 9장까지를 중심으로 "하나님을 아는 지식"에 대해 논한다. III장에서는 1권 10장부터 12장에 나타난 "칼뱅의 신론"을 분석하며, IV장에서는 1권 13장에서 드러나는 "칼뱅의 삼위일체론"의 특성을 분석했다. V장과 부록에서는 칼뱅주의와 관련된 몇 가지 특성들을 언급한다. 독자들은 이 책을 통해 워필드가 이해하는 칼뱅을 깊이 있게 만나볼 수 있다. 특히 칼뱅과 17-18세기 정통주의자들과의 관계, 19세기 여러 학자의 칼뱅 해석에 대한 워필드의 탁월한 분석을 만날 수 있으므로 일독할 것을 강력히 추천한다.　　　　　　　　　　　이은선 | 안양대학교 역사신학 교수

워필드는 칼뱅주의 대학자다. 그는 20세기 초 자유주의의 부흥과 칼뱅주의 쇠퇴에 직면했던 미국교회라는 배경에서 칼뱅주의 신학과 경건을 새롭게 부흥시키고자 전력을 다했다. 그리고 주관주의적 신학(합리주의와 신비주의)의 파괴적 공격에 맞서 기독교 신앙의 온전함을 보존하고자 애썼다. 또한 기독교 진리를 객관적으로 확립하며 변증할 수 있는 지혜와 능력도 칼뱅의 신학에서 찾으려고 했다. 특히 그는 말씀과 성령, 합리적 논증과 성령의 내적 증거가 조화롭게 균형 잡힌 변증학을 구현하고자 최선의 노력을 다했다. 그는 자기 시대 자유주의의 거센 공격에 대응하여 장로교의 정통 신학을 성공적으로 방어한 칼뱅주의의 충실한 옹호자였다. 우리는 이 책에서 역사적 정통 신학과 신앙을 지속적으로 위협하는 현대적 도전에 효율적으로 대응할 수 있는 신학적인 지혜와 헌신을 배울 수 있다. 나아가 이 책을 통해 오늘날 한국교회에서 칼뱅신학이 새롭게 부흥되길 기대한다.　　　　　　　이환봉 | 고신대학교 조직신학 교수

이 책은 미국 구 프린스턴 신학교를 대표하는 변증가인 워필드가 칼뱅에 대해 쓴 글로 역사적으로 아주 의미 있는 책이다. 이 책에서 워필드는 무엇보다 신학의 기본 주제인 하나님 지식에 대한 칼뱅 이해를 명확하게 밝혀줄 뿐 아니라, 기독교의 핵심 교리인 삼위일체론에 대한 칼뱅의 가르침도 분명하게 정리한다. 또한 개혁주의 표본이 되는 예정교리의 가르침을 기독교의 다른 전통들과 구분지어 설명해주는 그야말로 개혁주의 신학의 총체를 담고 있다고 할 수 있다. 이런 귀한 책이 번역된 것에 크게 감사하며 이 책을 통해 한국의 그리스도인들이 하나님의 영광과 교회를 위한 칼뱅 신학의 본뜻에 더 가까이 다가가는 계기가 마련되길 바란다. 또한 『칼뱅』이 한국교회와 하나님 나라를 세우는 데 많은 공헌을 할 수 있기를 소망하며 이 책을 진심으로 추천한다.

한상화 | 아세아연합신학대학교 신학대학원장

CALVIN

Benjamin B. Warfield

워필드 신학 시리즈 01

칼뱅

하나님·성경·삼위일체 교리 해설

벤자민 B. 워필드 지음 ｜ 이경직·김상엽 옮김

▶ 차례

| 옮긴이의 글 |

벤자민 B. 워필드(Benjamin B. Warfield, 1851-1921)는 프린스턴 신학교가
웨스트민스터 신학교로 분열되기 이전에 미국 장로교 신학을 대표하는
인물이다. 짧은 기간의 목회 생활을 한 후 그는 오늘날 피츠버그 신학대
학원(Pittsburgh Theological Seminary)의 전신인 웨스턴 신학교(Western
Theological Seminary)에서 강의를 했다. 무엇보다 근대 자유주의신학자
들이 성경의 권위와 무오성에 도전하고 있던 시대상황 속에서 워필드는
성경의 무오성이 성경 자체와 기독교 역사에서 정통으로 받아들여진 개
념임을 입증하며 성경의 권위를 회복하고자 한 사람이었다. 그는 성경이
하나님의 영감으로 기록된 말씀임을 주장하면서 "오직 성경!"이라는 종교
개혁의 정신으로 돌아가고자 했다. 그에 따르면 성경에서 다양하게 나타
나는 문체와 수사법 등은 성경의 저자가 인간임을 보여주는 증거가 아니
라 도리어 하나님께서 성경 기록자들의 다양한 자질을 사용하신 증거일
뿐이다. 그는 유기적 영감설을 주장함으로써 성경의 궁극적 저자가 오직
하나님이심을 주장했다.

워필드는 장로교회의 표준 신앙고백서인 웨스트민스터 신앙고백서에 충실한 신학을 하고자 했다. 그가 대표적인 종교개혁자 칼뱅의 신학과 칼뱅주의를 옹호한 이유가 여기에 있다. 그에 따르면 칼뱅과 칼뱅주의자들의 신학적 작업은 자신들이 창안한 새로운 내용을 제시하는 데 있지 않고, 성경 말씀을 요약하고 상황에 대한 성경 말씀의 적용을 제시하는 데 있다. 이는 "오직 성경이 답이다!"를 외치는 개혁주의생명신학이 추구하는 바와 같다.

워필드는 찰스 하지(Charles Hodge), 헤르만 바빙크(Herman Bavinck)와 더불어 장로교의 정통 신학을 대표하는 인물이다. 그런데도 한국 장로교가 워필드의 원전을 우리말로 많이 접하지 못하는 상황이 너무 안타까웠다. 한국어로 번역된 워필드의 책에는 『워필드 명설교』(크리스챤다이제스트 역간, 1998)와 『기독교 기적론』(나침반 역간, 2013) 정도가 있을 뿐이었다. 그나마 프레드 재스펠이 쓴 『한 권으로 읽는 워필드 신학』(부흥과개혁사 역간, 2014)이라도 있으니 다행이다. 이런 상황에서 장로교의 기초를 놓은 칼뱅에 관해 대표적 장로교 신학자인 워필드가 쓴 글들을 모아 한국어 단행본으로 내는 것은 매우 유익하다고 생각한다. 이 책은 성경에 충실한 신학을 공부하고자 하는 사람이라면 꼭 읽어야 하는 책이다.

백석대학교 신학대학원에서 조직신학을 가르칠 수 있는 길을 열어주신 백석대학교 설립자 장종현 목사님께 깊은 감사를 드린다. 또한 함께 동역하는 기독교학부 교수님들과 학생들에게도 감사를 드린다. 『칼뱅』에 대한 추천사를 기꺼이 보내주신 여러 교수님과 이 프로젝트에 대해 아이디어를 제공하고 협력해준 이성주 목사에게도 고마움을 표하고 싶다. 이 책을 출간하기로 결정해주신 새물결플러스 김요한 대표님과 꼼꼼하게 교정을 진행해준 새물결플러스 편집부 직원들에게도 감사드린다. 무엇보다 일찍부터 워필드의 신학에 관심을 두고 연구해온 공역자 김상엽 전도사에게 감사한다. 김상엽 전도사가 초고로 번역한 글을 역자가 전체적으로 교정하는 방식으로 번역을 진행했다. 이 책이 하나님께 영광이 되고 한국교회의 회복에 조금이나마 기여하기를 기도드린다.

2015년 봄이 시작되는 방배동 연구실에서

이경직

I

장 칼뱅, 그의 생애와 작품[1]

1. Benjamin B. Warfield "John Calvin: The Man and His Work" in *The Methodist Review*, vol. 58, ed by Gross Alexander, 1909, 642-663.

장 칼뱅은 1509년 7월 10일 피카르디(Picardy) 주 누아용(Noyon)에서 태어났다. 그는 자신의 고향을 다스리던 "높이 치솟은 성당"의 그늘 아래서 어린 시절을 보냈다. 그의 어머니 잔느 르프랑(Jeanne Lefranc)은 매우 경건한 여성으로 칼뱅에게 자신과 같은 신앙을 심어주고자 모든 노력을 아끼지 않았다. 그의 아버지 제라르 코뱅(Gérard Cauvin)은 성공한 변호사이자 유능한 실무가로서 교회와 시 당국의 직책을 도맡아 일했다. 그는 주교좌 참사회와도 돈독한 관계를 유지했으며, 성직자 생활이 가지고 있는 이점들에 깊은 인상을 받았던 것 같았다. 그래서인지 코뱅은 미래가 유망한 자신의 아들이 성직자의 길에 들어서도록 일찍부터 이끌었다. 칼뱅은 일반인과 성직자를 이분법적으로 구분해 성당 일은 성직자만이 할 수 있다는 16세기 종교적 악습에서 벗어나지 못했다. 그래서 11살 때부터 유급 성직을 받아 성당에서 일했고, 얼마 지나지 않아서는 인근의 보좌 신부 자리도 추가로 얻었다. 보좌 신부로 일하면서부터는 공부하는 데 필요한 재정적인 문제를 해결할 수 있었다. 그는 그 지역의 귀족 집안인 몽모르(Montmor)가의 어린 자제들과 교제하면서 함께 교육을 받기 시작했다. 귀족이 받는 훈련을 받은 것이다. 그러나 상황이 바뀌면 계획이 바뀌듯이 1527년 칼뱅의 아버지는 누아용 주교좌 참사회와 갈등을 빚었고, 점점 변화하는 시대 흐름을 읽은 후 아들이 출세하기를 바라는 마음으로 칼뱅에게 성직자 교육보다는 법률가 교육을 받으라고 조언했다. 칼뱅은 아버지의 조언에 따라 법학을 공부한다. 하지만 칼뱅의 교육을 전체적으로 살펴보았을 때 그는 학자로서의 교육을 가장 많이 받았다. 칼뱅은 열정적인 학생이었으며, 관심 있는 과목들을 빠르고 견실하게 익혔다.

칼뱅은 어린 시절, 불굴의 투지로 가득한 생활을 했을 뿐만 아니라 전혀 흠잡을 데 없는 완벽한 삶을 살았다. 그의 동료들은 칼뱅을 동료가 아닌 선생으로 여길 정도로 그를 존경했다. 하지만 그들은 칼뱅의 까다로운 성격 때문에 그에게 "비난만 일삼는 인간"(The Accusative Case)이라는 별명을 붙여주었다. 이것은 아주 유명한 일화다. 하지만 칼뱅이 진중한 소년이었음은 틀림없다. 그는 엄격하리만큼 경건한 삶을 살았고 도덕적인 삶을 살도록 훈련받았다. 그래서 동료들이 때로 비도덕적인 행동을 보이면 그것을 참기 어려워했다. 그럼에도 칼뱅은 열린 마음으로 모든 사람을 다정하게 대했으며, 어린 나이였음에도 도덕적으로 흠잡을 데 없는 생활과 진실한 삶을 살았다. 그의 성격은 조금 예민했지만, 다른 사람의 부탁을 쉽게 들어주는 편이었다. 그를 만난 사람마다 그에게 신뢰감과 호감을 느꼈다.

22세가 된 고상한 청년 칼뱅은 파리에서 인문주의 학자로 자리를 잡은 가운데, 문학적 명성을 누리겠다는 야망을 향해 나아가고 있었다. 그는 『세네카의 관용론(On Clemency)에 대한 주석』(1532년 4월)으로 등단했다. 이 주석에서 칼뱅은 고전 문헌 전체를 자유자재로 다루는 탁월함을 보여주었고, 섬세한 지적 능력과 높은 도덕성에 대한 진지한 관심도 잘 드러냈다. 인문주의자로 성공할 수 있는 대로가 그의 앞에 활짝 펼쳐진 것이다. 하지만 이때 그는 돌연 "회심"했고, 그의 삶 전체는 급격히 변했다. 칼뱅은 지금껏 고차원적인 도덕주의자로 살았을 뿐 아니라 깊은 경건을 소유한 사람이었다. 그런데 이제 그를 사로잡은 것은 오직 경건을 향한 갈망이었고 이것이 그의 모든 활동을 주도하기 시작했다. 그의 제자 베자(Beza)의 말에 따르면, "그는 다른 모든 학문을 뒤로한 채 전적으로 하나님께만 헌신하고자 했다." 사실 칼뱅이 학자로서의 삶 자체를 포기한 것은 아니었다. 오히려 그는 이제부터 자신의 모든 재능과 지식을 순전히 하나님과 하나님의 복음을 위한 일에 쏟고자 했다. 이제 우리는 고전 작품의 주석을 쓰는 칼뱅이 아닌, 그의 친구이자 파리 대학교 학장으로 임명된 니콜라스 콥(Nicholas Cop, 1501-1540)의 연설문에 사용되는 개신교 신앙 선언문(1533년 11월 1일)과 죽음 이후 영혼의 상태에 대한 연구서(1534)를 작성하는 칼뱅을 보게 된다. 파리 국회는 콥의 연설 내용에 이의를 제기했고, 국왕 프랑수아 1세는 "저주받은 루터 이단자"를 박해하기로 결심했다. 칼뱅은 당국의 박해를 피해 앙굴렘(Angoulême)으로 피신해 은둔생활을 시작했다. 이 시기에 칼뱅은 분명히 복음의 빛 가운데로 나온 사람을 교육하려는 의도로 『기독교 강요』 초고를 집필하기 시작했다. 하지만 프랑스에서 쫓겨난 이후 바젤에서 망명생활을 하는 고난의 상황 속에서 자신의 글을 "신앙에 대한 변증과 선언 그리고 신앙 고백"의 내용으로 바꾸어 1536년에 출간했다.

이와 관련해 칼뱅이 이전에 썼던 자신의 저술들을 대하는 태도가 어떻게 변화했는지를 살펴보는 것은 꽤나 흥미로운 일이다. 그는 1532년에 자신의 처음이자 마지막 인문주의 작품이었던 『세네카의 관용론에 대한 주석』을 출판했을 때만 해도 성공에 대한 기대감으로 들떠 있었다. 그 책이 과연 몇 권이나 팔릴지, 사람들 입에서 얼마나 회자될지, 사람들이 어떻게 생각할지 무척 궁금해했다. 그는 자신의 성취가 자랑스러웠고, 자기가 땀 흘려 뿌린 씨앗의 열매를 수확하고 싶었으며, 그것에 대한 정당한 보상을 간절히 바랐다.

『세네카의 관용론에 대한 주석』이 출간된 지 겨우 4년이 흘렀을 뿐인데, 이제 칼뱅은 개신교 신학자로서 첫 번째 작품을 출판한다. 그 작품은 불후의 명작으로 손꼽히는 『기독교 강요』 초판이었다. 스위스 바젤에서 가명으로 살고 있던 그는 주변 지인들이 세상에 큰 반향을 일으키고 있는 책의 저자가 바로 자신이라는 사실을 전혀 모른다는 것에 크게 만족했다. 책에 대한 칭찬이 쏟아지자 칼뱅은 칭찬으로부터 거리를 두었다. 자신의 영예를 위해서가 아니라 하나님의 영광을 위해 그 책을 출간했기 때문이다. 그는 이 책을 통해 자신의 명성이나 유익을 구하려 하지 않았으며, 오히려 성도들을 격려하고 돕고자 했다. 그의 유일한 기쁨은 그 책이 제 역할을 다하는 데 있었다. 다시 말하지만, 그럼에도 칼뱅은 "학자"가 되는 것을 그만둔 것은 아니었다. 단지 학자로서의 모든 재능과 능력을 거룩하게 구별해서 하나님과 그분의 복음을 섬기는 데 아낌없이 사용하고자 했다.

그러므로 우리는 칼뱅에게서 근본적으로 성도로 살아가는 "학자"의 모습을 볼 수 있다. 그는 자신을 위하여는 어떤 계획도 세우지 않았다. 평생 동안 다른 소명을 갈망하거나 그것을 마지못해 따라가지도 않았다. 그는 타고난 기질과 재능, 훈련을 통해 학자가 되었다. 우리가 확실히 말할 수 있는 사실은, 칼뱅은 자신의 모습 그대로 하나님께 헌신하기를 간절히 바랐다는 것이다. 이것이 칼뱅이 스스로 계획한 삶이었다. 그는 다른 사람의 강요에 의해 종종 그러한 삶에서 벗어나기도 했지만, 근본적으로 그러한 삶의 모습을 결코 버리지 않았다. 그는 기욤 파렐(Guillaume Farel, 1489-1565)로부터 제네바에서 목회자가 되라는 요청을 받았지만 학자의 삶을 살고 싶어 그 요청을 거부했다. 하지만 파렐이 그에게 간곡한 부탁이 아닌 "끔찍한 비난"을 퍼붓자, 그는 자신이 계획했던 모든 것들을 뒤로 미룬 채 제네바 종교개혁에 직접적으로 관여하게 된다(1536년 가을). 2년간이나 자신과 맞지 않는 일을 고되게 한 후, 그는 이 혼란스러운 도시 제네바에서 추방을 당했다. 하지만 이것이 오히려 그에게는 휴식할 수 있는 시간이 되었다. 칼뱅은 다시 바젤(Basel)에 정착해 자신이 좋아하는 학문을 힘써 연구하기 시작했다. 책 속에 파묻혀 살던 칼뱅은 이후 부처(Martin Bucer, 1491-1551)의 간청과 계획을 받아들여 스트라스부르(Strassburg)에서 적극적으로 사역하기 시작한다. 자신에게 학문을 연구할 수 있는 여분의 시간이 주어진다는 확신이 들자 비로소 부처의 간청을 수용한 것이다. 하지만 학문을 연구할 시간이 칼뱅에게 주어졌다기보다는 그 스스로가 시간을 만들어냈다고 할 수 있다. 프랑스 피난민들로 이루어진 칼뱅의 소집회는 그의 목회를 통해 하나의 모범적인 교회가 되었다. 그가 학교에서 행한 강의는 점점 더 주목을 받았고, 시간이 흘러감에 따라 그는 아주 먼 곳에서 열리는 학술대회나 학술모임에까지 초청받았다. 멜란히톤(Melanchton, 1497-1560)이 그를 "그 유명한 신학자"라고 칭송한 것처럼, 칼뱅은 그런 모임에서 아주 중요한 역할을 했다.

칼뱅이 개신교 학자로서 저술 활동을 본격적으로 시작한 곳이 바로 스트라스부르였다. 이곳에서 그는 교리문답서 편람보다 길이는 좀 더 길고 내용은 경건이라는 주제에 관련된 1536년판 『기독교 강요』를 방대한 신학을 다루는 글로 바꾸어놓았다(1539년 8월). 그리고 뛰어난 로마서 주석을 집필해 당시 성경 해석에 대한 새로운 접근법을 제시했다(1540년 3월). 이곳에서 그는 프랑스 남부 카르팡트라(Carpentras)의 주교 야코포 사돌레토(Jacopo Sadoleto, 1477-1547)에게 아름다운 서신을 보내기도 했다(1539년 9월). 이 편지가 그의 논쟁적인 글들 중에서 가장 설득력 있는 글이기도 하다. 주의 만찬을 다루는 소논문도 이곳에서 작성되었다. 이 글은 대중적이지는 않지만 매우 정교하게 작성되었으며, 혼란에 빠져 있던 수백 명의 동포들을 가르치고 위로하는 글이었다(1541년 출간). 저술에 몰두하고 있던 칼뱅에게, 제네바 시 사람들이 그가 필요하다는 이야기를 전해왔다. 이 부탁은 칼뱅이 그동안 애쓰고 수고해서 낸 성과를 물거품으로 만들 수도 있었다. 칼뱅의 마음이 동요하기 시작했다. 그는 무척 망설였지만 이 부르심에 귀를 기울였다. 그는 순전히 강력한 의무감에 사로잡혀서 그 부르심에 반응했다. 제네바로 돌아가는 것은 그에게 마치 "십자가로

곧장" 향하는 것과 같았다. 그는 "하나님에게 바쳐진 희생제물"이 되겠다는 각오로 제네바를 향했다. "하나님께 순종"할 수밖에 없게끔 사로잡힌 상태였던 것이다. 그는 십자가를 받아들였지만 그것을 감당하지 못하는 사람은 아니었다. 그는 이 십자가를 끝까지 신실하게 지고 갔다. 그렇다고 자신이 마음 바쳐 사랑했던 학문을 잊어버릴 사람도 아니었다. 그래서 그는 제네바에서도 밤낮을 가리지 않고 끊임없이 학문에 힘썼다. 칼뱅의 학문적 업적은 이처럼 학문이 전혀 가능할 것 같지 않은 상황에서 만들어졌다. 엄청난 압박 속에서도 칼뱅은 묵묵히 학자의 삶을 살아갔다.

요한 빌헬름 바움(Johann Wilhelm Baum, 1809-1878), 아우구스트 에두아르트 쿠니츠(August Eduard Cunitz, 1812-1886), 에두아르트 로이스(Eduard Reuss, 1851-1911)는 1863년에 편집을 시작해 1900년에 『장 칼뱅 전집』(Calvini opera quae supersunt omnia)을 완성했다. 칼뱅 전집은 A4 용지 크기로 각 권 마다 400에서 800페이지가 넘고 총 59권에 달하는 방대한 분량이다. 『장 칼뱅 전집』은 분량의 방대함 때문에도 놀랍지만, 내용 면에서는 더더욱 놀랍다. 칼뱅이 16세기 최고 수준의 라틴어를 사용해 자신의 고상하고 신선하고 힘이 있으면서도 정직하고 맑은 정신을 잘 보여주면서 전집 대부분을 기록했기 때문이다. 1609년에 『유세비우스 팜필리 연대기를 포함한 시간의 백과사전』(Thesaurus temporum, complectens Eusebi Pamphili Chronicle)을 저술한 네덜란드 문헌학자였던 요세프 스칼리게르(Joseph Scaliger, 1540-1609)가 말한 것처럼, 칼뱅의 라틴어는 신학자가 쓰기에는 너무나 고급스러웠다. 그 글들은 프랑스어로 기록되기도 했는데, 이는 매우 중요한 요소로 작용했다. 중대한 주제를 논의하기 위해서는 주목할 만한 프랑스어 산문이 필요했기 때문이다. 그의 글 전반에는 다양한 문학적 양식이 담겨 있었다. 그 양식은 의미 있는 간결한 논평과 높은 수준의 논의에서부터 무서운 경고와 맹렬한 비판, 허를 찌르는 풍자에까지 이른다. 그 책에서 다루는 모든 주제는 기독교의 근본 진리를 가르치려는 어떤 한 교사에게 적합하다. 그 교사는 성직자인 동시에 공직자였고, 사람들의 삶을 세심하게 살피는 동시에 사람들을 움직이고 다루는 힘이 무엇인지를 배우려는 사람이었다. 그는 주제를 다룰 때 늘 하나님의 조명하심과 함께했다. 우리는 그것을 천재성이라고 한다.

칼뱅의 저술 목록 맨 앞에 놓일 만한 것은 물론 위대한 교의학 저작인 『기독교 강요』다. 사실 이 책은 말 그대로 칼뱅의 삶이 담긴 역작이다. 그것은 그가 "하나님께 헌신한" 이후 처음으로 출간한 책이었다. 더욱이 그는 개신교를 전파하기 위해 거룩하게 구별해놓은 작품들을 잇달아 발표한다. 그러나 1536년 봄에 초판을 출간한 이후 1559년 최종판을 출간할 때까지 칼뱅은 이 책을 빠르게 개정하고 확장하고 바로잡았다. 결국 칼뱅은 구성하는 원리(Constructive principle)가 없어 단순한 소책자에 불과한 『기독교 강요』를 방대한 내용이 담긴 풍성하면서도 체계적인 신학 교과서로 만들었다. 이 책의 출판이 개신교 진영에 매우 중요하다는 사실은 아무리 강조해도 지나치지 않다. 로마 가톨릭 역사가 캄프슐테(Franz Wilhelm Kampschulte, 1831-1872)는 1869년에 출간한 『장 칼뱅: 제네바에서의 그의 교회와 국가』(Johann Calvin: Seine Kirche und sein Staat in Genf)에서 『기독교 강요』를 "16세기 종교개혁이 낳은, 교의학 영역에서 의심의 여지없이 가장 뛰어나고 영향력 있는 문학작품"이라고 묘사했지만 그의 평가는 부적절했다. 물론 그의 평가는 두말할 나위 없는 사실이다. 하지만 우리가 알아야 하는 것은 『기독교 강요』의 출판이 문학적 사건일 뿐 아니라 역사적 사건이기도 했다는 사실이다. 이 책은 오늘날까지도 여전히 중요한 문제들을 다루는 대작으로 남아 있다. 또한 당시에는 어려움과 혼란에 빠진 개신교 진영에 종교개혁을 위한 적절하고 유익한 지침을 주었다. 칼뱅에게 그다지 호의적이지 않았던 한 비판가조차도 그런 증거를 발견하지 않을 수 없었다. 이 비판가는 19세기 후반부터 20세기 초반까지 프랑스의 학자, 교육가, 정치가로 활동했던 페르디낭 뷔송(Ferdinand Édouard Buisson)이다. 그는 1892년에 출간한 『세바스티앙 카스텔리옹 자서전』(Sebastien Castellion)에서 특히 프랑스 개신교인들을 염두에 두고 다음과 같은 평가를 내렸다. "마침내 칼뱅은 이 책에서 가톨릭 진영에 맞서 싸우기 위한 깃발을 높이 치켜들었을 뿐만 아니라, '주를 향하여 마음을 드높이라'(sursum corda)라고 외치면서 사람들에게 용기를 북돋았다. 사람들은 새로운 길을 찾는 가운데 그 외침을 듣고 반응했다." 그리고 그의 설명에 따르면 "『기독교 강요』는 '개신교인들'이 자신들의 생각을 체계화시키고 신앙을 분명히 표현하는 데 큰 도움을 주었다." 칼뱅의 친구였던 세바스티앙(Sebastien Castellion, 1515-1563)은 자신의 글 『이단들』(De haereticis)에서 비정통교도였던 미카엘 세르베투스(Michael Servetus, 1511-1553)가 산 채로 화형당한 일에 대하여 칼뱅의 독재와 폭력을 비판했다. 우리가 뷔송의 평가에서 필요한 내용만 수정한다면 뷔송의 말은 다른 모든 개신교인에게도 적용된다. 곧 『기독교 강요』가 없었다면 개신교인들은 기독교 교리와 예배에 대한 미신적이고 유물론적 해석을 거부하겠다는, "그들의 명확하지 않은 목표는 분명히 교회 안팎에서 아무런 결과도 얻지 못했을 것"이라는 사실이다. 그들이 필요했던 것, 그리고 『기독교 강요』가 그들에게 해준 것은 "이러한 사상의 소용돌이"로부터 원리를 해방시키고, 그 원리의 결과들을 발전시키는 것이었다. 뷔송은 계속해서 다음과 같이 설명한다.

그러한 책(『기독교 강요』)은 울리히 폰 후텐(Ulrich von Hutten)의 소책자와 에라스무스(Erasmus)의 『우신예찬』, 루터(Luther)의 신비하고 선동적인 대중 설교들과는 차이가 크다. 그 책은 분명 가장 학식 있는 신학자의 작품이자,

윤리적 열망이 담긴 경건서이기 때문이다. 그러나 그 책은 무엇보다도 목회자를 위한 체계적인 교리서인 동시에, 일반 그리스도인들을 위한 유익한 논리의 보고(寶庫)다. 또한 개혁파 교회의 신학대전이다. 저자는 반대하는 자들의 교리가 지닌 약점을 지루하게 설명하는 것보다는 저자 자신의 교리가 갖는 논리적 힘이나 도덕적 영향력을 끌어내는 일에 훨씬 더 관심이 많다. 그의 관심을 사로잡은 것은 과거가 아니라 미래다. 곧 그는 교회를 재건하는 데 관심이 있다.

그렇다면 이 책이 지금까지도 여전히 영향력을 발휘한다는 것은 전혀 놀라운 일이 아니다. 『기독교 강요』는 종교개혁 운동의 적극적 지침을 제대로 진술한 첫 책이다. 이 책은 개신교 신학이 발전하는 모든 부분에서 기초가 되었으며, 개신교 사상에 지울 수 없는 족적을 남겼다. 약 400년이 흘렀지만 『기독교 강요』는 여전히 모든 교의학 저작 가운데 가장 탁월하고 영향력 있는 책이다. 독일 신학자 알브레히트 리츨(Albrecht Ritschl, 1822-1889)은 이 책을 가리켜 "여기에 개신교 신학을 담은 최고의 명작이 있다"라고 말했다.

칼뱅은 『기독교 강요』 외에도 성경 주석을 저술해 개신교 신학 발전에 크게 기여했다. 그의 전집 중 30권 이상이 성경 주석으로 칼뱅의 저작 전체에서도 큰 비중을 차지한다. 성경 주석은 요한2서와 요한3서, 요한계시록을 제외한 신약 전체를, 그리고 역사서 일부와 솔로몬이 지은 책을 제외한 구약 전체를 담고 있다. 그의 모든 주석에는 날카로운 문헌학적 감각과 정확한 언어 감각이 잘 나타나 있는데 이는 부분적으로 그의 인문학적 훈련 덕분이었다. 최근에 한 저자는 칼뱅의 인문주의를 연구한 뒤에 다음과 같이 말했다.

칼뱅은 문법적·역사적 방법을 깔끔하게 사용했으며, 텍스트의 자연스러운 의미를 강조했다. 그는 텍스트를 매우 경건하게 이해하는 편을 택했다. 또한 당대에 유행하던 풍유적 해석을 부정하고, 어려운 구절들을 정교하고도 적절하게 다루었다. 이런 모습은 그가 인문학적 훈련을 잘 받은 사람임을 보여준다. 그는 새 포도주를 새 부대에 붓고 있었다.

그렇지만 칼뱅은 타고난 주석가였다. 그는 문헌학적 전문 지식과 텍스트를 해석하는 숙련된 기술을 가지고 있었다. 거기에 명료하고 통찰력 있는 지성과 뛰어난 지적 공감 능력, 순수한 정직성, 뛰어난 역사적 감각, 사상의 발전에 대한 통찰력이 더해졌다. 물론 그의 깊은 경건이 이 모든 것들을 밝게 비추었다. 칼뱅의 성경 주석은 완전히 새로운 것이었다. 그의 새로운 성경 주석은 곧 현대 성경 주석을 의미했다. 칼뱅의 주석은 출간된 이후 곧바로 엄청난 권위를 얻었다. 독일 튀빙겐 대학의 구약학 교수 루드비히 디스텔(Ludwig Diestel, 1825-1879)은 1869년에 출간한 『그리스도 교회에서 구약의 역사』(Geschichte des Alten Testament in der christlichen Kirch)에서 칼뱅을 "진정한 주해를 창조한 사람"이라고 묘사했다. 디스텔의 평가처럼 칼뱅은 성경학 역사에서 탁월한 인물이다. 그의 주석은 기존의 것과는 전혀 다른 방식으로 우리에게 "성경을" 보여주었다. 16세기 영국 성공회 신학자이자 "분별력 있는 후커"라는 별명을 가졌던 리차드 후커(Richard Hooker, 1554-1600)는 자신의 저서 『교회정치법』(Laws of Ecclesiastical Polity)에서 청교도와 로마 가톨릭 교도들에게 영국 성공회를 옹호하는 논의를 보여주면서 이렇게 말했다.

칼뱅 한 사람이 우리에게 보여주는 성경의 의미는 아우구스티누스와 히에로니무스, 크리소스토무스, 키프리아누스 등이 보여주는 성경의 의미보다 몇만

곱절은 더 무게가 나간다.

칼뱅의 성경 주석은 지금까지도 동일한 가치를 지닌다. 19세기와 20세기의 가장 학문적인 주석가들은 당대의 주석들 외에도 칼뱅의 주석을 참고하면서 여전히 유익을 얻고 있다. 프랑스에서 활동하던 앙투앙 장 바움가르트너(Antoine Jean Baumgartner, 1859-1938) 교수는 칼뱅의 히브리어를 살펴본 후 아주 훌륭한 실력이라고 평했다. 그는 칼뱅이 성경 해석에 놀랍고 풍부하고 초인간적인 능력을 보인다고 말했다. 이어서 1889년에 출간한 『히브리어를 연구하는 칼뱅과 구약성경』(*Calvin hébraïsant et interprète de l'Ancien Testament*)에서 칼뱅에 대해 다음과 같이 말했다.

매우 주목할 만한 일은 이 저작의 가치가 결코 퇴색하지 않았다는 것이다. 매우 다양한 성향의 사람들이 칼뱅 주석에서 지속되는 장점과 뛰어난 가치를 발견하고 있다. 이 주석들은 오늘날까지도 놀라울 정도로 풍부하게 우리를 돕는다. 이 주석은 깊은 생각과 단단하며 꽤 독창적인 해석, 건전한 주해를 담고 있는 동시에 심오한 학문성을 갖춘 고갈되지 않는 광맥이다.

종교개혁은 기독교가 전해진 이래 인간 정신이 이루어낸 가장 위대한 사상적 혁명이었다. 이 혁명의 본질이 무엇인가는 여전히 논쟁의 대상이다. 물론 칼뱅의 전 생애가 논쟁의 연속이었다. 그래서 그의 학문적 결과물은 상당수가 논쟁에 직접적으로 관련된 것들이었다. 나는 앞에서 칼뱅의 주된 목적이 새로운 건설을 하는 데 있지 파괴를 위한 것이 아니었음을 언급했다. 그는 교회를 참된 기초 위에 바로 세우기 원했지 교회의 체계를 파괴하길 원하지 않았다. 그러나 칼뱅도 과거에 "거룩한 도성"(Holy City)을 바로 세우려던 사람들과 같이 한 손에는 삽이, 다른 한 손에는 칼이 필요했다. 그가 어떤 사람보다도 논쟁적인 글을 효과적으로 썼던 이유가 여기에 있다. 칼뱅에게 적대감을 품었던 한 비평가조차도 "칼뱅의 변증적 저술은 방대하고, 그가 쓴 모든 저술은 그 분야의 위대한 작품이다"라고 언급했다. 그 작품들 중에서 시간을 초월하여 가장 흥미를 끄는 것은 칼뱅이 1539년에 저술한 『사돌레토 경에게 보내는 편지』(*Letter to Cardinal Sadoleto*)다. 칼뱅은 자신을 쫓아낸 교회의 적들을 피해 스트라스부르에서 망명생활을 하는 동안 이 서신을 썼다. 그는 서신에 공손하고 부드러운 어조와 함께 사돌레토에 대한 자신의 존경심을 한껏 담아서 자신이 전하고자 하는 메시지를 강하고 분명하게 전달했다. 그 서신은 "태도는 부드럽게, 행동은 단호하게"(*suaviter in modo, fortiter in re*)라는 라틴어 경구의 전형을 보여주고 있다.

하지만 다른 글들은 확실히 다른 어조를 보인다. 우리가 앞에서 언급했던 적대적 비평가는 에두아르드 배흘러(Eduard Bähler)다. 배흘러는 칼뱅의 저서들 중 『피에르 카롤리의 비난에 대한 변증』을 "가장 거칠고 강한" 저작이라고 평한다. 배흘러는 그 책에 대해 이렇게 말한다.

사돌레토에게 쓴 서신은 분명 좋은 시절에 쓰였다. 하지만 지금 이 책에 대해서는 정반대의 이야기를 해야겠다. 문학사적인 관점에서 본다면, 『피에르 카롤리의 비난에 대한 변증』은 의심의 여지없이 무한한 칭송을 받을 만하다. 저자는 반대자의 도덕적 결함을 지적하고, 반대자를 별 볼 일 없는 비도덕적인 사람으로 낙인찍는 데 있어서 고상하면서도 간결한 문체, 적절한 기술을 사용한다. 그러면서도 그 글 전체에는 반대자를 경멸하는 분위기가 가득하다. 이것은 거의 400년이 지난 지금도 독자들에게 심미적인 즐거움을 안겨준다. 문제가 있다면 저자 자신이 카롤리에 대해서 나타내는 불공평한 처사와 진실하지 못한 태도를 의로운 분노로 생각한다는 것이다.

분명히 칼뱅은 그를 반대하는 자들에게 거친 표현을 썼다. 반대자들도 칼뱅을 그렇게 대했다. 그는 그 투쟁에서 구경꾼들을 즐겁게 하기 위해 경기를 한 것이 아니었다. 이 과정에서 칼뱅에게 잘못이 전혀 없었다고 말할 필요는 없다. 영국 국교회의 사제 마크 패티슨(Mark Pattison, 1813-1884)도 인정하듯이 "그의 대적자들조차 그가 사실을 포장하거나 가릴 줄 몰랐음을 인정할 것이다." 우아함이 가득한『사돌레토 경에게 보내는 편지』와 분개가 가득한『피에르 카롤리의 비난에 대한 변증』사이에는 매우 다양한 방식의 논쟁적인 글들이 가득 배치되어 있다. 이 글들의 특징은 솔직한 표현에 있다. 두 책은 사실을 있는 그대로 말하는 것을 결코 주저하지 않는다. 우리는 그 글 속에서 남을 깔보는 표현이나 모욕에 가까운 욕설들도 만나게 되는데, 현대적인 관점에서 보자면 다소 거슬리는 부분이다. 그러나 이것은 칼뱅의 잘못이 아니라 그 시대의 특징이었다. 프랑스 풍자문학사가 레니앙(C. Lenient, 1826-1908)이 우리에게 알려주듯이, 수사적 완곡어법(rhetoric euphemism)이 가장 적게 쓰이던 시기는 바로 16세기였다. 그러나 칼뱅의 논쟁이 담긴 저작들 중에서 처음부터 끝까지 고상한 목적을 효과적으로 드러내지 못하는 글은 단 한 편도 없다. 칼뱅은 무게 있고 직접적인 논쟁을 이끌어내고, 건실한 가르침을 가득 담아내는 일에 실패한 적이 없었다. 그리하여 이러한 글들이 한 분파의 논증을 뛰어 넘어 교회의 영원한 소유물로 자리 잡게 했다.

　카스텔리옹 같은 사람은 칼뱅의 실수를 지적한다. 그는 칼뱅이 종교적인 논쟁에서 풍자기법을 사용했다고 비판한다. 그러나 이것은 칼뱅의 타고난 기질 때문이 아니라, 의도적이고 합리적인 선택의 결과였다. 물론 칼뱅은 자기 시대의 단순한 풍자가들이었던 페리에(Bonarenture des Périers, 1510-1544), 마로(Clément Marot, 1496-1544), 라블레(François Rabelais, 1494-1553) 등과 유사한 풍자기법을 사용하지는 않았다. 칼뱅은 그들의 무례함과 경솔함을 전혀 달가워하지 않았다. 풍자를 유희가 아니라 무기로 생각한 것이다. 그는 그들의 경솔함을 대하는 최적의 방법이 그저 웃어넘기는 것이라고 생각했다. 또한 세상이 오래도록 집착했던 미신적 요소를 악하고 어리석은 것으로 여겼다. 그는 어리석고 우스꽝스러운 것들에 대해 "입을 크게 벌리고 웃지 않을 수 없다"고 생각했다. 물론 이 웃음은 그저 재미로 웃는 웃음이 아니었다. 그 웃음은 점점 진지해졌고 자연스럽게 경박하지 않은 모습으로 바뀌었다. 칼뱅의 손에서 그것은 상대의 논리를 찌르고 잘라내는 단검으로 변하곤 했다. 칼뱅은 이것을 정말 효과적으로 사용했다. 한 사건을 예로 들어보자. 소르본 대학의 신학자들은 개신교인들의 이의 제기에 대해 그것이 정통 교리라고 선언하면서 일단의 "신조들"을 공표했다. 칼뱅은 이 "신조들"의 각 항목에 아무런 문제가 없어 보이는 "증명"을 신조들의 각 항목에 덧붙여 재출간한다. 칼뱅의 이런 방식은 소르본 대학 신학자들의 방식을 완전히 그대로 사용하는 것으로 이해된다. 하지만 그는 각 항목이 절망적인 귀류법(*reductio ad absurdum*)으로 결론에 이른다는 것을 다음과 같이 보여준다.

> 맹세는 그것이 면제되고 해제되면서 의무가 된다는 것이 입증되었다. 교황은 열쇠의 권한이 없었다면 맹세를 면제할 수 없었을 것이다. 그러므로 맹세가 양심의 눈을 가린다는 결론이 나온다.

이런 귀류법 논증은 모순된 설명의 전형이지만 하루를 꼬박 연구해야 그 모순을 발견할 수 있도록 구성되어 있다. 논증의 가면이 한순간에 벗겨져 가면 뒤에서 조롱하는 눈을 흘깃 보는 일은 매우 드물다. 예를 들어 "한몸으로 모인 우리의 선생들이 교회라는 사실은 그들이 노아의 방주와 같다는 것에서 입증된다. 그들은 온갖 종류의 짐승들로 이루어진 한 무리

를 이루기 때문이다." 일반적으로 이런 사안은 세밀하게 다루어지기에 각
각의 사안에 "증명"이 이루어지고 뒤이어 그 증명에 대한 "교정"이 가해지
는 것이 전혀 불필요한 것은 아니다. 칼뱅의 풍자적인 저작들 중 가장 잘
알려진 『기독교 세계가 성물 목록에서 얻었을 법한 유익을 입증하는 책
망』(*Admonition, Showing the Advantage which Christendom Might Derive
from an Inventory of Relics*)에는 이러한 세밀함이 없다. 이 글에는 사람들
이 공경하도록 여러 교회에 진열된 성물 목록이 단순하고 이해하기 쉽게
실려 있다. 복제에 복제를 거듭하여 점점 더 괴기스러워지는 성물들의 모
순은 풍자 효과를 낳는다.

모두가 알고 있듯이 툴루즈(Tholouse)에 사는 주민들은 자기들이 사도의 시
신 여섯 구를 가지고 있다고 생각한다. 이제 이 사도들의 몸이 두세 개씩 있
다는 사실을 살펴보자. 안드레의 시신은 말피(Malfi)에도 안치되어 있고, 빌
립과 알패오의 아들 야고보의 시신은 성사도교회에도 있으며, 시몬과 유다의
시신도 똑같이 성베드로교회에도 있다. 바돌로매의 시신도 그를 기념하는 로
마의 또 다른 교회에도 있다. 이들이 바로 몸이 두 개나 있는 6명의 사도들이
다. 추가적으로 바돌로매는 그의 피부를 피사에 따로 떼어놓고 있다. 그렇지
만 마태는 이 모든 이들을 능가한다. 그의 두 번째 몸은 로마의 마리아 교회
에, 그의 세 번째 몸은 트레베스(Treves)에 있기 때문이다. 게다가 그의 또 다
른 머리와 팔이 각각 다른 곳에 별도로 보관되어 있다. 안드레의 신체 부위들
도 여기저기 퍼져 있으며, 이를 다 모으면 몸의 절반이 새로 생길 정도다.

이러한 사례는 끝도 없다. 사례들을 계속 나열하는 일은 지루하다. 그
러나 이것은 다 계산된 것이었다. 레니앙이 다음과 같이 지적하는 것처
럼 말이다.

칼뱅의 신랄한 평가는 그가 시신들을 셈하는 것에 통쾌함을 더해주었다. (시신들에 관한) 수의 역설 때문에, 즉 사도들의 몸이 여럿이라는 역설 때문에 가장 존중받는 순례 여행의 신뢰도는 파괴된다.

그러나 칼뱅은 『니고데모파에게 주는 글』(Excuse of the Nicodemites)에서 풍자의 절정을 보여준다. 그는 이 글에서 용기가 없어 자신을 분명하게 드러내지 못하는 연약한 개신교 그리스도인들을 날카롭게 꾸짖는다. 레니앙의 말에 따르면 "그의 글은 이보다 더 명료하고 날카로울 수 없었다. 칼뱅은 라브뤼예르[2]의 방식을 따르는 모랄리스트이자 화가로서, 유약한 그리스도인들의 특징을 묘사하는 것을 즐긴다. 칼뱅에 따르면 그리스도인들은 침체되어 있고 양심을 버렸으며 이기심에 따라 움직이고 미온적인 태도를 보인다." 이 모든 글은 분명히 훌륭한 학문적 작품임에 틀림없다. 칼뱅의 글이 프랑스 문학에 영향을 주어 프랑스 풍자문학 역사에서 "칼뱅적인 풍자문학"이 자리를 잡았고, 베자(Theodore Beza, 1519-1605)와 비레(Pierre Viret, 1511-1571)가 그 정신을 이어나갔다. 그러나 그 글들은 단순한 학문적 작품에 그치지 않았다. 칼뱅의 글들은 그가 자신의 개혁 작업을 완성하기 위해 도덕적이고 종교적인 힘을 제시하는 데 큰 역할을 감당했다.

칼뱅은 자신의 학문적 노력을 통해 종교개혁자로서의 역할을 감당했고 이에 대해 설명하는 글들이 충분하게 출판되었다. 물론 기존에 출간된 작품들 이외에 종교개혁자 칼뱅의 모습을 보여주는 다른 형태의 학문적

---

2. 라브뤼예르(La Bruyere, 1645-1696)는 프랑스 윤리 사상가이자 풍자 작가다. 그는 인간성에 대한 성찰을 에세이나 격언집 등의 형식으로 남기는 프랑스 모랄리스트의 대표적 인물이다. 그는 인생과 관련된 성찰들을 격언의 형태로 압축하여 엮은 『성격론』이라는 제목의 저술로 유명하다 - 역주.

작품들도 많다. 신조나 신앙고백서, 교회 의식서, 예배 예식서, 대중적 소책자, 학문적 권고 등이 여기에 속한다. 우리가 개별적으로 칼뱅의 작품들 하나하나를 모두 언급할 필요는 없지만, 칼뱅이 학문적 활동을 하면서 얻은 한 가지 결과물에 대해서는 특별히 설명할 필요가 있다. 칼뱅은 위대한 서신들을 남긴 종교개혁 시대의 사람이었다. 그가 쓴 편지 약 4천 통 가량이 지금까지 우리에게 전해지고 있다. 그중 일부는 거의 논문 수준에 가까운 내용을 담고 있고, 상당수가 실제로 신학적 소논문 형태를 띠고 있다. 하지만 대부분의 편지는 칼뱅 자신의 심정을 담은 개인적 성격을 띤다. 바로 이 마지막 종류의 편지를 읽을 때, 우리는 칼뱅의 참모습을 볼 수 있다. 칼뱅은 깊고 경건한 확신을 가지고 거룩한 삶을 풍성히 살았던 사람이다. 또한 그는 높은 이상과 고상한 열정이 가득했던 사람이고, 인간적인 감정과 연민도 풍부했던 사람이다. 칼뱅은 이 서신들을 통해 지도자들을 꾸짖고 정치가들을 가르친다. 하지만 성도들에게는 위로와 힘을 준다. 칼뱅은 어찌할 바를 몰라 우물쭈물하는 사람이 아니라 용기와 권고를 주는 목회자였다. 그는 결코 순교자는 아니었지만 격려와 위로를 주는 사람이었다. 칼뱅만큼 친구들에게 친근하게 기댈 줄 아는 사람도 없었다. 또한 칼뱅만큼 자신을 기꺼이 친구에게 내어놓은 사람도 확실히 없었다. 그가 홀로 있으면서 이 편지들을 썼다면, 세계의 위대한 기독교 지도자들과 위대한 그리스도인들의 반열에 들었을 것이다.

하지만 우리는 종교개혁가 칼뱅의 활동이 학문적 활동으로만 요약되지 않는다는 사실을 기억해야 한다. 물론 그는 근본적으로 "학자"였으며, 원칙적으로 평생을 "학자"로 살았다. 그러나 그는 학자 이상의 삶을 살았다. 그는 타인을 섬기는 삶을 선택했고, 자신의 모든 힘을 다른 여러 활동 분야로 확대해야 하는 십자가를 짊어져야 했다. 그는 이 십자가를 지고 견뎠고, 그가 그 십자가를 지고 했던 일들은 하나같이 대단했다. 그가 글을 한 자도 쓰지 않았다 해도 그는 여전히 가장 위대한 종교개혁자들의 반열에 서 있을 것이다. 우리는 그를 "제네바의 종교개혁가"로 부른다. 그러나 칼뱅은 제네바를 개혁하면서 전 세계에 영향력을 끼친, 오늘날도 여전히 영향력을 발휘하는 어떤 힘을 심었다. 만일 우리가 칼뱅이 개혁가로서 일궈낸 사역의 특성을 한 문장으로 표현하고자 한다면, "모든 일에 있어서 실천적인 사람이 된 한 이상주의자의 사역"이라는 표현보다 더 나은 표현은 없을 것이다. 칼뱅은 알맞은 때를 기다리면서 일을 조정하고 느리지만 적절한 단계를 밟아 발전시킬 만한 인내심이 없는 사람이 아니었다. 오히려 그는 어떤 자료를 가지고 최고의 타협안을 만들어내며 적절한 때를 끈기 있게 기다릴 수 있는 사람임을 보여주었다. 칼뱅은 종교개혁가로서 자신이 설정한 목표를 평생에 걸쳐 노력한 끝에 인생 말미에 가서나 이룰 수 있었다. 그는 자신의 이상들을 포기할 수 없었다. 그는 적당한 수준에서 타협하거나 시대의 조류에 흔들리지 않았다. 시대적 흐름에 타협하지 않은 탓에 그는 제네바에서 갈등을 겪으며 살아야 했다. 그러나 결국에는 제네바를 세계가 놀라는 곳으로 만들었으며, 개혁파 교회에 어떤 정신을 불어넣었다. 교회는 칼뱅의 정신을 소유함으로써 원수에게 정복당하지 않을 수 있었고, 세상의 국면을 바꾼 살아 있는 존재가 될 수 있었다. 칼뱅의 이상들에 공감하며 많은 것을 희망했던 한 비평가의 말을 빌리자면 다음과 같다. 자신의 이상을 가지고 삶에 뛰어든 이 "학자는 전 세계의 이목을 그 좁은 제네바 구석에 집중시키는 수단"이 되었고, "종교개혁을 구한, 더 제대로 표현하자면 유럽을 구한 도덕적 힘"이었다. 이 비평가는 마크 패티슨으로 그의 칭찬이 약간 의심스럽긴 하지만, 그는 "역사 전체를 통틀어 도덕적 힘이 그렇게 승리하는 경우를 또 다시 보기는 어려울 것이다"라며 칼뱅을 칭송했다.

칼뱅이 제네바에 도착했을 때 복음은 선포되고 있었으나 교회는 전혀 세워지지 않았다. 칼뱅은 "내가 이 교회에 처음 왔을 때 아무것도 없는 것이나 다름없었다. 설교만이 전부였다"라고 말한다. 그가 개신교 세계의 다른 어느 곳에 갔어도 비슷한 상황에 처했을 것이다. 초기 개신교는 말씀 선포와 성례의 올바른 집행으로 교회가 이루어진다고 생각했다. 공동체의 도덕적 결함을 고치는 것은 시민 권력의 관심사였지 교회의 관심사는 아니었다. 에어랑엔 대학교의 역사학자 칼 리이커(Karl Rieker, 1857-1927)는 루터에 대해 다소 경솔하게 다음과 같이 평가했다. "루터는 설교를 해서 말씀의 씨앗을 뿌린 이후 그 열매 맺는 일을 성령께 넘겼고, 친구 필립과 평온하게 비텐베르크 맥주를 마시며 앉아 있었다." 하지만 칼뱅은 교회의 문제를 그렇게 다룰 수 없었다. 그는 다음과 같이 말했다. "다른 이들이 어떤 주장을 하는지와 상관없이 우리는 우리의 사역을 그렇게 좁게 생각할 수 없다. 우리는 말씀을 선포한 것으로 우리의 과제는 다 했으니 쉬어도 된다고 생각해서는 안 된다." 칼뱅이 보기에 참된 교회의 표지는 교회에서 복음이 선포되는 것만이 아니라 성도들이 복음을 듣고 "순종"하는 것이었다. 칼뱅은 "성도들의 교제"도 교회의 요소로 보았다. 교회는 교회 공동체가 고백한 그대로 존재하는지를 살펴볼 의무가 있었다. 그래서 칼뱅은 처음부터 이 목표를 이루기 위해 애썼다. 그는 이 목표를 이루는 수단으로 "교회의 권징"을 사용했다. 교회의 권징은 교회의 순수성과 안녕을 유지하기 위해 활용된다. 그런데 교회의 권징과 관련한 거의 모든 요소가 칼뱅에게서 나온다는 것은 우리에게 충격에 가까운 놀라움을 안겨준다. 그러나 그것은 단순한 진리다. 갈등이 매우 컸지만 권징에 의해 혁신이 이루어졌다. 그 원리는 매우 중요해보여 개혁파 교회들의 표지가 되었다. 개혁파 교회들은 "권징"을 참된 교회의 근본 기준 중 하나로 만들었다. 게다가 이 원리를 적용하는 과정에서 칼뱅은 한층 더 전진했다. 칼뱅은 자유 국가 안에 있는 자유 교회라는 원리를 세상에 선사했다. 그러므로 교회가 국가로부터 해방된 것은 결국 칼뱅 덕분이다. 그 이후 많은 나라에서 위기 때마다 수많은 성도의 가슴에 불을 지폈던 큰 함성, 곧 "교회의 왕 되신 예수님의 왕권"은 칼뱅에게서 시작되었다.

칼뱅은 제네바에 예절이나 도덕을 검열하는 제도를 도입하지 않았다. 제네바뿐만이 아니라 제네바와 비슷한 정치체제를 지닌 다른 모든 지역에는 대부분 매우 조악하고 잡스러운 형태지만 오래전부터 관행으로 내려오는 검열 제도가 있었다. 그것은 그 당시 경찰이 행할 수 있는 합법적 규제의 일부였다. 칼뱅은 결코 제네바에서 직접 공직을 맡거나 시 정부의 권한을 행사한 적이 없다. 제네바 시민권도 말년에서야 비로소 얻었다. 칼뱅의 관련성을 굳이 들자고 한다면, 그는 질서와 순리가 순차적으로 이루어지도록 하는 데 영향을 끼쳤다. 칼뱅이 도입한 것은 분명히 교회의 권징이었다. 그것은 국가와 교회 모두에게 매우 혁명적인 일이었다. 그래서 권징이 정착되기까지는 18년에 걸친 기나긴 투쟁이 있었다. 교회의 권징을 시행하는 원리들은 이미 『기독교 강요』 초판(1536년 봄)에서 제시되었다. 그해 가을 제네바에 왔을 때, 그는 지체하지 않고 그 원리들을 실천에 옮기기 시작했다. 칼뱅은 이미 1537년 초 자신이 구상한 문서를 제네바 목회자들의 이름으로 시의회에 제출했다. 이 문서에는 새로운 생각이 간략하게 제시되었는데, 이는 영국 국민의 권리를 담은 "대헌장"(Magna Carta)과 유사한 것으로 교회의 자유를 담은 자유헌장이었다. 이 문서는 다음과 같이 단순하고 직접적인 말로 시작한다.

교회가 우리 주님의 거룩한 만찬을 자주 집행하지도 참예하지도 않는다면, 그 교회는 제대로 조직되고 다스려진다고 할 수 없다. 그리고 경건함과 깊은 경외함이 없이는 그 누구도 주님의 만찬에 참석하지 못한다는 적절한 규정이 있어야 한다. 그러므로 교회를 온전하게 유지하기 위해서는 출교라는 권징이 필요하다. 교회는 이것에 의해 하나님의 거룩한 말씀에 기꺼이 순종하지 않으려는 자들을 교정할 수 있다.

이 문서의 본문은 이 주제를 다루면서 세 가지를 제시한다. 첫째, 이 지역에 사는 사람들 중 누가 "예수 그리스도의 교회를 인정하는" 사람인지를 알아야 한다. 이를 위해 간략하면서도 종합적인 신앙고백서가 필요하고, "그 마을의 모든 거주자가" 신앙을 고백하고 그 신앙의 이유를 제시해서 누가 복음에 합당한 신앙을 가지고 있는지, 누가 예수 그리스도의 나라보다 교황의 나라에 속하기를 원하는지 분별하자는 제안이 제기되었다. 둘째, 교리문답서를 준비해서 어린이들에게 신앙의 기본을 부지런히 가르쳐야 한다는 제안이다. 셋째, 이러한 준비는 "모든 신실한 사람들 중에서도, 선하게 살며 평판이 좋고 한결같으며 타락하지 않는 특정인들을" 임명하면서 마련되어야 한다. 그들은 교회 구성원들의 행동을 지켜보아야 하며, 교회에게 충고와 교훈을 주어야 한다. 교회 구성원들이 충고와 교훈을 거부할 때는 교회 구성원들을 목회자들에게 데려가 주의를 받게 해야 한다. 만일 교회 구성원들이 여전히 바뀔 수 없음이 드러난다면, 그들은 "그리스도인들의 모임에서 추방된 것으로 여겨져야" 한다. 이것의 표징으로서 그들은 주님의 만찬의 교제에 참여하지 못하며, 나머지 신실한 교인들에게 그들이 어울릴 수 없는 나쁜 사람이라고 공표해야 한다. 칼뱅은 이 제도로 개신교 교회를 만든 것이나 다름없었다. 여기서 특별히 강조해야 할 점은 두 가지다. 교회의 권징은 순전히 영적 형벌만을 의미한다. 교회는 이 목적을 이루기 위해 일반적인 사람들의 모임인 국가와 구분된다. 그래서 국가와 교회 사이에 쐐기를 박는데, 이것은 국가와 교회를 분리시키게 되었다.

칼뱅은 교회를 위해 이러한 권징을 주장했기에 당연히 시 당국자들의 경찰 규제에 전혀 관여하지 않았다. 시 당국자들은 자신들의 독자적인 영역에서 칼뱅의 동의와 협력을 계속 요청했다. 칼뱅은 교회의 권징이 지켜야 하는 한계를 가장 분명하게 알고 있었다. 그는 권징이 절대적으로 출교라는 영적 형벌에 국한됨을 명시적으로 밝힌다. 그러나 국가 입장에서 영적 범죄를 알 수 있다는 말도 분명하게 한다. 심지어 그는 교회의 권위를 세우기 위해 시 행정관의 도움을 요청하기도 했다. 칼뱅은 권징 시행에서 평신도 사역자를, 실제로는 장로를 임명할 계획을 시의회에 설명한 후에 다음과 같이 말한다.

> 우리가 보기에 출교 제도를 교회에 도입하여 교회를 온전하게 유지하는 것은 좋은 방법이다. 그리고 교회는 이러한 수준의 처벌을 넘어설 수 없다. 그러나 만일 어떤 이들이 권징을 존중하지 않고 악하게 살도록 유기되어서 출교를 비웃을 때, 그들이 그렇게 출교된 상태로 하나님과 하나님의 복음을 경멸하고 조롱하는 일을 얼마나 오랫동안 참고 처벌하지 않고 내버려둘지에 대해 생각하는 것은 여러분의 몫이다.

이것은 국가에게 교회의 법령을 시행하라고 요구하는 것이 아니다. 교회는 교회 자체의 법령을 시행한다. 교회의 극형은 출교다. 칼뱅은 교회뿐 아니라 국가도 영적 범죄를 책임질 수 있다는 사실을 인정하고 있을 뿐이다. 특히 교회는 교회의 제재를 사용해서 교회 제단을 보호하지만 국가 자체의 제재를 통해 교회 제단을 보호하며, 교회를 뒷받침하는 것은 국가의 몫이다. 칼뱅은 국가와 교회의 완전한 상호독립이라는 생각까지는 나아가지 않았다. 아직도 칼뱅에게는 "국가교회"란 생각이 남아 있었다. 그러나 칼뱅이 옹호하는 "국가교회"는 자신의 영적 영역에서 절대적인 자율성을 누리는 교회다. 칼뱅이 이것을 요구했을 때 그는 개신교 세계에 새로운 것을 요구하고 있었다. 그 이후 개혁파 교회가 누린 모든 자유의 약속과 영향력이 "국가교회"에 있다.

물론 칼뱅은 1537년에 자신이 요청했던 교회의 영적 자율성을 바로 보장받지는 못했다. 추방당했다가 돌아온 1541년에도 그것을 보장받지 못했다. 그러나 그는 여전히 포기하지 않았다. 그는 교회의 영적 자율성을 끊임없이 주장했으며, 그것을 주장하고 옹호하기 위해 겪어야 하는 고통을 언제나 마다하지 않았다. 결국 그는 승리했다. 칼뱅은 1536년 교회를 위해 영적 자유를 요구했으며, 그것을 주장했다는 이유로 1538년 제네바에서 추방되었다. 1541년부터는 교회의 영적 자유를 확립하기 위해 쉬지 않고 싸웠고 오랜 시간이 지난 1555년에는 그 자유를 상당히 보장받았다. 우리 모두가 지금까지 이 위대한 승리의 열매를 누리고 있는 것이다. 개신교 세계에 속한 모든 교회가 예수 그리스도의 교회로 그 역할을 다할 수 있는 자유를 누리는 것은 모두 장 칼뱅 덕분이다. 그는 젊은 시절에 벌써 교회의 자유를 최초로 외쳤다. 그리고 27세에 불과한 나이에 자신의 생각을 담은 개혁안을 시의회에 제출했다. 평생을 반대세력에 맞서 단호히 싸웠고 마침내 교회의 자율성을 최초로 얻어냈다. 제자들에게 교회의 자유를 생명보다 귀하게 생각하라고 가르친 사람도 바로 칼뱅이었다. 그리고 그들에게 피를 흘려서라도 자율성을 후세대에게 잘 보전하라고 가르친 사람도 바로 칼뱅이었다. 그러므로 칼뱅은 참된 의미에서 개신교 교회를 창조한 사람으로뿐 아니라 교회가 영적 영역에서 행사하는 모든 자유를 만들어낸 사람으로 우리에게 위대하게 나타난다.

하지만 우리는 여기서 칼뱅의 위대한 업적들의 관계를 자세히 살펴보기 위해 시간을 지체할 수 없다. 칼뱅의 위대한 업적은 칼뱅이 기본적으로 가졌던 경건 개념에 뿌리를 두고 있고, 칼뱅의 정신은 그의 계승자들에게 이어져 우리 세계가 가지고 있는 자율적인 제도들로 꽃을 피웠다. 이 과정에서 발생했던 많은 논의를 일일이 다 살펴볼 수는 없다. 그리고 우리가 지속적으로 존중하고 있는 칼뱅의 다른 중요한 주장들을 자세하게 언급할 수도 없다. 예를 들어 우리는 여기서 설교자 칼뱅에 대해서 아무런 언급도 하지 않을 것이다. 칼뱅의 전기 작가였던 두메르그(Emile Doumergue, 1844-1937)는 칼뱅을 "말씀의 사람"이라고 부르며, "말씀의 사람"으로서의 칼뱅이 "행동의 사람"으로서의 칼뱅이나 "사상의 사람"으로서의 칼뱅보다 더 위대하다고 말한다. 물론 칼뱅은 "행동의 사람"과 "사상의 사람" 두 가지 의미의 사람으로서도 위대했다. 칼뱅은 25년 동안 매일 제네바 설교단에 서서 한 번 혹은 두 번씩 설교를 했다. 그의 말은 유럽 전역의 사람들이 들을 정도로 큰 반향을 일으켰다. 마찬가지로 우리는 칼뱅이 개혁파 교회의 예배 질서를 새롭게 하고 예배 음악을 선물한 것에 대해서도 아무런 언급을 하지 않을 것이다. 개혁파 교회들은 칼뱅이 찬송을 부르라고 가르치기 전까지 교회 안에서 찬송을 부르지 않았다. 심지어 칼뱅의 업적 중 시편 찬송(Psalter)을 만든 것만큼이나 위대하고 영향력 있는 것은 없다고 생각하는 사람도 많다. 시편 찬송은 처음 나온 해에 25판이나 나왔으며, 그 후 4년 동안 62판이 더 출간되어 유럽 대부분의 언어로 번역되거나 옮겨졌다. 이 찬송들은 개신교 역사의 모든 "살인 시대"(Killing time) 동안 사투를 버리던 성도들의 살과 뼈가 되었다. 칼뱅의 활동은 매우 다양하고 복합적이며 많은 방향으로 크게 영향을 주었기에 그 활동을 다 열거할 수 없다. 우리는 하나님의 진리를 담은 그 체계에 대해 필수적인 언급만 할 수 있다. 칼뱅은 그 체계를 설득력 있게 다시 표현하고 강력하게 옹호함으로써 그 체계에 자신의 이름을 새겼다. 로마 가톨릭 저술가 캐논 윌리암 배리(Canon William Barry, 1849-1950)는 이것을 보고서 칼뱅을 "개신교 최고의 신학자, 아마도 서방 신학자들 중에서 아우구스티누스 이후로 후대 사람들이 가장 끊임없이 따르는 신학자"로 선언한다.

현대 역사가들은 칼뱅의 천재성이 독창성에 있지 않고 체계화에 있다고 주장한다. 그러한 주장은 관행이 되었다. 예를 들어 베를린 훔볼트 대학교의 교의학 교수 라인홀트 제베르크(Reinhold Seeberg, 1859-1935)에 따르면 "그의 정신은 매우 날카롭고 섬세하지만 창조적이지는 않다." "교의학자로서 그는 새로운 생각을 제시하지는 않았지만, 매우 섬세한 감각으로 교리적 생각들을 그 본질적 특성과 역사적 발전에 따라 가지런히 정리했다." "칼뱅은 기독교의 생각을 모은 체계를 매우 섬세하게 정리해서 이해하고, 연구 결과를 적절하게 표현할 수 있는 놀라운 재능을 지녔다." 그러므로 칼뱅은 루터처럼 "금 원석"이나 "멜란히톤처럼 불순물이 섞인 금화"를 남기기보다는 아직 유통되지 않고 불순물이 섞이지 않은 좋은 금화를 남겼다. 다시 말해서 칼뱅은 좋은 금으로 적절한 주화를 만들어 사용할 줄 알았던 사람이었다. 신학자로서의 그의 영향력이 큰 이유에 대한 설명이 바로 여기에 있다. 이 주장은 아주 쉽게 무너질 수도 있다. 그러나 그 주장의 근간에는 매우 중요한 사실에 대한 인식이 자리하고 있다. 우리는 그 전제들에서 가장 중요한 사실을 말할 수도 있다.

칼뱅은 독자적으로 성경을 연구한 사람이었다. 그는 성경이라는 보물 창고에서 옛것만이 아니라 새로운 것도 발견해냈다. 그는 "오직 믿음을 통한 칭의" 교리와 같이 혁명적인 교리를 회복시키지는 않았다. 하지만 그의 풍성한 사상이 교리 발전에 이바지한 바는 크고 중요했다. 그는 삼위일체 교리의 역사에서 큰 분수령을 이루었다. 그는 "자존성"(self-existence)을 성부뿐 아니라 성자와 성령의 본질적 속성이라고 주장했다. 이를 통해 종속설의 잔재를 몰아냈고, 하나님의 위격들의 상호 동등성에 대한 깊은 이해를 교회에 인식시켜주었다. 그는 그리스도의 사역을 설명할 때 예언자와 제사장, 왕이라는 삼중직분 개념을 도입하였다. 또한 기독교 윤리라는 분야를 만들어냈다. 하지만 무엇보다도 칼뱅은 교회에 성령 사역에 대한 온전한 교리를 제시했다. 그것은 깊은 이해와 세밀한 구성으로 이루어진 성령론이었다. 그는 성령의 일반적 은혜와 유효적 은혜를 구분했고, 성령의 지성적 영향과 심미적 영향, 의지적 영향을 구분하였다. 그것은 매우 유익한 구분이었다. 칼뱅은 교회에 매우 크고도 풍성한 유익을 선물했다. 그래서 우리가 성령 신학자로서의 칼뱅을 은혜 신학자로서의 아우구스티누스와, 속죄 신학자로서의 안셀무스, 칭의 신학자로서의 루터와 같은 위치에 올려놓는 것은 아주 공정한 일이다.

그렇지만 칼뱅이 신학 발전에 수준 높은 기여를 했음에도, 그가 가르친 교리 체계는 그에게만 특별한 것이거나 그가 새롭게 만든 것은 아니었다. 이것은 전적으로 사실이자 매우 강조해야만 하는 것이다. 물론 그는 그 교리 체계를 지지하면서 세상을 위한 자신의 위대한 일을 이루었다. 사실 그 교리 체계는 칼뱅 자신과 모든 개혁가가 공통적으로 받아들이는 "복음"이었다. "복음"에 근거하기에 그들은 스스로를 "개신교인들"이라고 불렀다. "복음"을 회복하면서 우리가 "종교개혁"이라고 부르는 역사가 이루어졌다. 칼뱅은 이러한 진리 체계의 창시자가 아니다. 그는 "2세대에 속한 사람"으로서 그 체계를 이어받은 것이다. 그가 뛰어난 기독교 교사로 매우 중요한 이유는, 그 교리들의 가치와 관계를 정확하고 세심하게 파악하여 그것들을 체계적으로 정리하는 천재성을 발휘한 데 있다. 그는 종교개혁이 공통적으로 발견한 교리들을 매우 압축적이면서도 논리적으로, 그리고 경건한 마음을 불러일으키는 전체적인 하나의 체계로 만들어냈다. 누구도 그렇게 할 수는 없었다. 이런 의미에서 칼뱅은 하나의 체계를 이룬 사람이었기에 우리의 칭송과 감사를 받아 마땅하다. 개신교 운동에 신학을 제공한 사람은 바로 칼뱅이었다.

칼뱅이 가르쳤던 교리 체계는 당시 모든 종교개혁가가 공유했던 아우구스티누스의 신학이었다. 왜냐하면 종교개혁은 영적인 관점에서 볼 때는 경건을 향한 위대한 부흥운동이었고, 신학적 관점에서 볼 때는 아우구스티누스 신학을 향한 위대한 부흥운동이었기 때문이다. 칼뱅은 아우구스티누스의 신학을 자신이 독자적으로 발견했다고 가르치지 않았다. 칼뱅은 루터의 풍부한 사상을 완전히 소화하면서 아우구스티누스 신학을 배웠다. 그리고 마르틴 부처(Martin Bucer)에게서 보다 직접적이고 세부적으로 배웠다. 그는 부처의 실천적이고 윤리적인 관점에 매료되었다. 칼뱅이 예정과 믿음, 구원의 서정, 교회, 성례 등과 같은 주제에 대해 매우 독특하게 말하는 방식은 대부분 부처의 가르침을 정확하게 재현하는 것이다. 물론 칼뱅은 부처의 가르침을 분명하고도 매우 경건하게 표현했다. 따라서 부처는 칼뱅의 가장 중요한 신학적 스승이다. 물론 칼뱅이 부처의 생각들을 그대로 가져다가 기계적으로 반복하지는 않는다. 칼뱅은 부처의 생각들을 자기 것으로 소화했고, 생각 자체나 그 생각들의 관계를 새롭고 정확하고 섬세하게 파악하여 흘려보냈다. 칼뱅은 부처의 생각들에 내포된 의미들을 새롭게 전개했고, 특히 경건에 관한 내용을 새롭고도 풍성하게 제시했다. 칼뱅이 신학자로서 갖는 독창적인 특징은 그의 생각 전반을 끌어가는 실천적 관심과 그의 생각 곳곳에 깊게 퍼져 있는 경건함이다. 칼뱅을 신학자로 만든 것은 그의 머리가 아니라 가슴이었다. 그가 신학에서 일차적으로 말을 거는 대상은 머리가 아니라 가슴이다.

물론 칼뱅은 하나님과 하나님을 아는 지식에서 자신의 신학을 시작한다. 그는 하나님을 아는 지식과 하나님을 향한 순종이 인간이 가질 수 있는 지혜의 절정이라고 밝힌다. 그러나 칼뱅이 생각하는 하나님은 공의로운 사랑의 하나님이다. 칼뱅은 아버지이자 주님이 되시는 하나님, 주님이자 아버지가 되시는 하나님을 생각한다. 물론 하나님의 뜻은 **"사물의 제1원인"**(*prima causa rerum*)이시다. 하나님이 사물의 제1원인이 아니시라면, 그분은 하나님이 아닐 것이기 때문이다. 그리고 하나님의 뜻을 받아들이는 것은 우리의 지혜일뿐 아니라 우리의 기쁨이다. 왜냐하면 그분은 우리의 아버지시기 때문이다. 칼뱅이 예정 교리를 진실로 받아들인 이유는 우리 자신이 온전히 의로우시고 선하신 하나님의 손에 전적으로 놓여 있음을 발견할 수 있다는 데 있다. 그가 누구이든 간에 사람의 손에 놓여 있지 않다. 예정이란 다름 아닌 하나님의 절대 통치를 선포하는 것이다. 칼뱅이 선택 교리를 열렬하게 받아들인 것은 우리의 영원한 행복이 전적으로 하나님의 강력한 사랑에 달려 있으며 우리의 죄된 연약함에 달려 있지 않다는 것을 가르치고자 했기 때문이다. 선택 교리란 우리의 구원 전체를 하나님 덕분으로 여기는 것이다. 인간의 아버지이신 이 주권자의 위대함을 깊이 인식하자, 칼뱅은 자신의 전 존재를 다해 그분을 경외하면서 그분 앞에 엎드렸다. 그리고 그의 가슴 전체가 그분의 영광을 위한 열망으로 불타올랐다. 이 위대하신 하나님이 자신의 성자 안에서 죄인들의 구속주가 되셨다는 사실을 칼뱅이 기억했을 때, 그는 구속주의 은혜의 영광을 선포하는 데 자신을 드렸다. 그리고 자신을 구속주의 손에 전적으로 맡겼다. 그의 영 전체가 모든 움직임에 있어 하나님의 통치에 따르기를 갈망했다. 아니 좀 더 구체적으로 말하자면, "하나님의 성령"의 인도를 갈망했다. 칼뱅은 자신 안에 있는 모든 선한 것과 자신 안에 형성되길 바라는 모든 선한 것이 하나님의 성령의 전능한 사역 덕분이라고 여겼다. "오직 하나님께 영광"과 "성령의 인도하심"이 칼뱅의 모든 생각과 삶의 두 원리가 되었다. 칼뱅의 생각을 연구한 젊고 똑똑한 한 프랑스 학자는 나중에 그것을 성령의 통제, 곧 "지배"라고 표현했다. 이것은 어쩌면 한 원리를 이중적으로 표현한 것이다. 이 둘은 근본적으로 하나다. 하나님께서는 그분이 하시는 모든 일을 성령을 통해 하시기 때문이다.

칼뱅의 위대함의 비밀과 그의 힘의 원천이 바로 여기서 드러난다. 칼뱅만큼 하나님을 깊이 이해한 사람은 없었다. 칼뱅만큼 하나님의 지시에 조건 없이 따른 사람도 없었다. 칼뱅의 생애를 연구한 독일학자 베른하르트 베스(Bernhard Bess, 1875-1889)는 다음과 같이 말한다.

인간으로서 그리고 종교개혁자로서 칼뱅이 지닌 근본 성향은 다음과 같은 시편 8:4의 말씀으로 묘사하는 것이 가장 적합하다. '사람이 무엇이기에 주께서 그를 생각하시며, 인자가 무엇이기에 주께서 그를 돌보시나이까?' 고대 이스라엘의 종교에서 영적 거장인 다윗 이후로 칼뱅만큼 하나님의 위대하심과 인간의 비천함을 인식하고 그것을 진심으로 고백한 사람은 없었다. 루터의 표현은 하나님이 마치 인간을 위해서만 존재하시는 것처럼 보이는 경우가 많은 데 반해 칼뱅은 그런 표현을 전혀 하지 않는다. 칼뱅이 보기에 하나님은 일어나는 모든 일의 이면에 계시는 전능한 의지이시다. 이 세상에서 일어나는 일은 분명히 인간과 교회, 구원에 기여한다. 그러나 이것은 그 일의 궁극적 목적이 아니다. 하나님의 신실하심과 영광을 드러내는 것이 그 일의 궁극적 목적이다.

만일 사람을 위대하게 만드는 어떤 것이 있다면, 그것은 분명히 하나님의 처분을 무조건 따르고 하나님의 뜻을 행하려 할 뿐만이 아니라, 하나님의 모든 뜻을 행하려는 자리에 자신을 놓는 것이다. 이것이 칼뱅이 한 일이었다. 그리고 그가 그렇게 위대했던 이유는 그가 이 일을 했다는 데 있다.

물론 칼뱅에게 약점이 없었던 것은 아니다. 분명히 그는 기질이 센 사람이었다. 물론 우리가 그를 공정하게 보기 위해서는 그 용어의 모든 의미를 살펴야 한다. 그는 모든 면에서 그 시대의 최고의 의견을 뛰어넘는 의견을 제시하지는 않았다. 예를 들면 우리가 이미 살펴보았듯이 그는 세속 법정의 판단을 영적 범죄에까지 확대하려 한 점에서 당대의 생각을 전적으로 따랐다. 그는 그 시대 사람들의 일반적인 생각에 동의해 세르베투스의 처형이라는 불행한 사건에 연루되었다. 그러나 여기서 우리가 칼뱅을 공정하게 대하기 위해서는 신중하게 생각하고 판단해야만 한다. 오늘날 어떤 저명한 저자가 신중하지 못하고 경솔하게 세르베투스 사건에 연관된 칼뱅을 "그 시대에 중범죄를 저지른 사람", 곧 "우리의 영웅 세르베투스를 살해한 사람"이라고 말했다. 하지만 이와 다른 저술가는 통찰력을 가지고 세르베투스는 "비범함을 지닌 바보"였지 영웅은 아니었다고 묘사했다. 불행하게도 세르베투스의 "살해"라는 "범죄"는 그 시대 사람들의 진면목을 잘 보여준다. 또한 당시는 목숨을 가볍게 생각하던 시대였고, 국가 체계에서 이단 사상과 신성 모독은 사형죄에 해당한다는 합의가 있었다. 그리고 세르베투스는 칼뱅이 소속되지 않고 영향력도 없었던 법정에서 유죄 판결을 받고 처형되었다. 칼뱅은 세르베투스에게 필요 이상으로 잔인하게 처벌을 가하지 말라는 탄원을 넣었지만 법정은 그의 탄원을 거부했다.

파울 베른레(Paul Wernle, 1872-1939)는 칼뱅이나 칼뱅주의에 전혀 매력을 느끼지 못하는 스위스 신학자다. 그는 다음과 같이 말했다.

어떤 학생들은 수업시간에 칼뱅의 잘못 때문에 세르베투스가 화형당했다고 배운다. 그 학생들은 그렇게 칼뱅에 관한 관심을 키운다. 그들이 기억해야 할 것은 만일 그들이 그 시대에 살았다면 십중팔구 세르베투스를 화형시키는 일에 가담했을 것이라는 점이다. 칼뱅에 대한 관심을 끊기는 그리 쉽지 않다. 그는 당시 가장 빛나고 예리한 신학자였다. 또한 스코틀랜드와 프랑스, 영국, 네덜란드에서 개신교가 보여준 힘의 원천이었다. 분명히 우리 모두는 칼뱅의 다스림을 받지 않아 기쁘다. 그러나 이러한 하나님의 열심이 그를 사로잡지 않았다면 우리가 어떻게 되었을지 누가 알겠는가? 칼뱅의 진면목은 열정을 올바른 방향으로 집중시키는 것에서 나타난다. 칼뱅이 그 열정으로 불사른 것은 무엇보다 자기 자신이었다. 그가 유럽의 개신교 진영의 절반을 결집시켜 난공불락의 세력으로 만든 눈부신 영웅적 행동만큼이나 제네바에서 행한 그의 통치는 엄격했다. 칼뱅은 싸워서 개혁파 세계를 정복한 사람의 전형이었다. 위그노 교도들과 네덜란드인들의 전쟁터에서, 그리고 다수의 청교도들 중에서 싸움에 나섰던 사람은 바로 칼뱅이었다. 이만큼 철저하고 절대적인 모습을 보인 종교개혁가는 거의 없다. 그럼에도 그는 절제를 보였으며 온갖 종류의 과도함을 두려워했다. 그는 대중들에게 공손하면서도 재치 있게 말하는 법을 알고 있었다. 여러분이 칼뱅을 알고자 한다면, 칼뱅이 어떻게 하나님과 세상과 함께, 하나님과 세상을 위해 살았는지 알고자 한다면, 먼저 『기독교 강요』의 '그리스도인의 삶에 대하여'라는 절을 읽어보라. 그것은 칼뱅 자신의 자화상이다. 그리고 나서 여러분이 그의 개인적 경건을 알고자 한다면, '칭의에 대하여'와 '예정에 대하여'라는 절을 추가로 읽어보라. 여기에서 여러분은 그의 신앙생활에서 매우 가슴 뭉클하고 깊은 것이 무엇인지를 발견할 것이다.

이러한 사람이 장 칼뱅이었다. 이 일이 그가 이 땅에서 하나님과 하나님 나라를 위해 행한 일이었다. 베를린 대학교 역사신학자 아돌프 하르낙(Adolf Harnack, 1851-1930)의 말에 따르면, 아우구스티누스는 하나님께서 사도 바울과 종교개혁가 루터 사이에 교회에게 주신 가장 위대한 인물이었다. 우리는 하나님께서 종교개혁가 루터와 우리 시대 사이에 장 칼뱅보다 더 위대한 인물을 교회에 주신 적이 없다는 말을 확실히 덧붙일 수 있다.

II
하나님을 아는 지식을 다루는 칼뱅의 교리[1]

1. Benjamin B. Warfield, "Calvin's Doctrine of the Knowledge of God" in *The Princeton Theological Review*, vol. 7, 1909, pp. 219-325.

칼뱅은『기독교 강요』1권 1장부터 9장까지 하나님을 아는 지식과 하나
님의 일들에 대한 지식이 어디에서 나오고, 어떻게 보장될 수 있는지를
광범위하게 설명한다. 하나님을 아는 지식을 체계적으로 연구하기 위해
서는 바로 그러한 광범위한 설명에서 시작해야 한다. 여기서 칼뱅이 왜
그런 설명으로 자신의 책을 시작하는지에 대해 자세하게 살펴볼 수는 없
다. 다만 칼뱅이 자신의 설명을 체계적으로 제시할 수 있는 지성을 소유
했다는 것과 그의 견해는 분명하고도 포괄적인 특성을 가지고 있다는 것
을 언급하는 것만으로도 충분하다. 그래서 칼뱅은『기독교 강요』초판에
서 하나님을 아는 지식 등에 관해 설명한다. 초판은 질서정연한 논리적
순서를 따라 "전반적으로 기독교를 다루면서 기독교의 요점을 말하려고"
했다. 이를테면 초판은 신학교에서 사용되는 교과서로 만들어진 것이다.
『기독교 강요』2판은 1539년에 출간되었다. 칼뱅은 자신의 책 제목이 함
의하는 내용들을 온전하게 보여준 첫 번째 책이『기독교 강요』2판이라
고 생각했다. 그는 하나님을 아는 지식 등에 대한 설명을 완성도 높게 작
성해 그것을 2판에 실었다. 그리고 2판이 출간된 후에도 상당한 분량의
글을 추가적으로 쓰면서 이전의 설명들을 보완했다. 이런 설명을 덧붙이
면서, 그는 하나님을 아는 우리 지식의 원천을 자세히 설명하고 확증하는
좀 더 풍성한 글로 자신의 책을 발전시키고자 했다. 그러나 내용이 추가
되었다고 해서 근본 가르침이 바뀐 것은 아니었다. 칼뱅이『기독교 강요』
2판을 출간한 이후에도 자신의 책을 지속적으로 발전시키지만, 1539년에
보여주려고 기획했던 설명의 기본 요점은 조금도 바뀌지 않았다.

칼뱅은 1536년부터 1539년까지 로마 가톨릭교회와 재세례파들과의

신학적 문제로 발생한 여러 논쟁에 참여했다. 우리는 이 시기에 칼뱅이 자신의 논쟁자들을 설득하기 위해 광범위하고 칭송할 만큼 균형 잡힌 주장을 특별히 준비하는 것을 관찰할 수 있다. 그와 동시에 그가 로마 가톨릭교회와 재세례파들의 신학적 오류를 거부했고, 당시 일반 시민들이 품었던 회의론에 맞서 확신에 찬 목소리를 높이는 것도 볼 수 있다. 우리는 칼뱅이 목회자로, 교수로, 그리고 개신교 정치가로 살았던 시기에 그가 보여준 열정과 지속적으로 추진한 연구의 열매들을 발견할 수 있다. 특히 진리의 본질에 대한 그의 체계적 견해를 점점 더 자세히 연구하면서 우리는 무르익어가는 칼뱅 사상의 열매들을 발견할 수 있다. 그러나 무엇보다도 그가 자신의 작은 책 맨 앞에 이렇게 깊이 있는 변증적 연구를 솜씨 있게 담아낼 수 있었던 원인은 신학을 다루는 그의 천재성에 있다고 말할 수 있다. 1539년에 출간된 『기독교 강요』 2판은 1536년에 출간된 초판보다 두 배 이상 증보되었지만 여전히 작은 책자에 불과했다. 자신의 책을 지속적으로 증보하는 칼뱅의 작업은 종교개혁운동을 위한 실제적인 첫 발판을 마련한 것이었다. 그뿐 아니라 이 작업은 기독교 신학의 역사에서 기독교 변증학의 온전한 골격을 개괄적으로 처음 기획한 시도이기도 했다. 기독교 사상의 역사에서 칼뱅이 하나님을 아는 지식의 원천과 그 보장을 설명하는 것의 중요성은 바로 여기에 있다. 그리고 이 설명은 『기독교 강요』를 시작하는 첫 주제다. 19세기 중반 괴팅겐 대학에서 종교개혁 초기의 역사를 가르쳤던 역사신학자 율리우스 쾨슬린(Julius Köstlin, 1826-1902)은 칼뱅이 설명한 내용을 논의의 흐름 정도만 간략하게 살펴보고도 이렇게 평가한다.

그는 벌써 기독교 변증 체계의 윤곽을 완성된 형태로 제시한다. 그는 이미 1539년에 『기독교 강요』를 통해 종교개혁가들 사이에서뿐만 아니라, 그때까지 있었던 일반 기독교 신학자들 사이에서도 특별한 지위를 가졌다. 예를 들면 멜란히톤(Melanchthon)이 『신학총론』(Loci Communes, 1535)에서 신 존재 증명과 관련하여 최종적인 설명으로 제시하는 것조차도, 칼뱅의 설명과 비교하자면 버려진 건물 잔해 정도로 보인다.[2]

실제로 칼뱅 이전 시대의 신학자들 중에서 칼뱅이 『기독교 강요』에서 제시하는 문제의 핵심을 똑같이 파악한 사람으로는 아우구스티누스가 유일하다. 그 외에 어느 누구도 칼뱅이 온전하고도 체계적인 균형감각을 가지고 다룬 것처럼 이러한 핵심들을 한데 모아 제대로 구성해낸 사람은 없었다.

『기독교 강요』가 출판됨과 동시에 칼뱅의 변증적 설명은 전체 기독교 사상의 소중한 자산이 되었으며, 그것은 우리에게 당연하게 여겨지는 것처럼 개신교 사상에, 특히 개혁파 교회 사상에 필수적인 요소가 되었다. 우리는 그 사상이 칼뱅에게도 새로웠다는 사실을 이해하기가 어렵다. 또한 지금 우리가 보기에 칼뱅은 기독교 계시가 낳은 어려운 문제들로 이루어진 요소들을 필연적으로 수정해야 했다고 생각할 수 있지만, 칼뱅의 그런 생각은 모든 그리스도인이 생각할 수 있는 자연스러운 것이 아니었다는 사실을 우리가 인식하기는 어렵다. 그래서 칼뱅의 변증적 설명이 우리에게 친숙해 보일지라도 우리가 칼뱅의 글에 담긴 주요 진술들과 관련해 칼뱅의 사상을, 적어도 그 사상의 요점을 이해하는 것이 아주 중요하다. 우리는 오직 칼뱅의 사상을 이해할 때 칼뱅의 천재성을 이해할 수 있으며 우리가 그에게 어떤 신세를 지고 있는지 알 수 있다. 우선 칼뱅 사상의

---

2. *Theologische Studien und Kritiken*, 1868, p. 39에 실린 *Calvin's Institutio, nach Form und Inhalt, in ihrer geschichtlichen Entwickelung*에 관한 기사를 보라. 1539년판에 실린 이 부분에 대한 쾨슬린의 전문은 읽을 만한 가치가 있다(pp. 38-39).

핵심 요소들을 짧게 요약하는 것만으로도 충분해 보인다. 칼뱅 사상의 핵심에는 다음과 같은 요소들이 포함된다. 곧 하나님을 아는 인간의 본성적 지식은 자명한 것이고, 하나님은 자연과 섭리 속에서 자신을 풍성히 드러내시면서 하나님을 아는 인간의 본성적 지식을 촉진시키시고 발전시키신다는 것이다. 하지만 인간이 죄로 인해 타락했기 때문에 그 지식은 적절한 결과를 가져오지 못한다. 그래서 성경에서 구체화된 하나님의 객관적 계시와 성령 하나님의 주관적 사역이 하나님을 아는 인간의 지식에 반드시 필요하다. 죄인이 객관적 계시를 받아들이기 위해서는 반드시 성령의 주관적 사역이 필요하다. 인간의 영혼에 하나님을 아는 참된 지식이 수여되는 것은 하나님의 객관적 사역과 주관적 사역의 연합을 통해서다.

칼뱅의 이러한 가르침을 좀 더 자세히 살펴보면 다음과 같다. 하나님을 아는 지식은 우리가 우리 자신을 알아가는 것과 동일한 행동 가운데 주어진다. 우리가 스스로를 알려면 우리 자신이 존재하는 모습 그대로를 알아야 한다. 이것은 우리가 자신을 의존적인 존재, 기원이 있는 존재, 불완전한 존재, 책임이 있는 존재로 알아야만 한다는 것을 의미한다. 그러므로 우리 자신을 안다는 것은 우리가 의존하는 존재와 우리의 기원이 되는 존재, 우리의 불완전함을 드러내주는 기준이 되는 존재, 우리가 책임감을 느끼는 대상이 되는 존재와 우리 자신을 함께 안다는 뜻이다. 물론 우리 자신을 아는 이러한 지식은 하나님을 아는 지식을 전제하며, 우리는 오직 하나님과 스스로를 대조해서 우리 자신을 올바르게 알 수 있다. 그러나 이것은 우리가 자신을 알 때 하나님을 알게 된다는 사실을 훨씬 더 강조하는 것이다. 하지만 지금 우리는 하나님과 우리 자신을 동시에 알아가고 있다는 것만을 깨달았다. 그래서 우리가 의식하는 지식의 두 대상, 곧 하나님을 아는 것과 우리 자신을 아는 것 중 어느 것이 먼저인지에 대한 논의는 한동안 결정하지 않고 내버려두어야 할 것 같다.

이와는 다르게 인간이 하나님을 아는 본성적이고 지울 수 없는 지식을 가지고 있다는 것은 분명하다. 게다가 그 지식은 인간의 생각과 감정, 의지에 적절한 반응을 낳아야 한다. 바로 여기서 우리가 종교라고 부르는 것이 생겨난다. 하지만 이런 적절한 반응은 각 사람의 영혼의 상태에 따라 달라진다. 인간은 하나님을 아는 지식을 갖지 않을 수 없다. 하지만 하나님을 아는 이 타고난 지식은 하나님이 자연과 섭리 속에서 풍성히 자신을 드러내시는 것을 보면서 성장하고 발전된다. 그 어떤 사람도 이 지식을 감지하지거나 파악하는 데 실패할 수 없다. 그럼에도 불구하고 각 사람이 지닌 영혼의 주관적 상태는 인간에게 형성되어 있는 하나님을 아는 실제적 지식에 영향을 끼친다. 인간의 영혼은 죄로 부패했기 때문에 하나님을 본성적으로 이해하지 못하고 무뎌졌다. 인간의 영혼은 자연과 역사 속에 나타나시는 하나님을 왜곡해서 이해한다. 따라서 부패한 인간은 자연이 하나님에 대해 증언하는 것만으로는 하나님을 올바로 알 수 없다. 그래서 하나님은 자신을 그분의 백성에게 초자연적으로 계시하셨고, 그분에 관한 이 계시를 성경에 기록된 형태로 보존하셨다. 그러므로 이제 우리는 성경을 통해서만 하나님에 대한 적절한 계시를 얻을 수 있다. 하나님에 대한 계시는 일반적으로 통용되고 있는 그런 거부할 수 없는 외적 증거에 의해서 입증된다. 그리고 그것은 보통 이야기되는 것처럼 인간의 영혼에 내재해 있다는 하나님의 신성의 표지에 의해서도 입증된다. 정상적인 지성을 가지고 있는 사람이라면 그 누구도 하나님의 신성의 표지가 인간의 영혼에 내재해 있다는 것을 반대할 수 없다. 하지만 하나님의 계시를 듣고 있는 지성은 죄로 어두워진 지성으로서 정상적인 지성이 아니다. 그것은 죄라는 끔찍한 질병으로 인해 무질서해진 지성이다. 죄로 어두워진 지성에서 일어나는 주관적인 작용이, 하나님이 주신 직접적인 계시를 인정한다는 것은 무슨 의미인가? 사실 하나님의 계시 그 자체가 계시의 참됨을 보증한다. 그 계시 자체에서 흘러나오는 빛 외에 다른 어떤 빛도 그 계시를 비출 필요가 없다. 다른 어떤 빛도 하나님의 계시가 가져오는 탁월함을 지닌 효과를 가져오지 못한다. 하지만 계시를 받아들이는 인간의 지성이 죄로 파괴되면 어떤 것도 그 목적을 이루지 못한다. 그래서 죄로 파괴된 인간의 영혼이 하나님의 말씀 자체로부터 흘러나온 빛을 진정한 빛으로 받아들이기 위해서는 치료의 과정이 필요하다.

죄인들이 이 빛을 인식할 수 있도록 그들의 영혼을 치료하는 것은 성령의 증언이라고 불린다. 그러므로 그 증언은 하나님의 성령이 인간의 마음에 일으키시는 주관적 사역이다. 성령의 주관적 사역에 의해 인간의 영혼은 하나님의 객관적 계시를 인식하고 받아들인다. 그렇다면 성령의 증언은 하나님의 말씀이라는 객관적 계시를 대신하는 것이 아니다. 엄밀한 의미에서 성령의 증언은 계시가 아니다. 성령의 증언은 객관적 계시를 전제하고, 인간의 마음이 그 객관적 계시에 반응하고 그것을 받아들이도록 준비시킬 뿐이다. 하지만 인간의 마음이 준비되지 않는다면 객관적 진리는 그 마음에 어떤 영향도 주지 못한다. 그래서 성령께서는 인간의 마음을 회복시키신다. 그리고 그분은 인간의 마음에 영적 감각을 심거나 아니면 인간의 마음에 있는 영적 감각을 회복시키신다. 이로 인해 인간의 영혼은 하나님의 말씀 속에서 하나님을 인식한다. 인간의 영혼에 영적 감각이 생겼을 때는 성경을 하나님의 말씀으로 받아들이기 위한 외적 증거는 더 이상 필요 없다. 왜냐하면 인간이 빛을 빛으로 지각하고 달콤함을 달콤함으로 지각하듯이, 인간의 영혼은 하나님의 말씀을 하나님의 말씀으로 즉각적이고도 틀림없이 인식하기 때문이다. 그러므로 그리스도인이 갖고 있는 하나님을 아는 지식은 인간이 태어날 때 가지는 하나님을 인식하는 인간의 본성에 근거하며, 이 지식은 자연과 역사 곳곳에 깊이 스며든, 하나님이 자신을 드러내심(patefaction)을 경험하면서 더욱 풍성하게 발전한다. 그리고 이 지식은 더욱 특별하게 성경에 담긴 하나님의 객관적 계시에 근거한다. 성경은 계시가 하나님으로부터 왔다는 증거를 자체적으로 가지고 있다. 이와 관련해서 모든 영적인 사람은, 사람의 시각이 빛을 빛으로 인식할 수 있는 정도의 확신으로 그 계시에 반응한다. 칼뱅이 『기독교 강요』에서 하나님을 아는 지식을 체계적으로 설명하면서 놓았던 기초가 바로 이것이다.

우리는 여기서 나타나는 칼뱅 사상의 핵심 요소를 몇 개의 주요 원리로 정리할 수 있다. 이 원리들은 특히 다음과 같은 교리들을 담고 있다. 곧 하나님을 아는 본성적인 지식에 대한 교리, 자연과 역사 속에 나타난 하나님의 일반계시에 대한 교리, 하나님의 특별계시와 그 계시가 성경 속에서 구현된 것을 다루는 교리, 죄가 인간 지성에 미치는 영향을 다루는 교리, 성령의 증언을 다루는 교리다. 칼뱅의 사상을 공정하게 다루기 위해서 우리는 칼뱅이 이러한 교리들과 더불어 이것들과 필연적으로 연결된 하위 주제들을 어떻게 다루고 있는지를 자세히 살펴보아야 한다.

1. 자연계시

하나님을 아는 지식은 타고난 것이다(I.iii.3). 하나님을 아는 지식은 인간의 마음에 본래부터 새겨져 있으며(I.iv.4), 그래서 인간을 구성하는 한 요소다(I.iii.1). 칼뱅이 전적으로 확신하는 바에 따르면 이것은 본성과 관련된 일이고(I.iii.1, I.iv.2), 모든 인간은 태어날 때부터 이것을 스스로 배운다(I.iii.3). 칼뱅은 다음과 같은 내용을 논쟁의 여지가 없는 사실로 보았다. "인간의 지성은 타고난 본능으로 어느 정도의 신 인식을 소유한다"(I. iii.1의 초반과 후반; I.iii.3—신성 인식[*sensus divinitatis*] 혹은 신 인식[*sensus deitatis*]).[3] 그리고 그는 이 사실에서 비롯되는 하나님을 아는 지식은 보편적이고 지워질 수 없다는 필연적 결론을 옹호한다. 모든 사람은 어떤 신이 존재한다는 것과 그 신이 자신을 만들었고, 그들은 그 신에 대해 책임감을 가진다는 사실을 알고 있다. 아무리 문명이 발달하지 못한 야만족이라 할지라도 자신들의 내면 깊숙이 심겨진 신 인식을 잃어버릴 만큼 미개하지는 않다. 그리고 그들은 낮은 수준의 의식일지라도 예배 의식을 가지고 있고, 이것이야말로 신 인식이 인간에게서 지워질 수 없다는 사실에 대한 증거다. 왜냐하면 야만족의 예배는 야만족의 인간성을 퇴락시키려고 하는 것임에도 야만족의 신 인식을 제거하지는 못했기 때문이다(I.iii.1). 신 인식은 모든 종교의 전제조건이다. 신 인식이 없다면 그 어떤 종교도 생기지 않았을 것이다. 신 인식은 종교가 인간들의 속임이나 정치

---

3. 『기독교 강요』, I.iii.1, 초반. "실로 사람의 마음은 본성적으로 **신성을 인식한다**. 우리는 이에 대해 논쟁의 여지가 없다"(Quemdam inesse humanae menti, et quidem naturali instinctu, divinitatis sensum, extra controversiam ponimus); iii.3, 초반. "사실 판단을 제대로 하는 모든 사람들은 지워질 수 없는 **신성을 인식**(divinitatis sensum, qui delera numquam potest)하는 것이 그들의 마음속에 새겨져 있음을 언제나 확신한다." "사람의 마음에는 **신성에 대한 인식**이 새겨져 있다. 그것이 지워질 수 없다는 것은 언제나 분명하게 드러났다"(Hoc quidem recte judicantibus semper constabit, insculptum mentibus humanis esse divinitatis sensum, qui deleri nunquam potest); iii.3, 중반. "하지만 지워버리려고 했던 그 신 인식은 새로운 마음으로 부각된다"(vigere tamen ac subinde emergere quem maxime extinctum cuperent, deitatis sensum); iv.4, 후반. "**신 인식**은 본래 태어날 때부터 사람들의 마음속에 새겨져 있다"(naturaliter insculptum esse deitatis sensum humanis cordibus); iv.4, 후반. "그럼에도 불구하고 어떤 신이 존재하고 있다는 개념은 아직 뽑히지 않은 채 심겨져 있는 씨앗처럼 여전히 남아 있다"(manet tamen semen illud quod revelli a radice nullo modo potest, aliquam esse divinitatem); iv.4, 후반 칼뱅은 "**타고난 본성**"(*naturalis instinctus*; iii.1, 초반)이라는 용어를 **신성 인식**(*sensus divinitatis*)과 **신 인식**(*sensus deitatis*)으로 사용하며 이런 용어의 동의어로 **신에 대한 이해**(*numinis intelligentia*), **신 개념**(*dei notio*), **신 관념**(*dei notitia*)에 이르기까지 다양하게 사용하고 있다. 이것은 "**하나님을 아는 사람**"(*cognitio dei* man)이 이를 수 있는 지식의 한계와 칼뱅이 사용한 "**종교**"(*religio*)의 범주를 설정해주는 기초가 된다. 이것은 어떤 곳에서는 "**종교의 씨앗**"(*semen religionis*)으로 불리기도 한다.

적 책략에서 기원했다고 설명하려는 모든 시도에 암묵적인 전제를 주기도 한다. 또한 신 인식은 종교가 인간 타락의 기원을 설명하려는 모든 시도에도 암묵적인 전제를 제공한다. 그러한 시도들의 핵심은 인간의 지울 수 없는 종교적 성향에 있기 때문이다(I.iii.1). 무신론자들은 자신들이 경멸한다고 고백하는 바로 그 신적 존재를 계속 두려워하고 있음을 제대로 감추지 못한다(I.iv.2). 그리고 악한 자들은 자신들의 의식 속에 있는 죄를 추궁하는 신에 대한 인식을 지워버리기 위해 아주 많은 노력을 한다. 하지만 그러한 신 인식을 지워버리는 일은 본성적으로 불가능하다(I.iii.3). 이처럼 야만인과 무신론자, 악한 자들의 경우는 모두 신 인식이라는 사실을 입증하는 데 기여한다. 그 논의는 하나님을 아는 본성적 지식이 인간을 짐승과 구별해준다는 선언으로 끝난다. 그것은 인간이 이 지식을 잃는다면 인간이 지음 받은 바로 그 법칙에서 멀어질 것이라는 선언이다(I.iii.3, 후반).[4]

만일 하나님을 아는 지식이 인간 관념 안에 들어가서 인간의 존재 법칙을 구성한다면, 우리가 우리 자신을 아는 인식 행위에서 하나님을 아

---

4. 하나님을 아는 지식이 타고난 것이라는 생각은 개혁주의 교사들의 공통자산이다. 이탈리아 종교개혁가 피터 마터 버미글리(Peter Martyr Vermigli, 1499-1562)는 그가 죽은 뒤 1576년에 발간된 『신학총론』(Loci Communes) 서문에서 이렇게 말한다. "하나님을 아는 지식은 모든 인간의 마음속에 본성적으로 심겨 있다"(Dei cognitio omnium animis naturaliter innata). 이 명제는 소키누스주의자들과의 논쟁에서 아주 유명해졌다. 소키누스주의자들의 주장에 따르면 인간의 마음은 태어날 때부터 백지상태(tabula rasa)이고 모든 지식은 획득되는 것이다. 개혁신학자들은 하나님을 아는 본성적 지식을 옹호할 때, 그것을 지나치게 과장하지 않으려고 매우 조심했다. 라이젠(Leonardus van. Ryssen, 1636-1700)은 F. Turrentini Compendium theologiae ex theologorum nostrorum institutionibus theologicis auctem et illustratum, 1695, I. p. 5에서 다음과 같이 말한다. "최근 일부 저자들은 신(numinis)을 인식하는 본성적 감각을 **우리 마음에 새겨진** 하나님에 대한 관념이라고 설명한다. 하나님에 대한 관념이 어떤 방식에 따라 하나님을 아는 타고난 **능력**으로 이해된다면 우리는 그러한 관념을 부정하지 말아야 한다. 그러나 그 관념이 우리가 태어날 때부터 하나님을 아는 실제적이고도 적절한 지식을 의미한다면 우리는 그것을 전적으로 거부해야 한다"(Heinrich Heppe, Die Dogmatik der evangelisch-reformierten Kirche, 1861, p. 4).

는 지식을 얻는다는 결론이 나온다. 칼뱅은 자신의 책 첫 장에서부터 이러한 논의를 길게 발전시킨다. 그는 아우구스티누스의 유명한 논제를 떠올리게 하는 언급으로 이 논의를 시작한다. 인간은 마땅히 하나님을 아는 지식과 영혼을 아는 지식이라는 논제에 관심을 두어야 한다. 이 두 가지 지식은 서로 밀접하게 연결되어 있어 어느 것이 우선하는지 알 수 없다. 우리 자신을 아는 지식은 하나님을 아는 지식을 수반한다. 그리고 우리 자신을 아는 지식은 하나님을 아는 지식에서 유익을 얻는다. 우리는 우리 자신을 더 잘 알수록 하나님을 더 잘 알 수 있다. 우리 자신을 하나님과 대조하지 않는 한 우리의 진정한 모습은 전혀 알 수 없다. 우리가 자신에 대해 정확히 판단할 수 있는 유일한 기준은 하나님이시다(I.i.2). 칼뱅은 우리 자신을 아는 지식 속에 하나님을 아는 지식이 함축되어 있는 상태를 분석하면서 인간의 본질을 의존적인 존재, 기원이 있는 존재, 불완전한 존재, 책임이 있는 존재로 강조한다. 인간 본질이 조금이라도 인식된다면 그것은 그러한 존재로 인식되어야만 한다. 그리고 인간의 본질이 그러한 존재로 인식되기 위해서는 우리가 의존하는 존재와 우리의 기원이 되는 존재, 우리의 불완전함을 드러내는 존재, 우리의 책임감의 대상이 되는 존재와 관련하여 인식되어야 한다(I.i.1). 우리는 스스로 존재하지 못하기 때문에 우리 자신이 다른 한 존재(Another) 안에서 "살아가고 움직이고 있음"을 인식해야만 한다. 또한 우리는 우리 자신이 결과물임을 인지한다. 우리는 이 사실을 알면서 이 사실에 대한 원인도 인식한다. 예를 들어 하늘이 우리에게 재능을 수여했으므로, 이 재능은 우리의 지성이 그의 원천으로 나아가는 데 필요한 지류(支流)를 형성한다. 우리는 우리의 불완전함을 지각하면서 그분의 완전하심을 지각한다. 그래서 우리는 우리의 궁핍함으로 인해 그분이 무한하게 충만하신 분임을 볼 수 있다. 우리는 단지 우리 자신의 불만족을 지각하면서 우리의 시선을 그분께 고정할 수 있을 뿐이다. 그리고 오직 그분의 의로운 심판을 고대하게 된다. 그리고 우리가 그분의 위엄 가득한 임재 가운데 우리의 비천함을 깨닫고 그분의 의로우심 가득한 임재 가운데 우리의 죄를 깨달을 때, 하나님에 대한 우리의 지각은 놀라움으로 바뀐다. 우리가 그분을 우리의 의로운 재판관으로 인식하는 동안에도 말이다.

칼뱅은 이러한 분석을 통해 죄 인식과 하나님을 아는 우리의 지식에서 죄 인식이 하는 역할을 강조한다. 이런 강조는 즉시 우리의 주의를 끈다. 우리는 다른 무엇보다도 "비참한 파멸" 상태에 있는 우리 자신을 발견한다. 칼뱅에 따르면 우리는 그 비참함 때문에 눈을 들어 하늘을 바라본다. 우리는 부족함 때문만이 아니라 두려움을 자각하기 때문에도 하늘을 바라본다. 칼뱅은 우리가 스스로에 대해서 불만족을 느끼기 시작할 때, 비로소 최선을 다해 자신의 생각을 하나님께 집중한다고 말한다. 이러한 사실은 칼뱅이 『기독교 강요』에서 이론적인 문제만 다루기보다는 실천적인 문제들에 몰두하고 있음을 보여준다. 칼뱅은 인간이 이상적인 상태로 하나님을 아는 지식을 얻는 방법을 보여주는 데는 관심이 없었다. 그보다는 인간이 이 땅에 존재하는 동안에 실제로 하나님을 아는 지식에 도달하는 일에 더 많은 관심을 가졌다. 칼뱅은 이러한 지식이 타고난 것이며 앞에서 말한 것처럼 분명하게 인간의 본질에 속하는 것이라고 선언한다. 여기서 칼뱅은 인간에게 없는 특성을 강조하는 것이 아니라 이 세상에 실제로 존재하는 인간의 특성을 강조하는 인간 지성을 이야기하고 있다. 그는 하나님을 아는 지식이 이런 인간 지성에서 실제로 발생하는 상태를 설명하기로 결정한다. "우리는 첫 사람의 타락으로 인해 비참한 처지에 놓인다"(I.i.1). 타락하지 않았을 때 인간은 자신의 본성에 따라 필연적으로 하나님, 자신의 존재 영역, 자신의 존재를 만드신 하나님, 자신의 탁월함의 기준이 되는 그분을 알았다. 하지만 타락한 인간은 오직 죄책감을 통해서만 자신 위에 계신 하나님을 우러러 보게 된다. 인간은 죄책감에 사로잡혀 심판을 두려워하고 예견한다. 칼뱅은 그렇게 말하는 것 같다.

칼뱅은 여기서 하나님을 아는 지식이 인간에게 무효화될 수 없고 제거될 수 없는 소유라고 상정한다. 이 지식은 하나님과 같은 어떤 존재가 있다는 공허한 확신이 결코 아니다. 우리가 우리 자신을 알 때 주어지는 하나님을 아는 지식은 단순한 인식이 아니다. 그것은 이해이며, 내용을 가지고 있다. 칼뱅은 "그러므로 우리 자신을 아는 지식은 우리가 하나님을 찾고자 하는 동기가 될 뿐만 아니라, 하나님을 발견하는 데 상당한 도움을 주기도 한다"(I.i.1, 후반)고 말한다. 따라서 우리가 본성적으로 타고나는 하나님을 아는 지식은 하나님이 존재한다는 단순한 확신 이상이다. 그 지식은 하나님이 어떤 분이신지에 대한 이해를 수반한다. 이처럼 하나님을 아는 지식은 결코 쓸모없거나 무기력한 것이 아니다. 도리어 그 지식은 생각과 감정, 의지를 통해 인간의 영혼에 어떤 결과를 낳는 것임에 틀림없다. 달리 말하자면, 우리의 타고난 자질은 "신 인식"(sensus deitatis)일 뿐만 아니라 "종교의 씨앗"(semen religionis)이기도 하다(I.iii.1-2; I.iv.1; I.iv.4; I.v.1). 왜냐하면 우리가 말하는 종교는 인간의 영혼이 하나님이 어떤 분이신지 지각한 후에 그 하나님에 대해 반응하는 것이기 때문이다. 그렇기 때문에 칼뱅은 하나님을 아는 지식이 보편적이라는 주장을 강하게 하는 만큼이나 종교가 보편적이라는 주장도 강하게 한다. 그의 주장에 따르면 "종교의 씨앗은 모든 사람의 마음속에 심겨져 있다"(I.iv.1; v.1). 그래서 모든 사람은 종교성을 가지고 있다(I.iii.2, 중반). 그리고 사람들은 언제 어디서나 자신들의 신 이해에 맞게 종교를 멋대로 창안해낸다.

칼뱅은 『기독교 강요』 1권 2장에서 종교의 기원과 본질에 대해 간결하지만 매우 명료한 견해를 제시한다. 어떤 형태로든 하나님을 아는 지식이 있는 곳이라면 종교가 반드시 있다고 이야기하는 것이다. 그가 여기서 말하는 하나님을 아는 지식은 구속된 죄인이 그리스도 안에서 가지는 것과 같은 만족할 만한 수준의 지식이 아니다. 그렇다고 하나님과 같은 존재가 있다는 생각이 하나님을 아는 지식으로 이야기되는 것과 같은 것은 더더욱 아니다. 그러한 개념은 때때로 하나님을 아는 지식이라고 불린다. 하나님의 "본질"에 대한 사변적인 추측은 하나님에게 영향을 받지 않으면서도 가능하다. 그러나 지성과 감성, 의지가 하나님을 향해 움직이지 않는다면, 하나님을 생명력 있게 이해하기란 분명히 불가능하다. 그리고 하나님을 실제로 아는 일은 하나님을 향한 경건이 창출되는 것과 뗄 수 없는 관계다. 경건은 하나님을 향한 경외와 사랑을 뜻한다. 그러므로 하나님을 아는 지식은 먼저 우리 안에서 하나님을 향한 두려움과 경외의 감정을 일으킨다. 다음으로 그 지식은 하나님을 모든 복의 근원으로 받아들이고 찬양하려는 태도를 불러일으킨다. 만일 인간이 죄인이 아니었다면, 다음과 같은 결과가 일어났을 것이다. 곧 사람들은 하나님을 알고서 확신 가운데 그분을 향했을 것이다. 그들은 주저 없이 그분의 돌보심에 자신들을 맡겼을 것이다. 그분의 판단을 두려워하기보다는 그분께 공감과 충성을 보이면서 그분의 판단을 자신들의 것으로 삼았을 것이다 (I.ii.2). 여기서 우리는 순전하고 진정한 종교가 무엇인지를 보게 된다. "그것(진정한 종교)은 바로 믿음으로 이루어진다. 그 믿음은 하나님을 깊이 두려워하는 마음과 결합된다. 그것은 자발적인 경배를 포함하며, 율법의 명령에 따른 합당한 예배를 낳는다"(I.ii.2, 후반).[5] 칼뱅이 종교를 이렇게 정의하는 것은 매우 흥미롭다. 『기독교 강요』의 초반부에서 제시하는 기본적

---

5. "이것이 바로 순수하고 참된 경건이다. 곧 참된 경건은 진실되게 **하나님을 경외**하는 것과 진심이 결합한 **믿음**이다. 그래서 경외는 **자발적인 존경**을 포함하고 율법에 따른 **합법적인 예배를** 이끈다"(En quid sit pura germanaque religio, nempe fides, cum serio Dei timore conjuncta; ut timor et voluntariam reverentiam in se contineat, et secum trahat ligitimum cultum, qualis in Lege praescribitur).

인 생각들과 그 정의가 밀접하기 때문만은 아니다. 칼뱅 자신이 종교개혁의 지도자로 참여한 논쟁에서 이 정의를 조심스럽게 적용하기 때문이다. 첫 번째 측면의 경우, 이미 앞에서 지적한 것처럼 칼뱅에게 종교는 하나님을 아는 지식이 인간 영혼에 생명력 있게 작용한 결과다. 따라서 우리의 생각과 감정, 삶을 이끌고 결정하는 신에 관한 이해에 따라 종교도 다르게 나타난다. 하나님을 아는 지식은 좀 더 순수한 상태에서는 그분을 향한 경외와 사랑을 낳는다. 그러므로 죄가 없는 인간의 종교는 신뢰와 사랑 외에는 어떤 성품도 만들지 않는다. 그러나 동일한 하나님을 아는 지식도 죄인에게는 두려움과 미움이라는 반응을 낳는다. 자비의 메시지를 가진 하나님의 은혜가 개입하기 전까지는 말이다. 그래서 죄인은 자신의 종교를 스스로 만들어낼 수 없다. 오히려 죄인은 종교적인 일을 할 때 하나님의 인도하심 가운데 그분이 은혜를 계시함으로 자신을 이끄시는 대로 맡겨야 한다. 종교를 정의하는 두 번째 측면과 관련해 칼뱅은 종교를 매우 주의 깊게 정의하면서 모든 종류의 "자의적 예배"를 거부한다. 그리고 당시 로마 가톨릭교회에 만연해 있던 "형식적인 예배"와 "허례허식의 예전"을 정죄하기 위한 길을 마련한다. 여기서 칼뱅이 취하는 입장은 본질적으로 "청교도의 원칙"(Puritan principle)이라는 이름으로 우리에게 전해졌다. 물론 종교란 예배의 외적 형식에 있지 않다. 종교는 하나님을 지극히 두려워하고 그분을 기꺼이 경외하는 일과 결합된 믿음에 있다. 하지만 인간이 하나님에게 예배를 드리면서 자신들의 믿음을 외적으로 표현하는 것은 사소한 일이 아니다. 그래서 그것은 하나님이 규정하시는 것에 철저히 한정되어야 한다. 곧 "율법의 명령에 일치하는 합당한 예배"(I.ii.2, 후반)여야 한다. 이 선언은 4장의 인상적인 절에서 다시금 논의되고 설명된다(I.iv.3; I.v.13 참조). 칼뱅은 4장 3절에서 "하나님의 뜻이야말로 참된 종교가 따라야 하는 영원한 규례"라고 주장하고, 인간이 하나님을 예배하려고 새롭게 고안해낸 방식들은 마치 우상숭배와 다름없다고 주장한다. 이처럼 우리는 하나님의 명령을 경멸하거나 하나님이 정죄하시는 다른 것으로 바꾸어서는 하나님을 기쁘시게 할 수 없다. 그 누구도 감히 마음으로 하나님을 다른 존재로 변형시키지 않고서는 하나님을 우롱할 수 없을 것이다. 그런데 만일 당신이 하나님을 다른 존재로 변형시켰다면, 당신이 어떤 하나의 신을 예배하든지 여러 신을 예배하든지는 전혀 중요하지 않다.[6]

하나님이 받으실 만한 예배에 대해 "청교도적" 원리, 곧 "개혁파" 원리를 주장하기 위해 이야기가 잠깐 옆으로 샜다. 그런데 이러한 여담에서 칼뱅은 모든 사람이 하나의 종교를 가지고 있음을 분명하게 보여주면서 하나님을 아는 본성적 지식이 특정 종교를 가지는 성향으로 이어진다는 것을 이미 강조했음을 알 수 있다(I.ii.2). 하지만 칼뱅은 인간이 자신의 종교를 창안하는 근거인 **하나님을 아는 본성적 지식**(notitia Dei insita)이 인간에게 남아 있다고 가정하지 않았다는 것도 분명해졌다. 그와 반대로, 칼뱅은 하나님이 제거될 수 없는 그분의 계시를 인간 본성에 새기셨다는 것과, 이것과 동일하게 분명하고 충분한 외적 계시를 우리에게 더하셨다는 것을 가르친다. 우리가 하나님을 알지 않고서 우리 자신을 알 수 없는 것처럼, 하나님이 이루신 일과 행위 속에서 그분을 보지 못한다면 멀리 자연을 바라보거나 그 안에서 진행되는 일들을 예상할 수도 없다(I.v.). 칼

---

6. 19세기 베를린 대학교 교수였던 아우구스트 도르너(Isaak August Dorner, 1809-1884)는 우리가 하나님의 뜻을 알 수 있는 원천으로 하나님의 말씀에 절대 의존하며 하나님의 말씀만이 교리와 삶, 교회 정치, 예배를 위한 유일한 기준이 된다며 "청교도의 원칙"의 의미와 관계들을 설명한다. 그는 그 원리를 자신에게 있는 "다소 개방적인" 루터파 입장에서 날카롭게 비판한다. I. A. Dorner, *History of Protestant Theology*, 1871, p. 390. 그러나 루터가 1523년 9월 1일 바르타임 폰 스테른베르크(Bartime von Sternberg)에게 쓴 편지를 보면, 루터 역시도 이러한 "청교도의 원칙"을 일깨우는 방법을 알았다. "그리스도인이라면 그 누구도 하나님이 명령하시지 않은 일을 해서는 안 된다. 하나님은 미사나 촛불 철야기도를 하라고 명령하지 않으셨다. 그것은 산 자나 죽은 자에게 아무런 유익이 없음에도 돈을 얻으려고 고안한 장치에 불과하다." Margaret A. Currie, *The Letters of Martin Luther*, 1908, p. 115.

뱅은 이처럼 하나님의 자연계시가 아주 분명하고 보편적이며 설득력 있다는 점을 강조한다. 온 세계는 하나님의 영광을 드러내는 하나의 극장이다(I.v.5). 하나님이 자신을 세계 구석구석에서 드러내시기 때문에, 우리는 눈을 어디에 두어도 그분을 보지 않을 수 없다. 하나님의 영광의 불꽃은 심지어 아주 작은 원자 하나하나에서도 빛이 난다(I.v.1). 하나님이 이렇게 자연 도처에 존재하시기에 경건한 지성의 소유자라면 "자연이 곧 하나님"이라고까지 말할 수도 있다(I.v.5). 물론 이러한 표현은 이미 지나치게 범신론적 의미나(I.v.5) 유물론적 의미로(I.v.4) 변하여 쉽게 오해를 불러일으키는 탓에 정당화해서 사용할 수는 없다. 하지만 어느 누구도 하나님이 자연 속에서 드러나시는 것을 외면할 수는 없다. 우리는 눈을 뜨기만 해도 그 사실을 보지 않을 수 없다. 가장 어리석고 미련한 사람이라도 우리에게 하나님을 드러내주는 언어를 이해하지 않을 수 없다(I.v.1). 그러므로 이 땅에 존재하는 그 어느 누구에게도 예외 없이(I.v.7) 하나님은 그분 자신을 풍성히 드러내신다(I.v.2). 하나님이 하시는 일 하나하나가 하나님을 아는 지식으로 온 인류를 초대한다. 하지만 그 모든 것을 한데 모아 깊이 숙고하면 하나님이 훨씬 더 분명하게 드러나신다(I.v.10). 하나님의 섭리에 나타난 그분의 발자취가 매우 분명하기에 통상 우연이라 불리는 것들조차도 하나님이 일하고 계심을 보여주는 다양한 증거일 뿐이다(I.v.8).

칼뱅은 하나님의 외적 자연계시에 대한 이러한 진술을 발전시킨다. 먼저 하나님이 창조에서 드러나신다는 사실을 제시하고(I.v.1-6), 그 다음에 하나님이 섭리에서 드러나신다는 사실을 제시한다(I.v.7-9). 그리고 하나님의 지혜와 능력이 창조와 섭리에서 드러난다는 사실을 강조한다(1.v.2-5, 지혜; 6, 능력; 8, 지혜와 능력). 그렇다고 해서 칼뱅이 하나님의 영광에 포함되는 다른 속성들을 무시하는 것은 아니다. 우선 창조에 대한 설명을 하면서, 그는 우리가 창조에서 하나님의 능력을 지각할 때 "우리는 그분의 영원하심을 생각하는 것으로 나아간다"는 것을 강조한다. "왜냐하면 만물의 기원이 되는 그분은 반드시 영원하고 스스로 존재하셔야 하기 때문이다." 하지만 우리는 선하심과 자비를 하나님의 창조와 섭리의 동기들로 상정해야만 한다(I.v.6). 이후 섭리에 대한 설명에서 칼뱅은 하나님의 인자하심과 선하심, 관대하심이 어떻게 드러나는지를 자세하게 서술한다. 물론 하나님의 엄격하심의 표지들도 지적한다(I.v.7; 10 참조). 칼뱅은 이 부분에서 하나님의 관대하심과 엄격하심을 독특하게 구분하여 고찰하며, 하나님의 상반된 속성들이 서로 균형을 이룰 미래의 삶에 대해 잠시 논증하기도 한다(1.v.10).

열정적으로 열심을 다해 자연과 역사에서 드러나시는 하나님을 설명하는 칼뱅의 모습은 한층 더 강조할 만하다. 그는 선험적 추리(a priori reasoning)보다는 이런 방식이 "하나님을 찾는 가장 옳고 좋은 방법"이라고 강한 확신을 가지고 말한다. 그리고 이를 설명하고자 잠시 본론에서 벗어나기도(I.v.9) 했다. 그는 인간이 하나님의 본질을 사변적으로 탐구한다면 인간의 지성과 뇌는 혼란과 피로가 가중될 것이라고 주장한다. 만일 우리가 마음을 다해 하나님을 알고자 한다면, 우리는 하나님이 하신 일들을 바라보며 그분을 생각해야만 한다. 시편 기자가 지적하듯이, 우리는 이 일들이 그분의 위대하심을 선포하고 그분을 찬양하도록 이끈다는 사실을 발견할 것이다. 여기서 우리는 칼뱅의 정신과 방법이 구체적임을 엿볼 수 있고 그가 계속해서 실천을 목적으로 자신의 논의를 발전시키고 있음을 떠올릴 수 있다.[7] 그는 그저 사변을 정교하게 다듬거나 "근거 없

---

7. P. J. Muller, *De Godsleer van Zwingli en Calvijn*, 1883, p. 8. "츠빙글리가 선험적 방법(*a priori* method)을 더 많이 따른다면, 칼뱅은 후험적인 방법(*a posteriori* method)을 더 많이 따른다." Édouard Rabaud, *Histoire de la doctrine de l'inspiration des Saintes Ecritures dans les pays de langue française de la Réforme á nos jours*, 1883, p. 58. "그의 명료한 해석, 그리고 무엇보다도 실천적 신앙을 향한 탁월함."

는 호기심"으로 탐구를 수행하느라 길을 잃고 헤매는 사람이 아니다. 대신 언제나 실천적이고 경건한 동기로 자신의 생각을 가득 채운 사람이다. 칼뱅이 유신론적 증명에 특별한 흥미를 보인 것은 그 논증이 자신의 진리 체계를 완성해주기 때문이 아니라, 오히려 유신론적 증명으로 인해 하나님을 생명력 있게 아는 지식으로 우리가 나아갈 수 있기 때문이다. 따라서 칼뱅은 그 논증을 빠짐없이 제시하려고 고민하기보다는, 그 논증이 실천적 가치에 영향을 주는 한계를 지적하려고 고민했다.[8] 사실 유신론적 증명 그 자체는 어떤 한계를 가지고 있지 않다. 칼뱅은 그러한 증명이 타

---

8. 칼뱅의 관심이 이렇게 나뉘어져 있기 때문에 칼뱅은 "유신론적 논증"을 거의 강조하지 않는다는 인상을 준다. 하지만 칼뱅은 유신론적 논증이 갖는 타당함을 열정적으로 주장한다. 단지 그는 유신론적 논증이 "성령의 증언" 없이도 참된 믿음을 낳을 수 있다는 것을 믿지는 않는다. 그리고 그 논증의 가치를 그저 하나님의 존재하심을 입증하는 것보다는 하나님을 아는 지식을 발전시키는 것에 더 두고 있다. 따라서 뮐러는 이 중에서 하나를 주장하기 위해 다른 하나를 부정하면서 오류를 범한다. P. J. Muller, *De Godsleer van Zwingli en Calvijn*, 1883, p. 11. "츠빙글리와 칼뱅은 하나님의 존재를 입증하는 증명을 제시하지 않는다. 물론 그들 저작의 일부 구절은 그러한 논증을 제시하고 있는 것처럼 보인다. '하나님이 존재하신다'는 명제는 그들 자신을 위해서나 그들의 동료 그리스도인들을 위해서나, 심지어 로마 가톨릭교회 신학자들에 맞서서도 증명할 필요가 없었다. 어떤 이들은 츠빙글리의 글에서 이른바 우주론적 증명을 발견했으며(*Theologisch Jahrbücher*에서 발췌한 Zeller, *Das theologische System Zwingli's*, Tübingen, 1853, p. 33), 칼뱅의 글에서는 자연신학적 증명을 발견했다(Lipsius, *Lehrbuch der Evangelisch-Protestantischen Dogmatik*, ed. 2, 1879, p. 213). 그러나 우리가 두 경우 모두 철학적 연역보다는 하나님을 아는 온전한 지식을 얻는 수단과 관련 있다는 사실을 입증하는 일은 어렵지 않을 것이다." 칼뱅은 (그리고 츠빙글리도) 유신론적 증명을 사용해서 하나님을 아는 지식을 발전시킨다. 비록 그렇더라도 칼뱅이 (혹은 츠빙글리가) 하나님의 존재를 증명하는 데 신 존재 증명이 필요 없다고 여긴다는 결론은 나오지 않는다. 그리고 우리의 생각에 따르면 뮐러는 츠빙글리나 칼뱅이 이 유신론적 논증들을 사용할 때 나타나는 신 존재 증명의 가치라는 함축을(p. 16) 없애지는 못한다(p. 12 이하). 칼뱅은 키케로의 생각, 곧 어떤 신이 존재한다는 사실 자체를 부정할 만큼 미개한 국가나 타락한 종족은 없다는 키케로의 선언을 인용한다. 슈바이처는 칼뱅이 하나님의 존재를 증명하는 소위 역사적 증명에 호소하고 있음을 이 인용에서 발견한다(Schweitzer, *Glaubenslehre der evangelisch-reformierten Kirche*, 1844, I, p. 250). 츠빙글리가 그 논증을 사용한 것을 보려면 *Opera* III, p. 156을 참조하라. 그러나 칼뱅이 유신론적 증명에 대해 실제로 어떤 태도를 취하는지 보려면 5장에 담긴 매우 설득력 있는 깊은 함의들을 살펴보아야 한다.

당하다고 확신하면서 유신론적 증명과 관련된 자료를 분석했다. 칼뱅에게는 하나님이 하나님의 사역이라는 거울을 사용하셔서 우리에게 그분의 존재하심과 영원하심을 분명하게 보여주신다는 사실만큼 확실한 것은 없다(I.v.11). 그러나 칼뱅은 유신론적 증명의 객관적 타당성을 지적으로 숙고하는 일에만 만족하지 않는다. 그는 실천적 관심에 사로잡혀 있다. 그래서 칼뱅은 이런 유신론적 증명이 객관적 타당성을 가지고 있음을 설명하는 절에 인간은 주관적으로 유신론적 증명을 받아들이지 못하는 무능한 존재임을 주장하는 내용이 담긴 절을 몇 개 더 추가로 덧붙였다. 유신론적 증명은 객관적으로는 타당하다. 하지만 이 증명은 죄인들의 가슴에서 하나님을 아는 올바른 지식을 만들어내는 데는 아무런 효과가 없다. 죄가 인간의 지성에 미친 영향을 명료하게 설명한 1권 4장과 관련해 생각하면, 인간이 무능한 존재임을 주장하는 내용이 담긴 절들을 여기 1권 5장에 삽입하는 것은 정말 불필요해 보인다. 하지만 이런 사실 때문에 5장에 인간의 무능함을 설명하는 것을 추가적으로 덧붙이는 것이 훨씬 더 이목을 끈다. 물론 1권 4장에서는 "**하나님을 아는 타고난 지식**"(*notitia Dei insita*)을 직접 언급하지만, 1권 5장에서는 "**하나님을 아는 경험적 지식**"(*notitia Dei acquisita*)을 언급한다.

이제 우리의 관심은 하나님을 아는 지식과 관련하여 죄가 인간 마음에 일으킨 무능력을 다루는 칼뱅의 교리에 집중된다. 우리가 앞에서 주목한 것처럼, 칼뱅은 자기 책의 서론 부분에 해당하는 장들에서 인간의 무능함을 정식으로 이미 두 번이나 언급했다. 처음 경우에는 특별히 하나님이 인간 본성을 구성하실 때 드러내시는 계시와 관련해서 언급했다(I.iv.). 두 번째 경우에는 하나님의 사역과 활동에서 이루어지는 하나님의 계시와 관련해서 언급했다(I.v.11-15). 만일 인간이 처음 창조된 상태 그대로 존재했다면, 내적 계시와 외적 계시라는 이중 계시 아래에서도 인간은 하나님이 알려지기 원하시는 대로 그분을 알 수 있었을 것이다. 그래서 인간에게 실제로 하나님을 아는 지식이 충분히 없다면, 그것은 하나님의 계시에 어떤 결점이 있다는 것에 기인하지 않는다. 칼뱅은 하나님의 일반계시에는 어떤 결점이 없고 객관적인 온전함만 있다고 전적으로 확신한다. 그러나 인간에게는 하나님을 아는 지식이 충분히 없다. 이것은 일부 사람들만의 문제가 아니라 모든 사람의 문제다. 하나님의 일반계시가 보편적인 만큼이나 그 계시가 인간 속에서 하나님을 아는 적절한 지식을 만들지 못하고 있다는 것도 보편적이다. 이에 대한 근거는 죄로 인해 인간의 마음이 부패해졌다는 데 있다. 죄의 부패로 인간의 마음은 하나님의 사역과 활동에 나타나는 하나님의 계시를 읽을 수 없어졌다. 뿐만 아니라 인간을 구성하는 요소인 하나님을 아는 본성적 지식조차도 흐려지다 못해 거의 지워졌다. 칼뱅은 매우 놀라울 정도의 열정을 담아 이 주장을 제시한다. 그는 하나님의 계시가 실재한다는 것과 객관적으로 타당하다고 강조할 때와 비슷한 수준의 열정으로 이 주장을 제시한다. 하나님은 모든 사람의 마음속에 "종교의 씨앗"을 심으셨다. 하지만 백 명 중에 겨우 한 명도 그 종교의 씨앗을 온전하게 간직하고 있지 않다. 더군다나 이 씨앗을 추수의 때까지 잘 키우는 사람들은 어디에서도 찾아 볼 수 없다. 모든 사람이 하나님을 아는 참된 지식으로부터 멀어졌다. 진정한 경건이 이 땅에서 자취를 감추었다(I.iv.1). 하나님이 인간의 가슴에 지피신 불은 그들의 죄악으로 가려지고 거의 꺼질 지경이다(I.iv.4). 하나님이 세상의 질서와 구조를 통해 그분을 드러내신 것은 우리의 어리석음 때문에 상실되었다(I.v.11). 하나님의 영광의 흔적은 세상 도처에 널려있지만 우리 지성의 어둠을 밝히지는 못한다(I.v.14). 그래서 실제로 "인간은 자연의 가르침만으로는 확실하고 타당하며 구별된 지식을 얻지 못하고, 분명하지 않은 원리들에 얽매인다. 따라서 그들은 알 수 없는 신을 예배한다"(I.v.12, 후반).

"어느 누구도 성경의 바른 가르침을 따르지 않고서는 참된 지식이나 건전한 교리를 조금도 얻을 수 없다"(I.vi.2, 후반). "인간 지성은 아둔하여 이제 거룩한 말씀의 도움을 받지 않고서는 하나님에 대한 그 어떤 참된 지식도 얻을 수 없다"(I.vi.4, 후반).

칼뱅은 우리가 자연계시로는 하나님을 아는 참된 지식을 전혀 얻을 수 없다는 사실을 강조한다. 그러나 우리는 하나님의 객관적 자연계시가 불충분하거나 효력이 없어서 이런 문제가 발생하는 것이 아니라는 점을 염두에 두어야 한다.[9] 칼뱅은 모든 사람의 마음에 종교의 씨앗이 심겨졌음을 계속해서 주장한다(I.v.1, 초반). 모든 인간은 부패했음에도 타고난 본성 때문에 여전히 그 마음에 하나님에 대한 아련한 기억을 가진다(I.v.2). 또한 그 마음에 지울 수 없는 신적 감각을 가지고 있다(I.iv.4, 후반). 이 세상의 질서와 구조, 그리고 하나님의 섭리 아래 통치받는 자연의 일반적 과정에 따라 날마다 발생하는 모든 일들은 하나님을 입증한다. 아무리 어리석은 자라도 그 증거를 듣지 않을 수 없다(I.v.1,3,7, 특히 II.vi.1). 하나님의 창조세계에서 흘러나오는 진리의 빛은 일부가 가리어져 있을지라도 완전히 꺼지지는 않기에, (진리의 빛) 나머지 일부가 어두운 지성에 빛을 비춘다(I.v.14). 그러므로 하나님은 아무런 증거 없이 존재하지 않으신다. "비록 인간은 여전히 거짓과 죽음만이 가득한 길을 걸어갈지라도, 하나님은 언제나 인간에게 풍성한 자비를 보이시고 하나님을 아는 지식으로 이끄신다"(I.v.14). 따라서 우리가 자연계시를 통해 하나님을 아는 참된 지식을 얻지 못하는 이유는 우리의 마음이 부패했다는 데 있다. 이 사실에서 두 가지 결론을 도출할 수 있다. 첫째, 그것은 하나님을 아는 지식이 왜

---

9. 뮐러는 *De Godsleer van Calvijn*, 1881, pp. 13-25에서 이 점에 대해서 분명하게 언급한 적이 있다. 그러나 *De Godsleer van Zwingli en Calvijn*, 1883, p. 18 이하를 보면 이 사실을 끝까지 수긍한 것으로 보이지는 않는다.

곡된 것이지 하나님을 아는 지식이 사라졌다는 의미는 아니다. 둘째, 인간은 하나님을 아는 지식을 부패시켰다는 사실에 대해 아무런 핑계도 댈 수 없다. 칼뱅은 바로 이 두 가지를 주장한다.

칼뱅은 이 땅에서 모든 종교가 사라졌다고 가르치지 않는다. 그는 "참된 경건"을 찾을 수 없다고만 가르친다(I.iv.1 초반). 하나님을 아는 지식이 인간에게 전혀 없다고 가르치는 것이 아니라, (하나님을 아는) "확실하고 온전하며 구별된 지식"이 인간에게 남아 있지 않다고 가르친다(I.v.12, 후반). 종교의 씨앗은 인간의 빼앗길 수 없는 본성에 여전히 남아 있다. 하지만 "그것은 매우 부패하여 단지 악한 열매"만 낳고 있다(I.v.4. 후반). 우리는 여기서 칼뱅이 자연종교에 대해 내리는 판단을 발견한다. 그는 자연종교가 실재를 반영하고 있는 동시에 그것이 불충분하다는 사실을 날카롭게 지적한다. 자연종교가 불충분하다는 것은 자연종교의 소극적인 불완전성과도 관련이 있지만, 또한 그것의 적극적인 부패와도 관련이 있다. 인간은 하나님을 아는 지식을 부패시켰다. 여기서 칼뱅은 "인간이 저지른 가장 큰 범죄는 종교다"[10]라고 말한 어떤 작가의 생각을 지지하는 것처럼 보인다. 확실히 칼뱅은 인간들이 자연의 빛 아래에서나, 더 정확히 말하자면 어두워진 인간의 마음 안에서 신 개념을 형성하는 과정을 부정적으로 묘사한다. 자연의 빛은 어두워진 인간의 마음이 영향력을 미치면 전혀 용납되지 않는다. "그들의 신 개념은 형성되지만, 그것은 하나님이 그분에 대해 묘사하신 바가 아닌 그들 자신의 발칙한 상상에 근거를 둔 것이다"(I.iv.1, 중반). 인간은 하나님을 자신들과 멀리 떨어져 있는 분으로 만들

---

10. F. C. Baur, *Die christliche Lehre von der Dreieinigkeit*, III. 1843, p. 41. 바우어는 칼뱅의 교리를 다음과 같이 설명한다. "이러한 점에 비추어볼 때 종교의 역사 가운데 나타난 몇 가지 양상은 인간에게 있는 종교 의식이 점차 진화한 것이라고 여겨지지 않는다. 오히려 하나님에 대한 내재적 개념이 핑계 댈 수 없는 죄로 인해 오염되고 왜곡되고 변질되어 파손되다시피 한 것이다."

고, 그분을 하늘에 있는 게으른 신으로 만든다(I.iv.2). 그리고 그분에 대한 모든 종류의 모호하고 난잡한 개념을 창안하고, 그들 자신을 그렇게 엄청나게 축적된 오류 속에 밀어 넣어 자신들 안에 있는 빛을 거의 꺼트린다(I.iv.4). 그들은 그분과 그분의 피조물을 혼동한다. 심지어 플라톤조차도 우주 안에서 길을 잃었다(I.v.11). 그들은 심지어 그분의 존재 자체를 부정하려 애쓰며(I.v.12), 그분의 자리에 악령을 올려놓는다(I.v.13). 따라서 성경에서 다음과 같이 말하는 것은 분명 놀랄 일이 아니다. 성경에 따르면 성령은 "이방인들이 이전에 신으로 섬기던 모든 것은 거짓되고 헛되다고 정죄하신다." 뿐만 아니라 성령은 "인간이 만들어낸 온갖 형태의 예배 의식을 거부하신다." 그리고 성령은 "참된 하나님이 오직 시온 산에만 계신다"고 말씀하신다(I.v.13). 인간이 만들어낸 종교는 분명히 매우 다양하다. 이 중에서 어떤 것은 조금 더 악하고, 어떤 것은 조금 덜 악하다. 그러나 모든 종교는 악하다. 그 어떠한 악도 사소할 수 없다.

인간이 하나님을 아는 지식을 이처럼 부패시킨 것을 핑계댈 수 있을까? 우리는 빛이 부족하다는 그들의 항변에 연민을 가져야 하는 걸까? 문제는 빛이 부족한 것이 아니라, 악한 마음에 있다. 어떤 핑계도 소용이 없다. 왜냐하면 어두워진 마음 그 자체가 죄악이기 때문이다. 만일 인간이 무지를 핑계 삼는다면, 우리는 그 무지가 책임을 동반하는 무지임을 기억해야만 한다. 그것은 교만과 오만, 불손이 빚어낸 무지이고(I.iv.1), 양심이 용납할 수 없는 무지다(I.v.15). 우리는 인간의 핑계를 어느 정도까지 받아주어야 할까? 말 못하는 자연세계도 하나님의 존재를 선포하고 있는데, 우리에게 들을 귀가 없다고 항변할 것인가? 눈이 없어도 이 사실을 바로 인식할 수 있는데도 볼 수 있는 눈이 없다고 변명할 것인가? 지성이 없는 피조세계가 가르치는 것을 제대로 이해할 수 없을 정도로 지성이 약하다고 따질 것인가?(I.v.15) 세상의 모든 것이 우리에게 (하나님을 아는 지식을) 알려주고 있는 것을 우리는 모르고 있다. 그것은 우리가 죄로 인해 그 메시지를 왜곡시켰기 때문이다. 그러한 증거들이 불충분하게 느껴지는 이유는 우리에게 있지, 그 증거들에게 있지 않다. 그러므로 우리는 어떤 핑계도 댈 수 없다(I.iv.1; v.14-15). "우리의 무지는 단지 헛된 호기심만 낳았다. 그뿐 아니라 인간의 지적 한계를 넘어서는 터무니없는 욕망과 거짓 확신을 가져온 것을 보면 결코 핑계를 댈 수 없다"(I.iv.1, 후반). "타고난 능력이 부족하여 하나님을 아는 순전하고 분명한 지식이 우리에게 없을지라도 그 부족함은 우리 자신의 잘못에서 나오는 것이므로 우리는 핑계 대지 못한다"(I.v.15, 초반).

인간의 마음이 부패했기 때문에 하나님의 자연계시는 하나님을 아는 적절한 지식이라는 마땅한 결과를 (인간에게) 낳지 못했다. 우리가 하나님을 아는 적절한 지식을 얻기 위해서는 하나님이 그분의 진리를 인간에게 전해주시는 초자연적 행위로 돌아가야 한다. 이제 칼뱅은 하나님의 이러한 초자연적인 계시 활동의 확증성과 정당성을 논의의 핵심에 올려놓는다. 칼뱅이 자연계시에 대해 지금까지 논의한 것은 다음과 같다. 곧 자연계시는 인간 내면에 심겨진 **신 인식**(*sensus deitatis*)에서 시작하고, 하나님이 그분의 사역과 활동에서 그분을 드러내심 가운데 자연계시는 정점에 도달하며, 죄로 야기된 인간의 무지는 자연계시를 보며 하나님을 인식하는 데 실패한다는 것이다. 이런 논의는 부패한 하나님 개념들에 빠져 절망적인 처지에 놓인 인간을 만나는 하나님의 초자연적 사역을 설명하는 칼뱅의 주장을 단순하게 소개하거나 준비하는 과정이라고 말할 수 있다. 이러한 하나님의 사역은 두 가지 사항을 충족시켜야 한다. 우선, 자연계시가 제공하는 것보다 더 분명하고 더 완전한 하나님의 계시가 인간에게 주어져야만 한다. 그리고 인간이 이 초자연적 계시를 이해하기 위해서는 인간의 어두워졌던 지성이 밝아져야 한다. 다른 말로 표현하면, 인간에게 필요한 것은 초자연적 특별계시와 더불어 인간이 이 초자연적 특별계시를 깨닫게 하는 조명의 과정이다. 그래서 칼뱅은 다음 논의에서 하나님에 대한 지식을 인간에게 전달하는 두 부분으로 이루어진 하나님의 초자연적 작용을 설명한다(I.vi-ix).

칼뱅은 한 가지 혹은 두 가지 독특한 방식으로 두 부분으로 이루어진 초자연적 방식을 다룬다. 그것은 시작부터 우리의 눈길을 끈다. 그는 자신이 제시하는 교리를 좀 더 구체적으로 다루기 전에 우리의 관심을 유도하는 것처럼 보인다. 하나님은 인간의 죄로 태어난 인간의 무지를 지혜롭게 만드시려고 그분을 아는 지식을 초자연적으로 인간에게 공급하신다. 하지만 칼뱅은 이런 초자연적 계시가 공급되는 범위가 자연계시처럼 보편적이지 않고, 유효성도 자연계시를 대체한다고 주장하지 않는다. 이와 반대로 그는 그 지식이 초자연적으로 제공됨을 좀 더 좁은 의미로 말한다. 일반계시는 "모든 사람의 눈앞에 자신을 나타내고, 인간의 핑계와 감사할 줄 모르는 태도를 없애는 데 훨씬 더 적합하다." "왜냐하면 하나님은 일반계시 안에서 모든 인류가 예외 없이 동일한 죄책을 갖게 하셨고, 피조물 속에 새겨진 자신의 위대함을 나타내셨기 때문이다"(I.vi.1, 초반). 그러나 그분은 초자연적 계시를 "그분이 좀 더 깊고 친밀한 관계를 갖고자 의도하신 사람들"(I.vi.1, 초반)에게만, "하나님의 가르침이 적절한 결과를 낳도록 정하신 사람들"(I.vi.3)에게만 주신다. 한마디로 하나님은 그 가르침을 "선택받은 사람들"에게만 주신다(I.vi.1; vii.5, 후반). 그러므로 칼뱅은 하나님의 초자연적 계시를 다룰 때, 하나님이 그분의 선택받은 사람들에게 구원에 이르는 하나님을 아는 지식을 전해주시는 특별한 방식을 인식하고 있다. 또한 칼뱅이 초자연적 계시를 말하면서 그것을 처음부터 성경과 다른 것으로 규정한다(I.vi)는 사실은 주목할 만하다. 우리가 앞에서도 살펴보았던 것처럼 이것은 칼뱅이 자신의 논의 가운데 지속적으로 추구하고 있는, 경건을 향한 실천적 목적과 조화를 이룬다. 그가 하나님의 특별계시가 성경에 선행한다는 사실을 몰랐던 것은 아니다. 가끔 그는 하나님의 특별계시 자체로 충분하다고 말하고, 이 특별계시는 성경으로 구체화되었다고 말하면서 성경과 특별계시를 구분한다. 그러나 그의 관심은 추상적인 진리보다는 그의 사역 가운데서 그를 둘러싸고 있는 보다 실제적인 정황들에 있다. 과거야 어찌되었든 오늘날에는 하나님의 특별계시가 성경과 동일한 것이라는 견해가 자리를 잡았다. 칼뱅은 같은 시대를 사는 사람들이 성경을 그대로 받아들이게 하는 것 말고는 다른 작업에는 마음을 쓰지 않는다. 인간은 성경을 통해 하나님의 특별계시를 소유하고, 이 특별계시는 자연 속에서 드러난 하나님의 일반계시를 보충해주거나 제한적으로 대체한다. 이것이 바로 칼뱅이 사람들에게 드러내고자 했던 것이다. 그리고 하나님은 죄 때문에 무능력해진 인간을 바꾸기 위해 하나님 자신에 대한 특별계시로 역사하신다.

우리는 칼뱅의 글 속에서 발견되는 논리적 구성의 문제를 살펴보았다. 이제 성경 교리와 성령의 증거 교리라는 제목 아래 좀 더 공식적인 칼뱅의 가르침을 해석하는 데로 나아가도 좋다.

2. 성경

첫째, 그렇다면 칼뱅의 성경 교리는 무엇이었을까?

칼뱅은 "성경"(Scripture, the Scriptures)이라는 명칭을 하나님이 우리에게 신앙과 삶의 규범으로 전해주신 문서 전부라고 이해했다. 그는 이 문서 전체, 다시 말해 유대교가 하나님의 선물로 인정했고, 기독교에 전해진 옛 언약(Old Covenant) 전체를 "정경"에 포함시켰다. 그리고 사도들이

권위 있는 법전으로 인정하고 교회에 전한 새 언약(New Covenant) 전체
도 정경에 포함시켰다. 우리는 정경에 대한 칼뱅의 태도가 루터보다 더 보
수적임을 알 수 있다. 칼뱅은 구약성경과 신약성경에 포함된 책들을 정경
과 제2정경으로 구분하지 않았다. 그는 로마 가톨릭교회가 트리엔트 공
의회(Concilium Tridentinum)의 결정을 따라서 정경에 포함시킨 구약의
소위 "외경"[11]들을 직접적으로 거부했다. 그러나 칼뱅은 "안티레고메나
(Antilegomena)"[12]에 속하는 책들은 예외 없이 정경으로 받아들였다.[13]

11. 개신교와 로마 가톨릭은 구약 정경의 범위를 다소 상이하게 구분하고 있음을 기억할
   필요가 있다. 개신교는 39권의 구약성경을, 로마 가톨릭교회는 46권의 구약성경을 인정하기
   때문이다. 먼저, 유대인이 보는 히브리 성경은 얌니아 회의(Council of Jamnia, AD
   90)를 통해 결정된 39권이 전부였다. 그러나 그리스-로마 시대에 이르러 히브리 성경이
   그리스어로 번역되었다. 이것이 바로 "70인역"이었고, 여기에 7권의 책이 더해진다. 당시
   로마 가톨릭교회와 그리스 정교회는 추가된 이 7권을 트리엔트 공의회를 통해 "제2정경"으로
   인정한다. 그러나 개신교는 이를 "외경"으로 따로 구분하였으며 정경에는 넣지 않았다. 이
   외에도 주전 2세기부터 주후 2세기까지 널리 읽히던 유대 문헌들이 있다. 로마 가톨릭교회는
   이것을 "외경"이라고 불렀고, 반면에 개신교는 그것을 "위경"이라고 부르면서 그것이 일반
   문서에 불과하다는 입장을 분명히 취했다. 따라서 로마 가톨릭교회는 "제1정경-제2정경-
   외경"이라는 구분을 통해 정경의 범위를 확대하고 있다. 개신교는 그것을 "정경-외경-
   위경"으로 구분하여 39권만 정경으로 인정하고 있다 - 역주.
12. 초기 교회에서 처음 몇 세기 동안 정경성을 의심받았던 책들이다. 유세비우스는 이를 두
   종류로 나눈다. 첫 번째 종류는 야고보서와 유다서, 베드로후서, 요한2서, 요한3서다. 이
   책들은 후에 정경으로 인정되었다. 두 번째 종류는 바울행전과 헤르마스 목자서, 베드로의
   묵시서, 바나바서, 디다케다. 이 책들은 결국 외경으로 분류되었다 - 역주.
13. Jacob Cramer, *Nieuwe Bijdragen op het gebied van Godgeleerdheid en Wijsbegeerte*,
   III. 1881, p. 202. "칼뱅은 교회에 의해 정경으로 공인되고 신앙과 삶의 규범으로 인정받은
   구약과 신약의 책들을 성경이라고 이해했다. 그는 트리엔트 공의회에서 인정한 구약의
   외경들은 거부했다. 그러나 칼뱅은 그러한 외경들을 교회를 위한 책(*libri ecclesiastici*)으로
   이해했다. 여러 가지 면에서 읽기 유익했기 때문이다. 그러나 그는 교리적으로 그것들을
   정경(*libri canonici*)으로 받아들일 수 없었다"(*Acta Synodi Tridentinae cum antidoto*,
   1547). 크레이머는 나중에 다른 글에서 이렇게 설명한다. "결국 칼뱅은 히포와 카르타고
   회의에서 결정되어 보편 교회를 통해 전해진 것 중에서 구약 외경을 제외한 것을 성경으로
   인정한 것이다"(*De Roomsch-Katholieke en de Oud-protestantsche Schriftbeschouwing*,
   1883, p. 36). Johannes Leipoldt, *Geschichte des Neutestamentlichen Kanons*, II. 1908,
   p. 149. "정경성이 의심받는 책들에 대해 칼뱅이 일련의 검증 작업을 한 것은 형식적인

어떤 사람들은 『기독교 강요』에서 칼뱅이 일부 성경의 정경성을 의심하거나 심지어 일부 성경은 정경이 아닐 수 있다고 확신했다[14]는 인상

___

이유에서라는 인상을 받는다. 칼뱅의 마음에서 그 책들은 이미 정경이나 마찬가지였기 때문이다. 이런 면에서 볼 때 칼뱅은 신약 정경에 대해서는 중세의 입장을 따랐음을 알 수 있다." 또한 같은 내용에 대해 Otto Ritschl, *Dogmengeschichte des Protestantismus*, I. 1908, pp. 70-71을 참조하라.

14. Jacques. Pannier, *Le témoignage du Saint-Esprit*, 1893, p. 112. "우리의 눈길을 사로잡는 사실은 이것이다. 칼뱅은 연속 간행물에서 외경에 대해 짧은 서문만 쓰고 주석은 쓰지 않았다. 그뿐만이 아니라 칼뱅이 정경의 모든 책에 대해서 주석을 쓴 것도 아니다. 구약에서 덜 중요한 책으로 여겨지던 역사서에 대해 주석을 쓰지 않은 이유가 단지 시간이 부족했기 때문이라면, 솔로몬이 쓴 것으로 여겨지는 세 권의 책, 특히 아가서를 따로 남겨둔 것은 더 중대한 이유에서였을 것이다. '신약에서는 일반적으로 요한계시록 주석이 생략되었다고 언급된다. 이것은 당시의 다른 신학자들과 비슷하게 어떤 중요한 신학적 동기가 있었음이 분명하다. 요한의 다른 짧은 두 서신에 대한 주석을 칼뱅이 쓰지 않았다는 사실을 언급하는 것은 중요하다. 칼뱅은 언제나 요한의 긴 서신을 언급하며, 이것만이 요한이 쓴 남아 있는 서신처럼 표현했기 때문이다'(Eduard Reuss, *Revue de Theologie de Strasbourg*, VI. 1853, p. 229). 칼뱅이 트리엔트 공의회에 대항하여 성경의 권위를 변호하면서 영국 왕 에드워드 6세에게 헌정한 주석이 있다. '정경으로 인정된 서신들에 대한 주석'(1551)이 제목인데, 여기에는 베드로전서와 요한1서, 야고보서가 있으며 주석의 마지막 부분에 베드로후서와 유다서를 포함시키고 있음을 알 수 있다." 이후 로이스는 자신의 저서 『기독교 교회의 정경의 역사』(*History of the Canon of the Holy Scriptures in the Christian Church*, 1863)를 통해 여기서 인용한 칼뱅의 견해를 완전히 수정한다. "어떤 이들은 요한의 짧은 두 서신을 제외하면 칼뱅이 주석을 쓰지 않은 책은 요한계시록뿐이라고 생각하기도 한다. 그러나 이것은 너무 성급한 결론이다. 『기독교 강요』를 보면 요한계시록도 다른 바울 서신들처럼 인용되고 있고, 어떤 경우에는 요한의 저작으로 나타나기 때문이다. 만일 요한계시록에 대한 칼뱅의 주석이 없다면, 동시대의 주석가나 다음 세대의 어떤 주석가들보다도 뛰어났던 칼뱅은, 자신의 소명이 자신을 다른 곳으로 인도하고 있다고 생각했기 때문일 것이다"(p. 318). 하지만 로이스는 요한2서와 요한3서에 관해서 이렇게 설명한다. "칼뱅이 이 두 서신의 정경성에 대해 의심을 품었을 가능성은 충분히 존재한다. 그는 이 두 서신을 결코 인용하지 않았으며, 요한1서도 이 두 서신을 배제하는 방식으로 인용했다." *Joannes in sua canonica*, *Instit*, III.2.21; 3.23(*Opera* II.415, 453). 그러나 이러한 견해는 수정이 필요하다. 요한계시록에 대한 견해도 마찬가지인데, 아래에서 이를 살펴볼 것이다(좀 더 깊은 연구를 위해서는 *Reuss, History of the Sacred Scriptures of the New Testament*, II. 1884, p. 347과 S. Berger, *La Bible au seiziéme siécle*, 1879, p. 120을 참고하기 바란다. 버거는 이렇게 언급하기도 했다. "칼뱅은 요한의 짧은 두 서신에 대한 어떠한 판단도 하지 않는다. 그는 단지 그 두 서신을 인용하지 않을 뿐이다. 그는 요한1서에 대해서는 '요한이 그의

을 주는 표현들을 볼 수 있다고 말한다. 이것은 그의 태도를 근본적으로 오해한 데서 비롯된 것이며 이런 오해는 그의 분명한 주장을 바르게 이해하면 불식시킬 수 있다. 칼뱅은 모든 성경에 대한 주석을 쓰지는 않았다. 그것은 의심할 여지가 없는 사실이다. 그리고 일부 성경과 관련해서는 전혀 책도 쓰지 않고 강연도 하지 않았다. 그것은 단순히 시간이 부족했다기보다는 칼뱅의 선택이 반영된 것이다. 칼뱅은 성경 각 권의 중요성을 상대적으로 평가했고, 자신의 종교적 확신에 영향을 받아 그런 선택을 했다.[15] 그는 때때로 당시 통용되는 표현을 그대로 차용했다. 예를 들어 그는 요한1서를 "정경성이 인정된 요한 서신"[16]이라고 표현하기도 했다. 우리가 칼뱅

정경을 통해 말하기를'이라고 표현한다. 이러한 표현이 마치 다른 두 짧은 서신을 배제하는 것처럼 여겨졌다").

15. 요한계시록에 대한 이러한 견해가 많았던 것으로 보인다. 앞에서 살펴본 것처럼 로이스뿐만 아니라 스칼리게르도 자신이 요한계시록을 다루지 않은 것이 잘한 일이라고 생각하고 있다. 어떤 자료에는 스칼리게르가 요한계시록을 잘 이해하지 못하겠다고 대화한 장면이 기록되어 있기도 하다(Leipoldt, *Geschichte des Neutestamentlichen Kanons*, II. 1908, p. 148 참고). 그러나 이것이 요한계시록의 정경성이나 권위에 대한 의심을 담고 있다고 이해하기는 힘들다. 스칼리게르가 다른 성경과 동일한 형식이나 다른 성경과 나란히 요한계시록을 빈번하게 인용하고 있기 때문이다(*Opera* I.736 = II.500; I.953 = II.957; I.1033 = II.1063; I.1148; II.88, 859; V.191, 196, 532; VI.176; VII.29, 118, 333; XXXI.650). 어떤 경우에는 요한계시록이라는 명칭으로 언급되고(VII.469; I.733 = II.497), 어떤 경우에는 요한이라는 이름과 함께(I.715=II.492; VIII.338[요한1서와 함께]), 어떤 경우에는 "요한"이라는 이름과 "요한계시록"이라는 명칭이 함께(II.124; VII.116; XXX.651; XLVIII.122) 사용되고 있다. 성경을 향한 경외와 신뢰가 여기서 언제나 묻어나는 것을 볼 수 있다. 또한 그는 요한계시록을 인용함에 있어서 성경이라는 명칭을 사용하거나 성령께서 시험하신다는 표현을 쓰기도 했다. VII.559, "성경에 이르기를 두려워 말라(전 18:22)…다시 이르기를(계 22:11)…그리고(요 15:2)"; I.624, "또한 다른 곳에서 성령께서 시험하시기를"(다니엘, 바울과 함께). 또한 다음의 구절들도 참고하길 바란다. II.734, "그들이 인용한 요한계시록의 구절들은 그들에게 아무런 위로를 주지 않는다."; XLVIII.238, "교황주의자들에게 묻고 싶다. 요한이 그렇게 명청했을 거라고 생각하는지"(계 22:8); 또한 VI.369; V.198.

16. 우리는 "요한 서신"이라는 짧은 표현을 사용한다. 칼뱅은 분명 이보다 강경하고 배타적 느낌이 드는 "**정경성**이 인정된 요한 서신"이라는 용어를 차용하고 있다. 우리 생각에는 다소 오해의 소지가 있어 보이지만, 이 두 용어는 정확하게 동의어다. "정경성이 인정된

의 말을 엄격하게 이해하면, 이러한 표현은 요한2서나 요한3서와 같은 특정한 책들에 대한 정경성을 부정한다는 뜻을 넌지시 보여주는 것으로 생각할 수도 있다. 그리고 칼뱅이 이런 표현을 사용하는 것은 일시적이거나 습관적인 거부가 아닐 수 있다. 마치 "사도"라는 일반적인 용어가 사용되는 것과 비슷한 이유처럼 말이다. 만일 우리가 "그 사도"(the Apostle)라는 용어를 엄격하게 이해한다면, 이 용어는 다른 제자들은 사도가 아니고 오직 바울만이 사도라고 인정하는 것처럼 보인다. 또한 칼뱅이 특정 성경의 정경성을 입증하려는 증거를 제시할 때 절제된 표현을 사용한다는 것도 사

요한 서신"이라는 용어를 인용하여 사용하는 다수의 작가가 이 용어를 사용하는 것이 마치 요한이 쓴 다른 두 서신의 정경성을 거부하는 것이라고 생각하는 경향을 가지고 있다. 그러나 그들은 이러한 표현이 당시 서방에서 공동 서신(Catholic Epistles)—7권의 정경 서신(야고보서, 베드로전후서, 요한1서, 유다서)—을 지칭하는 일반적인 방법이었다는 것을 간과했다. 오늘날 서방에서도 그 서신들은 공동 서신으로 인용되고 있다. 19세기 서방에서는 모두 공동 서신(Seven Canonical Epistles: 야고보서, 베드로전후서, 요한1서, 요한2서, 요한3서, 유다서)이라는 용어를 사용했다. 아우구스트 랑이 이 문제에 대해 잘 정리하였다. A. Lang, *Die Bekehrung Johannis Calvins*, in *Studien zur Geschichte der Theologie un der Kirche by* Bonwetsch and Seeberg, 1897, pp. 26-29. 공동 서신과 보편서신이라는 용어에 관한 문제는 Lücke, SK, III. 1836, pp. 645-650; Friedrich Bleek, *Introduction to the New Testament*, vol. II. 1874, p. 135; Hilgenfeld, *Einleitung in das Neue Testament*, 1875, p. 153; Westcott, *Epistles. of St. John*, 1883, p. 29; Salmond, *Hastings' BD*, I. 1898, p. 360 등의 책을 참고하기 바란다. 1551년 칼뱅은 공동 서신에 관한 주석을 출판한다(*Commentarii in Epistolas Canonicas; Commentaire sur l'Epistre Canonique de St. Jean; Commentaire sur l'Épistre Canonique de St. Jude*). 그러나 요한2서나 요한3서에 대해서는 어떠한 언급도 하지 않는 것처럼 보인다. *Opera XXII*의 목차를 보면 요한3서 9절에 대한 언급이 나오기는 하지만, 칼뱅이 아니라 크리스토프 리버테투스(Christof Libertetus)가 파렐(Farel)에게 보내는 편지에서였다. J. Leipoldt, *Geschichte des Neutestamentlichen Kanons*, 1908, p. 148, 주 3번 참조. "칼뱅은 요한의 짧은 서신들을 전혀 언급하지 않는 것처럼 보인다. 『기독교 강요』 3권 2장 21절을 보면, 칼뱅이 '요한이 자신의 서신에서 말한다'(dicit Johannes in sua canonica)라는 구절로 요한1서를 인용하고 있음을 알 수 있다. 그러나 이 문구만을 가지고 칼뱅이 요한2서나 요한3서에 대해 어떠한 입장을 보이고 있는지를 추론하기는 무리가 있어 보인다." 라이폴트는 랑에 대해 이와 같이 언급한다.

실이다. 그는 이런 절제된 표현을 사용하며 특정 성경이 정경임을 입증하는 증거가 어떤 경우에는 다른 정경의 증거보다 더 확실하고, 제시할 수 있는 증거가 더 풍성하다는 자신의 이해를 아주 분명히 드러낸다. 그러나 칼뱅은 모든 경우에 증거가 충분히 있다고 설명하며, 성경을 구성하는 모든 책이 정경임을 지지한다는 결론을 확신 있게 말한다. 그리고 이러한 전제를 바탕으로 자신의 모든 글과 논쟁을 전개한다. 예를 들어 칼뱅은 "솔로몬이 쓴 세 권의 책, 특히 아가서"[17]에 대한 주석을 쓰지 않았다. 우리는 어떻게 이 사실을 칼뱅이 솔로몬의 책들의 정경적인 권위를 의심하고 있다는 사실과 연결할 수 있을까? 제네바의 목회자들이 카스텔리옹(Castellion)에 대해 판단하고 칼뱅이 자신의 서명을 담아 제출한 보고서[18]를 검토한다면 그들은 칼뱅이 아가서의 정경성을 의심했다고 생각할 수 있을까?

우리는 그가 목회자 직분을 감당하는 데 결격사유가 없다고 만장일치로 생각했다. 그러나 한 가지 사항에서 걸림돌이 생겼다. 우리가 관례대로 그에게 교리에 관한 몇 가지 질문을 했을 때 그는 우리와 두 가지 부분에서 동의할 수 없다고 대답했다. 그중 하나는…아가서를 성경에 포함시키는 일에 동의할 수 없다는 대답이었다.…우리는 먼저 그를 독려하여 그동안 보편교회가 지속적으로 증언해온 사실을 거짓으로 치부하는 경솔함을 범하지 않도록 했다. 우리는 정경성에 의심이 가는 책은 하나도 없거니와 꽤 오랫동안 이에 대한 논의가 없었음을 그에게 상기시키고자 했다. 현재 의심할 여지 없이 정경으로 받아들여지는 책들도 처음부터 아무런 논쟁 없이 받아들여진 것은 아니

---

17. J. Pannier, *Le témoignage du Saint-Esprit*, p. 113.

18. *Opera* XI, pp. 674-676: Bussion, *Castellion*, I. 1892, pp. 198-199 참조. 뷔송은 이 사건을 전체적으로 다루면서 카스텔리옹이 출두했던 의회의 회의록을 인용한다. 논쟁의 요지는 간략하게 기록되어 있다. "카스텔리옹은 칼뱅이 거룩한 성경으로 인정한 것을 문제가 있다고 여겨 거부했다."

었다. 하지만 우리는 아가서만큼은 공개적으로 논의 대상이 된 적이 없었다는 것을 알려주었다. 또한 우리는 그에게 자기 자신의 판단에만 갇혀 비합리적으로 생각하는 것에 대해 경고했다. 그가 태어나기 전부터 온 세상이 인정해온 사실을 거부하지 않도록 권고하였다.…이러한 모든 논의가 그에게는 아무런 소용이 없었다. 우리가 어떻게 해야 할지 결정해야 할 순간이었다. 이러한 상황에서 그를 목회자로 인준한다는 것은 매우 위험할뿐더러 좋지 않은 선례를 남길 수 있다는 것에 우리는 공통으로 입을 모았다.…이제 우리는 이것을 정죄하여 또 다시 이러한 반대가 일어나지 않도록 해야겠다고 결정했다. 성령께서 인정하신 것과 인정하지 않으신 것에 대해 적절한 논의도 없이 자기 마음대로 전도서나 잠언, 혹은 그 밖의 다른 책들에 대해 반대를 표명하지 않도록 해야겠다.[19]

이 사건은 칼뱅이 성경을 구성하는 모든 책의 정경성을 확신하고 있음을 분명하게 보여준다. 뿐만 아니라 칼뱅이 이렇게 정경으로 완성된 성

---

19. 칼뱅은 "솔로몬이 지은 세 권의 책" 모두를 성경으로 인정하며 다른 성경책들과 동일하게 취급한다. 예상했던 대로, 그는 잠언을 가장 자주 인용하고 아가서를 가장 적게 인용한다. 그러나 칼뱅은 세 권 모두가 솔로몬의 저작이며 성경으로서의 권위를 지닌다고 언급한다. "솔로몬의 영혼이 믿음으로 '내가 발을 씻었으니'라고 고백한다." 그는 아가서를 이러한 방식으로 인용한다(*Opera* I.778; II.589). 또한 그가 전도서를 인용하는 방식은 "그들은 솔로몬의 구절로 방패를 만든다. 그것은 성경에 있는 다른 어떤 것보다도 그들과 반대된다"(VII. 130)이다. 사실 그는 전도서를 외경과 분명히 대조시키면서 진정한 성경으로 표현한다. "영혼에 기원이 있다는 것은 영혼이 다른 우월한 존재로부터 왔음을 의미한다. 이것이 바로 솔로몬이 죽을 때 육체는 원래 왔던 흙으로 돌아가고 영혼은 그것을 주신 하나님께로 돌아간다고 말한 의미다(전 12:7). 『지혜의 서』에서는 이것이 바로 하나님의 형상에 따라 지음 받은 의미라고 밝힌다. 영혼의 이러한 특성이 인간을 불멸의 존재로 이해하도록 만든다(2:23). 비록 이 책이 정경으로 인정되지는 않았지만, 고대의 가르침이 어떠했는지 아는 데 부적절하지는 않다(*Docteur ancien*). 물론 하나님의 형상이 인간 안에 담기면서 불멸하는 존재인 영혼에만 거할 수 있다는 가르침만이 유효하다"(VII.112, 1544년판에 수록).

경 전체를 수용하는 것의 중요성을 강조하고 있음을 분명하게 보여준다. 사실 칼뱅이 성경의 모든 책을 정경으로 받아들인 데는 그만한 이유가 있었다.

간단히 말해서 이러한 기초는 역사비평 방법이다. 우리는 칼뱅이 종교개혁자 이전에 인문주의자[20]였다는 사실을 분명히 기억해야 한다. 그는 고대문서들의 정통성(authenticity)을 결정하는 절차에 대해 아주 잘 알고 있었다. 그래서 교회가 전해준 것을 받아들여 보편교회의 오랜 증언을 존중했다. 그럼에도 불구하고 아무런 비판 없이 "전통"을 액면 그대로 받아들이지는 않았다. 칼뱅은 교회가 정한 정경을 맹목적으로 수용하지 않았고 일련의 검증 과정을 거쳤다. 그래서 외경을 정경으로 인정하지 않았던 것이다. 칼뱅이 안티레고메나를 받아들일 수 있었던 것은, 그가 역사비평적 방법을 사용해 안티레고메나의 정경성을 확인할 수 있었기 때문이다. 그는 두 가지 기준에 기초해 성경의 정경성을 검증하는 비평 작업을 수행했다. 우선 책의 역사성과 내적 특성을 살피는 질문을 했다. 그 책은 성경의 정경성을 판단할 수 있는 가장 적합한 사람들이 내린 동의에 기초했는가, 또는 과거부터 끊기지 않고 전승된 성경을 가지고 있던 사도적 교회가 전해준 책인가? 그 책은 사도들이 기록했다고 할 만한 내용, 곧 하나님이 전해준 것이라고 할 수 있는 적합한 내용을 포함하고 있는가? 칼뱅은 이러한 두 가지 검증을 통해 구약의 외경을 정경에 포함시키지 않았다. 이 외경들은 다른 어떤 시대에도 정경에 포함된 적이 없었고, 정경과는 분명한 차이를 보였다. 이는 마치 개인이 쓴 글과 법률가가 법에 기초해 모든 사람에게 소유권을 주장하려고 쓴 법률 문서가 서로 다

---

20. "그 자신은 인문주의자이자 깊은 신학자." A. Bossert, *Calvin*, 1906, p. 6. "칼뱅은 신학자이기 이전에 인문주의자였다." Charles Borgeaud, *Histoire de l'Université de Genève*, 1900, p. 21.

른 것과 같다.[21] 어떤 교부들은 외경도 정경성을 가지고 있다고 생각했다. 심지어 아우구스티누스도 그 문제를 그런 방식으로 생각했다. 물론 그는 그 문제에 대한 다양한 의견을 수용했다. 다른 교부들은 외경을 읽기에는 유익하나 중요한 교리적 내용을 담고 있지는 않은 책 정도로 여겼고, 한 편으로는 그저 "교회에 유익한 책" 이상으로는 받아들이지 않았다. 대표 적인 교부가 히에로니무스와 루피누스였다.[22] 분별력이 있는 사람이라면

---

21. 칼뱅이 외경에 대해 쓴 서문을 참조하라(이 서문에 대한 역사는 Opera IX.827의 미주를 참고하라). "외경이라 불리는 책들을 성경과 구별하는 것은 모든 시대에서 큰 어려움이 없었다. 고대인들이 성령에 의해 기록된 거룩한 책들과 불경건한 책들이 섞일 위험성을 예견하고는 '정경'(Canon)이라 불리는 두루마리를 만들었기 때문이다. 이 정경 두루마리가 의미하는 것은 여기에 포함된 모든 문서가 곧 우리 모두가 따라야 할 확증된 규범이라는 것이다. 다른 책들에 대해서는 '외경'이라는 명칭을 부여했다. 이것은 곧 개인적인 기록을 의미하는 것으로 그것에 공문서와 같은 권위가 없음을 의미한다. 따라서 이 두 가지 문서를 구분하는 일이 자연스럽게 이루어졌다. 공증을 통해 모든 사람에게 효력을 갖는 법률 문서와, 특정 개인이 쓴 글을 쉽게 구분할 수 있는 것처럼 말이다. 물론 외경도 건전하고 유용한 내용을 담고 있기에 외경을 실제로 경멸할 필요는 없다. 그러나 성령께서 우리에게 주신 것만이 사람들로부터 전해진 모든 것보다 권위 있다는 것은 분명하다." 여기에 대해서는 칼뱅의 초기 신학적 저작인 『영혼의 수면에 관하여』(Psychopannychia, 1534-1542)를 참조하라(Opera V.182). 칼뱅은 집회서 17:1과 지혜서 2:23을 인용하며 "두 거룩한 저자"에 대해 이렇게 덧붙인다. "상대편이 이 두 저자의 권위에 대해 반대하지만 않는다면, 나도 그들에게 강요하고 싶지는 않다. 설사 이들의 글이 정경으로 받아들여지지 않는다 하더라도, 그 두 저자가 매우 오래전부터 경건한 사람으로 인정받아왔다는 사실은 인정해야 할 것이다. 그들의 글을 정경에서는 제외시키더라도 그 내용은 우리 마음속에 간직해야 한다." 『영혼의 수면에 관하여』에서 바룩서를 바라보는 시각은 좀 더 혼란스러워 보인다. 1542년판 『기독교 강요』를 보면 어떤 경우에는 "왜냐하면 이것은 예언자에 의해 기록된 것이기 때문이다"(sic enim loquitur propheta)라는 정형화된 문구로 인용되는 반면(p. 205), 다른 경우에는 "바룩서에서"(in prophetia Baruch)라고 수정되어 인용되기도 한다(p. 227). 1536년판에서는 바룩서가 성경으로 인용되는 것을 볼 수 있다. "이것은 다른 참된 예언자에 의해 기록되어 있다"(alter vero propheta scribit)(Opera I.82). 이것은 1539년에 이르러 수정된다. 그렇다면 칼뱅은 1534년과 1536년에는 바룩서를 정경으로 보았고, 나중에야 정경에서 제외시켰다는 것을 알 수 있다. 이 문제를 다룬 그의 여러 글을 살펴보면, 외경을 정경으로 주장하고자 하는 사람들을 비판(ad hominem)하고 있음을 알 수 있다(V.271:1537; VI.560:1545; VI.638:1546).

22. Acta Synodi Tridentinae, cum antidoto, 1547, in Opera VII.365-506.

그들의 글을 읽으면서 이 사실을 제대로 파악할 수 있을 것이다.[23] 실제로 로마 가톨릭교회는 외경을 변호하는 데 흥미가 있었다. 왜냐하면 로마 가톨릭교회는 자신들의 거짓 교리를 위한 근거를 외경에서 발견했기 때문이다. 그러나 이러한 사실 자체가 스스로를 정죄한다. 마카베오하를 보면 저자는 자신의 행위에 희망을 걸고 있다. 그는 "나는 당신에게 이 고백이 성령의 장엄하심과 얼마나 동떨어진 것인지 살펴보길 권한다"라고 말하면서 글을 맺는다.[24] 다시 말해, 이것은 성경의 영원히 변치 않는 가르침과 마카베오서의 내용이 얼마나 상반된 것인지를 살피라는 것이다.

칼뱅은 이러한 두 가지 검증 기준을 적용하여 안티레고메나를 신약 정경의 중요한 일부로 인정했다. 예를 들어 칼뱅은 베드로후서 서문을 쓰면서 유세비우스가 베드로후서의 정경성을 거부한 사람들 중 일부를 말하고 있다고 언급한다.

유세비우스는 베드로후서의 정경성을 의심한 사람들의 이름을 밝히지는 않는다. 그래서 만일 우리가 인간의 사소한 권위에 굴복하는 것이 문제라면, 우리는 이름도 모르는 이들을 신뢰할 필요가 없을 것이다. 게다가 그는 그것이 차후 충돌 없이 일반적으로 받아들여졌다는 말을 덧붙인다.…사도 베드로의 저작임을 의심할 만한 내용이 이 서신에 없다는 것은 모두의 일반적인 합의에 의해 승인된 문제다. 오히려 그와는 반대로 사도들에게 주어진 성령의 분명한 권위와 강력한 역사, 은혜가 그 서신의 첫 장부터 마지막 장까지 똑같이

---

23. *Vera ecclesiae reformandae ratio*, in *Opera* VII.613. "그것들은 영감에 의해 만들어지지 않았다. 물론 그것들 모두는 건전하지만, 사람들은 훈계가 어디에 담겨 있는지 살필 것이다" (quae divinitus non esse prodita, sani omnes, saltem ubi moniti fuerint, inudicabunt).

24. *Acta Synodi Tridentinae, cum antidoto*, in *Opera* VII.413. "내가 주장하기에 이런 고백은 성령의 위엄에 생소한 것이다"(Quantum, obsecro, a Spiritus Sancti maiestati aliena est haec confessio).

담겨 있다.…따라서 서신의 모든 부분에는 그리스도께서 보내신 성령의 권능
이 강력하게 드러나고 있다. 그러하기에 비록 내가 사도 베드로의 참되고 자
연스러운 표현을 그곳에서 발견하지 못한다 하더라도 나는 그 서신서 전체
를 거부할 수 없다.[25]

베드로전서와 베드로후서의 서로 다른 문체가 일으키는 문제를 해결
하기 위해 칼뱅은 우선 베드로후서가 베드로의 저작이라는 것을 분명하
게 밝힌다. 베드로후서가 베드로의 저작이 아닌 모방에 불과한 작품이라
고 생각하는 것은 결코 상상할 수 없는 일이다. 그 누구도 그렇게 고결한
특성을 가진 작품을 모방할 수 없기 때문이다.[26] 물론 베드로후서에 있는
독특한 문체는 베드로가 말년에 자신의 제자에게 받아쓰도록 한 결과다.
우리는 여기서 다시 한 번 외적 기준이라는 교회의 증언과, 내적 기준이
라는 책의 내용에 대한 확증에 기초한 논의를 확인할 수 있다. 그리고 칼
뱅은 이러한 두 가지 기준을 다른 곳에서도 언제나 기초로 삼고 있다. 그
는 유다서에 대해 다음과 같이 말한다.

유다서를 읽는 것은 매우 유익하고, 그 내용은 다른 사도들이 가르친 온전한
교리들과도 잘 부합한다. 다른 모든 학식 있는 사람은 유다서를 오랫동안 정
경으로 인정해왔다. 그래서 나 역시 기꺼이 유다서를 다른 서신서와 동일한

---

25. 이것은 프랑스어판(ed. Meyrueis, IV. 1885, p. 743)을 번역한 것이다. 라틴어판도 동일한
내용을 담고 있는데 좀 더 간략하게 기술되어 있다. "그것은 모든 곳에서 사도적 정신과 기품을
보이기 때문에 베드로의 저작으로 여기지 않을 만한 것이 하나도 없다.…그것을 철저하게
거부하는 것은 나를 모독하는 것이다"(nihil habet Petro indignum, ut vim spiritus
apostolici et gratiam ubique exprimat…eam prorsus repudiare mihi religio est).
26. "하지만 이것이 그리스도의 사역자가 날조한 것이라고 여기거나 다른 사람이 썼다고
주장하는 것은 무의미할 것이다"(Haec autem fictio indigna esset ministro Christi,
obtendere alienam personam).

수준에 놓고자 한다.[27]

　칼뱅은 다른 책을 다룰 때에는 외적 기준인 교회의 증언을 명확하게 언급하지 않고, 대신 그 책의 내용이 증언하는 것처럼 그 저작이 가지고 있는 사도적 특성에 집중해 논의한다. 칼뱅은 사도들의 서신 중 하나로 히브리서를 큰 어려움 없이 받아들인다. 왜냐하면 히브리서는 다른 서신서들보다도 더 분명하고 더 완전하게 그리스도의 희생을 선언하고, 복음적 교리를 가르치기 때문이다. 서구 교회들이 그토록 오랫동안 히브리서의 정경성을 의심했던 이유는 분명히 사탄의 간사한 속임수에 있을 것이다.[28] 칼뱅이 보기에 야고보는 그리스도를 대표하는 사도로 여기기에 부족함이 없었다. 야고보서에는 훌륭한 가르침이 가득했고, 특히 그리스도인의 삶의 모든 영역에 필요한 유익한 가르침이 많았다.[29] 물론 칼뱅은 이 주장의 타당성을 보여주기 위해 "호모로구메나"(Homologoumena)에서 시작한다. 호모로구메나는 칼뱅이 다른 책들을 평가하기 위해 사용하는 사도적 가르침의 기준을 주었다. 물론 칼뱅이 아무런 역사비평의 조사 없이 호모로구메나를 정경으로 받아들였다고 가정해서는 안 된다. 그는 모든 의심에 앞서 호모로구메나에 대한 교회의 확고한 증언에 좀 더 무게를 두었을 뿐이다. 한마디로 말하자면, 칼뱅은 철저한 학문적 조사를 통해 정경에 대한 확신을 가졌다. 정경은 오랜 세월 동안 전해져오면서 적절한 증인들이 지속적으로 고백한 것에 의해 확증되었다. 그리고 정경의 내용까지도 비평적 방법

---

27. Ed. Meyrueis, IV. p. 780.
28. Ibid., IV. p. 362.
29. Ibid., IV. p. 694. 라틴어 원문은 이렇다. "나는 이 서신을 충분히 받아들일 수 있다. 그리스도의 사도와 어울리지 않는 내용이 전혀 없기 때문이다"(mihi ad epistolam hanc recipiendam satis est, quod nihil continet Christi apostolo indignum).

을 통해 확실히 증명되었다.[30]

칼뱅은 성경 본문을 다루는 데도 이와 동일하게 객관성을 유지하고
자 했다. 그는 인문주의자로서 이미 고전 작가들이 본문을 확증하는 방법
에 익숙했다. 그래서 성경 본문을 선정하는 과정에서도 자연스럽게 이 방
법을 사용했다. 그가 여기에서 일하는 방식에는 자유와 신중함이라는 특징

---

30. J. Cramer, 앞의 책, p. 126. "그러므로 칼뱅이 정경의 범위를 확증하게 된 것은 우선
학문적 조사의 결과다.…선험적 방법보다는 후험적 방법을 사용하여 각 성경들의 정경성을
인정하게 된 것이다." 이어서 그는 155-156쪽에서는 칼뱅의 이러한 검증 방법이 어떠한
결과를 가져왔는지 탁월하게 다루고 있다. "칼뱅이 성경의 사도성에 대해 의문을 제기한
것이 얼마나 중요한 방법이었는가! 그는 사도성이 없는 책은 정경으로 인정하지 않았다.
사도성을 검증하기 위해 교회의 전통에 호소할 뿐만 아니라, 주로 그것의 내용들에도
호소한다. 그는 안티레고메나에 속하는 모든 책에 대해 그렇게 했다. 그리고 그는 이것을
위한 시금석을 호모로구메나에서 발견한다. 물론 그는 호모로구메나에 포함된 책들의
사도적 기원을 조사하지는 않았다. 그 기원은 칼뱅과 당대의 모든 이들에게 이미 확정된
사실이었기 때문이다. 칼뱅이 차용한 시금석은 학문적 방법이다. 물론 그가 **성령의
증언**이라는 요소를 전혀 고려하지 않은 것은 아니다. 그러나 학문적 조사를 배제한
이러한 내적 증거만으로 정경을 확증할 수는 없었다. 우리는 칼뱅이 초기 교회의 발자취를
따라간 것을 이러한 맥락에서 이해할 수 있다. 기독교 초기 수 세기 동안 그리스도인들은
자신들이 인정하는 교리가 담긴 책만을 정경으로 삼았다는 근거 없는 비난을 받았다. 초기
그리스도인들이 이러한 비판에 크게 신경 쓴 것은 사실이다. 그럼에도 그들은 적어도 어떤
책이 사도시대로부터 기원하고 있는지 혹은 그 내용이 사도들의 교리와 일치하는지에
관심을 가졌다. 사도들이 쓴 것으로 분명하게 인정받는 글을 통해 이것을 확인할 수 있었기
때문이다. 그 당시 어떤 학문적 조사 방법이 개발되었더라면, 그들은 정경을 확증하는 데
분명히 이 방법을 활용했을 것이다." 크레이머는 나중에 다른 글에서 다음과 같이 설명한다.
"칼뱅은 성경의 범위를 정하는 과정에서 루터와 같은 기준에서 출발했다. 하나님 나라에
속한 그리스도에 관한 지식을 보다 풍성히 전해주고, 교회에 의해 항상 권위와 신뢰를
인정받아왔는지 살펴본 것이다. 칼뱅의 비평 방법은 독일 개혁가 루터의 방법보다는 교회의
전통과 더 조화를 이루었다. 그럼에도 칼뱅은 계속 루터와 같은 방법을 취하였다. 칼뱅은
교회가 정한 정경에 대해 철저히 조사하지는 않았다"(*De Roomsch-Katholieke en de Oud-
protestantsche Schriftbeschouwing*, 1883, pp. 31-32). 크레이머는 칼뱅의 이러한 방법이
그가 말한 성령의 증언에 관한 교리와 일치하지 않는다고 본다. 그리고 그것을 천재의 작은
실수로 볼 수 없다고 말한다(p. 38). "여기 아니면 저기 어느 한 곳이 아니라 전체적으로
보아야 한다. 그의 비평 방법은 주석이나 교리집 한 권을 통해 알 수 있는 것이 아니다.
우리는 그가 망설였다는 어떤 희미한 단서조차 찾지 못했다."

이 서로 어울려 나타난다. 그의 결정은 신약성경 본문이 전해지는 것과 관련된 당시의 지식수준에 머물 수밖에 없는 탓에 종종 실수가 있었다. 하지만 그의 결정은 항상 건전한 감각과 균형, 훈련된 판단력을 나타냈다. 간음한 여인을 다루는 단락(요 8:1-11)에 대한 언급을 보면, 우리는 그가 안티레고메나에 대해 가졌던 생각의 범주와 동일한 것을 만난다. "라틴 교회(Latin Churches)는 이미 오래전부터 그 단락을 인정해왔다. 그 단락은 수많은 그리스어 사본과 옛 문헌에 등장한다. 그 단락에는 사도적 정신에 위배되는 어떠한 내용도 없다. 그러하기에 우리가 그 단락으로부터 얻을 수 있는 유익을 포기해야 할 이유가 전혀 없다."[31] 칼뱅은 세 명의 증언자를 언급하는 요한1서 5:7도 받아들인다. 그에 따르면 "그리스어 사본들조차도 서로 다르기 때문에, 나는 감히 이런 결론을 내리고자 한다. 이 절이 삽입되었는데도 문맥의 흐름이 어색하지 않다. 가장 신뢰받고 있는 최고의 사본에도 이 절이 추가되어 있다. 그래서 나는 이 절을 기꺼이 받아들이고자 한다."[32] 만일 그가 어떤 어려운 문제를 만나게 되면, 그는 고전 텍스트를 다루는 인문주의자답게 "구전으로 전해지면서 생긴 결함"(mendum in voce)의 가능성을 제시했다. 예를 들어 그가 이 가능성을 가장 높게 제시하는 부분은 마태복음 23:35이다. 그는 마태복음 27:9에 관해서는 좀 더 명시적으로 "예레미야"가 잘못 읽은 것이라고 일축했다.[33] 이 문제는 마치 『기독교 강요』 프랑스어판에서 "요세푸스"(Josephus)가 들어갈 자리에 "아피우스"(Apius)가

---

31. 요한복음 8:1에 대한 주석. Meyrueis' ed. *of the Commentaries*, II. 1854, p. 169.
32. 요한1서 5:7에 대한 주석. Meyrueis' ed. *of the Commentaries*, IV. 1855, p. 682.
33. "나는 그 이름이 어떻게 본문에 들어왔는지 알지도 못할뿐더러 이로 인해 크게 고심하지도 않았다. 예레미야라는 이름은 실수로 스가랴를 대신한 것이다. 이 구절이 예레미야서가 아니라 스가랴 11:12에 나타난다는 사실이 이것을 입증한다"(Quomodo Jeremiae nomen obrepserit, me nescire fateor, nec anxie laboro; certe Jeremiae nomen errore positum esse pro Zacharia11.12, res ipsa ostendit; quia nihil tale apud Jeremiam legitur, vel etiam quod accedat). *Opera* XLV.749.

나오는 것이 칼뱅의 실수가 아니라 편집자들의 실수인 것과 같다. 우리는 다음의 글을 볼 수 있다. "이 구절을 번역한 사람은 분명히 칼뱅 자신이 아니다."[34] 칼뱅은 성경 저자가 실수할 수 없다고 확신했기 때문에 이러한 오류를 필사가들의 몫으로 돌렸다. 그러나 칼뱅이 본문 수정이 필요하다고 공식적으로 생각한 경우는 이것뿐이다. 다른 대부분의 경우에 그는 어떤 지적인 증거가 없어도 현재 상태의 본문을 그대로 받아들였다.[35] 우리는 칼뱅의 주석을 훑어보기만 해도 고대 문서를 아주 잘 다루는 학자가 분별력 있고 현명하면서도 철저한 방법으로 본문을 다루고 있음을 발견할 수 있다. 그는 잘 훈련된 판단력을 기초로 성경 전체의 완전한 정경성에 대해 근거 있는 결론을 내리고 있다. 그는 종종 본문의 결함을 지적하기도 한다. 이것은 그가 본문을 매우 철저하게 다루고 있음을 보여주는 지표다. 칼뱅이 성경을 건전한 것으로 받아들일 수 있었던 것은 그가 맹목적으로 전통을 수용했기 때문이 아니라, 잘 훈련된 지성을 사용해 냉정하게 판단했기 때문이다.

성경의 영감

칼뱅은 66권의 정경을 분명한 하나님의 말씀이라고 이해했다. 66권은 하나님의 특별한 섭리[36] 속에서, 그리고 비평적 연구 방법도 만족시킨 건전

---

34. *Opera* III.100, 미주 3번 참고.
35. J. Cramer, 앞의 책, pp. 116-117. "칼뱅은 본문비평에 그리 큰 시간을 할애하지 않았고, 당시 통용되던 본문을 대체로 수용했다. 단지 그가 본문을 좀 더 자유롭고 독립적으로 비평했고, 학문의 권리를 인식하고 있었다는 점은 주목할 만하다." 크레이머는 칼뱅이 요한1서 5:7을 다루는 방법에 대해 다음과 같이 말한다. "그는 라틴어 번역본 성서를 학문적으로 검증했다. 그리고 이 번역본을 반드시 '권위' 있는 것으로 받아들여야 한다는 트리엔트 공의회 결정에 대해 냉소한다. 마치 하늘에서 떨어지기라도 한 것마냥 극진히 모시려는 태도가 터무니없었다. '원문에 호소할 권리에 대해 논쟁할 수 있단 말인가? 이 라틴어 번역본이 얼마나 엉터리인가! 어떤 장을 펴보아도 번역이 잘 된 구절을 세 군데 이상은 찾을 수 없다'"(*Acta Synodi Tridentinae cum antidoto*, pp. 414-416).
36. 『기독교 강요』, I.viii.10. I.vi.2-3도 참조하라.

한 본문으로 우리에게 전해졌다. 칼뱅은 가장 단순하고도 문자적인 의미로 이런 주장을 했다. 그는 인간이 손으로 성경을 썼다는 사실을 조금도 간과하지 않는다. 그러나 칼뱅은 우리가 받은 성경이 하나님의 직접적인 말씀을 담고는 있지만, 하나님이 "인간이라는 수단"[37]을 사용하셔서 우리에게 성경을 전해주셨다고 분명하게 말한다. 하지만 그는 인간을 하나님의 말씀을 받은 이후 자신들이 받은 것을 가지고 어느 정도는 하나님처럼 무엇이든 할 수 있는 자유로운 중간 존재로는 전혀 생각하지 않았다.[38] 오히려 인간을 법이 허용하는 범위 안에서 들은 것(Argumentum in Ev. Joh.)[39]

---

37. 『기독교 강요』, I.vii.5. "하나님의 직접적 말씀이 인간이라는 수단을 통해 우리에게 주어졌다. 이것이 성경이다."

38. 신학자들은 일반적으로 성경의 영감과 관련해 신적 저자와 인간 저자의 관계를 다루지 않은, 최소한 명시적으로도 그런 이론을 제시하지 않은 대표적인 인물로 칼뱅을 생각한다. 그래서 크레이머는 다음과 같이 설명한다. "우리가 성경이 쓰일 때 일어난 하나님의 활동과 인간의 활동을 어떻게 이해해야 하는지 칼뱅은 구체적으로 설명하지 않는다. 후기 교의학자들과는 달리 칼뱅은 영감에 대한 정확한 이론을 제시하지 않기 때문이다"(J. Cramer, 앞의 책, p. 103). 크레이머는 단지 칼뱅이 후기 개신교도들의 이론을 받아들이지는 않았다고 확신하고 있다. "칼뱅은 성경의 형성과 관련하여 종교개혁가들의 견해보다 후기 교의학자들의 견해에 더 큰 자극을 받았다. 그러나 우리는 여기서 칼뱅이 자극을 받았다는 것 이상의 무엇을 말하기는 어렵다는 것을 잊지 말아야 한다. 후기 교의학자들이 보여주었던 성경의 신비적 요소를 칼뱅에게서 발견할 수 없기 때문이다. 그는 당시의 시대적 영향으로 인해 '기록하다'(dictare)와 같은 종류의 용어들을 사용했다. 그럼에도 칼뱅은 성경에서 발견되는 인간적 요소들을 매우 자주 언급하고 있음을 알 수 있다"(p. 142). 패니어도 이와 비슷한 설명을 한다. "칼뱅은 어떤 경우에도 문자적 영감을 의미하는 용어를 사용한 적이 없다. 만일 성경의 내용을 넘어선 것이나 그 내용을 담고 있는 표면에 반사되는 빛이 신적이라면, 그에게 신적인 것은 각 권의 의미나 각 구절의 의미이지, 각 단어의 차용은 아니다. 칼뱅은 『스위스 일치신조』(Consensus Helveticus)의 세부 교리들을 비판했을지도 모른다. 히브리어의 모음 하나까지도 영감이라고 주장하며 영감설을 지나치게 과장하는 19세기 사조가 그곳에 담겨 있기 때문이다." J. Pannier, Le témoignage du Saint-Esprit, p. 200. 하지만 칼뱅이 "축자영감설"과 "성경무오"를 고수했다는 것보다 더 확실한 것은 없다. 동시에 그는 이러한 두 가지 특징을 보증해주는 것이 바로 하나님의 행위라는 것을 염두에 두고 있는 듯하다.

39. Otto Ritschl, Dogmengeschichte des Protestantismus, I. 1908, p. 63. "우리는 불링거(Bullinger)가 엄격한 의미의 영감 교리를 지지했는지 지지하지 않았는지에 대해

을 기록할 수 있는(I.vi.3) 변호사와 같은 존재(IV.viii.9)로 생각했다. 따라서 인간은 단순히 성령의 도구로써 성경을 기록했을 뿐이다. 그들은 **자신의 생각**(*ex suo sensu*)이나 **인간적 충동**(*humano impulsu*), **임의적 판단**(*sponte sua*), **자신의 의지**(*arbitrio suo*)에서가 아니라 오직 **하늘의 지시**(*quae coelitus mandata fuerant*)를 따라서 기록했다.[40] 칼뱅에 따르면 성경의 유일한 저자이신 성령의 단일성 앞에서 인간 저자들의 다양성은 사라진다. 이것이 바로 칼뱅이 **하나님의 말씀들**(*verba Dei*)이 아니라 오직 **하나님의 말씀**(*verbum Dei*)만이 존재한다고 생각한 이유다.[41] 칼뱅은 성경이 **하나님으로부터**(*a Deo*) 온다고 생각했다(I.vii.5). 그것은 "하나님의 직접적인 말씀으로 우리에게 내려온다"(I.vii.5).[42] 그것은 "하나님의 살아 있는 말씀이 스스로 소리를 내고 있는 것이나 마찬가지다"(I.vii.1).[43] 그리고 "말씀은 오직 하나님으로부터만 내려오고 그 안에 인간적인 것이 전혀 섞이지 않았으므로, 우리는 하나님만큼이나 하나님의 말씀을 경외해야 한다"(딤후 3:16 주석에서).[44] 이러한 진술에 따르면 성경 전체는 모두 하

여전히 의문스럽다. 칼뱅은 1543년 이후로 그러한 견해를 나타낸다. 어쩌면 부처(Bucer)가 사용하던 '성령의 필사자들'(*Spiritus Sancti amanuenses*)이란 용어를 그대로 차용했을지도 모른다. 여하튼 구약의 모든 성경을 역사적 산물(historical enumerations)이라고 생각한 동시에, 신약은 인간들이 언어를 받아쓰는(verbal dictation) 과정에서 탄생한 성경이라고 생각한 것이 칼뱅의 독특한 점이다."

40. 이 구절은 크레이머가 딤후 3:16과 벧후 1:20을 주석하는 데서 발견된다. *Nieuwe Bijdragen op het gebied van Godgeleerdheid en Wijsbegeerte*, pp. 102-103.

41. Pannier, *Le témoignage du Saint-Esprit*, p. 203. "그에게 하나님의 말씀은 하나다. **하나님의 말씀들**(*verba Dei*)이 아니라 **하나님의 말씀**(*verbum Dei*)인 것이다. 따라서 인간 저자들의 다양성은 성령의 통일성 앞에서 사라진다."

42. "하나님의 입에서 우리에게 직접 전해진다"(Ab ipsissimo Dei ore ad nos fluxisse).

43. "하나님의 목소리가 들리는 것처럼 직접 하늘로부터 내려온다"(E coelo fluxisse acsi vivae ipsae Dei voces illic exaudirentur).

44. "이것은 우리가 하나님께 드리는 경외와 같은 경외를 성경에도 보여야 한다는 것이다. 왜냐하면 그것(성경)은 하나님께 흘러나왔고, 어떠한 인간적 요소도 섞이지 않았기 때문이다"(Hoc prius est membrum, eandem scripturae reverentiam deberi quam Deo

나님을 기원으로 한다. 칼뱅이 다른 글에서도 열정적으로 썼듯이, 그 안에서 "우리에게 말씀하시는 분은 하나님이시지 언젠가 죽게 될 사람이 아니다"(벧후 1:20 주석에서).[45] 이런 이유로 칼뱅은 모든 곳에서 성경을 사람의 말로 인용하지 않고 하나님의 순전한 말씀으로 인용한다. 그분의 "거룩한 말씀"은 "하나님의 홀(笏)"이다. 그 안에 담긴 모든 진술은 "실패하지 않는 하늘의 계시"다(『기독교 강요』 헌정사, Opera II.12). 그 안에서 하나님은 "그분의 거룩한 입을 여시어" 그분의 말을 못하는 피조물들의 목소리에 그분의 직접적인 말씀을 더하신다(I.vi.1). "성경에 이르기를"이라는 표현과 "성령께서 말씀하시기를"이라는 표현은 모두 하나다. 칼뱅은 우리가 여호와라는 호칭이나 여호와의 위엄에 속하는 것을 그리스도께 적용하는 것(I.xiii.23)을 거부한다면, 그것은 성경을 반대하는 것인 동시에 성령도 반대하는 것이라고 말한다. 그에 따르면 "성령께서 이르시기를," "바울이 선포하기를," "성경이 정죄하기를," "그러므로 성령께서 거절하시는 것은 놀라운 일이 아니다" 등의 모든 구절은 한 문맥 속에서 같은 의미를 가지고 있다(I.v.13). 또 다른 문맥을 보면 칼뱅이 "그리스도의 명령"과 "성경의 권위"를 같은 의미를 지닌 용어로 사용하고 있음을 볼 수 있다(헌정사).

칼뱅은 『기독교 강요』 이외에 다른 작품들에서는 하나님이 우리에게 성경을 주시는 방식에 대해서 구체적인 논의를 하지 않을지도 모른다. 그는 성경이 하나님의 선물이라는 것(I.vi.1,2,3)과 하나님이 성경을 우리에게 선물로 주셨기 때문에 성경은 단연코 하나님의 말씀이며 하늘에

---

deferimus, quia ad eo solo manavit, nec quicquam humani habet admixtum).

45. "그래서 죽게 될 인간이 아니라 하나님이 우리에게 말씀하셨다는 것을 우리가 떠올릴 때, 합당한 경외심이 생긴다"(Justa reverentia inde nascitur, quum statuimus, Deum nobiscum loqui, non homines mortales).

서 들려오는 그분의 살아 있는 목소리와 동일하다(I.vii.1)고 분명하게 확신하고 있다. 칼뱅은 성경이 선물로 주어지는 방법을 설명하기 위해 "받아쓰기"라는 말에 치중한 것 같은 인상을 준다. 성경은 "공적인 기록"이다 (I.vi.2). 성경을 기록한 인간 저자들은 자신들의 것은 아무것도 적지 않고 단지 자신들에게 구술하라는 것만을 적어 내려가는 "공증인"(IV.viii.9)처럼 행동한다. 그래서 성경에는 인간적 요소가 나타나지 않는다(딤후 3:16 주석에서).[46] 그러나 이것이 비유적 설명이라고 주장하는 것을 부당하다고

---

46. 칼뱅의 영감 교리에 대한 라보의 설명은 비교해볼 만한 가치가 있다(Édouard Rabaud, *Histoire De La Doctrine De L'inspiration Des Saintes Écritures Dans Les Pays De Langue Française*, 1883, p. 52 이하). 라보에 따르면 이 주제에 대한 칼뱅의 생각은 비록 그의 영감 개념이 완전히 견고한 윤곽을 가지고 있거나 체계적 관점의 요소를 우리에게 제공하지는 않지만, 다른 종교개혁가들에 비해 훨씬 더 정확하고 촘촘하다(p. 52). 그럼에도 칼뱅은 거룩한 성경이라는 주제를 근본적이고도 이론적으로 처음 분석한 사람이다. 그는 논쟁을 통해서가 아니라 순전히 자신의 체계적인 생각을 통해 분석했다. 왜냐하면 (아직 계시와 구별되지 않은 상태인) 그의 영감 교리는 교리적 출발점은 아닐지라도 필수적인 요소들 중 하나이기 때문이다(p. 55). 칼뱅에게 "성경은 분명히 하나님의 말씀이며, 하나님은 그 안에서 자신을 인간에게 드러내신다." 이러한 방식으로 "성경은 하나님으로부터 나온다." 그러나(p. 56 이하) "칼뱅이 보기에 하나님은 일하시면서 경건한 저자들을 기계로 바꾸는 것이 아니다. 『기독교 강요』의 초기 사상에 유대교 구술주의(verbalism)나 유물론적 성경관이 담겨 있을지도 모른다. 그리고 다음 세대의 개혁파 스콜라주의자들이 차가운 지성으로 그러한 생각들을 발전시켰을지 모른다. 그러나 그것은 종교개혁가들의 생각과는 거리가 멀었다. 종교개혁가들의 생각에 따르면 하나님이 선택하여 지명한 성경 저자들은 특별한 감동에 사로잡혔고 하나님의 조명하심을 받았다. 그래서 그들에게 본래 있던 자연적 능력이 향상되었다. 그들은 하나님의 계시를 좀 더 잘 이해하고 그것을 좀 더 신실하게 전달했다. 그렇다고 해서 성경 저자들이 성령에 의해 움직이는 수동적인 기구나 펜, 단순한 비서가 된 것은 아니었다. 그들은 단순하게 받아쓰지 않는다. 그들은 하나님의 생각을 전하는 지적 존재로서 완전히 순종함으로 하나님의 뜻을 전하는 도구가 되었다. 하나님이 그들에게 수여하시는 개인적 믿음이 그들을 움직이게끔 했다. '하나님이 하늘의 증거라 불리는 환상이나 예언을 통해 그분 자신을 드러내시든, 목회자들을 지명하셔서 전통을 통해 가르침을 전수하도록 하시든 두 경우 모두에서 분명히 드러나는 사실이 있다. 그것은 하나님이 특정 교리에 대한 확신을 성경 저자들의 마음에 심어주셔서, 그들에게 계시되고 선포된 것이 하나님으로부터 주어졌다는 진정한 확신과 이해를 갖게 한다는 것이다. 이러한 확증을 통해 하나님은 그분의 말씀이 인간의 그 어떠한 판단보다도 위에 있음을 보증하신다. 마지막으로 그러한 진리가 세대와 세대를 거치면서도 변함없이 살아 움직이고 온 세상에

할 수 없다. 칼뱅은 영감의 방법이 받아쓰기라고 주장하려는 것이 아니다. 영감의 결과를 보니 마치 받아쓰기라도 한 것처럼 인간적 요소는 섞이지 않고 하나님의 순수한 말씀만 담겼다고 주장하는 것이다. 칼뱅은 틀림없이 영감의 방법이라는 용어로 표현하기보다는 그 당시에 사용되던 "받아쓰기"라는 용어로 그 결과를 표현했다.[47] 칼뱅이 사용하는 용어가 비

알려지도록 하시기 위해, 하나님은 계시의 내용을 교부들의 손에 전달하시고 기록하도록 하셨다. 이러한 방식으로 하나님은 율법을 펴내시고 그 이후 예언자들을 통해 해석을 추가하셨다'(『기독교 강요』, I.vi.2). 이렇게 요약 형태로 주어진 몇 줄 안 되는 설명이 칼뱅의 영감 교리의 전부다. 어쩌면 그가 이 교리를 분명하고도 정확하게 설명하는 데 힘을 쏟지 않았다고 결론 내려도 좋을지 모른다. 다른 새로운 교리적 관점을 연구하고 체계를 잡을 때 보여주었던 실천적 목적이 명확하게 드러나지 않기 때문이다. 우리가 계시의 방법이나 영감의 범위와 깊이, 교리와 성경의 관계에 대한 그의 정확한 설명을 찾고자 하는 것은 허사가 될 공산이 크다. 앞에서 언급했듯이 이러한 문제들은 그 당시에는 논의의 대상이 아니었다. 신학자들은 당면 과제를 풀기 바빴다. 그들은 아직 논의가 이루어지지 않았거나 공격당하지 않는 부분에 대해서는 다루지 않았다. 이미 정립된 이론을 다루기만으로도 충분했다. 하나님이 말씀하셨다. 이 원리는 당시 모든 사람이 의심 없이 믿었던 원리였고 반대하지 않았던 원리였다. 하나님이 어떻게 이렇게 하셨는지 알아내는 것은 그 당시 사람들에게는 별로 중요하지 않았다. 그것을 증명하려는 시도도 마찬가지였다"(p. 58). 이 글에는 칼뱅이 성경에 나타난 신적 증거에 대해 지니고 있던 견해를 축소하려는 경향이 엿보인다. 이 경향은 『기독교 강요』 1권 6장 2절의 구절을 인용하여 칼뱅의 영감 교리를 해석하는 기초로 삼은 것에서 잘 나타난다. 사실 그 구절은 하나님이 그분의 뜻을 인간에게 어떻게 알리시고 그분에 대한 지식을 역사 속에서 어떻게 보존하시는지에 대한 탁월한 설명을 담고 있는 부분이기 때문이다. 라보의 설명은 칼뱅이 그의 교리에 대해 설명하는 바를 충실히 전하지만 그의 교리에 과도한 면이 있다는 이중적인 태도가 나타난다. 그래서인지 라보가 이어서 하는 해설을 보면 다소 혼란스러운 면이 있다.

47. J. Cramer, 앞의 책, p. 114. "칼뱅이 성령에 의한 '받아쓰기'(dictare)라는 용어를 어떤 의미로 이해했는지를 알기는 어렵다. 그는 당시 교회가 성경과 전통의 '원저자'(auctor primarius)를 표현하는 것으로 사용했던 용어를 차용했다. 트리엔트 공의회에서는 성령의 영감에 의한 것이지만 기록되지는 않은 전통을 '성령에 의한 규정'(dictante Spiritu Sancto)이라고 표현하기도 했다." 리츨은 칼뱅이 그 용어를 어떻게 사용했는지 좀 더 엄격하게 살펴보고자 했다(Otto Ritschl, Dogmengeschichte des Protestantismus, I, 1908, p. 59). 분명 그 용어는 당시의 용례에 따라 비유적으로 사용되었다. 가령 자연인의 양심을 일깨우는 의미로 쓰이기도 하였다. 어떤 종교개혁가들은 성령의 내적 증거라는 의미로 사용하기도 했다. 칼뱅 자신도 비유적으로 사용하고 있는 것처럼 말했다. 가령 그는 "그리스도의 영이 어떠한 수단을 통해 말씀을 받아 적게 했다"(verba quodammodo

유적이라는 주장은 허용될 수 있다. 하지만 칼뱅이, (성경의) 영감은 인간의 오류가 혼합되지 않은 순수한 하나님의 말씀으로 이해되지 않는 가르침이라고 주장했다고 말하는 것은 훨씬 더 공정하지 못한 것이다. 오히려 칼뱅은 바로 그 사실을 열정적으로 가르치고자 했다. 그는 『기독교 강요』뿐 아니라 다른 모든 곳에서도 영감으로 만들어진 성경은 오직 하나님만이 권위 있는 저자이시고, 우리는 마치 그분을 직접 대하는 것처럼 동일한 경외심을 가지고 하나님의 말씀을 대해야만 한다고 주장했다. 그리고 우리는 그분의 말씀들을 마치 하늘에서부터 울려 퍼지는 하나님의 살아 있는 음성을 대하듯 순전하게 대해야 한다고 영감의 결과와 관련해 주장했다. 그 말씀에는 인간적 요소가 전혀 섞여 있지 않다. 그는 다른 모든 곳에서 이러한 전제를 바탕으로 성경을 다룬다. 사실 많은 사람이 칼뱅의 작품들에서, 특히 『공관복음 주석』(Harmony of the Gospels)에서 칼뱅이 성경에 담긴 인간의 오류를 인정했다는 흔적을 발견하려고 했다.[48]

---

dictante Christi Spiritu)라고 말한다(Opera I.362). 그럼에도 리츨은 칼뱅이 그 용어를 전반적으로 문자적 의미로 사용한다고 생각했다.

48. 크레이머는 앞의 책 pp. 114-116, 125에서 다음과 같이 예를 들어 설명한다. 신학자들은 칼뱅이 성경에 포함된 일련의 오류에 대해 알고 있었음을 밝히려는 많은 시도를 벌였다. 이것은 특히 무어(Moore)가 독일 그라이프스발트 대학교 조직신학 교수 크레머(Hermann Cremer, 1834-1903)와 위트레흐트 대학교 신학교수 반 오스테르제(Jan Jacob van Oosterzee, 1817-1882), 영국 국교회 사제 파라(Frederic Farrar, 1831-1903) 등을 인용하면서 논의한 부분에서 잘 나타난다(Dunlop Moore, *The Presbyterian and Reformed Review*, 1893, p. 60). 심지어 아우구스투스 스트롱조차도 "성경 저자들의 오류는 인정하지만 이것이 그들의 도덕적이거나 영적인 가르침에 큰 문제가 되지 않는다고 받아들인 신학자들" 목록을 제시하며 신약성경의 대대적 개정을 요구하기도 했다(A. H. Strong, *Systematic Theology*, vol. I. 1907, p. 217). Leipoldt, *Geschichte des Neutestamentlichen Kanons*, II, 1908, p. 169. "기본적으로 칼뱅은 축자영감설이라는 오래된 교리를 고수한다. 하지만 그는 건전한 역사의식 덕분에 이 교리의 굴레에서 벗어날 수 있었다. 예를 들어 칼뱅은 자신의 『공관복음 주석』(*Commentarii in harmoniam ex Mattheo, Marco et Luca compositam commentarii*, 1555)에서 문자 그 자체가 자신에게 거룩한 것은 아니라고 하였다. 이 부분에서 그는 루터파 신학자 마틴

그러나 이러한 시도는 터무니없는 오해에서 비롯한 것이다. 칼뱅이 성경에 오류가 없다는 것을 정확하게 보여주려 했던 것을 오해한 것이다. 예를 들어 칼뱅은 "복음서 저자들의"(혹은 그가 중요하게 이 표현의 동의어로 사용하는 "성령의") 저술 목적이 연대기적으로 정확한 기록을 남기는 것이 아니라 어떤 사건들의 전체적인 본질을 남기는 것이라고 설명했다. 이런 설명에서 그는 사건들의 시간적 순서에서 인간의 오류가 담길 수 있음을 허용하지 않는다. 오히려 그는 성경이 시간적 순서에 대한 정보를 주려고 의도되지 않았기 때문에 그 부분에 대해서는 오류가 있을 수 없다고 설명한다. 또 다른 예를 들면 칼뱅은 마태복음 27:9이나 23:35에서 "오류"가 발견되었다고 말한다. 하지만 여기에서 말하는 오류는 원문상의 오류가 아니라 우리에게 전해진 사본상의 오류다.[49] 인간이 기록한 성경에 오류가 전혀 담기지 않았다는 주장은 칼뱅 스스로가 아주 확고하게 붙들었던 원리였다. 그는 본문비평이라는 영역을 다루었기 때문에 이러한 확신을 부정했다는 비판을 감수하지 않을 수 없었다. 실제로 칼뱅은 하나님이 성경을 주셨기 때문에 성경은 모든 오류로부터 자유롭다고 주장한다. 뿐만 아니라 그는 성경을 세부적으로 다루었지만, 성경은 어떤 오류도 허용하지 않는다고 주장한다.[50] 만일 우리가 칼뱅이 무슨 근거로 영감 교리에

켐니츠(Martin Chemnitz, 1522-1586)에 비해 더 자유롭다. 그러나 다른 경우를 보면 칼뱅은 축자영감설로부터 매우 견고한 교리들을 도출한다. 예를 들어 그는 루터나 츠빙글리처럼 요한복음을 가장 아름다운 복음서로 보긴 했으나, 네 권의 복음서 모두에 동일한 권위가 있다고 생각한다."

49. 이 내용은 무어의 책에서 분명히 나타난다. Dunlop Moore, 위의 책, pp. 61-62.

50. 크레이머는 칼뱅의 영감 교리의 영향과 관련해 영감 교리를 격하시키려는 경향을 보였다. 그럼에도 불구하고 크레이머는 전체적으로 다음과 같은 공정한 평가를 내렸다. 앞의 책, pp. 120-121. "우리가 살펴본 바와 같이 칼뱅은 자신의 영감 교리에 대해 완전한 이론을 제시하지 않으면서도 성경 전체의 영감을 확고히 믿었다. 그에게서는 루터파 신학자들이나 다른 후기 개혁파 신학자들의 터무니없는 표현이 발견되지 않는다. 하지만 그들이 그 다음으로 기초로 삼았던 토대는 바로 이것이다. 우리는 '하나님으로부터'나 '하나님으로부터

대해 이러한 고상한 이론(high doctrine)을 견지하느냐고 묻는다면, 우리는 그에게 성경 자체의 가르침에 근거한다는 대답 이외에 다른 답변을 들을 수 없다. 칼뱅은 성경이 하나님의 말씀이라고 말할 때 이렇게 높은 의미(high sense)로 성경을 이해했다. 그는 그 내용을 비평적 방법으로 조사한 이후에도 이러한 주장을 부정할 만한 것이 하나도 없다고 결론 내렸다. 칼뱅은 성경이 하나님으로부터 왔다는 것과 하나님의 계시로서 적절한 가르침을 담고 있다는 확신을 뒷받침하기 위해서 다른 근거들을 사용하기도 했다. 그러나 하나님이 성경을 주셨기 때문에 성경에는 인간의 어떤 오류도 섞이지 않았고 우리는 성경이 선포하는 모든 내용을 하나님의 살아 있는 음성을 대하듯 존중해야 한다는 것을 뒷받침하기 위해서는 다른 근거

왔다', '하나님으로부터 흘러나왔다' 등의 표현에서 많은 것을 추론할 수는 없다. 츠빙글리가 그랬던 것처럼 칼뱅도 때때로 이러한 표현을 '사실'과 동의어로 사용했다. 그래서 그는 딛 2:12을 주석하면서, 왜 그토록 많은 사람이 세속적인 글을 이용하기를 주저하는지 이해할 수 없다고 말했다. '만일 한 세속 작가가 어떤 것을 올바르고 진실되게 말했다면 그것은 **하나님에 의해 형성된 것**(*a Deo est profectum*)이기 때문에 거절할 이유가 없다. 왜냐하면 모든 진리는 **하나님으로부터**(*a Deo*) 나오기 때문이다.' 좀 더 중요한 표현은 '그 어떤 인간적 요소도 성경에 섞이지 않았다'거나 '성경을 하나님과 동일하게 경외해야 한다'는 표현, 하나님이 '성경의 저자'이시고, 사도나 예언자들이 쓴 모든 것을 '받아쓰게'(*dictavit*) 하셨고 그래서 우리는 '아무리 사소한 것 하나라도 말씀에서 떠나 생각해서는 안 된다'는 등의 표현이다. 이 모든 것은 성경이라는 하나의 총체나 그 근본 사상, 주요 내용에만 적용되는 것이 아니고 66권 전체에 적용된다. 그것들은 외경과는 다르게 성령에 의해 주어졌다(*Préface mise en tête des livres apocryphes de l'Ancien Testament: Opera* IX,827). 사도행전은 '의심의 여지없이 성령의 산물'이고, 누가는 '성령이 그에게 주어 쓰게 한 것만 기록'했다. 여기서 단순히 하나님의 섭리적 지시를 생각하고 그분의 백성이 그분의 계시를 기록하는 데 아무런 부족함이 없도록 하나님이 돌보셨다고 하는 것은 불가능하다. 왜냐하면 칼뱅이 성경과 관련하여 '**섭리의 단일한 돌보심**'(*singularis providentiae cura*)이라는 개념에 집중하면서도, 성경이 만들어지는 데에는 이것 이상의 무언가가 있다고 보았기 때문이다(『기독교 강요』, I,vi,2; I,viii,10; *Argumentum in Ev. Job*). 그는 성경을 하나님의 저작이라고 보았다. 칼뱅은 성령의 특별한 역사를 통해 그분의 저자들이 역사를 전달할 때나 그리스도에 대한 교리를 해석할 때에도 모든 오류로부터 보호하셨다고 생각했다. 따라서 그에게 (당연히 원문이라는 의미의) 성경은 하나님이 완성시키신 작품이고, 어떤 것이 거기에 추가되거나 삭제될 수 없다."

들을 사용하지 않았다. 칼뱅은 이러한 다른 근거들을 바탕으로 하여 성경의 가르침을 하나님의 계시로 신뢰할 수 있었다. 그리고 자연스럽게 성경자체의 본질과 영감에 관해서는 성경의 가르침을 신뢰했다.

결국 칼뱅의 이해에 따르면 성경이란 하나님이 그분의 "공증인들"로 하여금 "받아쓰도록" 하신 66권의 거룩한 책이다. 이 책은 "공적인 기록"으로 남아, 하나님이 그분의 사람들을 위해 주신 영구한 특별계시가 되었다. 하나님이 그분의 사역과 활동 속에서 주셨던 일반계시는 인간의 영혼 깊숙이 뿌리박힌 죄로 인해 효과적이지 못했다. 그래서 하나님은 이제 특별계시를 사용하셔서 일반계시를 보완하고 대체하도록 하신다. 칼뱅에 의하면 이것이 바로 성경이 주어진 원인을 설명하는 것이고, 성경이 이 세상에서 기능하는 것을 설명한다. 하나님은 그 어느 누구도 핑계대지 못하도록 모든 사람 앞에 일반계시를 드러내셨다. 그럼에도 인간은 죄악으로 인해 어리석은 존재가 되었기에 일반계시로는 아무런 유익을 얻을 수 없는 존재다(I.vi.1). 그러나 하나님은 이제 그분의 선하심으로 인해 "좀 더 가깝고 친밀한 관계를 유지하시려고 선택하신 사람들"에게 객관적인 형태의 특별계시를 허락하신다(I.vi.1). 인간의 마음은 너무도 쉽게 흔들린다. 그 마음에는 온갖 오류와 진리를 왜곡하려는 성향이 가득하다. 그래서 하나님은 특별계시를 기록하셔서 "그분의 가르침이 효과를 나타내도록 선택된 사람들"이 하나님의 특별계시에 접근하지 못하는 일이 없도록 하셨다(I.vi.3). 그러므로 칼뱅의 관점에 따르면 성경은 구원에 이르는 하나님의 특별계시를 담은 문서다(I.vi.1, 초반). 곧 하나님이 손수 기뻐하시는 방법으로 구원에 이르는 특별계시를 담으신 문서다(I.vi.2,3). 특별계시가 이처럼 문서화되어야 하는 것은 바로 인간의 죄 때문이다. 죄의 결과 인간이 영적으로 아둔하고 불안정한 존재가 되었기 때문이다. 그런데 우리는 죄로 눈이 어두워져 자연계시로는 하나님을 이해할 수 없게 된 인간을 치료할 수 있는 정확한 치료제로 특별계시 자체와 특별계시를 담은 성경을 이해하기보다는 하나님이 인간에게 주신 보조수단으로 그것을 이해하는 것이 더 바람직하다. 칼뱅의 설명에 따르면 "나이가 들어 눈이 침침해진 노인에게 세상에서 가장 아름다운 책을 들이민다 한들 무슨 소용이 있을까? 노인은 책의 내용을 이해하기는커녕 글자들이 온통 겹쳐 보여 그 책에 무엇인가가 써 있다는 정도만 알 수 있을 것이다. 그러나 그가 안경을 착용하면, 그는 글을 이해하는 것이 한결 수월해진다. 성경도 이와 마찬가지다"(I.vi.1). 그러므로 성경은 문서화된 특별계시로서, 영적인 눈이 어두워져 하나님을 보지 못하는 인간들에게 영적 안경을 주어 그들의 눈을 열어주는 기능을 한다.

물론 성경은 이것보다 훨씬 더 많은 것을 이루어낸다. 성경은 죄 때문에 눈이 어두워진 사람들에게 자연에 드러난 하나님을 좀 더 선명하게 보여준다. 성경은 자연에서는 발견할 수 없는 은혜의 하나님을 깨닫게 해준다. 칼뱅은 이처럼 성경에 담긴 보다 넓은 의미의 계시를 놓치지 않는다. 그는 이 사실을 특별히 언급한다(I.vi.1). 그러나 칼뱅은 이 사실에서 지금 다루려는 대상으로 관심을 돌린다. 그는 성경이라는 "안경"이 없다면 인간은 죄로 인하여 하나님을 아는 적절한 지식을 얻을 수 없다고 주장한다. 심지어 인간은 창조주 하나님을 아는 지식도 얻지 못한다. 그러므로 이제 칼뱅이 주장하는 것은 이것이다. 인류의 선조였던 "아담과 노아, 아브라함, 그 밖의 족장들"이 하나님에 대해 바른 지식을 얻을 수 있었던 것은 오직 하나님이 특별하고 초자연적인 계시를 통해 그분을 드러내셨기 때문이다(I.vi.1). 하나님이 그들에게 직접 새롭게 주셨든, "인간을 수단"으로 하는 전통을 통해 주셨든 간에 그 후손들도 오직 하나님의 특별계시를 통해서만 하나님을 올바르게 알 수 있었다(I.vi.2). "마침내 하나님은 모든 세대를 위한 연속성 있는 가르침으로 진리가 세상에 남을 수 있도록 족장들에게 주었던 동일한 계시를 공적인 기록으로 남기기로 작정하셨다." 먼저는 율법을 통해, 다음은 예언자들을 통해, 그리고 다음으로는 새로운 언약의 책들을 통해서였다(I.vi.2). 그러므로 이제 우리는 오직 이 성경을 통해서만 하나님을 아는 참된 지식을 얻을 수 있다. 하나님의 사역에서 주어지는 계시가 무익한 것은 아니다. 그 계시는 모든 인간이 핑계를 대지 못하도록 만들었기 때문이다. 그리고 그 계시는 덜 분명하고 덜 확실한 형태이지만, 그분의 사람들에게 하나님의 계시를 추가로 제공하기 때문이다. 그러므로 모든 사람은 무엇보다도 성경을 우선적으로 숙고하면서도 자연계시에 대해 충분히 숙고하는 일을 멈추지 말아야 한다(I.vi.2). 하지만 우리의 경험은, 죄로 물든 인간의 마음은 너무 연약하여 말씀 없이는 하나님에 대한 바른 지식을 얻을 수 없고 말씀이 없는 인간은 교만과 오류 속에서 헤맬 뿐이라는 것을 보여준다.

칼뱅은 때때로 특별계시인 성경이 일반계시를 완전히 대체한다고 말하는 것처럼 보인다(I.v.12, 후반; vi.2, 후반; 4, 후반). 그러나 그의 말을 좀 더 자세히 살펴보면, 특별계시인 성경이 없을 경우 일반계시인 자연은 하나님에 대한 바른 지식을 이 세계에서 보존하는 데 큰 효용이 없다고 말했음이 분명하다. 하지만 성경이 주어졌을 때 자연은 완전히 배제되는 것이 아니라, 그것이 본래 가지고 있던 기능을 회복한다. 이처럼 칼뱅이 본래 마음에 품었던 특별계시와 자연계시의 관계는 어느 하나가 다른 하나를 대체하는 관계가 아니라, 특별계시가 자연계시를 보충해주는 관계다. 하지만 특별계시는 먼저 자연계시의 내용을 반복한다. 이 반복을 통해 자연계시에 생기와 생명을 주는 것이다. 특별계시는 하나님을 아는 지식이라는 동일한 목적을 향해 자연계시와 합류하여 흘러간다(I.vi.2). 그러므로 특별계시와 그것이 문서화된 성경은 안경이라는 상징으로 매우 정확하게 이해된다. 그것은 죄에 물든 인간의 어두워진 눈을 밝혀 하나님을 볼 수 있도록 도와준다.

　그러나 이제 과연 이 "안경"이 여기에서 말하는 목적을 이루는가라는 문제가 제기된다. 칼뱅은 죄로 인해 어두워진 인간의 눈이 작은 도구 하나로 교정되어 처음 주어진 상태의 시력을 되찾을 수 있다고 격려하기에는 인간의 눈이 심각하게 어두워졌다며 인간을 매우 부정적으로 묘사하는 것은 아닐까? 이 질문에 대한 대답은 "그렇다"이다. 그러나 이것은 어떤 사실을 지적하기 위한 하나의 가교일 뿐이다. 칼뱅은 특별계시 그 자체나 특별계시가 문서화된 성경을 완전한 치료약으로 제시하지 않는다. 칼뱅은 특별계시를 **성령의 증언**(testimonium Spiritus Sancti)과 함께 나란히 놓는다. 칼뱅의 관점에 의하면 특별계시 혹은 그것이 문서 형태로 기록된 성경은 실제로 하나님이 주신 객관적 측면의 치료제를 제공할 뿐이다. 주관적 측면의 치료제는 **성령의 증언**으로 제공된다. 성경이 안경을 제공하고 이제 어두워졌던 우리의 눈은 그 안경을 통해 볼 수 있게 되었다. 하지만 그 내용들은 오직 성령의 증언을 통해서만 마음에 새겨진다. 그렇다면 우리는 칼뱅이 안경 비유를 통해 제시하는 것이 완전히 하나님을 파악할 수 있다. 그는 특별계시만을 통해서는 하나님을 아는 지식이 인간의 영혼에 생겨나지 않음을 지적하고자 했던 것이다. 하나님을 아는 지식은 외적 수단과 더불어 한 가지가 더 필요하다. 칼뱅은 죄로 가득한 인간이 하나님을 알기 위해서는 다른 무언가가 더 필요하다는 것을 지적하는 데로 나아가는 길을 열어두고자 했다. 우리는 죄로 가득한 인간의 상태에 다시 집중하고자 한다. 모든 쟁점이 여기에 놓여 있기 때문이다. 인간에게 죄가 없었다면 특별계시도 필요 없었을 것이다. 또한 그랬다면 인간은 자연이라는 극장에서 하나님이 펼치시는 찬란한 자연계시의 빛 가운데 하나님을 알 수 있었을 것이다. 만약 죄가 없었다면 인간은 하나님을 아는 본성적인 지식을 충만하고도 적절하게 꽃피웠을 것이다. 그러나 인간이 죄의 지배를 받게 되었을 때 문제는 완전히 달라진다. 이제 인간은 더 큰 빛뿐만 아니라 빛 이상의 무언가가 필요하다. 인간은 볼 수 있는 능력이 필요하다.[51] 그러므로 이제 우리는 칼뱅의 사상을 이 해하기 위해서 성령의 증언에 관한 교리로 눈을 돌려야만 한다.

3. 성령의 증언

칼뱅 자신이 성경의 증언이라고 말했던 문제를 숙고했을 때, 그가 특별히 고심했던 문제는 성경 계시의 내용을 완전히 이해하는 것이 아니라 성경의 권위를 확신하는 일과 관련된 것이었다. 칼뱅은 성령의 증언에 관해서 어떠한 교리를 제시할까?

어떤 독자는 이 부분에서 실망할지도 모른다. 의심할 바 없이 지금까지 전개된 전체 논의는, 정말로 죄인이 특별계시를 완전하게 이해하는 데 필요한 유일한 치료책을 가질 수 있다는 기대감이 아닌, 틀림없이 어떤 형식적인 치료책을 가질 수 있다는 기대감을 조성한다. 그리고 마땅히 강

---

51. 칼뱅은 『기독교 강요』 I.v.14에서 "사도 바울은 히브리서 11:3의 '믿음으로 우리는 세상이 하나님의 말씀으로 지어졌다는 것을 깨닫습니다'라는 구절을 통해서 '보이지 않는 신성이 그분의 능력의 표현을 통해 밝히 드러났지만, 그것들이 하나님의 내적 계시를 통해 믿음으로 조명되지 않는다면 우리는 그것을 바라볼 눈이 없음'을 설명하기를 바란다"(Invisibilem divinitatem repreaesentari quidem talibus spectaculis, sed ad illam perspiciendam non esse nobis oculos, nisi interiore Dei revelatione per fidem illuminetur)라고 말했다. 여기서 칼뱅은 외부의 객관적 계시와 이 객관적 계시를 이해하기 위한 준비과정으로서의 내면의 주관적 계시를 구분한다. 하나님은 그분의 사역 가운데 객관적으로 계시되신다. 그러나 인간은 죄로 인해 이 계시를 이해하지 못한다. 하나님의 내면적인 역사가 인간의 눈을 열어주면, 그제서야 인간은 이해할 수 있다. 이러한 하나님의 역사가 바로 중생(palingenesis)이다. 이 구절은 1539년판부터 이미 나타나는데(I.291), 마지막 절(nisi…, 그것들이…않는다면)은 1541년이나 1560년 불어판에는 나타나지 않는다(III.60).

조되어야만 하는 이중문제에 대한 치료책도 가질 수 있다는 기대감을 조성한다. 물론 죄와 특별계시라는 이중문제는 사실 한 문제이며, 한 문제의 해결책은 또 다른 문제의 해결책이다. 그러나 칼뱅은 성경의 권위를 확신하는 문제에 더 사로잡혀 있다. 어떤 면에서 이것은 칼뱅 자신이 다음과 같이 주목했던 논리적 우선성에서 기인할 수도 있다. 우리는 "분명하게 성경의 저자가 하나님이시라는 확신을 가지기 전까지 성경에서 발견되는 교리에 대한 믿음을 세워나갈 수 없다"(I.vii.4, 초반). 하지만 성경의 권위를 확증하는 문제는 거의 대부분 로마 가톨릭교회와의 논쟁 때문에 야기되었다. 로마 교회는 성경이 교회보다 우위에 있다는 개신교의 견해가 유효하지 않다고 주장했다. 그리고 성경의 권위가 로마 교회를 통해서만 확립된다고 말했다. 왜냐하면 그들은 교회가 아니고서는 그 누구도 성경이 하나님으로부터 왔다거나, 혹은 어떤 책이 성경에 포함된다거나, 혹은 우리에게 온전한 형태로 전해졌다고 보장할 수 없다고 보았기 때문이다. 칼뱅은 실천적 신앙인으로서 실천적 신앙을 추구하는 사람들에게 실천적 유익을 주려고 글을 썼기 때문에, 그는 자신이 가장 시급한 문제로 생각했던 측면을 좀 더 집중적으로 다루지 않을 수 없었다. 하지만 그가 자신의 교리 전체를 완성된 형태로 제시하지 않는다는 사실이 우리로 하여금 교리의 다른 측면을 전적으로 부인하도록 허용하지는 않는다. 그리고 실제로 보면 칼뱅의 교리 구성은 불완전하지 않다. 앞에서 말했듯이 한 문제의 해결책은 다른 한 문제의 해결책도 되기 때문이다. 성급한 독자라 할지라도 지금까지의 논의를 따라오는 동안 칼뱅의 논의가 신빙성 있음을 느꼈을 것이다. 왜냐하면 칼뱅은 자신의 논의 방식을 충분히 반복적으로 암시할 뿐만 아니라 그것을 직접 언급하면서 논의를 마무리하기 때문이다. 그리고 칼뱅이 이중문제의 다른 측면에 대한 논의를 공식적으로 저작의 뒷부분으로 미뤄놓고 나서 마무리하기 때문이다. 칼뱅은 다음과 같이 말한다. "나는 지금 많은 것을 지나친다. 왜냐하면 다른 곳에서도 이 문제를 논의할 기회가 있을 것이기 때문이다. 단지 우리는 지금 하나님의 성령이 우리 마음에 인치신 것이 오직 참된 믿음이라는 사실만을 깨닫도록 하자. 그리고 온유하고 겸손한 독자들은 이것 하나만으로도 만족할 것이다"(I.vii.5, 끝 부분). 이것은 마치 이 모든 주제가 믿음에 관한 일반 교리를 적용한 것에 해당할 뿐이라고 말하는 것과 같다. 그리고 믿음에 관한 일반 교리는 『기독교 강요』의 다른 곳에서 충분하게 다루어진다. 그래서 여기서 우리는 칼뱅이 믿음에 관한 교리를 특별하게 적용했다는 것과 약간 미완성으로 남겨두었다는 것을 언급하는 선에서 만족해야 할 것 같다. 성령이 우리 영혼에 낳으신 믿음만이 참되다는 사실을 독자들에게 상기시키는 것으로 충분하다.

우리는 칼뱅이 지금 자신이 관심을 두는 믿음에 대한 교리라는 주제를 단순하게 언급하는 것으로 만족하는 모습에 약간 놀랐을 수 있다. 하지만 만일 우리가 잠깐 멈추어서 사람들이 일반적으로 단순한 것과 자세한 것을 관련시켜 어떤 사물을 설명하는 것처럼, 칼뱅이 믿음에 대한 교리를 단순하게 언급했던 것을 이제는 자세히 충분하게 설명하려고 한다는 것을 깨닫는다면, 우리는 조금도 놀라지 않을 수 있다. 이제 우리는 이 언급에 내포된 두 가지 사항을 살펴볼 것이다. 이것은 칼뱅이 성경의 권위를 확증해주는 성령의 증언에 관한 교리를 어떻게 설명하고 있는지 정확하게 이해하는 데 큰 도움을 줄 것이다. 칼뱅은 자신의 체계와 관련된 다른 교리들을 다루면서 성령의 증언 교리를 다루지, 성령의 증언 교리 자체를 하나의 독립된 주제로는 다루지 않는다. 칼뱅은 오히려 성령의 증언 교리를 믿음이라는 일반 교리의 적용과 관련해 언급한다. 우리가 이것을 좀 더 구체적으로 말한다면, 그는 성령이 믿음을 생성하는 과정에서 성령의 기능에 대한 일반 교리를 적용하는 것을 언급하면서 성령의 증언 교리를 다룬다. 구원을 적용하시는 성령의 사역에 관한 일반 교리와 성경의 권위를 확신시켜주는 **성령의 증언**(testimonium Spiritus Sancti)에 관한 특정 교리, 그리고 그 교리들을 적용하는 문제들은 피할 수 없는 문제들이다. 이것이 성령이 우리 마음 가운데 인치시는 것 말고는 참된 믿음이 없다고 이야기하는 일반 교리의 적용이다. 왜냐하면 칼뱅은 이 교리를 통해 "참된 믿음"을 마음에 떠올렸기 때문이다. 이것이 우리가 설명하려는 두 번째 요지다. 그는 여기서 성경이 하나님으로부터 왔다는 것을 어떻게 입증할 수 있는지를 질문하는 것이 아니다. 만일 그가 지금 이것을 질문하고 있었다면, 그는 주저하지 않고 교회의 증언이 최종 결정을 내린다고 말할 것이다. 그리고 그는 실제로 그렇게 말한다. 그는 성경의 신적 기원을 확립한다. 칼뱅은 "교회의 보편적 판단"(I.vii.3, 후반)을 매우 유용한 논거로 제시하고, "교회의 합의"(I.viii.12, 초반)를 매우 중요한 고려사항으로 제시한다. 물론 그는 "성경을 받아들이고 인정함"에 있어서 교회가 권위를 부여한다고 이해하지는 않는다. 오히려 그는 교회의 권위가 배제된 진리라는 것이 무엇인지를 이해하면서, 교회가 경건의 의무를 수행하고 성경을 합당하게 존중한다는 의미로(I.vii.2, 후반) 교회를 생각하고 있다. "양이 목자의 음성을 듣는 것처럼, 교회가 하나님에게서 온 것을 순종하며 받아들이는 것" 말고 또 무슨 의무가 교회에게 있겠는가?[52] 칼뱅이 하

---

52. 칼뱅은 아우크스부르크 임시조치(Augsburg Interim)에 대해 반응하면서 **참된 성경을 거짓 성경과 구분**(scripturas veras a suppositiis discernere)**할 수 있는 교회의 고유한 직무**(proprium ecclesiae officium)를 허용했다. 그러나 양이 목자의 음성을 듣는 것처럼, **교회는 하나님께 속한 것은 무엇이든지 순종적으로 수용**(obedienter amplectitur, quicquid Dei est)한다. 그럼에도 불구하고 **하나님의 신성불가침한 신탁을 교회의 판단에 맡기는 것은 신성모독적 불경**(sacrilega impietas ecclesiae judicio submittere sacrosancta Dei oracula)이다 (Vera Ecclesiae reformandae ratio, 1548). 크레이머는 칼뱅의 견해를 이렇게 설명한다. "교회가 그것들을(성경을) 지지했기 때문에 성경이 권위를 가지기보다는, 교회는 단지 하나님의 진리(성경)에 경외를 표현할 수 있다." J. Cramer, 앞의 책, p. 104, 미주 3번.

나님에게서 성경이 왔음을 증명하는 것을 목적으로 삼았다면, 그는 자신이 매력을 느끼곤 했던 지적 논증에 또 다시 뛰어들었을 것이다. 칼뱅은 그러한 논증들을 제시하고 그런 논증들이 매력적이라고 언급했다(I.viii). 그 논증들은 다음과 같다. 곧 그것은 성경의 주요 내용이 가지는 탁월함, 즉 성경 교리에 있는 신적 특성과 그것의 일치성(1절), 그 문체에 담긴 장엄함(2절), 그 가르침에 깃든 장구함(3절), 그 이야기에 있는 진실성(4절), 그 기적적인 요소들과 기적들에 대한 정황상 증거들(5-6절), 그 예언의 내용과 성취들(7-8절), 세대를 뛰어넘는 끊임없는 연속성(9-12절), 순교자들의 피를 통한 확증(13절)에 관한 논증들이다. 칼뱅은 이러한 논증들이 빈약하거나 모호하다고 생각하지 않았다(I.viii.13, 중반). 오히려 그는 이러한 논증들이 성경에 가해지는 모든 비방으로부터 성경을 완전히 변호하는 데 적절하다고 생각했다(ibid.). 칼뱅은 성경의 신적 기원을 보여주는 증거가 너무도 분명하다고 선언한다. 그에 따르면 "만일 한 분 하나님이 하늘에 계시다면 그분은 분명 율법과 예언서, 복음서의 저자이심에 틀림없다"(I.vii.4, 초반). 완전히 버림받은 자가 아니라면 성경이 하나님의 선물임을 확신 있게 고백할 수밖에 없다(ibid.).[53] 칼뱅은 다음과 같이 말한다. "비록 나에게 논증을 하는 데 필요한 특별한 재능이나 언변은 없지만, 만일 내가 성경의 권위를 훼손하려고 갖은 꾀를 동원하고 하나님을 경멸하기 위해 안간힘을 쓰는 자들과 논쟁해야 한다면, 단언컨대 나는 그들의 시끄러운 입을 단번에 닫게 할 수 있다." 하지만 칼뱅은 증인들의 결정적

---

53. 『기독교 강요』, I.vii.4. 우리가 성경의 가르침이 하늘로부터 왔음을 인지하지 못하고, 성경 안에서, 그리고 성경을 통해서 말씀하시는 분이 하나님이시라는 분명한 증거들이 성경에 있다고 고백하지 못한다면(extorquebitur illis haec confessio, manifesta signa loquentis Dei conspici in Scriptura ex quibus pateat coelestem esse eius doctrinam), 그것은 우리가 전적으로 완악하다는 사실을 드러낸다(nisi ad perditam impudentiam obduruerint).

증언이나 압도적인 이성적 증거들과 같은 객관적 증거들이 "참된 믿음"을 만들어내는 데 충분하다거나 매우 설득력 있다고[54] 여기지는 않았다.

반복해서 말하지만, 칼뱅은 **성령의 증언**에 관한 교리에서 "참된 믿음"을 찾고자 했다. 하나님이 어떤 분이신지 모르는 상태에서 하나님의 존재를 아는 것이 칼뱅에게 중요한 문제가 아니었다. 마찬가지로 칼뱅은 하나님과 친밀한 교제 가운데 하나님을 안다는 말이 실제로 무엇을 의미하는지를 알지 못한다면, 그는 지적인 상황(paradigms of the intellect)에서 하나님을 아는 일도 중요한 문제가 아니라고 생각했다. 그리고 마찬가지로 인간이 실천적으로 성경을 하나님의 말씀으로 받아들여 말씀 안에 자신의 영혼을 머무르게 하지 않는다면, 인간이 이성적 증거를 모아 성경이 하나님의 말씀이라고 확신할 수 있다는 것 자체도 칼뱅에게는 크게 중요하지 않았다. 칼뱅이 이러한 논의 전체를 통해서 염두에 두었던 하나님을 아는 지식은 우리에게 생명을 주는, 우리에게 꼭 있어야 하는 지식이다. 그리고 칼뱅은 성경을 확신하는 데 있어서 인간의 지성이 지식인들의 판단에 마지못해 설득되는 것과 같은 형태를 추구하지 않는다. (어떤 속담처럼 자신들의 의지는 설득되지 않고 지성만 설득된 사람들은 여전히 이전과 같은 의견을 유지하는 성향이 매우 강하기 때문이다.) 칼뱅은 성경을 확신하는 데 있어서 한 사람의 모든 행동의 뿌리와 영혼의 모든 행위의 결정에 관련된 전

---

54. 칼뱅이 성경의 신성을 입증하는 "증거들" 사이의 관계를 어떻게 가르쳤는지는 그의 계승자들을 통해 충분하고 분명하게 알 수 있다. 웨스트민스터 신앙고백서 1장 5절은 그것을 잘 보여준다. 그리고 우리는 크벤슈테트가 그와 동일한 개념을 정확하게 언급함을 볼 수 있다. "우리를 성경의 권위에 관한 지식으로 인도해주는 내적이거나 외적인 동기들은 성경의 영감이 가능하도록 만든다. 그리고 그 동기들은 단순한 추측이 아니라 개연성 있는 확신을 만들어낸다.…그 동기들이 성경의 신적 특성을 확실하고 틀림없는 것으로 만드는 것은 아니다." Quenstedt, *Theologia Didactico-Polemica Sive Systema Theologicum*, 1715, pp. 141-142. 이것이 의미하는 바에 의하면 그러한 동기들은 성격상 증명은 아니지만 그럼에도 불구하고 개연성 있는 확신을 준다. 성령의 증언은 증명이나 마찬가지다. 그것은 감각이 전달되는 것과 같다.

인격적인 확신을 추구한다.

　이것은 칼뱅의 교리를 정확히 이해하는 데 매우 중요한 개념이다. 그러므로 칼뱅이 논의하면서 사용했던 용어를 살펴보며 핵심 주제를 확실히 알아볼 필요가 있다. 우리는 칼뱅이 특별계시를 논의하는 초반부터 그것이 오직 하나님의 백성들만을 향하고 있음을 염두에 두고 있다는 점을 기억해야 한다. 인간은 자연계시만으로는 충분하게 하나님을 알지 못한다. 인간은 하나님을 알 수 있는 지식, 곧 특별계시가 필요하다. 칼뱅은 이 지식이 모든 사람을 위한 것이 아니라 오직 "선택받은 사람"(I.vi.1)을 위한 것이라고 조심스럽게 설명한다. 그에 따르면 선택받은 사람들이란 "하나님이 좀 더 가깝고 친밀한 관계를 맺을 대상으로 정한 사람들"이고(ibid.), "하나님의 가르침이 열매를 맺도록 결정한 사람들"이다(I.vi.3). 그러므로 하나님은 그분의 초자연적인 관계가 처음 제공될 때에도 "그분의 가르침이 유효하도록 의도하셨다." 칼뱅은 **성령의 증언**이 하나님의 행위임을 여전히 강조한다. 그는 성령의 증언으로 "하나님이 그분의 선택을 받은 사람들에게 세상의 다른 사람들과 구별되는 특별한 능력을 수여하신다"고 말한다(I.vii.5).[55] 이 특별한 능력이 바로 "구원에 이르는 믿음"이다. 칼뱅은 "구원에 이르는 믿음"을 여러 가지 동의어로도 표현한다. 그는 그것을 "참된 믿음"(I.vii.5), "건전한 믿음"(I.vii.4), "견고한 믿음"(I.viii.13),

---

55. J. Pannier, 앞의 책, pp. 207-208. "우리는 칼뱅이 성경에 대한 이러한 이해와 성령의 증거를 수용할 수 있는 능력이 모두에게 가능하지는 않다고 말하는 것을 볼 수 있다. 칼뱅은 하나님의 도움이 없다면 인간은 그것을 다른 사람에게 납득시킬 수 없음을 강조한다. 그리고 하나님이 그것을 먼저 부여하시지 않으면 우리는 이 도움을 얻을 수 없다고 강조한다. '그리스도인들이 아닌 일반인들에게 성경이 하나님으로부터 왔음을 논증하려는 것은 사려 깊지 못한 행동이다. 이것은 **믿음으로만** 이해되기 때문이다'(1550년판 I.viii, 후반). '**하나님의 신비는 그것이 주어지는 사람만** 이해할 수 있다. 믿음이 있는 사람들만이 성령의 증언 그 **자체를** 느낄 수 있다. 그 자체로 믿지 않는 사람들을 위한 변증 수단이 없음은 매우 분명하다. **자연적인 인간은 영적인 것들을 받을 수 없다**'(1559년판 I.vii, 후반)."

"경건한 사람들의 믿음"(I.vii.3), "경건한 자들에게 있는 확실성"(I.vii.3), "진정한 경건에 필요한 확신"(I.vii.4), "구원에 이르는 지식"(I.viii.13), "영원한 생명을 향한 견고한 확신"(I.vii.1) 등으로 부른다. 칼뱅이 이런 동의어를 반복하면서 자연스럽게 설명하고 싶은 것은 성령이 인간에게 증언하지 않으시면 인간의 영혼에는 믿음이 생기지 않는다는 것이다. 이 설명에 따르면 그리스도를 영원한 생명으로 붙들려는 믿음은 오직 인간의 마음속에서 일하시는 성령의 산물이다. 성령이 전하는 그리스도에 대한 계시 내용을 확신하는 것은 이 믿음을 실천하는 한 유형일 뿐이다. 이렇게 성령에 이끌리는 사람만이 "건전한 믿음"을 통해 성경을 받아들이게 된다. 그것은 곧 "참된 경건에 꼭 필요한 확신과 함께하는 것"이다(I.vii.4). 칼뱅의 생각을 한마디로 정리하는 일은 바울의 말을 길게 늘려 설명하는 것과 같다. "육에 속한 사람은 하나님의 성령의 일들을 받지 아니하나니… 신령한 자는 모든 것을 판단하나"(고전 2:14-15).[56]

하지만 칼뱅은 성경의 신성에 관한 성령의 증언이 무슨 의미인지 우리가 알아서 이해하라고 내버려두지 않는다. 칼뱅은 우리에게 그저 대략적인 설명이나 전체적인 영향들만을 제시하지 않는다. 그것의 본질을 묘사해주고 그것의 작동 방식과 특정 결과들을 매우 구체적으로 설명해준

---

56. J. Pannier, 앞의 책, pp. 195-196. "먼저 우리가 이것을 상기해보자. 칼뱅에게 성령의 증언은, 성령이 항상 그리스도인의 영혼 전체에 대해 주도적으로 일하시며 만들어 가시는 장엄한 드라마의 한 부분이다. 후기 교의학자들은 성령이 예언자의 펜이나 독자의 머릿속에서 어떤 한순간 기계적으로 일하신다고 보았다. 반면에 칼뱅은 성령이 거룩하게 하시기를 원하는 사람들의 마음속에서 지속적으로 일하신다고 여긴다. 칼뱅은 성령이 그 사람들로 하여금 거룩한 책들의 신성과 정경성을 인정하도록 인도하는 것이 성령의 일반적 사역의 (매우 중요하지만 특정한) 한 측면이라고 본다." 물론 성령의 활동을 구조적으로—"은혜의 수단"의 적용에 놓거나 인간 의지의 활동에 놓음으로써—인간의 지시에 종속시킨 것은 오직 루터파 신학자들과 합리주의 교의학자들뿐이다. 칼뱅과 그의 계승자들인 개혁파 교회는 인간의 활동이 성령의 자유롭고 주권적인 활동에 의존하도록 하였다.

다.[57] 칼뱅의 설명에 따르면 성령의 증언은 "비밀스럽고"(I.vii.4), "내적이

57. 크레이머는 비록 이 부분을 다소 축소하는 듯 보인다. 하지만 그는 칼뱅의 중심 사상을
다음과 같이 잘 전하고 있다. J. Cramer, 앞의 책, pp. 122-123. "칼뱅은 이 성령의 증언이
무엇인지 구체적으로 설명하고 있지는 않다. 하지만 그의 논의를 통해 쉽게 파악할 수
있다. 칼뱅이 생각하는 성령은 우리를 자녀로 삼아주시는 양자의 영이다. 칼뱅이 생각하는
성령은 하나님이 성경을 통해 자신의 자녀들에게 하시는 말씀을 우리가 아멘으로 받아들일
수 있도록 돕는 분이시다. 심지어 그는 『기독교 강요』에서 '성령은 믿음을 오직 경건한
자에게만 수여하시기 때문에 마치 "인"이나 "보증"이 아닌 것처럼 언급된다'고 명시적으로
말한다(I.vii.4). 하지만 우리는 칼뱅의 가장 사랑받고 재능 있는 제자 베자에게서 그것을
좀 더 분명하게 발견하기에 어떤 의심도 남지 않는다. 베자의 성경관은 스승의 성경관을
고스란히 담고 있다. 베자는 카스텔리옹에게 보낸 답신에서 이렇게 말한다. '양자의 영의
증언이라는 것은 성경의 진술을 사실로 받아들이는 것을 의미하지 않는다(마귀나 버려진
영혼들도 이 정도는 알고 있기 때문이다). 오히려 성령의 증언은 사도 바울이 롬 8:15-
16에서 말하는 것처럼 그리스도 안에서 구원 약속을 각 사람의 마음에 부으시는 것을
의미한다.' 몇 줄 내려가면 그는 '양자 됨과 그리스도 안에서의 칭의에 대한 증언'을 말한다.
본질적으로 칼뱅이 의미한 성령의 증언은 바로 이것이었다." 베자의 글은 *Ad defensiones
et reprehensiones Sebastiani Castellionis*에 실려 있다. Theodori Bezae *Vezelii Opera*
I. 1582, p. 503. "양자의 영의 증언이 갖는 적절한 의미는 우리가 (수많은 마귀나 버려진
영혼들도 알고 있는 정도의) 성경 진술을 받아들이는 것을 의미하지 않는다. 양자의
영의 증언은 바울이 롬 8:15-16에서 다루고 있듯이 그리스도의 구원의 약속을 각 사람의
마음에 적용하는 것을 의미한다"(Testimonium Spiritus adoptionis non in eo proprie
positum est ut credamus verum esse quod Scriptura testatur [nam hoc ipsum
quoque sciunt diaboli et reprobi multi], sed in eo potius ut quisque sibi salutis in
Christo promissionem applicet, de qua re agit Paulus, Rom. viii. 15, 16…). 종교개혁
첫 세대에는 개혁파뿐만 아니라 루터파 신학자들도 성령의 증거에 대해 이러한 견해를
공유하고 있었다. 예를 들어 홀라츠(Hollaz)는 이렇게 정의한다. "(하나님의 고유한 신적
능력이 성경에 수여되었기에) 성령의 증언은 조심스럽게 읽히거나 들리는 하나님의 말씀을
수단으로 하는 성령의 **초자연적 행위**(*actus supernaturalis*)이다. 이를 통해 인간은
마음이 감동받아 열릴 뿐만 아니라 깨달음을 통해 믿음을 향해 순종한다. 성령의 내적
사역을 통해 이렇게 깨달음을 얻은 인간은 하나님의 말씀을 진심으로 받아들이며, 말씀이
하나님으로부터 왔음을 확신하며 말씀을 흔들림 없이 신뢰한다"(*Examinis theologici
acroamatici univers. theologiam thet. polem.*, 1741, p. 125). 이 정의에 대한 루터파
신학자들의 견해는 다음 구절에서 알 수 있다. "하나님의 말씀을 수단으로 하여", "하나님
고유의 능력이 성경에 전달되어." 이것은 성령이 성경 안에 **내재**(*intrinsicus*)하면서
성경에서 흘러나와 활동하신다는 의미이다. 그러나 성령의 증언이 갖는 본질적인 의미는
인간의 마음이 성령의 단독 사역을 통해 새롭게 되고 영적인 것을 이해하게 되며 성경이
하나님으로부터 왔음을 받아들이는 것이다.

다"(I.vii.4; viii.13). 그것은 영혼에 일어나는 "내면적"(I.vii.5) 사건이다. 이를 통해 영혼이 "깨어나서"(I.vii.3-5) 하나님의 책으로서의 성경에 담긴 참된 특성을 인식하게 된다. 우리는 이것을 "성경을 전적으로 수용"하게 하는 성령의 "내적 가르침"이라고 부른다. 이를 통해 성경 자체가 우리의 지성과 마음에 확신을 준다(I.vii.5). 또는 우리는 그것을 "성령의 비밀스런 증거"라고 부를 수도 있다. 이를 통해 성경이 하나님으로부터 왔음을 보여주는 모든 이유를 넘어서는 확신이 우리의 지성과 마음에 생긴다(I.vii.4). 우리는 이 두 경우 모두에서 비유적 표현을 사용하고 있다. 구체적으로 말해서, 성령께서 인간의 영혼 안에서 비밀스럽고도 내적인 사역을 하실 경우 생기는 결과는 새로운 영적 감각(I.vii.5)이다. 이 감각 때문에 우리는 성경이 하나님으로부터 왔다는 사실을 직관적으로 받아들인다. "흰색과 검은색이 그 색깔을 분명히 띠고 단맛과 쓴맛이 확실하게 차이가 나듯이, 성경은 그 진리의 증거들을 분명하게 드러내기 때문이다"(I.vii.2). 우리는 성경의 신적 특성을 구별하여 확신하는 데 한 가지 감각만을 필요로 한다. 빛과 어둠, 흑과 백, 단맛과 쓴맛을 단순한 인식을 통해 확신할 때 필요한 것과 동일한 즉각성과 최종성이 이것에 있다. 그러한 확신이 가진 분명함이나 강력함은 "이성"이나 "증거", 혹은 인간의 판단에 기초한 그 어떤 결론에도 견줄 수 없다. 그러한 확신은 본능적이고 직접적이다. 그리고 이 영적 감각을 인간의 마음에 새기는 성령에게서 궁극적 근거와 승인을 찾는다. 인간은 이 영적 감각을 통해 성경의 신적 특성을 이해할 수 있다. 그러므로 우리가 믿기로는 하나님의 성령에 의한 조명은 우리의 판단이나 다른 사람들의 판단에 기초하지 않고, 인간의 모든 사고를 뛰어넘는 영적 직관에 기초한다.[58] 칼뱅은 이러한 직관적 확신에 대해 다음

---

58. I.vii.5. "사람의 판단을 초월하여 (하나님의 신성을 대하듯) 성경이 하나님의 입에서 나와 사람의 봉사를 통해 우리에게 주어졌음을 믿게 된다"(Supra Humanum iudicium, certo

과 같이 힘 있게 설명한다. "그러므로 그러한 **확신**(persuasion)은 어떠한 이성도 필요로 하지 않는다. 그러한 지식은 최고의 이성에 의해 지지받는다. 그리고 그 지식 안에서 지성은 다른 어떤 이성들보다도 뛰어난 보장성과 불변성에 의존한다. 결국 그러한 감각은 하늘로부터 내려오는 계시가 아니고서는 만들어질 수 없다"(I.vii.5).[59] 여기서 우리는 그것이 **확신**(*persuasio*)이나 **지식**(*notitia*), **감각**(*sensus*)이라고 듣게 된다. 그것은 이성을 필요로 하지 않는 확신이다. 바꾸어 말하면, 그것은 최고의 이성과의 조화를 통해 직접 얻는 직관적 확신이다. 그것은 어떤 논의를 통해 얻는 확신이 아니다. 다시 말해, 그것은 최고의 이성에 부합하는 직접적인 인식에 의한 지식이다. 지성은 이것에 기대어 이성으로는 얻을 수 없는 확신을 얻는다. 혹은 좀 더 분명히 말한다면, 그것은 오직 하나님의 선물로만 주어지는 감각이다. 우리는 빛과 어둠을 분별하는 감각, 그리고 쓴맛과 단맛을 구별할 수 있는 감각을 가지고 태어난다. 그래서 이러한 감각들의 판단은 매우 즉각적이고 최종적이다. 이와 마찬가지로 하나님을 향한 감각은 성령의 창조적 사역을 통해 우리 안에도 심어진다. 그것의 판단도 즉각적이고 최종적이다. 영적인 사람은 모든 것을 분별한다. 요약하자면 이것이 성령의 증언에 관한 칼뱅의 유명한 교리다.

성령께서 증언하시는 방법
하지만 성령의 증언을 잘못 이해하는 경우를 막기 위해 그것의 실제 의

---

certius constituimus[non secus ac si ipsius Dei numen illic intueremur] hominum ministerio, ab ipssimo Dei ore ad nos fluxisse).

59. I.vii.5. "그렇다면 그것은 이성이 필요하지 않는 확신이고, 최고의 이성이 동의하는 지식이다. 즉 우리의 마음이 그 어떤 이성보다도 더욱 신뢰하는 지식이다"(Talis ergo est persuasio quae rationes non requirat talis notitia cui optima ratio constet nempe in qua securius constantiusque mens quiescat quam in ullis rationibus talis denique sen sus qui nisi ex cselesti revelatione nequeat).

미와 영향에 대해 좀 더 깊이 설명할 필요가 있다. 우리가 성령의 내적 증언이라는 용어를 사용할 때, 보통 세 가지 의미 중 하나로 내적 증언을 이해한다. 첫째, 각 사람에게 주어지는 직접적 계시로 내적 증언의 본질을 이해할 수 있다. 둘째, 수여자의 지성에서 생성되는 맹목적인 확신으로 내적 증언의 본질을 이해할 수 있다. 셋째, 성령이 수여자의 지성에 형성하는 근거 있는 확신으로 내적 증언을 이해할 수 있고, 이 경우 사람들은 자신들에게 제시된 근거들과 상관없이 확신 자체를 형성하기보다는 자신들에게 제시된 근거들을 통해 효과적으로 설득당하고 확신에 이른다. 칼뱅은 이 세 가지 의미들 중 성령의 증거가 어떤 의미로 제시된다고 생각했을까? 칼뱅은 직접적 계시와 근거 없는 믿음, 근거 있는 믿음 중에서 무엇을 의미했을까?

첫째는 분명히 아니다. 칼뱅은 성령의 직접적 증언이 그 증언을 받는 사람들에게 본질상 명제적 "계시"와 같을 수 없다고 보았다. 그는 이 점을 아주 분명하게 말한다. 그의 입장은 재세례파의 신비주의를 비판하는 글에서 계속 나타난다. 사실 칼뱅도 "계시"와 성령의 증언이라는 용어를 서로 연결해서 사용한다. 예를 들어 그는 그러한 **감각**(sensus)은 "하늘에서 내려오는 계시"가 아니고서는 만들어지지 않는다고까지 말한다(I.vii.5). 그러나 그가 이러한 언어를 차용하는 목적은 그것의 본질을 설명하기 위해서가 아니다. 도리어 그 목적은 그것의 기원이 하늘에 있음을 강조하는 데 있다. 그가 말하는 바에 따르면 그것은 땅에서 생겨나는 것이 아니라 하나님이 만드시는 것이며, 본질상 명제적 계시라기보다는 직관적 "감각"이다. 칼뱅이 성령의 증언을 명제적 계시로 여기지 않는다는 것은 그가 자신의 논의를 시작하는 부분에서 명확하게 나타난다(I.vii.1, 초반). 거기서 칼뱅은 우리에게는 "하늘에서 날마다 내려오는 신탁이 베풀어지지" 않으며, 성경은 하나님이 주신 계시들의 유일한 총체라고 말한다. 칼뱅은 성령의 증언이 우리에게 주어진 이유는 기록된 계시를 더하거나 빼기 위한 것이 아니라 기록된 계시를 확증하는 데 있다(I.ix.3)고 주장한다. 재세례파를 비판하는 글에서 그는 다음과 같이 설명한다. "우리에게 약속된 성령의 사역은 새로운 계시를 고안하거나 새로운 교리를 만들어 우리가 이미 받은 복음으로부터 떨어져 나가도록 하는 것이 아니다. 오히려 성령의 사역은 동일한 복음이 전하는 동일한 교리를 우리 마음 가운데 확증하는 것이다"(I.ix.1).

칼뱅은 재세례파를 향한 비판에서 하나님의 계시와 성령의 증언의 관계에 관한 균형 있는 견해를 제시한다(I.ix.). 그는 하나님의 계시가 성령의 증언 없이는 유효하지 않다고 여긴다. 그리고 동일하게 말씀 속에 담긴 하나님의 계시와 동떨어진 성령의 증언도 상상할 수 없다고 여긴다. 그는 심지어 인간의 마음에 하나님의 말씀을 새기는 도구가 성령이라고 선포하는 동시에, 인간의 마음에서 성령의 조명이 일어나는 도구가 하나님의 말씀이라고 선포한다. 우리는 "하나님의 영을 떠난다면" "진리의 빛을 완전히 잃게 된다"(I.ix.3). 그는 또한 "주께서 성령의 조명하심을 각 사람의 마음에 전하시는 수단은 말씀"이라고 말한다. 우리는 말씀이나 성령 어느 한쪽만 없어도 진리를 아는 지식을 얻을 수 없다. 진리와 관련한 성령의 전체적인 기능은 우리에게 진리를 새롭게 밝히거나 완전히 새로운 진리를 주는 것이 아니다. 성령은 이미 성경에 계시된 말씀을 우리에게 효과적으로 확증하고 그것을 우리 마음에 효과적으로 새기는 기능을 한다(I.ix.3). 칼뱅은 예화와 교훈적 진술을 통해 이 부분을 좀 더 분명하게 제시한다. 그 예화는 예수님이 부활 후 두 제자와 함께 엠마오로 가는 사건이다(I.ix.3). 칼뱅은 "예수님이 그들의 이해를 밝히신 것은 성경을 배제한 채 제자들의 지적 수준을 높이신 것이 아니라, 성경 자체를 이해하도록 도우신 것이다"라고 설명한다. 그에 따르면 오늘날도 성령의 증언은 마찬가지로 그렇게 일어난다. 성령의 증언이라는 것이, 우리가 성령의 빛을 통해 성경에 나타난 하나님의 증거들을 받아들이고, 우리 마음에 말씀에 대한 확고한 경외심을 가득 채우는 것(I.ix.3)이 아니면 다른 어떤 것일 수 있겠는가? 이제 우리는 성령의 증언의 본질과 작동방법, 결과들을 한마디로 요약할 수 있다. 성령의 증언은 우리 지성을 조명하여 성경에 나타난 하나님을 이해하도록 도와준다. 그래서 우리는 하나님에게서 온 것으로 성경을 경외한다.

　칼뱅은 이것 이외에 성령의 증언의 결과로 제시되는 다른 결과들을 분명하게 거부한다. 그런데 그는 앞에서 이러한 성령의 증언이 필요하다고 강조했다(I.ix.3). 이 부분에서 그는 일관성이 없다는 비난과 관련해 자신이 거부하는 것이 무엇인지 변론한다. 그는 성령의 사역을 말씀과 그 안에 담긴 계시의 직접적 확증에 국한시키는 것이 성령의 사역의 필요성을 거부하는 것이 아니라고 주장한다. 성령의 사역을 계시된 말씀을 확증하는 것에 국한시키는 것은 성령을 경멸하는 것이 아니다. 오히려 칼뱅은 신비주의자들의 주장처럼 성령께서 하나님의 자녀 개개인에게 계시를 새롭게 혹은 반복적으로 준다고 말하는 것이 성령의 영감으로 만들어진 성경을 경멸하는 행위라고 단언한다. 그에 따르면 이런 영을 소유한다는 주장은 그리스도나 사도들 안에 내주했던 성령과는 다른 영을 소유한다고 주장하는 것과 같다. 그리스도와 사도들 안에 내주했던 성령은 말씀을 높이셨기 때문이다. 그리고 이런 영을 소유한다는 주장은 그리스도가 그분의 제자들에게 약속했던 성령과는 다른 영을 소유한다고 주장하는 것과 같다. 그리스도가 그분의 제자들에게 약속했던 성령은 "자신에 대해 말하지" 않기 때문이다. 우리는 이와 같은 다른 영의 사명과 특성을 파악할 기준이 없다. 우리 안에서 말하고 있는 영이 하나님에게서 왔는지, 하나님의 말씀을 영화롭게 하는지를 도무지 알 수 없기 때문이다(I.ix.1-2). 이 모든 것으로 이제 다음의 사실들이 분명하게 드러난다. 칼뱅은 성령의 증언이 명제적 계시의 형태로 효과가 나타난다고 이해하지 않았다. 대신 성령의 증언을 인간의 마음에 일어나는 성령 하나님의 사역으로 보았다. 칼뱅은 성령의 증언을 하나님의 말씀에 담긴 그분의 계시와 관련해서 생각했다. 성령의 증언이 오직 그 계시와의 연계 속에서만 드러난다고 생각한 것이다.

여기서 알 수 있는 칼뱅의 법칙은 "말씀과 성령"[60]이다. 인간 지성은 죄 때문에 무능력해져서 이 두 가지 수단이 함께 작용해야만 계시에 대해 바르게 이해할 수 있다.[61] 말씀이 객관적 요소를 제공해주고 여기에 성령이 주관적인 요소를 더하신다. 이렇게 객관적 요소와 주관적 요소가 함께 작용해야만 유효한 결과를 낳는다. 그러므로 하나님이 의도하신 객관적 계시는 모두 성경에 담겨 있다. 하지만 이 객관적 계시를 수용할 수 있게 도와주는 모든 주관적 요소는 성령의 의지에 담겨 있다. 인간 지성은 둘 중

---

60. 쾨슬린은 도르너를 인용하여 칼뱅의 견해에 반대한다(Köstlin, 앞의 책, pp. 412-413, 특히 413). 도르너에 따르면 칼뱅은 외적 말씀과 내적 말씀의 관계를 좀 더 가깝게 본 점에서 츠빙글리와 다르다(Geschichte der protestantischen Theologie, 1867, p. 377). 칼뱅은 말씀을 은혜의 수단으로 이해한다. 그것은 루터와 츠빙글리 사이에 있는 중간적 입장이다. 도르너의 이러한 해석은 다소 의심의 여지가 있다. 도르너에 따르면 칼뱅은 "외적 말씀과 내적 말씀의 관계를 느슨하게 보았던 츠빙글리의 입장을 수정하여 두 말씀을 좀 더 가깝게 이해했다." 그는 계속해서 "그러므로 종교개혁의 원리에 있어서 칼뱅은 두 말씀에 대해 츠빙글리보다는 독일 루터파 개혁자들과 한 마음 한 정신을 품고 있었다"라고 말한다(E. T. I, 1871, p. 387). 그는 다시 390쪽에서 "츠빙글리가 견지했던 하나님의 외적 말씀과 내적 말씀(Verbum Dei externum and internum)이라는 두 가지 형태는 칼뱅에 의해 좀 더 밀접한 관계로 이해되기 시작한다. 칼뱅에게 성경은 어떤 존재하지 않는 것의 기초가 아니라 그 안에 신적 내용과 숨결이 담겨 있는 생동감 있는 책이다"라고 말한다. 칼뱅과 츠빙글리는 이 부분에 있어서는 서로 유사한 견해를 갖는다.

61. 그가 추기경 사돌레토(Sadoleto)에게 보인 반응을 참조하라. Opera V.393. "당신은 자신의 경험에서 말씀 없이 나오는 성령은 부적절한 것이고, 나아가 성령이 없는 말씀이 스스로를 가리는 괴상한 일이 발생한다고 배우고 있습니다"(tuo igitur experimento disce non minus importunum esse spiritum iactare sine verbo, quam futurum sit insulsum, sine spiritu verbum ipsum obtendere).

하나만 가지고는 하나님을 아는 지식을 생성하려는 계시의 목적을 실현할 수 없다. 하지만 인간 지성은 객관적 요소와 주관적 요소의 협력을 통해 지식을 얻을 뿐만 아니라 확신도 얻는다. 그리고 칼뱅의 설명에 따르면 하나님이 성경에 담긴 객관적 계시와 성령의 주관적 증언을 통해 주시고자 했던 하나님을 아는 지식은 인간 전체를 위한 것이 아니라 그분의 자녀들만을 위한 것이다. 그 지식은 하나님이 특별히 선택하셔서 "그분의 가르침이 열매를 맺도록 부르신 사람들"만을 향한 것이다(I.vi.3). 칼뱅주의의 특징이 여기서 분명히 드러난다. 그것은 경건한 지식에 관한 칼뱅의 교리로 표현할 수 있다. 또한 그것은 선택 교리에 대한 암시뿐만 아니라, 은혜의 수단을 다루는 칼뱅의 독특한 교리에 대한 암시 때문이기도 하다. 우리는 이미 경건한 지식에 관한 교리에서 칼뱅이 가르치고자 하는 내용을 발견할 수 있다. 그에 따르면 하나님을 알고 싶어 하는 사람들이 하나님을 알 수 있는 것이 아니라, 오히려 하나님은 그분이 알리시고자 하는 사람들에게 자신을 알리신다. 하나님은 하나님을 아는 지식을 그분이 주시고자 하는 사람들에게만 주시기 때문이다. 인간은 알려지기를 꺼리는 신을 쥐고 흔들어서 지식을 억지로 짜낼 수 없다. 오히려 하나님이 그분을 알아가기를 주저하는 인간에게 그분을 아는 지식을 전해주신다. 그러므로 그 누구도 하나님이 어떤 사람을 구원하시는지 알지 못한다. 하나님이 그분의 말씀과 성령을 통해 그분에 대한 지식을 효과적으로 나누어주는 사람들을 제외하고는 말이다.

"말씀과 성령"이라는 법칙은 칼뱅주의 교리의 근본 법칙인 "은혜의 수단"을 잘 표현한다. 루터파 신학자들은 성령이 말씀 안에 내재되어, 말씀이 가는 곳에만 성령이 전달되거나 말씀이 있는 곳에서만 성령이 적용된다고 이해한다. 하지만 칼뱅주의 신학자들은 성령을 그런 식으로 이해하지 않는다. 신비주의자들은 성령이 진리를 계시하시는 능력으로 말씀을 이해하고, 성령이 계신 모든 곳에 말씀이 본질적으로 함께 존재한다고 간주한다. 하지만 칼뱅주의자들은 말씀을 그렇게 간주하지 않는다. 칼뱅주의자들은 말씀과 성령을 각각 하나님의 단일한 사역에 나타나는 독립된 요소로 본다. 말씀과 성령은 하나님의 사람들 내면에서 생겨나는 하나님을 아는 지식을 생성하는 독립된 요소다. 하나님을 아는 지식이 만들어지기 위해서는 이처럼 두 요소가 구별되어 존재해야만 한다. 믿음의 대상이 되는 객관적 요소를 인간의 영혼 앞에 놓아주는 것은 말씀이요, 이 대상에 대한 믿음을 영혼 안에서 불러일으키는 것은 성령이기 때문이다. 이 두 요소는 각기 서로 다른 기능을 수행하지 않으며 또한 서로 분리된 채 독자적인 기능을 수행하지도 않는다.

하지만 성령이 한 영혼을 이끌어 하나님의 계시인 말씀에 사로잡히도록 하는 과정을 가르치는 칼뱅의 방법은 여전히 정확하게 살펴볼 문제다. 우리는 칼뱅이 가르치는 성령이 하나님이 선택하신 사람들의 마음속에 그분의 강한 능력으로 성경의 신적 특성과 그 진리 내용에 대해 아무런 근거 없는 믿음을 생겨나게 하고, 그리하여 사람들이 아무런 **증거들**(indicia)이 없어도 성경이 하나님으로부터 왔음을 인정하고 그 내용들을 받아들이게 한다고 이해해야 하는가? 사실 많은 사람이 이렇게 믿어왔다. 나아가 심지어 칼뱅의 가르침을 다음과 같이 이해한다. 칼뱅의 설명에 따르면 그리스도인들은 마음속에 성령의 증언을 가지고 있기 때문에 아무런 증거가 없어도 성경의 신성과 그 내용의 진실성을 확신한다. "성령의 증언"이라는 용어는 이 설명을 지지하기 위해 더해진다. "성령의 증언"은 성경의 신적 기원을 입증하는 신적 증언으로서 다른 모든 증거를 대체하는 기반처럼 제시된다. 그리고 이것과 더불어 성경의 신적 기원에 대한 "증거들"을 가지고 논하는 인간들의 행동을 어리석고 쓸모없다고 묘사하는 칼뱅의 주장도 흥미를 끈다. 그의 주장은 마치 성령의 증언이 없이는 그러한 "증거들"이 아무런 효과가 없고, 그 유효한 성령의 증언이 있으면 그것들이 필요 없다고 말하는 것처럼 보인다. 그렇다면 칼뱅은 단지 다른 모든 증거가 없더라도 오직 성령의 증언을 통해서만 우리가 성경의 신적 특성을 확신하고, 그 증거들이 성령의 증언과 완전히 독립적으로 역사한다고 가르치는가?

우리는 이러한 질문에 대한 충분한 대답을 발견할 수 있다. 칼뱅에 따르면 성령의 증언을 떠나서는 그 어떤 증거도 성경이 하나님으로부터 왔다는 사실을 우리에게 충분히 확증하지 못한다. 성령의 증언과 별개로 존재하는 증거는 아무런 결과도 낳지 못한다. 이것은 매우 다른 명제로서 매우 다른 종류의 결과를 낳는다. 칼뱅은 성경의 신적 특성을 보여주는 증거들을 다양한 측면에서 접근한다. 우리는 이미 이러한 측면들 가운데 한 측면에 집중해 살펴보았다. 그런데 다시금 그것을 자세히 살펴보는 것도 가치가 있다. 칼뱅은 한 장 전체를 할애하여 증거들을 해석한다(I.viii.). 그리고 성경의 신적 기원을 말해주는 사실에 대해 그 증거들이 갖고 있는 확정적인 객관성을 강력하게 주장한다(I.vii.4). 칼뱅은 그 증거들이 그리스도인과 비그리스도인 모두에게 유익하다는 것을 의심하지 않는다. 그리고 그 증거들을 강력하고도 충분하게 해석한다. 이것은 그 증거들이 그리스도인들에게 주는 가치에 대해 칼뱅이 매우 잘 이해하고 있음을 보여주는 지표다. 왜냐하면 그는 그리스도인들이 성경에 대한 믿음을 확증하는 것과 관련해 그것들을 따로 구분해 언급하고, 그 중요성에 대해 한 줄 한 줄 설명하기 때문이다(I.viii.1,13). 그리고 그는 분명하게 그 증거들은 경건한 사람들에게는 성경이 본질적으로 가지고 있는 위엄과 권위를 제시하고, 어리석은 반대자들에게는 성경의 완전한 정당성을 제시한다(I.viii.13)고 선언한다. 건전한 지성을 가진 사람이라면 이러한 증거들을 통해 성경 안에서 말씀하시는 분은 하나님이시고, 성경에 있는 모든 교리가 하나님으로부터 왔다고 고백하지 않을 수 없다(I.vii.4). 그러므로 칼뱅이 성경의 신적 기원을 나타내는 증거들이 확정적이지 않거나 효과적이지 않다고 주장했다는 것은 칼뱅의 의도를 완전히 오해한 것이다.[62] 칼

---

62. 칼뱅이 증거들을 성령의 증언에 **종속**시킨다고 말할 때에도, 마치 그가 그 증거들을 동일한 차원으로 이해하고서 둘 사이의 상대적인 높고 낮음을 인정한 것처럼 오해하는 경우가 있다. 성령의 증언과 증거들은 다른 궤도에서 움직인다. 따라서 우리는 쾨슬린이 그 점을 적절하게 말하지 않고 있음을 발견한다(앞의 책, p. 413). "그는 몇 가지 기준들을 모두 이 한 가지 증언에 종속시킨다. 이것은 직접적이고 신적인 증언이다. 그 기준들을 경건하고 사려 깊게 숙고하면 우리는 성경과 그 내용을 한층 더 믿을 수 있으며 또 그렇게 믿어야 한다. 니드너가 잘 지적했듯이(*Philosophie- und Theologiegeschichte*, p. 341, 미주 2번), 심지어 기적들도 '단순히 꾸며주는 기능 이상'으로 성경 계시의 신성에 대한 한 가지 증거가 될 수 있다. 여기서 추가로 언급할 것이 있다. 칼뱅은 그러한 증거들을 1550년판에서만 여기에 도입하고, 1559년판에서는 그 부분을 확장시킨다. 그러나 그는 기준들을 낮게 평가하지 않는다. 그가 1559년 개정판에서 추가로 말한 것처럼(xxx. 59), 그는 자신을 신뢰하여 심지어 목이 곧은 반대자들도 그것들로 조용하게 만들 수 있다고 생각한다. 그러나 그에 따르면 믿음이 수반해야만 하는 이러한 확신은 어떤 논쟁을 통해서가 아니라 성령의 증거를 통해서만 생겨난다." 성령의 증언과 증거들 사이의 질문은 무엇이 확실한 증거를 주는가를 다루지 않고, 어떤 역할에 적합한지를 다룬다. 증거들은 그 영역에서는 최고의 권위를 갖는다. 그것들, 곧 증거들만이 객관적 증거를 주기 때문이다. 그러나 어떤 사람의 주관적 상태가 그 객관적 증거를 받아들여 영향받을 수 없는 마음 상태라면, 객관적 증거는 작동하지 않는다. 이런 의미에서 모든 객관적 증거는 성령이 일으키는 주관적 변화에 종속된다. 하지만 그것이 객관적 증거로 여겨진다면 그 자체의 영역에서 최고의 권위를 갖는다. "종속"이란 용어는 여기서 오해를 낳을 소지가 있다. 나머지 다른 곳에서 칼뱅은 성경 전달과 함께 생기는 기적을 성경의 신성의 객관적 증거로 보며 기적의 절정으로 보지 않는다. 그러나 이것은 기적의 가치를 증거로서 과소평가해서가 아니라, 성경이 스스로 신적인 증거로 삼는 신성을 나타내는 내적 증거들을 매우 높게 평가했기 때문이다. 그리고 무엇보다도 우리는 칼뱅이 성령의 증언보다 기적을 덜 중요하게 생각했다고 오해해서는 안 된다. 그러한 비교는 그의 논의를 벗어난다. 기적은 성경의 신성을 보여주는 객관적 증거의 일부다. 성령의 증언은 마음이 객관적 증거를 받아들이도록 준비시키는 주관적 과정이다. 물론 그는 어떤 일부 기적도, 그리고 어떤 모든 기적도 "참된 믿음"을 만들 수 없었고 만들 수 없다고 말했을 것이다. 실제로 그는 그렇게 말한다. 그것을 위해서는 성령의 내적 창조사역이 꼭 있어야 한다. 그리고 그러한 의미에서 기적의 증거는 성령의 증언에 종속된다. 그러나 이것은 기적이 증거로서 지니는 가치를 경시했기 때문이 아니다. 인간 영혼이 죄 때문에 무능해졌음을 완전히 이해했기 때문이다. 기적이 성경의 신적 기원에 대해 증거로서 지니는 가치와 기적이 객관적 증거들 사이에서 차지하는 위치는 성령의 증언 교리에 전혀 영향받지 않는다. 그리고 믿음을 만드는 데 기적들이 가치가 없다는 강력한 주장들은 성령의 증언과는 별개이고, 최소한 우리가 그것들을 객관적 증거로 평가하는 데 영향을 미치지 않는다.

뱅은 그 증거들이 확정적이라고 누구보다도 강력하게 주장한다. 그리고 비그리스도인들이 그 증거들을 보고 성경의 신적 특성을 고백하거나, 지성과 마음을 다해 성경을 존중하도록 만드는 데 매우 효과가 뛰어나다고 말한다. 요약하자면 비그리스도인들도 좋든 싫든 성경의 신적 특성을 지성으로 확신하게 된다는 것이다. 사람들이 칼뱅의 말과 관련해 오해를 하고 있다. 이런 오해는 칼뱅이 무슨 의도로, 그리고 무슨 이유로 증거들이 효과적이지 않다고 했는지 정확히 살피지 않은 데서 비롯된 것이다. 칼뱅은 이러한 증거들이 할 수 없는 일로 단 한 가지를 제시한다. 그것은 바로 "건전한 믿음"(I.vii.4)과 "견고한 믿음"(I.viii.13)을 만드는 것과 "참된 경건"(I.vii.4)에 이르는 확신을 생성하는 일이다. 그 증거들이 적절하게 "건전한 믿음"을 만들지 못하는 유일한 이유는 인간의 주관적 상태에 있다. 따라서 인간이 "건전한 믿음"을 발휘하기 이전에 성령이 영혼에게 행하시는 창조사역이 선행되어야 한다(I.v.4; I.viii.1,13). 칼뱅에 따르면, 성령의 창조사역을 통해 새롭게 되는 과정을 겪지 않아 아직 믿음을 지닐 준비가 되어 있지 않은 마음에 "건전한 믿음"을 만드는 것은 앞뒤가 뒤바뀐 매우 어리석은 일이다. 그는 다음과 같이 말한다. "논쟁으로 성경에 대한 건전한 믿음을 만들려고 애쓰는 것은 순서가 뒤바뀐 공연을 하는 것과 다름없다." 논쟁으로 반대 의견을 잠재울 수는 있겠지만, "인간의 마음에 참된 경건에 필수적인 확신을 심을 수는 없다." 경건이란 단순히 의견에 관한 문제가 아니라, 하나님을 향한 태도의 근본적 변화에 관한 문제이기 때문이다(I.vii.4). 그래서 신앙이 전혀 없는 사람들에게 성경이 하나님의 말씀임을 보이려는 것은 아주 어리석은 행동이다. 칼뱅이 다른 곳에서 "믿음이 없이는 이것을 이해할 수 없다"고 말할 때, 그 말은 다름 아니라 하나님의 성령께서 하시는 내적 사역 없이는 그것을 이해할 수 없음을 의미한다(I.viii.13).

칼뱅은 인간이 죄를 범해 무능한 존재가 되었고 따라서 증거들만을 가지고 자신들의 마음에 "견고한 믿음"을 만들 수 없다고 분명하게 가르친다. 그러므로 인간은 죄로 무능해진 인간을 고치는 성령의 내적 사역 없이는, 곧 성령의 증언 없이 (신적 특성들을 보여주는) 증거들만으로는 "건전한 믿음"을 만들어낼 수 없다. 그렇다면 증거들이 성령의 증언과 함께 주어지는 경우에는 어떠할까? 칼뱅의 견해에 근거해볼 때, 이 상황에서 증거들은 제 역할을 충분히 담당한다. 한 영혼이 성령으로 새롭게 되어 성경의 신적 특성을 다시 알게 되면 이제 그 신성을 나타내는 증거들을 통해 성경의 신적 특성을 확신하게 된다. 그러나 칼뱅은 이 증거들을 다룰 때 길게 설명하지 않는다. 그는 심지어 이 증거들이 성령의 증언과 함께 작용하는 공통요인이라기보다는, 성령의 증언 이후에 차례로 나타나는 요소들인 것처럼 언급하는 경우도 있다. 그는 비그리스도인들의 마음에 건전한 믿음을 만드는 일에 있어서 이 증거들이 효과적이지 못하다고 말하기도 한다. 성령의 증언 가운데 믿음이 형성되기 전에는 이 증거들을 거론하지 않는 것이 좋다고 말하는 것처럼 보이기도 한다(I.viii.1,13). 그는 성령의 증언 가운데 믿음을 형성하는 증거들의 역할에 대해서도 명확하게 말하지 않는 것처럼 보인다.[63] 그럼에도 불구하고 칼뱅의 마음속에

---

63. Köstlin, 앞의 책, pp. 413-415. "우리는 성령의 증언과 나란히 제시된 몇 가지 기준들을 칼뱅의 글에서 발견한다. 그리고 사실 이런 기준들은 성경이, 인간이 만든 모든 작품보다 탁월하여 모든 독자에게 영향을 끼치는 일에 실패하지 않는 것과 같은 성경 자체에 있는 내적 기준들이다. 성경의 특성과 이야기 방식, 그리고 성령의 가장 직접적인 증언이 만들어내는 이런 인상 사이의 내적 관계를 추적하면 바람직할 것이다. 분명히 성경의 저자이신 하나님도 우리가 인간적 요소로 분석하는 이러한 인상들과 우리의 반대자들과 벌이는 논쟁을 통해 우리 안에서 일하신다. 또 다른 한편 비록 성령의 증언이라는 최고 증거가 직접적임에도 불구하고, 우리는 할 수 있는 한 그 증언조차 분석할 필요가 있다. 또한 우리는 성경에 대한 다른 관찰이나 경험에 그 증언을 연결시켜 하나님이 성경에서 우리 경험으로 전달하시는 경로를 의식할 필요가 있다. 하지만 칼뱅은 그렇게 하지 않는다. 그는 그 둘을 나란히 놓고 다른 하나와 대조한다. '비록 성경은 그 자체에 있는 최고의

는 인간의 영혼이 성경의 신성을 보여주는 증거들을 통해서 성경에 대한 건전한 믿음에 도달한다는 암시적 이해가 항상 있었다. 그러한 이해를 보여주는 확실한 단서는 조금도 모자라지가 않다. 그는 단지 성령의 증언의 필요성을 강조하려는 열정 때문에 그러한 이해를 보다 명시적으로 언급하는 일을 자제했을 뿐이다. 이러한 이유로 그는 신적인 성령의 증언과 인간의 "증언들"을 지속적으로 대조시킨다. 따라서 우리는 칼뱅이 성령의 내적 증언을 통해 증거들이 확증되지 않는다면 아무런 열매를 맺지 못한다고 계속 주장하는 것을 볼 수 있다(I.vii.4,5; viii.1,13). "우리는 그것의[성경의] 내적 장엄함을 통해 경외심을 품을지도 모른지만, 성령이 우리 마음에 그것을 확증하시지 않는다면 그것은 우리에게 전혀 영향을 끼치지 못한다"(I.vii.5). **"이러한 확실성이 없다면**…논쟁들을 통해 뒷받침되거나, 교회의 합의에 의해 확증되거나, 혹은 다른 방법을 통해 지지를 받더라도 성경의 권위는 모호해질 것이다. 이러한 기초가 없다면 성경의 권

장엄함으로 경외를 얻겠지만, 그것은 성령에 의해 우리 마음에 인쳐지지 않으면 우리에게 깊은 영향을 미치지 못한다"(XXIX.295; XXX.60; ed. 3, I.vii.5). 칼뱅은 하나(성령의 증언)가 다른 하나(증거들)와 내적으로 갖는 관계를 밝히지 않는다. 심지어 신약성경의 말씀을 증거하는 요소들이 성경의 장엄함을 힘 있게 드러낸다는 사실을 매우 설득력 있게 설명하는 1559년판에서도 그는 그러한 관계를 밝히는 작업을 하지 않는다. 따라서 칼뱅은 성령의 증언이라는 요소를 매우 갑작스럽게 제시하는 셈이다. 성령은 그것을 수단으로 삼아 참된 믿음을 만들어내신다. 성경은 그 자체의 내적 기준들을 통해서조차 신적 확실성 속에서 참된 믿음을 확고히 할 수 없다. 그리고 사실 그분은 성경이 그것의 기준들과 함께 전달된 모든 사람에게 참된 믿음을 만드시지 않는다. 그러한 모든 경우에 그분은 참된 믿음을 의도하시지도 않으신다. 하지만 예정 부분에서 좀 더 자세히 보여주듯이, 그 일은 오직 영원 전에 선택받은 사람들의 경우에만 해당된다. 이미 여기서 우리는 성경의 권위 혹은 형식적 원리와 은혜의 수단 사이의 관계를 칼뱅주의적으로 보는 관점으로 넘어간다. 이 부분에서 루터파 교회의 교리는 칼뱅주의적 관점과 충돌한다. 그러나 우리가 논의해오고 있는 부분과 관련해서 루터파 교의학자들이 그들 자신을 성경에 대한 성령의 증언에 좀 더 집중시킬 때, 우리는 그들이 인간 영혼에 작용하는 것과 이런 기준들이 관련되어 있음을 좀 더 중요하게 다루지 않는다는 사실을 발견할 수 있다. 분명히 루터 자신의 생각에서 그것들이 서로 관련되어 있음은 사실이었다. 하지만 그는 그것을 학문적으로 정교하게 설명하지 않았다."

위는 언제고 흔들리게 될 뿐이기 때문이다"(I.viii.1). "하늘에 계신 아버지
께서 성경에 감추어진 당신의 능력을 드러내시며 성경의 권위를 모든 것
위에 확고히 세워주시기 전까지, 증거들만으로는 견고한 믿음을 세울 수
없다"(I.viii.13). 그런데 우리는 이러한 증거들이 성령의 증언과 협력해 이
런 결과에 이른다고 생각하는 칼뱅의 분명한 언급을 성경의 신적 특성에
관한 건전한 믿음이 형성되는 일반 교리에서 확인할 수 있다. 칼뱅이 앞
에서 열성적으로 주장한 바대로, 성령의 사역은 본질상 계시가 아니라 성
경에 이미 담긴 계시를 다시금 확증하는 것이다. 우리는 이것을 성경 자
체에 권위가 있다는 가르침과도 연결하여 생각할 수 있다. 칼뱅의 언급
에 따르면 하나님의 성령은 우리에게 신성을 **감각**할 수 있는 능력을 수
여한다. 우리는 이 감각을 통해 신성이 존재하는 그곳에서 신성을 발견하
고, 적절한 **증거들**을 통해 이러한 신성을 자각한다. 성경은 "그 안에서 말
씀하시는 분이 바로 하나님이시라는 증거를 분명하게 드러낸다." 따라서
영혼 안에 새롭게 깨어난 신적 **감각**은 성경을 신적인 것으로 인정한다
(I.vii.4). 칼뱅 자신의 예화(I.vii.2)를 사용해 설명하면 빛과 어둠, 흑과 백,
단맛과 쓴맛의 특성들이 우리의 오감에 나타나지 않았다면, 곧 각각의 감
각에 대한 특성을 드러내는 증거들이라는 매개가 없었다면, 우리의 오감
은 빛과 어둠, 흑과 백, 단맛과 쓴맛을 구분하지 못한다. 칼뱅은 새롭게 심
어진 영적인 감각에 대해서도 비슷하게 생각한다. 성경의 신성을 구분하
는 일은 오직 성경에서 드러나는 신적 **증거들**을 매개로 이루어진다. 성경
이 신적이라는 것을 맛보고 이해한다는 것은, 성경에 실제로 존재하는 신
적 요소를 인식한다는 것이다. 물론 인식한다는 것은 (신적 속성들을 보여주
는) **증거들**을 지각하는 것을 함축하는 것이다. 그러나 그것은 신의 속성
을 지각하는 것도, 본성적으로 이해되는 것도 아니다. 한편 칼뱅은 자신
이 다루는 주제의 이러한 측면을 보다 깊이 전개하지는 않고, 단지 논의

가 담고 있는 일반적인 함의를 제시하는 선에서 마무리한다.

반대 의견에 대한 증명

칼뱅은 성령의 증언이 전해지는 방법에 관한 질문은 성령의 증언이 어떤 문제를 위한 것인지를 다루는 심층적인 질문이라고 이해했다. 표면적으로 보면, 칼뱅은 성령의 증언이 단지 성경의 신적 기원을 확증하고 성경의 내용을 드러내는 데만 유효하다고 이해한 것처럼 보인다. 그래서 칼뱅은 자신의 논의 전반에 걸쳐 이러한 내용을 수차례 반복하는 것처럼 보인다. 그럼에도 불구하고 칼뱅이 성경의 정경을 결정하고 본문의 온전성을 확립하기 위해 성령의 증언에 호소했다는 인상이 널리 퍼져 있다.[64]

---

64. 쾨슬린은 다음과 같이 말한다. "성경에 정말 그러한 권위가 있다는 확실성은 교회의 권위가 아니라 오직 성령의 증언을 통해서 결정된다. 여기서 칼뱅의 언급은 성경 몇 권을 염두에 둔 것으로 보이기도 한다. 왜냐하면 칼뱅은 그 당시 반대자들이 우리가 교회의 결정 없이 어떻게 어떤 책은 정경으로 받아들이고 어떤 책은 정경에서 제외시킬 수 있는지 묻고 있음을 알고 있었기 때문이다. 칼뱅은 이러한 질문에 반대하며 오직 **성령의 증언**(testimonium Spiritus)만을 증거로 제시한다. 칼뱅에 따르면 성경의 전체성은 성령의 증언에 의해 동일하게, 즉 **일괄적**으로 신적 정통성을 얻는다." Köstlin, 앞의 책, p. 417. 패니어는 다음과 같이 말한다. "칼뱅은 정경성에 대한 의혹을 전혀 제기하지 않았다. 그는 단지 신성에 관한 문제를 다루며 정경성에 관한 문제를 부수적인 것으로 다룰 뿐이다(I.vii.1). 만일 성령이 어떤 책이 하나님으로부터 왔다고 증언하시면, 그분은 바로 그 행위를 통해 그 책이 믿음의 규범 일부를 구성한다고, 즉 그 책이 정경적이라고 증언하시는 것이다. 칼뱅은 어떠한 경우에도 자신의 계승자들처럼 신학적 교리가 주된 자리를 차지하도록 하지 않았다. 그는 항상 실천적 문제를 함께 염두에두고서 반대자들의 공격에 효과적으로 저항하도록 하였다. 우리는 종교개혁이 발생한 두 세기가 경과한 새로운 정황 속에서 정경에 관한 보다 정확한 설명을 시도했다. 하지만 칼뱅은 그러한 설명을 보여주지 않았고, 우리와 다르게 그 문제를 개인적으로 해결했다." Pannier, 앞의 책, p. 202. 패니어는 앞에서 이렇게 언급한다. "칼뱅에게는 인간의 언어로 기록된 하나님의 말씀을 이해하는 능력이 주어진 것이 사실이다. 1599년에 만들어진 프랑스 신앙고백서에 따르면 이것은 성경의 정경성을 결정해주는 능력이다. 이것은 그들이 그 원리를 유지하기만 한다면 부수적이지만 자연스러운 결과다. 개혁과 교회의 신학자들은 적대자들이 그들에게 했던 비판에 대한 결과들을 거부해야 하는 결정을 내려야 했을 때 자신들을 잘못된 입장에 놓았다"(p. 164). 크레이머는 다음과 같이 말한다. "우리는 성경의 특정 부분에 대한 성령의 **직접적인 증언**을…생각해서는 안 된다.

이런 인상은 늘 그런 것은 아니고 일반적으로 칼뱅이 성령의 증언이 전달되는 방법을 이해하는 견해와 관계되어 있다. 어떤 사람들은 칼뱅이 성령의 증언을 이성이나 근거들에 기반을 두지 않은 맹목적 믿음을 새롭게 만들어내는 것으로 인식했다. 반면 성경에 대해 소위 "자유로운 태도"(free attitude)를 지향하는 사람들은 훨씬 더 많이 성령의 증언에 대한 칼뱅의 이해를 악용했다. 그들은 칼뱅을 따른다고 하면서도 자신들에게 전통적으로 전해진 성경의 어떤 부분이나 일부 요소를 권위 있는 성경으로 인정하는 것을 거부하고, 그것들이 종교적 판단을 내리지 못한다고 생각한다. 이것은 칼뱅이 전통적으로 전해진, 성경에 대해 지녔던 태도와 정반대의 태도다. 성경에 대한 이렇게 전혀 상반된 견해는 같은 원리에서 자라난 것이라고 할 수 없다. 사실 우리가 이미 앞에서 살펴본 것처럼 칼뱅은 맹목적이고 근거 없는 믿음을 만들어내는 방법으로 성령의 증언이 전달된다고 이해하지 않았다. 보다 구체적으로 설명하자면, 칼뱅은 성경의 정경성을 결정하거나 성경 본문의 온전성을 확증하기 위해 **성령의 증언**에만 의존하지 않았다. 그는 **이성적인 방법**(via rationalis)을 버리지 않았다. 그는 정경의 범위를 정하고 성경 본문의 온전성을 다지는 데 있어서 학문적 근거, 곧 역사비평적인 근거도 사용했다. 그러한 주제들을 빈번하게 논의하는 가운데 성령의 증언에만 의존한 나머지, 합리적이고 역

과거의 신학자들은 그렇게 생각하지 않았다. 과거의 신학자들은 성령의 증언이 성경의 종교적·도덕적 내용에만 **직접적인 증언**을 준다고 생각했다. 그러나 종교적·도덕적 내용은 어떤 특정한 형태를 지녀야만 하고, 교리적 내용은 연대-지리적 요소를 포함하는 역사적 요소와 밀접하게 관련된다. 따라서 성령의 증언은 성경 내용 전체가 하나님으로부터 왔다는 증거를 준다." J. Cramer, *Nieuwe Bijdragen*, iii. p. 140. 결국 이것은 정경을 직접 확증하기 위해 성령의 증언에 호소하는 것이 아니다. 오히려 이것은 오로지 성경의 신성에만 주어지는 성령의 증언을 토대로 정경을 구성하는 것이다. 그 생각은 다음과 같이 전개된다. 하나님의 영감에 의해 주어진 모든 성경은 유익하다. 이 성경은 하나님의 영감에 의해 주어진 것이다. 따라서 성경은 "정경"이라는 유익한 성경의 종류에 속한다.

사적인 논쟁을 효력이 없거나 결정적이지 않은 것으로 제쳐두지 않았다. 오히려 그는 그 사실을 확증하는 데 있어서 적절한 전통과 사도적 내용이라는 증거를 항상 제시한다. 이렇게 일관된 지성을 지닌 칼뱅이 매우 중요하고 필수적인 질문과 관련해 모순된 태도를 의식하지 않고 살 수 있었다는 것은 믿기 힘들다.[65]

칼뱅이 성령의 증언만을 통해 성경의 정경을 결정하고 본문의 온전성을 확증하려고 했다는 인상은 『기독교 강요』의 한 구절을 명백하게 오해한 데서 비롯된 것이다. 아마도 그것은 프랑스 신앙고백서의 한 구절[66]을 칼뱅의 글로 오인한 데서 생겨났을 것이다.

『기독교 강요』에서 오해를 불러일으킨 구절은 칼뱅이 로마 교회의 주장을 반박하는 단락 중 한 부분이다. 칼뱅에 따르면 "그들은 오로지 교회의 동의가 있어야만 성경이 권위를 갖는다고 말한다. 그들은 마치 하나님

---

65. 로이스의 『성경 정경의 역사』(History of the Canon of the Holy Scriptures, 1884) 16장을 보면, 칼뱅은 그의 일상적인 학식과 동기를 통해 오직 성령의 증언을 기초로 하여 성경의 정경을 확정했다고 설명한다. 그러나 그러한 설명은 두 가지 혼란을 일으킨다. 성경의 권위와 정경성에 관한 혼란과, 성경의 신적 기원과 사도적 기원에 관한 혼란이다. 물론 칼뱅은 성경의 권위가 교회와 교회 전통을 통해 확립된다는 로마 가톨릭 견해를 반대했다(p. 294). 하지만 이것 때문에 어떤 특정한 책이 사도에 의해 권위 있는 성경으로 교회에 전해졌는지를 살피는 역사적 조사를 하지 않은 것은 아니었다. 물론 칼뱅은 마음에 일어나는 하나님의 성령의 증언을 통해 성경의 신적 기원을 확신했다. 그렇다고 해서 그것 때문에 증언된 것들 중에서 어떤 책들이 성경의 범주에 들어가는지 결정하려고 역사에 호소하지 못한 것은 아니었다. 따라서 로이스조차도 칼뱅의 이론적 절차와 실천이 서로 모순되지 않는 이론을 완성하는 것이 매우 어렵다는 것을 인정해야만 한다. 사실 칼뱅을 포함한 종교개혁가들은 성령의 증언만을 근거로 구약에서 외경을 분리해낸 것은 아니었다. 그들은 유대 교회가 제시하는 증거를 따랐다(p. 312). 마찬가지로 신약의 안티레고메나와 관련한 문제도 이러한 원리만을 바탕으로 해결하지는 않았다. 그들은 "역사비평이라는 간단한 질문"도 했다(p. 316). 물론 로이스는 여기서 다시금 칼뱅이 사도성이라는 내적 증거에 호소하고 "종교적 직관"에 호소하는 것을 혼란스러워한다(p. 318). 요약하자면 칼뱅의 정경을 확증하는 절차에 대한 로이스의 해석은 그가 절차에 대해 근본적으로 오해하고 있음을 알 수 있다.

66. 1559년 작성된 신앙고백서로 라로셸 신앙고백서(La Rochelle Confession of Faith), 또는 갈리아 신앙고백서(Gallican Confession of Faith)라고도 불린다 - 역주.

의 침해할 수 없는 영원한 진리가 인간의 임의적인 의지에 의존하는 것처럼 말한다"(1.vii.1). 그리고 다음은 그의 반박이 담긴 단락이다.

따라서 그들은 성령을 조롱하면서 이렇게 묻는다. 누가 우리에게 이것들[성경책들]이 하나님으로부터 왔다고 설득할 수 있단 말인가? 이것들이 우리 세대까지 전혀 손상되지 않고 안전하게 전달되었음을 누가 보장할 수 있단 말인가? 한 책은 경외할 만한 책이고 다른 한 책은 그 목록에서 제외시켜야 함을 누가 우리에게 설득할 수 있단 말인가? 교회가 이 모든 일을 위해 하나의 특정 규칙을 제시하지 않는다면 과연 이런 일들이 가능할까? 그러므로 그들은 성경이 경외를 받는 일과 어떤 책이 정경 목록에 포함되어야 하는가는 교회의 결정에 달려 있다고 말한다(I.vii.1).

이 구절은 로마 교회의 논쟁가들이 얼마나 열정적으로 교회의 결정이 성경의 권위뿐 아니라 성경의 내용과 본문의 온전성까지도 확증한다는 주장을 변호하고 있는지 보여주고 있다. 우리는 칼뱅이 이 논쟁에서 보이는 반응을 "아니오, 이 모든 것들 중에서 우리는 성령의 직접적인 증거로만 확신을 얻습니다"라는 것으로 추론할 수 있을까? 사실 칼뱅은 전혀 그런 의미로 말하고 있지 않다. 칼뱅은 그런 암시를 이 논의에 포함시키지 않았다. 그는 로마 교회 논쟁가들의 논지가 얼마나 우스꽝스럽고 신성모독적이고 억지스러운 이론인지 보여주고자 했고, 심지어 그들의 논지가 성령을 모독하기까지 한다는 것을 보여주고자 했다(I.vii.2). 그에 따르면 성령은 하나님이 성경 속에서 우리에게 말씀하신다는 확신을 우리 마음 가운데 주신다. 오직 교회만이 어떤 책이 정경에 속하는지 확정할 수 있고, 성경 본문이 아무런 손상 없이 우리에게 전해졌다고 확증할 수 있다는 것은 바보 같은 이의 제기에 불과하다. 이것은 영혼을 팔아 교회를 영화롭게 하는 것이다. 칼뱅에 따르면 이러한 주장을 펴는 반대자들은 그들에게 어떤 논리적 결함이 있는지 전혀 모르고 있다. 그들은 단지 그리스도인들이 성령이 주시는 직접적인 확신을 통해 성경의 신적 특성을 확인하려는 것을 막고자 할 뿐이다. 칼뱅은 로마 교회의 전체 논증을 반박한다. 그러나 우리는 칼뱅의 이러한 반박이 그들의 지루한 질문에 대한 직접적인 답으로 성령의 증거를 제시한다고 추론할 수 없다. 칼뱅은 이러한 반대 질문들을 치졸한 것으로 보았다(I.vii.2). 그는 로마 교회 논쟁가들의 논증이 매우 하찮다고 조소했다. 칼뱅의 대답에 따르면 성령의 증언은 정경과 본문에 관한 문제들과 직접 연관되지 않는다.

한편 라로셸 신앙고백서(The Confession of La Rochelle)의 한 단락은 논란의 여지가 있다. 이 단락은 정경을 구별하는 일이 어떤 의미에서는 성령의 증언에 속한다고 말하기 때문이다. 이 신앙고백서의 제3항은 정경의 목록을 제시한다.[67] 그리고 제4항은 다음과 같다.

우리는 이 책들이 정경이고 우리의 신앙 규범이라고 인정한다. 교회의 일반적인 이해나 합의가 아니라 우리 내면에 울려 퍼지는 성령의 증언과 확신이 우리로 하여금 이 책들을 다른 종교서적들과 구분하도록 돕는다. 우리는 다른 종교서적들에서 일종의 도움을 얻을지는 몰라도, 그것들로 우리 신앙의 기초를 형성하지는 않는다.

그러나 이 조항은 칼뱅이 작성한 것이 아니고, 칼뱅이 파리 총회에 제출한 초안을 파리 총회(Synod of Paris)가[68] 수정해 만든 조항들 중 일부

---

67. "이 모든 성경이 구약과 신약의 정경을 이루고 있다. 그 수는 다음과 같다." 그리고는 목록이 나열된다. *Opera* IX.741.
68. 제네바의 원조로 파리에 교회가 세워진 것은 1555년이었다. 그 이후 프랑스에서는 수많은

다.[69] 칼뱅이 직접 쓴『성경에 포함된 책들에 대하여』(On the Books of Holy Scripture)라는 글은 파리 총회에 의해 몇 편으로 확장되었다. 원문은 이렇게 진술할 뿐이다.

> 이 교리는 그것의 권위를 인간이나 천사에게서 찾지 않고 오직 하나님에게서 찾는다. 우리는 (말씀하시는 분이 하나님이심을 이해하는 일은 인간의 모든 이해를 초월한 일이라는 것을 알기에) 하나님은 그분이 선택하신 사람들에게 이에 대한 확신을 직접 주시며 성령으로 그들의 마음에 인치신다는 것을 믿는다.[70]

우리는 이 정제된 진술에서 이 주제에 대한『기독교 강요』의 핵심적인 가르침을 발견할 수 있다. 이 진술은『기독교 강요』의 핵심적인 생각과 표현까지 그대로 재현하고 있기 때문이다.

우리가 라로셸 신앙고백서를 살펴본다면, 성령의 증언이 정경들을 구분해낸다는 생각을 칼뱅이 아니라 그의 직계 제자들 중 일부가 제시했다는 것을 알 수 있다. 이 사실을 입증해주는 다른 증거들도 있다. 가령 벨기에 신앙고백서(The Belgic Confession)는[71] 라로셸 신앙고백서와 동일

교회들이 생겨나기 시작했다. 그렇게 세워진 72개 교회의 대표 20명이 파리에서 1559년 5월 23-27일에 종교회의를 가졌다. 그 종교회의는 박해로 인해 비밀스럽게 진행되었다. 프랑스 교회의 대표들은 이 회의에서 칼뱅의 35개 조항을 바탕으로 신앙고백서를 작성했다. 그것이 바로 라로셸 신앙고백서다 - 역주.

69. Dieterlen, *Le Synode général de Paris*, 1873, pp. 77, 89; Pannier, 앞의 책, pp. 126-127; Müller, *Bekenntnisschriften der refrom. Kirche*, 1903, p. xxxiii. *Opera* IX. 서문, pp. lvii-lx에서 재인용.

70. *Opera* IX.741.

71. 귀도 드 브레(Guido de Bres)가 1561년 작성한 신앙고백서다. 드 브레는 네덜란드 개혁파 교회의 설교자로 1567년 순교하였다. 드 브레가 이 신앙고백서를 작성할 때 주로 참고했던 것이 바로 라로셸 신앙고백서였다. 그 후 벨기에 신앙고백서는 1618-1619년에 열린 도르트

한 성경 목록을 제시한 후 이렇게 기술한다(제5항).

> 우리는 오로지 이 책들만이 우리 신앙의 규범과 기초, 제도를 위한 거룩한 정
> 경이라고 인정한다. 그리고 우리는 이 책들이 담고 있는 모든 내용을 완전하
> 게 믿는다. 교회가 이 책들을 받아들이고 승인했기 때문이 아니고, 성령이 이
> 성경들이 하나님으로부터 왔다는 증언을 우리 마음에 주시기 때문이다. 또한
> 성경 스스로가 그렇게 입증한다. 왜냐하면 눈먼 사람들까지도 성경의 예언이
> 실현되는 것을 충분히 인식할 수 있기 때문이다.

우리는 1566년에 있었던 한 논의에서 보다 교훈적인 경우를 발견한
다. 그 논의는 파리 회의에 참석한 두 명의 개신교 목사와 소르본 대학
(The Sorbonne)의 두 교수 사이에서 발생했다.[72] 어떤 책은 정경으로, 어
떤 책은 외경으로 구분할 수 있는 기준이 무엇이냐는 질문과 관련해 개
신교 측 토론자 중 한 명인 레핀(Lespine)이 이렇게 대답했다.

> (그것은) 분별하는 영이신 하나님의 성령을 통해 가능하다. 성령을 받은 모든
> 사람은 성령의 조명하심을 통해 영적인 것들을 판단하고 분별할 수 있다. 그
> 리고 그들은, 성령이 자신들의 마음에 그분의 증언과 확신을 심어주셔서 진
> 리를 인식(*cognoistre*)하고 이해한다. 우리가 눈에 있는 시력으로 빛과 어둠

총회(Synod of Dort)에서 개정되어 도르트 신조(Canons of Dort)에 포함된다. 그리고
벨기에 신앙고백서는 개혁파 교회의 모든 사역자가 서약해야 하는 중요 신앙고백서 중
하나가 되었다. 벨기에 신앙고백서는 총 37개항으로 구성된다(신론: 제1-2항, 8-13항;
성경론: 3-7항; 인간론: 14항; 기독론: 18-21항; 구원론: 16-17항, 22-26항; 교회론: 27-36항;
종말론: 37항)-역주.

72. "Actes de la dispute et conference tenue à Paris ès mois de juillet et aoust 1566" in
Biblioth. de la Soc. de l'Hist. du Prot. france, 1566. 이에 대한 설명은 패니어의 책에서
인용하였다. Pannier, 앞의 책, p. 141 이후.

을 분별하는 것처럼, 우리는 거짓으로부터 그리고 일반적으로 거짓되고 우스꽝스럽고 의심되거나 매우 변변치 않는 모든 것 안에서 진리를 쉽게 분리하고 **이해**(*recognoistre*)할 수 있다. 하나님의 성령이 우리에게 부어주시고, 그분이 우리의 마음에 비쳐주시는 빛에 우리가 인도함을 받는다면 말이다.

레핀은 칼뱅의 글을 읽었음이 분명하다. 물론 그가 사용하는 용어는 명확하지 않아서 그가 칼뱅의 생각을 정확하게 반영하고 있는지 의혹을 불러일으킬 수는 있다. 그럼에도 불구하고 그의 생각은 분명하다. 그에 따르면 하나님의 성령은 창조적인 사역을 하시면서 그리스도의 백성들의 마음에 영적 감각을 심거나 활성화시키신다. 그리스도의 백성들은 그 감각을 사용해 하나님이 교회에 주신 책들이 가지고 있는 신적 특성을 인식하고, 그 책들을 다른 모든 책과 구별해 정경으로 구성한다. 이것은 성령의 증언의 도움으로 그들이 정경을 구별할 수 있었다고 생각하는 것이다. 하지만 그것은 직접적인 도움이 아니라 간접적인 도움이다. 다시 말해 성령이 중재하셔서 그리스도인들이 신적 기원이 있는 책들을 구별하고, 그것들을 한데 모아 정경을 구성하여, 하나님이 우리에게 주신 신앙과 삶의 규범으로 삼을 수 있었다. 이 문제를 이렇게 생각하는 것은 매우 보편화되었다. 예를 들어 레핀의 설명처럼 칼뱅을 떠올릴 수 있도록 만드는 명백한 흔적이 프랑스 개혁파 목사 쥐리외(Pierre Jurieu, 1637-1713)의 언급에서 나타난다.[73] 그는 다음과 같이 말한다.

---

73. Jurieu, *Le vary Systeme de l'Eglise et la véritable analyse de la foy*, III. 1686, ii. 453. Pannier, 앞의 책, pp. 167-168에서 인용.

영혼 속에 믿음을 만들어내는 은혜는 주어진 어떤 책이 정경이라는 확신에서 …시작하는 것이 아니다. 이 확신은 오직 이후에 생겨나는 결과다. 그것은 진리에 대한 감각을 우리의 의식에 주고, 이 진리를 우리의 지성과 마음에 적용한다. 그 후 그 진리가 지성과 마음에서 나올 때 우리는 그 주어진 책이 정경이라고 믿는다. 왜냐하면 우리에게 '주어진' 진리들이 그 책 안에서도 발견되기 때문이다. 요약하자면 이 책이 정경이기 때문에 우리가 그 안에 담긴 내용이 신적이라고 믿는 것은 아니다. 오히려 우리는 그 책에 담긴 것이 신적 진리임을 알았기 때문에 그 책이 정경이라고 믿는다. 우리는 불을 바라볼 때 빛을 지각하고, 음식을 먹을 때 단맛과 쓴맛을 지각하는 것과 같은 방식으로 이것을 인식한다.

그렇지만 칼뱅이 이러한 생각의 흐름을 제시했는지 아닌지의 여부는 또 다른 문제다.[74] 칼뱅의 저작들에는 이에 대한 단서가 없다.

심지어 라로셸 신앙고백서의 추가 조항들과 그와 유사한 벨기에 신앙고백서를 작성한 사람들이 이러한 구체적인 생각의 흐름을 가지고 있었는지도 분명하지 않다. 이 조항들에 대한 해석은 흥미롭다. 이 두 개의 신앙고백서 모두 칼뱅의 관점으로 작성되었고, 칼뱅은 그 고백서들의 교리를 결코 부정하지 않았기 때문이다. 그러나 두 신앙고백서는 "정경성"이

---

74. 우리가 살펴보았듯이, 패니어와 크레이머는 이러한 생각의 흐름을 칼뱅이 제시했다고 언급한다. 패니어에 따르면 "만일 칼뱅이" 종교개혁이 정경과 관련하여 사람들에게 몰고 온 새로운 정황을 "제대로 이해할 수 없었다면, 그가 정경과 관련하여 개인적으로 취한 태도를 설명해야 하는 의무는 덜했을 것이다." "오직 칼뱅의 제자들만이 칼뱅의 결론들을 채택하면서 자신들이 어떻게 그러한 결론들에 도달했는지 질문했다. 그리고 그들은 칼뱅이 무의식적으로 따랐을 법한 생각을 재구성했다"(p. 203). 결국 이것은 제기된 견해가 칼뱅의 것이 아니라고 고백하고 있는 것은 아닐까? 최소한 그가 그 견해를 의식하지 못했다고 고백하는 것은 아닐까? 그러나 패니어에 따르면 이것은 분명히 칼뱅의 견해였거나, 칼뱅이 정경의 권위를 확증하기 위해 성령의 직접적 증언에 호소한 것이었다.

란 용어를 다소 모호하게 사용하고 있기에 칼뱅이 이런 생각에 어떤 영향력을 주었는지에 답을 찾기란 결코 쉽지 않다. 우리는 이 두 가지 신앙고백서의 가르침을 이야기하면서 정경성이라는 용어의 용례에 주의를 기울여 그것의 모호함을 설명했다. 그리고 조심스럽게 그 두 가지 신앙고백서가 어떤 직접적인 의미로 성경의 정경성이 성경의 증언에 의존하는 것으로 보고 있다고 말했다. 루터파 교의학자 크벤슈테트(Johannes Andreas Quenstedt, 1617-1688)는 "정경성"이란 용어를 분명하게 두 가지 다른 의미로 사용하고 있다. 그래서 우리는 그가 사용한 정경성이란 용어를 보다 분명하게 이해하기 위해서 두 문장을 나란히 놓고 살펴보는 것이 좋을 것 같다.

우리는 정경 목록이 성경에 포함된 다른 것들[신앙의 항목들]에 추가된 신앙의 기초라는 주장을 거부한다. 무수히 많은 사람이 정경의 수에 얽매이지 않고서도 신앙과 구원에 이른다. 만일 '정경'이라는 단어가 책들의 수를 의미한다면, 우리는 그러한 목록이 성경에 포함되지 않았다고 말할 것이다.

그는 다시 다음과 같이 말한다.

마태복음이 정경적인지와 정말 마태가 그것을 기록했는지는 별개의 문제다. 전자는 구원에 이르는 믿음에 속하고, 후자는 역사적 지식에 속한다. 왜냐하면 마태의 이름으로 우리에게 전해진 복음서가, 비록 실제로 빌립이나 바돌로매가 기록했다 하더라도 구원에 이르는 믿음에는 별 영향을 미치지 않기 때문이다.

첫 번째 진술에서 정경성의 문제는 신앙의 기초에 포함되지 않는다.

두 번째 진술에서는 정경성의 문제가 구원에 이르는 믿음을 이루는 중요한 요소다. "매개념 부주연의 오류"(undistributed middle fallacy)[75]가 아니라면 둘 사이의 모순은 너무도 분명하다. 그러나 "매개념 부주연의 오류"가 크벤슈테트의 진술에 실제로 있다. 첫 번째 구절에서 크벤슈테트는 "정경"(canon)이나 "정경성"(canonical)이라는 용어를 성경의 범위를 가리키는 전문용어로 사용한다. 그는 이 첫 번째 구절에서 성경의 충분성이나 완전성이라는 개신교 교리를 변호하면서 성경에 포함되지 않지만 모든 사람이 받아들여야 할 신앙의 기초가 있다는 주장을 반대한다. 두 번째 구절에서 그는 "정경성"이라는 용어를 "하나님이 주셨다"라는 의미로 사용한다. 그는 이 두 번째 구절에서 성경이 하나님의 말씀으로서 가지는 권위는 인간 저자가 아닌 신적 저자에 의존한다고 주장한다. 그렇다면 "정경성"이라는 용어는 그 당시 두 가지 의미로 쓰인 것이다. "권위를 인정받은 성경의 목록에 포함"된 "성경 전체의 한 부분"이라는 의미와, "하나님이 주신" "신적인 책"이라는 의미다. 그렇다면 벨기에 신앙고백서와 프랑스 갈리아 신앙고백서는 둘 중에서 어떤 의미를 차용하고 있을까? 만일 전자의 의미대로 사용하고 있다면 이 신앙고백서들은 성령의 증언이 직접적으로 정경을 결정할 수 있다고 가르치는 것이다. 만일 후자의 의미대로 사용하고 있다면 이 신앙고백서들은 성령의 증언이 직접적으로 정경을 결정할 수 있다고 가르치기보다는, 우리가 성령의 증언을 통해 성경의 신적 기원과 신적 특성을 확신할 수 있다고 가르치는 것

---

75. 정언삼단논법에서 매개념(middle)이 대전제나 소전제에서 주연(周延)되어 있지 않을 때 나타나는 오류다. 다시 말해, 이것은 두 전제에서 공통적으로 나타나는 용어의 구체적 범위가 규명되지 않을 때 생기는 오류다. 예를 들어 머리가 좋은 사람은 책을 많이 읽는다. 나도 책을 많이 읽는다. 그러므로 난 머리가 좋다. 본문에 제시된 크벤슈테트의 두 진술에는 "정경"이라는 용어가 공통적으로 나타나지만, 이 용어의 구체적 대상이나 범위가 규명되지 않아 두 진술이 서로 모순되는 것처럼 보인다 - 역주.

이다.

프랑스 갈리아 신앙고백서의 진술을 자세히 살펴보면, 신앙고백서를 작성하는 사람들이 정경성을 후자의 의미로 이해했을 것이라고 판단하는 것이 적합해 보인다. 비록 신앙고백서 진술의 마지막 구절에는 "그분(성령)께서는 정경과 다른 종교 서적들을 구분하도록 우리를 도와주시는 분이다"라는 등의 표현이 기록되어 있어서 그런 해석을 확실한 것으로 주장하는 것을 방해하지만 말이다. 제3항에서 정경의 목록이 나열된 이후 프랑스 갈리아 신앙고백서의 선언이 이어진다. 신앙고백서 작성자들은 자신들이 기정 사실로 받아들였던 성경 전체를 확증하려는 의도로 선언한다. 그것은 "우리는 이 책들을 정경으로 받아들여 우리 신앙의 규범으로 삼는다"라는 선언이다. 다시 말해, 우리는 이 책들 전체가 정경으로서의 성격과 신앙 규범적 특징을 지니고 있다고 인정한다. 그렇다면 이제 우리의 과제는 이미 확정된 형태로 신앙고백서에 담긴 정경 목록의 특성이 무엇이고, 신앙고백서의 작성자가 정경 목록을 전체적으로 결정할 때 자신의 마음에 가지고 있던 특성이 무엇인지를 살펴보는 것이다. 우리는 동일한 방법으로 벨기에 신앙고백서에 대해서도 언급할 수 있다. 이 고백서는 이미 정경 목록을 열거하고, "이 모든 책이 그리고 그 책들만이" 진짜 정경이라는 사실을 주장한다. 이 주장에 따르면 그 모든 책은 "거룩하고 정경적이다." 이 사실이 함축하고 있는 사실은 여기에서 "정경적이다"라는 용어는 "거룩함"의 범주를 정하는 특성을 내포한다는 것이다. 그렇다면 우리는 이러한 초기 신앙고백서들이 "정경적이다"는 용어를 통해 성경에 포함된 책의 권수보다는 그 성격을 의미하고, 광범위한 대상보다는 전체로서의 한 대상을 의미한다고 추측하지 않을 수 없다. 이러한 의미에서 "정경적이다"라는 용어는 "신적이다"라는 용어와 동일하다.[76] 이러한 사실에서 칼뱅이 정경을 결정하는 기준으로 성령의 증언을 사용했다고 추론하는 것은 신빙성이 조금 떨어진다. 우리는 이러한 견해를 칼뱅의 것이라고 해야 할 이유를 찾을 수 없다. 칼뱅은 성령의 증언이 우리에게 성경의 신적 특성을 보증해준다고 주장했던 자신의 생각을 가지고 정경의 범위를 정하는 문제로 결코 나아가지 않았다고 단정 지을 수도 없다. 그렇다고 해서 칼뱅의 일부 제자들이 이러한 사고의 흐름을 받아들였다는 것 말고는 이 사고의 흐름을 칼뱅의 것으로 생각할 만한

---

76. 크레이머는 이 두 신앙고백서가 정경과 관련된 질문을 다루는 방법을 다음과 같이 설명한다. "그렇다면 성경의 권위는 무엇에 기반을 두는가? 개혁파 교회의 여러 신앙고백서는 이 질문을 충분히 다룬다. 신앙고백서들은 주요 문제에 있어서 전적으로 칼뱅의 정신을 따른다. 단, 신앙고백서들은 교회의 증언을 좀 더 비중 있게 다룬다. 물론 교회의 증언이 성경의 권위를 만든다고 말하지는 않는다. 그것에는 의심의 여지가 없다. 하지만 개혁파 교회의 신앙고백서들은 정경 문제에 관해서 교회의 증언을 중요한 목소리로 여긴다. '성경에 기록된 모든 것을 믿는 것이 합당한 이유는 교회가 성경을 정경으로 인정하여 받아들였다는 데 있지 않다. 오히려 그 이유는 성경이 하나님으로부터 왔음을 성령이 우리 마음 가운데 증언하시는 데 있다.' 이 말은 정경 인정에서 교회의 판단이 어느 정도 비중이 있음을 암시한다. 이것은 특히 정경을 외경과 구분하여 언급하는 방식에서 잘 나타난다. 벨기에 신앙고백서는 성경의 목록을 확인하면서 다음과 같이 규정한다. '아무도 반대할 수 없는 대상'(제4항). 이 구절이 분명하게 의미하는 바에 따르면 이 책들의 정경성은 교회의 증언과 역사적 관점에서 볼 때 그 어떤 이의도 제기할 수 없다. 외경에 대해서는 그렇게 말할 수 없다. 이와 비슷한 의미로 영국 국교회 신조는 구약과 신약에 대해 '교회는 그 책들의 권위에 대해서 어떠한 의혹도 제기하지 않았다'고 말한다. 나는 여기에서 안티레고메나의 관점에서 그것이 어떻게 확증되는가라는 문제를 제기하지 않을 것이다. 하지만 그것은 교회의 전통에 상당한 중요성이 부여되었기 때문임을 보여준다. 그러나 구약과 신약이 하나님의 말씀으로 인정받을 수 있었던 중요한 근거는 성경 자체에서, 그리고 그리스도인의 마음에 성경의 신성을 확증시켜주는 성령의 증언에서 발견된다. 두 신앙고백서는 칼뱅과 같이 성경의 신적 권위를 성령의 증언이라는 견고한 근거 위에 올려놓았고, 보편교회의 증언에 호소하는 로마 교회를 강력히 반대하는 입장을 취했다." 하지만 칼뱅은 외적 증거인 교회의 증언에도 이와 동일한 가치를 부여했다. 그리고 교회의 증언을 제시하는 것은 칼뱅이 한 책의 정경성을 결정하는 데 있어서 성령의 증언에만 절대적으로 의존하지 않았음을 보여준다. 칼뱅이 성령의 증언에 의존한 문제는 바로 정경으로 인정된 책들의 신적 특성을 확인하는 것이었다(J. Cramer, *De Roomsch-Katholieke en de Oud-protestantsche Schriftbeschouwing*, 1883, p. 48 이하).

이유도 정확하게 제시할 수 없다.

반면에 칼뱅은 성경과 관련된 부분에서 성령의 증언이 우리에게 주는 유일한 확신은 성경의 신적 기원과 내용이라고 지속적으로 말한다. 그리고 성경을 언급할 때 그는 언제나 이미 확정된 하나의 전체로서 성경을 다룬다.[77] 이러한 정황으로 미루어볼 때, 칼뱅이 성경의 정경성과 본문의

---

77. Köstlin, 앞의 책, p. 417. 쾨슬린은 다음과 같이 말한다. "**성령의 증언**을 통해 성경 전체가, 다시 말해 **총괄적**으로 그에게 신적 정통성을 지니는 것으로 나타났다.…칼뱅은 말씀이 예언자들과 사도들에 의해 하나님의 말씀으로 올바로 주장되었다고 선언한 후에 주저 없이 성경에 관한 선언과 성경의 전체성에 대한 선언으로 넘어간다. '율법서와 예언서, 복음서는 하나님으로부터 주어진다'는 명제는 '성경이 하나님으로부터 주어진다'는 명제와 일맥상통한다. 성령의 증언이 그것을 우리에게 보증한다." Pannier, 앞의 책, pp. 203-204. 패니어는 다음과 같이 말한다. "이 모든 것은 그가 어떤 일들을 세부적이 아니라 총괄적으로 고려한 것에 기인한다. 그에게는 **하나님의 말씀**(*verba Dei*)이었지 **하나님의 말씀들**(*verbum Dei*)이 아니었다. 저자들의 다양성은 성령의 단일성 앞에서 사라진다. 모든 구절(verses)에 일관성이 있다. 그리고 만일 어떤 한 구절이 우리에게 구원에 이르는 지식을 준다면 우리는 아마도 그 구절이 들어 있는 책을 정경으로 받아들여도 된다. 모든 부분이 하나의 덩어리로 주어진 한 종류이기 때문에, 그것들 중 하나에 가치가 있음을 확립하는 것은 다른 것들의 가치를 보장하는 데 충분하다. 비판적 신학자와 평신도들은 이 문제에서 분명히 서로 다른 입장을 취한다. 하지만 가장 일반적이고 분명한 방법은 겸손한 그리스도인이 가지는 자세다. 칼뱅은 이 부분에서 자신을 그런 비판적 신학자들의 반열에 놓지 않는다. '오직 의인은 믿음으로 말미암아 살리라.' 그는 이 선포를 계시된 진리로 여겼다. 또한 이 선포를 바탕으로 로마서 전체에 영감이 있다는 결론을 내렸다. 어떤 이들은 다른 서신이나 복음서에서 이러한 부분을 발견하고 신약의 정경성을 확립한다. 구약도 마찬가지다. 그래서 베드로후서나 아가도 다른 성경들과 함께 정경에 포함된다. 인간의 증언이나 내적 기준들, 외적 기준들은 한 단락이 영감된 것으로 인정된 책의 다른 부분을 확증하는 데 유용하다. 하지만 성령의 증언이라고 해서 구원 교리에 반대되는 것이 있다고 인정되지 않은 책을 정경에서 제거하는 데는 충분하지 않다." 우리는 패니어의 생각 전체를 전하기 위해 그의 전문을 인용한다. 하지만 우리가 그의 생각을 전하기 위해 인용하는 글에 따르면, 칼뱅이 성령의 증언이라는 문제와 관련하여 성경을 하나의 전체로, 말하자면 "총괄적으로" 다루었다는 사실을 나타낼 뿐이다. Gaussen, *Canon*, II. p. 10. 고상은 패니어가 칼뱅의 견해와 비슷한 형태를 취한다며 다음과 같이 말한다. "이 증언은 모든 그리스도인이 성경을 읽을 때 생명력 있는 효력과 함께 깨닫게 되는 것이다. 단 한 장을 통해서도 이 증언을 깨닫게 될 것이다. 이 장만으로도 그것에 담긴 비교할 수 없는 빛을 책 전체에 퍼트리기에 충분하다." 그것은 칼뱅이 일반 그리스도인과 같이 성경 전체를 이미 확정된 책으로 다루고 있음을 보여준다. 물론 칼뱅의 경우, 그는 아무런 합리적 근거 없이 그것을 동일하게 다루지는 않는다. 다른

온전성에 관련된 문제를 다루는 방법이 충분히 분명하게 드러난다. 그는 학문적인 방법에 의존해 이 문제를 해결하려고 했다. 그래서 자신의 손에 들린 실제 서적들(concrete volume)이 하나님에게서 기원했다는 것을 받아들이려고 성령의 증언에 호소했다. 그의 생각의 흐름은 다음 과정을 따른다. 첫째, 사도들은 그리스도인들의 신앙과 실천의 규범으로 삼도록 성경 전체를 우리에게 전해주었다는 사실을 학문적인 근거를 살피면서 확인한다. 둘째, 그들은 동일한 학문적인 근거를 토대로 성경 전체가 우리에게 얼마나 온전하게 전해졌는지 입증한다. 셋째, 그들은 성경이 하나님에게서 왔음을 성령의 증언에 의존해 확증한다. 이 부분에서 칼뱅은 그리스도인이 되려는 사람은 그리스도인이 되기 전에 모두 학자가 되어야 한다고 말하는 것은 아니다. 그에 따르면 우리는 학문을 연마해 그리스도인이 되는 것이 아니라, 우리 마음에 주어지는 성령의 증언으로 그리스도인이 되는 것이다. 기독교의 토대를 이해하는 데 전문적인 신학이 필요한 것은 결코 아니다. 칼뱅은 학문적인 문제는 신학자들에게 달려 있고, 신앙적 문제는 그리스도인에게 달려 있다는 것을 틀림없이 인정했을 것이다. 그는 마음에 성령의 증언을 가지고 있는 사람이라면 성경이 하나님으로부터 왔다는 사실을 언제나 인정할 것이라고 말했을지 모른다. 또한 그런 사람들은 성경을 신뢰하여 성경이 제시하는 모든 것을 참된 믿음으로 받아들이게 된다고 말했을지도 모른다. 칼뱅은 실제로 그렇게 말한다. 칼뱅은 분명 이러한 믿음의 행동이 논리적으로 "정경" 확증을 수반한다고

말로 하면, 그가 성경의 신성을 입증하기 위해 성령의 증언에 호소하기 이전에 정경은 이미 결정되었다. 위에서 인용된 크레이머의 글을 참조하라(p. 140). 크레이머의 언급은 상당히 옳다고 볼 수 있다. "우리는 역사비평 방법을 통해 어떤 책이 사도시대로부터 전해진 것인지 그리고 그 교리적 내용이 사도들의 가르침과 동일한 것인지 규명할 수 있다. 하지만 우리는 이 저작들의 신적 권위를 증명하지는 못한다. 이것은 성령이 우리에게 그것들에 대한 그분의 증언을 주는 것에 달려 있다. 우리 신앙의 확신은 바로 이 증언에 근거하는 것이지 역사비평이 보여주는 설득력에 있지 않다"(pp. 156-157). 이것이 바로 칼뱅의 방법이었다.

말했을 것이다. 또한 그는 이런 정경을 확증하는 일이 정경성의 문제만을 다루는 고유의 적합한 학문적 근거 위에서 연구되어야 하는 별개의 과정 이라고 말했을 수도 있다. 많은 사람이 칼뱅은 성경의 정경성 문제나 본 문의 온전성 문제와 같은 학문적 문제들과 관련해 성령의 증언이 직접적 인 답을 준다는 견해를 가졌다고 생각한다. 그들의 이런 생각은 칼뱅의 전체적인 태도를 오해한 데서 비롯된 것이다. 칼뱅은 하나님의 성령이 인 간의 마음속에서 일하시며 성령의 증언을 보이시고, 이것은 뚜렷한 영적 결과를 낳는다고 확실하게 이해했다. 곧 그것은 사람들을 신학자로 만들 려고 안내하는 것이 아니라 그리스도인이 되도록 안내한다.[78] 실제로 칼 뱅은 성령의 증언을 현대 신학에서 "중생"(regeneration)이라고 부르는 지 성적인 결과와 동일하게 간주했다. 칼뱅은 "중생"이 지성적인 결과들을 수반한다고 명확하고도 반복적으로 주장한다. 그러나 칼뱅은 이 "중생" 이 가져오는 지성적인 결과들이 어떤 문제를 결정하기 위한 학문적 조사 방법을 대체할 수 있다고는 상상조차 하지 않았다. 칼뱅에 의하면 성령의 증언을 통해서 성경의 신적 특성에 대해 확신하는 것은 성경의 신적 특 성을 보여주는 **증거들**의 참된 가치를 영적으로 분별하는 것에 근거한다. 그런 칼뱅이 성경의 정경을 결정하거나 그 본문을 확증하는 문제를 적절 한 근거와 완전히 분리시켜 오직 성령의 맹목적 증언에만 의존했다는 것 은 상상조차 할 수 없다. 이것은 칼뱅이 그렇게도 비판했던 재세례파의 "계시"와 근본적으로 다를 것이 없기 때문이다.

---

78. 칼뱅은 분명 패니어의 다음과 같은 설명에 동의했을 것이다. 대부분의 가톨릭 교도들은 "항상 성령의 조명을 잘못 이해해왔다. 개혁파 교회에 의하면 그 원인은 가톨릭 교도들 중 극히 일부만이 성경을 사서 그것을 읽는 데 몰두할 수 있었다는 사실에 있다. 가톨릭에서 말하는 것처럼 성령의 조명은 신학자가 되는 것과 관련한 문제가 아니라, 참된 믿음의 사람이 되는 것과 관련되는 문제다. 이는 지식을 풍부하게 갖는 것을 의미하지 않고, 믿음의 확신을 갖는 것을 의미한다." Pannier, 앞의 책, p. 164

성령의 증언과 경건한 삶

성경의 신적 특성을 확신시켜주는 성령의 증언을 다루는 칼뱅 교리의 핵심은 "중생"이라는 지성적 결과에 있다. 이것을 잘 이해한다면 우리는 일부 사람들의 칼뱅에 대한 비판을 어떻게 평가해야 할지 알 수 있을 것이다. 그 사람들은 칼뱅이 성령의 증언과 내적 경건의 삶[79]을 충분히 연관지어 생

---

[79]. Köstlin, 앞의 책, pp. 415-416을 참고하라. 성령의 증언과 그리스도인의 내적 경험이 갖는 관계와 둘 사이의 상대적 우선성에 대한 질문을 제기한 후, 그리고 어떤 경우 성경의 신성에 대한 성령의 증언에 반드시 선행하는 과정이 있음을 언급한 후, 그리스도인의 마음을 가진 사람들에게 성경에 대해 비판할 수 있는 권리와 의무를 허용하지 않기란 어려울 것이다("과정"이라는 용어에 다소 어폐가 있다). 쾨슬린은 다음과 같이 말한다. "우리는 여기서 개신교 근본 원리의 형식적 측면과 내용적 측면 사이의 관계를 다룬다. 그리고 동시에 루터의 설명에서 그것들 상호 간의 관계를 생각하고, 야고보서에 대한 루터의 유명한 비판적 태도를 취할 수 있게 된다. 칼뱅 역시 성령의 증언을 성경과 관련해서만 언급하거나 성경에 대한 성령의 증언을 고립시키고 싶어 하지는 않는다. 그는 복음에 있는 구원을 주는 내용에 대한 믿음을 말한다. 결과적으로 그는 다시 그것으로 돌아가, 성령이 그 말씀의 내용을 우리의 마음에 인치신다고 선언한다(1539, XXIX. p. 456 이후, 468 이후; 1559, III.2 [쾨슬린에 따르면 XXIX은 *Corpus Ref.* 전체를 의미하고, III.2는 『기독교 강요』 3권 2장을 의미한다]). 1550년판에서 칼뱅은 성경에 관한 부분과 성경에 대한 성령의 증언에 관한 부분에 특별한 문장 하나를 삽입했다. 이 문장에서 칼뱅은 『기독교 강요』 후반부에서 성령의 증언을 보다 심도 있게 다루려는 의도를 분명하게 드러낸다. 그리고 일반적으로 믿음에는 하나님의 영의 인치심이 수반된다고 선언한다(XXIX.296 [1559, I.vii.5]). 칼뱅의 말에 따르면, 어떠한 경우든 한 그리스도인이 자신이 선택받았다는 확신을 갖는 것은 성령의 증언을 통해서다. 하지만 칼뱅은 가장 처음에 성경의 신적 기원과 신적 권위, 그리고 이것에 대한 성령의 증언에 관한 교리를 전적으로 따로 다룬다. 다시 말하지만 칼뱅의 특성은 바로 이 부분에 있다. 그의 설명은 이러한 방식으로 진행된다. 즉 먼저 성령이 성경의 신적 권위에 대한 특징에 대해 믿음을 만들어내고, 그 이후에야 성경을 믿는 그리스도인은 성경의 모든 내용과 세부 사항들을 하나님의 진리로 생각하게 된다. 물론 진리를 이렇게 수용하고 믿는 것에 있어서 몇 가지 요소들은 분명히 인간의 사고와 관련되어 있다. 하지만 이러한 요소들도 성령이 우리 마음에 이 내용들에 대한 급진적인 조명과 급진적인 인침을 주셔서 수용하고 믿게 된다. 그런데 칼뱅은 우리가 성령의 능력 가운데 느끼는 성경의 '진리'를 절대적인 성격을 띠는 진리로 언급한다. 칼뱅은 그 진리가 처음부터 전적으로 성경에서 시작하고, 성경의 권위를 인식하는 가운데 경험된다고 언급한다. 칼뱅은 1539년판에서부터 그 문제를 그렇게 다룬다"(XXIX.292 이후). 따라서 성경의 모든 부분은 온전한 권위를 가지고 있고, 우리는 성경의 모든 명령에 동일한 순종을 보여야 한다고 가르친다(p. 418). 왜냐하면 성경에서 말씀하시는 분은 하나님이시기 때문이다. 쾨슬린은 이어서 다음과 같이

각하지 않았고, 성경에 대한 성령의 증언을 완전히 따로 구분했다고 말한다. 그래서 그는 기독교를 어렵고 딱딱하게 설명해 율법적인 측면을 부각시켰고, 개신교의 내용적 원리에 비해 형식적 원리[80]를 과대평가했다고 비판했다.[81]

사람들의 말에 따르면 루터는 칭의로부터 모든 것을 이끌어내고, 그의 사유의 지평은 그리스도인의 자유라는 개념으로 가득하다. 왜냐하면 루터는 자신의 마음을 "믿음"에 집중하고 있기 때문이다. 루터는 이 믿음에서 모든 선한 것이 흘러나오고, 이 믿음이 성경을 포함한 모든 것을 지배한다고 생각한다. 반면에 칼뱅은 가장 우선적으로 성경의 권위를 강조

말한다. "우리는 이 모든 것에 대해서 도르너와 같이, 혹은 도르너보다 더 분명하게 다음과 같이 언급해야만 한다. '칼뱅은 개신교의 형식적 원리를 내용적 원리에 비해 지나치게 강조한다. 그가 그렇게 한 이유는 하나님이 거룩한 저자들을 사용하셔서 인간에게 명령하신 하나님의 의지의 계시를 다른 무엇보다 성경에서 발견하려는 칼뱅의 사고와 관련이 있다'(*Geschichte der protestantischen Theologie*, p. 380). 칼뱅은 『기독교 강요』를 계속 개정하는 가운데 이러한 사고 방식을 더 강하게 드러낸다. 따라서 형식적 원리라는 칼뱅의 개념에는 루터가 정경에 있는 일부의 책들에 대해 비판했던 내용이 들어설 자리가 없었다." 그러나 쾨슬린의 결론에 따르면 후기 루터파 신학자들은 칼뱅의 이 견해를 수용하여 그것을 과장했다.

80. Dorner, *History of Protestestant Theology* I. 1871. 도르너는 다음과 같이 말한다. "칼뱅의 경우 개신교의 형식적 원리가 내용적 원리보다 우위를 차지하고 있다. 이것은 칼뱅이, 하나님이 거룩한 저자들을 통해 인간에게 명령하신 하나님의 의지의 계시를 주로 성경에서 발견한다는 사실과 관련이 있다"(p. 390). "그에 따르면 형식적 원리는 교의의 기준이자 원천이다. 그는 루터처럼 믿음을 교의 체계를 세우도록 돕는 지식의 원천으로 보지 않았다. 즉 칼뱅은 형식적 원리를, 지식을 매개해주는 원리로 생각하지 않는다"(p. 387). 따라서 도르너는 칼뱅이 "교회의 입법과 교리 문제에 있어 교회의 신앙"에 제한적인 자유를 남겨준 것과 "사도 시대를 모든 시대의 기준으로 삼아 교회 헌법까지도 작성하려고 했던 칼뱅의 방법"에 대해 불만을 토로한다(p. 390). 또한 그는 칼뱅이 성경에 대한 파괴적 비평(destructive criticism)의 여지를 남겨두지 않았다는 사실도 불평했다. 위에서 말한 칼뱅의 "청교도의 원칙" 수용에 대해서는 38쪽 이후를 참고하라.
81. 필립 샤프(Philip Schaff)는 자신의 책 『개신교의 원리』(*The Principle of Protestantism*)에서 개신교의 형식적 원리와 내용적 원리를 규명한다. 그에 따르면 형식적 원리는 진리의 토대가 되는 성경이고, 내용적 원리는 성경에 대한 믿음이다 – 역주.

했고, 성령의 구분된 활동으로 그리스도인들이 성경의 권위를 인정하도록 순종을 자신의 표어로 삼았다. 칼뱅의 사유의 지평은 의무에 대한 인식과 율법을 행하려는 열망으로 가득하다.

칼뱅이 성령의 증언을 "중생"의 결과들 중 하나로 인식했다는 것을 생각하면, 그가 왜 성령의 증거와 그리스도인의 경건한 삶이 아주 밀접하게 연결되어 있다는 것을 보여주지 못했는지와, 어떻게 개신교의 내용적 원리를 훼손시키면서까지 형식적 원리를 지나치게 강조했는지 이해하기란 쉽지 않다. 그와 같이 성령의 증언을 이해하는 것은 정반대로 개신교의 형식적 원리를 내용적 원리의 결과물로 만드는 것이다. 우리의 정신이 성령으로 새롭게 되어 우리는 아주 분명한 확신을 가지고 성경에서 하나님의 증거들을 보기 때문이다. 달리 말해, 성령이 우리를 인치셔서 우리는 성경이 하나님의 말씀임을 깨닫는다. 성령이 우리를 새롭게 하셔서 우리에게 생기는 의무와, 양자의 영이 우리 안에 심어져서 우리가 하나님의 자녀들이 되었음을 칼뱅이 강조했을 것이라는 추측은 꽤 확실하다. 이 의무들은 우리가 하나님의 자녀로서 행동하도록 만들고 하나님의 집을 다스리는 법으로 우리 자신을 다스리도록 주어진 것이다. 그분의 말씀을 우리에게 주신 것처럼 말이다. 반면에 루터는 구원의 조건으로 여겨지던 율법에서 인간을 해방시키고 하나님의 자녀로서 누리는 자유의 삶으로 그리스도인을 안내하는 측면을 좀 더 강조했을 것이다. 우리는 이런 차이에서 서로 다른 두 종류의 개신교, 곧 루터파와 개혁파 사이의 근본적인 특성을 발견할 수 있다. 개혁파는 생각과 실천을 하는 데 강한 윤리적 성향을 보여주는 특징이 있다. 그러나 칼뱅이 성경의 신적 특성을 알려주는 성령의 증언과 그리스도인의 내면적 삶 사이의 상관관계를 충분히 다루지 못했기 때문에 개혁파가 윤리적 성향을 가졌다고 생각하는 것은 칼뱅과 개혁파를 오해하는 것이다. 오히려 칼뱅은 오늘날 우리가 "중생"이라고 부르는 것으로서의 성령의 증언과 그리스도인의 내면적 삶 사이의 상관관계를 생각했지만, 칼뱅을 비판했던 루터파 신학자들은 칭의와 이 칭의에 관련된 "믿음"을 더 중요하게 생각했다고 말하는 것이 더 정확할 것이다. 아무튼 칼뱅에 따르면 하나님이 성경을 주셨다는 사실을 인정하고 성경을 우리의 신앙과 삶의 규범으로 진실되게 받아들이는 일은, 하나님의 성령이 우리의 마음을 새롭게 하셔서 우리를 영적인 삶으로 안내하시는 성령의 은혜로운 사역의 결과들 중 하나다. 아니면 그것은 성령이 우리 마음에 새롭게 심으신 영적 생명이 꽃피우는 은혜로운 활동들 중 하나다.

또한 우리는 다음 두 가지 입장과 관련해 칼뱅의 입장이 무엇이었는지 구분할 필요가 있다. 곧 성령이 그리스도인의 마음에 창조적인 사역을 하시면 첫 번째 결과로 그리스도인은 하나님이 성경을 주셨다는 것과 성경을 신앙과 삶의 규범으로 받아들인 것인지, 아니면 새롭게 회복된 영혼이 자신의 첫 번째 행동으로 그것을 받아들였는지에 대해 구분할 필요가 있다. 만일 우리가 논리적으로 첫 번째 것이 칼뱅이 의미하는 것이라고 생각한다면, 우리는 이 질문에 대해 긍정적으로 대답할 수 있다. 칼뱅은 의심할 바 없이 이렇게 말했을 것이다. 성경에는 그리스도가 우리에게 믿음을 제시하셨고, 아니면 좀 더 포괄적으로 말한다면, 그리스도가 성경이라는 문서에 담긴 특별계시의 본질이라고, 그래서 믿음으로 그리스도를 받아들이는 것은 그 본질이 의미하는 그분을 확신하는 것을 의미한다고 말이다. 이것은 믿음으로 성경을 하나님의 계시로 받아들인다고 말하는 것과 같다. 만일 하나님이 우리 영혼에게 그리스도에 대한 지식을 전달하는 수단이 말씀이라면, 우리의 마음이 말씀에 대한 확실한 경외로 가득차 있을 때에만, 성령의 빛에 의해서 우리가 말씀 안에 계시는 그리스도를 볼 수 있을 때에만, 우리는 건전한 믿음으로 그리스도를 붙들 수 있다.

따라서 성경을 배우지 않고서는 그리스도에 대한 참되고 건전한 지식을 조금도 얻을 수 없다고 말해도 옳을 것이다(I.ix.3; I.vi.2 참조). 칼뱅은 분명히 이런 의미에서 우리가 그리스도를 믿기 위해 먼저 성경을 믿는 것이 아니라 그리스도에 대한 믿음이 성경에 대한 믿음을 전제한다고 말했을 것이다. 그러나 만일 우리의 마음이 시간적 순서에 치중해 있다면, 제기된 질문에 대한 대답은 보다 불확실하다. 그리스도를 본질로 하는 계시에 대한 믿음과, 이 계시를 본질로 하는 그리스도에 대한 믿음은 서로를 포괄하는 논리적 함의관계에 있다. 그러나 만일 우리가 시간적 순서에 대한 문제를 제기하지 않고서 이 두 가지가 영혼에서 동시에 일어난다고 생각한다면, 우리는 아마도 칼뱅의 생각에 근접하게 될 것이다. 칼뱅과 일반적인 루터파 신학자들의 생각에는 이 부분에서 실제적인 차이를 보인다. 칼뱅이 좀 더 깊은 통찰력과 정확한 분석을 보여주기 때문이다. 루터파 신학자들은 믿음에서 시작하는 경향이 있다. 이것은 그들이 믿음의 정점을 우리의 구속주 예수 그리스도에 대한 믿음으로 자연스럽게 이해하기 때문이다. 그들은 이 믿음을 궁극적 뿌리로 삼아 다른 모든 것들이 흘러나오도록 만든다. 칼뱅은 무엇이 믿음에 선행하는지, 그리고 믿음 자체는 무엇으로부터 흘러나오는지를 정확하게 분석하려는 충동을 거의 갖고 있지 않다. 그는 믿음의 이면을 살피는 데로 나아간다. 칼뱅은 인간의 마음에서 일하시는 성령의 창조사역과 그 결과인 새로운 피조물, 그 피조물의 행위인 믿음을 살펴본다. 그러므로 그는 이 문제 자체를 이해하고 싶다는 충동으로 이 새로운 피조물의 몇 가지 행위들의 상호관계를 숙고하고, 피조물들의 행위들 중에서 (신뢰가 종교의 본질이기 때문에) 가장 중요한 자리를 차지하는 믿음 그 자체를 분석한다(I.ii). 그 결과 오늘날 우리가 "중생"이라고 부르는 "유효적 은혜"(efficacious grace)는 칼뱅의 구원론에서 가장 중요한 원리가 되며, 칼뱅 자신은 무엇보다 성령을 강조하는 신학자가 된다. 사실 칼뱅이 성령에 대한 의미 있는 연구를 시작했고, 그가 만든 사고체계와 칼뱅이 가르친 제자들이 성령에 관한 신학적 연구를 보다 더 풍성하게 발전시킨다.[82]

<hr />

82. 아브라함 카이퍼의 『성령의 사역』(*The Work of the Holy Spirit*)의 영어판 서문(특히 pp. xxxiii.-iv.)을 참고하라. 패니어가 성령의 사역에 대한 칼뱅의 일반 교리와 성경에 대한 성령의 증언이라는 특별 교리 사이에 있는 관계에 대해 다음과 같이 말하는 것을 참고하라. "만일 우리가 지금까지 그 내용을 분석해왔던 그 두 장을 건너뛰고, 『기독교 강요』 1536년판부터 1560년판에 이르기까지 성령에 관련된 다른 구절들을 찾아보면, 우리는 칼뱅이 자신의 주석에서 주장했던 것처럼 성령의 다양한 드러남을 강력히 주장하고 있음을 보게 될 것이다. 칼뱅은 하나님을 믿는 행위와 관련해 인간은 본성적으로 무능하고 믿음의 행위를 위해서는 인간의 지성, 특히 마음에 신적 조명이 필요하다는 것을 지속적으로 상기시킨다. 칼뱅은 이러한 관점에서 믿음의 정의를 설명하며 성령과 하나님의 말씀에 관한 개념을 동시에 다룬다. '믿음이란 우리를 향한 하나님의 선한 의지를 견고하고도 분명하게 아는 지식이다. 믿음은 예수 그리스도 안에서 자유롭게 주어진 약속에 기초하며, 성령의 역사를 통해 우리 마음에 계시된다.' 칼뱅은 사도신경을 개관하는 글에서도 유사한 생각을 보여준다. 그러한 생각은 제3항을 설명하는 기초가 된다. 그 생각은 1580년판과…모든 판에 담겨 있다. '요약하자면 그분은 하늘의 축복을 우리 앞에 가져다주는 유일한 원천이시다. 왜냐하면 우리는 그분의 영감을 통해 하늘의 복을 누리는 사람으로 다시 태어나고, 우리가 우리 스스로를 다스리거나 이끌어가기보다는 오로지 성령의 일하심과 운행하심 아래에 놓이기 때문이다. 따라서 우리 안에 선한 것이 있다면, 그것은 오직 그분의 은혜의 열매다.… 그러나 **믿음은 하나님의 가장 주된 작품이다.** 그래서 우리가 성경에서 읽는 하나님의 덕목이나 사역은 대부분 바로 이 믿음과 관련이 있다. 그분은 우리에게 하늘나라의 보화를 가져다주시고 우리가 그분을 왕으로 부르도록 하시는 것과 동일한 방법으로, 이 믿음을 통해 우리에게 복음의 빛을 가져다주신다. 그리고 우리는 그분의 조명을 우리 영혼의 갈망이라 불러도 좋다.' 이러한 인용에서 분명해지는 바에 따르면, 성령의 증언은 『기독교 강요』 1539년판의 초반에서 **지식의 수단**으로 나타나지만 그 이후 작품이 발전하면서 **은혜의 수단**으로 언급된다. 그리고 칼뱅은 이러한 견해를 바탕으로 성령을 최소 네 가지 서로 다른 영역으로 확장시켜 생각하게 되었다. 그럼에도 그는 성령을 항상 (심지어는 가장 먼저) 믿음과 직접적이고도 지속적으로 연결시켜 생각하며, 믿음의 기원이나 결과와 연관지어 말한다. 그는 성령을 결코 성경의 권위를 확신시켜주는 유일한 수단으로 여기지는 않았다"(pp. 102-104). 패니어가 성령의 사역에 관한 칼뱅의 교리가 발전한다고 본 것은 다소 착각인 것 같다. 성령의 사역에 대한 일반교리는 이미 1536년부터 상당히 윤곽이 잡혀 나타나기 때문이다. 그러나 성경에 대한 성령의 증언을 믿음에 관한 칼뱅의 일반교리와 연결시켜 성령의 열매인 것처럼 언급하는 것은 정확할 뿐더러 그의 가르침을 이해하는 데도 중요하다. 칼뱅은 처음부터 마지막까지 성령이 만들어내는 성경에 대한 그리스도인의 확신은 구원에 이르는 믿음의 한 실천이라고 보았다. 칼뱅의 주장에 따르면 인간에게 있는

인간의 삶에서 나타나는 선한 것에는 모두 초자연적 기원이 있다는 칼뱅의 깊은 이해는 칼뱅 사상의 성격을 잘 드러낸다. 그리고 바로 이것이 성령의 증언에 대한 칼뱅 교리의 기초가 되는 결정적 요소다. 칼뱅은 하나님의 자녀로서 성경을 하나님의 계시로 받아들이는 것이 개인의 자발적인 믿음의 행동이자 내면 깊은 곳에 담긴 의식의 표현임을 의심하지 않았다. 그는 이 의식 자체가 하나님의 성령의 창조사역을 표현한 것임을 의심하지도 않았다. 그리고 이것을 근거로 믿음의 행위가 궁극적으로 "성령의 증언"을 통해서 일어난다고 설명하였다. 칼뱅에게 성경의 초자연적 기원은 칼뱅 사상의 확실한 근거였다. 칼뱅의 이런 표현은 자연주의적 의미와 매우 유사했고, 자칫 자연주의적 의미로 오해받을 수도 있었다. 그리고 카스텔리옹의 가르침은 이를 분명하게 보여주었다. 카스텔리옹은 범신론적 이성주의를 거의 칼뱅의 용어로 설명할 수 있음을 발견했다. 그에 따르면 "하나님의 의도와 비밀스러운 가르침은 성경에 감추어져 있다. 오직 겸손하고 경건하며 하나님을 경외하고 성령을 소유한 살아 있는 사람들만 그것을 발견한다." 악인들이 때때로 마치 예언자처럼 행동하더라도, 그들이 하나님의 계시를 제대로 이해한 것은 아니다. 그들은 단지 그 참 뜻을 이해하지 못한 채 새장에 갇혀 인간의 말을 흉내 내는 앵무

선한 것은 모두 그것이 생각이든 감정이든 행동이든 항상 성령으로부터만 나온다. 칼뱅은 요 14:17과 관련해 다음과 같이 말한다. "자연적 인간은 성경이 성령에 대해 말하는 모든 것을 경멸한다. 자연적 인간은 자신의 이성을 의지하고, 하늘로부터 주어지는 조명을 거부한다.… 왜냐하면 우리는 우리 자신의 부족함을 느끼면서도 우리에게 있는 모든 건전한 지식이 다른 원천으로부터 오지 않는다고 이해하기 때문이다. 그럼에도 불구하고 주님의 말씀이 분명히 증거하는 바에 따르면 성령에 대한 그 어떤 것도 인간의 감각으로는 알 수 없으며, 믿음을 경험해야만 알 수 있다"(1553: xlvii.329-330). 칼뱅은 다시 "하나님의 은혜로 조명을 받아야만 하나님의 신비들을 아는 지식을 얻을 수 있다. 그 어느 누구도 이 사실을 고백하는 데 주저하지 않을 것이다. 더 많은 지식을 자신에게 돌리는 사람은 자신의 무지를 깨닫지 못하는, 더 무지한 인간에 불과하다"라고 말한다(『기독교 강요』, 1543, i.330).

새와 같을 뿐이다.[83] 그러나 카스텔리옹이 자신의 진술에서 보여주고 싶었던 것은 어떤 것을 이해하기 위해서는 공감이 우선적으로 필요하다는 것이었다. 그 이후에도 다수의 사람이 칼뱅의 용어를 사용하여 이와 비슷한 생각을 표현하고자 했다. 어떤 이들은 칼뱅 사상의 의미를, 인간이 그리스도 안에서 하나님과 연합하면서 진리와 비진리를 구별할 수 있는 능력을 얻는 인간 의식에 관한 이론만으로 치부했다.

그러나 그 어떤 시도도 칼뱅의 가르침 전체를 근본적으로 배격하지는 못했다. 칼뱅의 사상은 성경의 신적 기원과 성경의 권위, 성경 내용의 계시적 특성을 중심으로 한다. 이 사상의 핵심은 하나님에 의해 이루어진 성경의 초자연적 기원에 있다. 성령의 증언은 우리 인간의 의식이라는 형태로 주어질 수 있다. 하지만 성령의 증언은 우리 의식의 증거와 서로 혼동되지 않고 뚜렷이 구분된다.[84] 칼뱅은 "성령의 증언"이라는 용어가 나오는 로마서 8:16을 근거로 그것이 우리의 영과 더불어 증거한다고 본다. 하지만 그는 바로 그러한 사실이 성령의 영과 우리의 영이 구별된 것임을 보여준다고 생각했다. 칼뱅은 이 부분을 따로 구분하여 구체적으로 다

---

83. *Opera* XIV.727-733(Pannier, 앞의 책, p. 120).
84. 이 두 가지를 혼동한 전형적인 경우가 프랑스 신학자 클로드 빠용(Claude Pajon, 1626-1685)의 가르침에 나타난다. 빠용의 일반적인 교리에 따르면 "하나님은 다른 은혜가 아니라 말씀을 통한 은혜로 한 사람을 완전하게 변화시키신다. 곧 하나님은 말씀의 은혜로 그 사람의 지성부터 열정까지를 바꾸신다." 빠용은 이것을 전제로 "성령의 증언"은 성경의 신적 특성을 보여주는 증거들이 인간 지성에 만들어내는 결과에 불과하다고 설명한다. 이 "흔적들"로 인해 생긴 결과는 신적인 결과다. 왜냐하면 그것은 이 결과를 위해 미리 계획된 정황들 속에서 이루어진 것이기 때문이다(facit per alium facit per se). 이러한 개념은 본질적으로 이신론(理神論)적이다. 빠용이 여전히 그것을 가르치고 있던 17세기에 개혁파 교리에서 "성령의 증언" 교리가 차지하고 있던 중요성을 고려해볼 때 그것은 사소한 증언이 아니었다. 또한 현재 "중생"에 대한 우리의 개념과 빠용이 말한 중생 개념이 같다는 것도 사소한 일이 아니다. 빠용의 중심 원리는 하나님이 모든 일을 행하실 때 수단을 통해 일하신다는 것이었다. 전체 내용을 알기 원한다면 Jurieu, *Traitté de la Nature et de la Grace*, 1688, pp. 25-26을 참고하라. 그 역시 빠용이나 빠용의 제자들과 비슷하게 인용한다.

루지는 않는다. 하지만 그의 전체적인 견해는 아주 분명하다. 그는 이중의 증거가 있다고 전적으로 확신한다. 그것은 우리 영혼의 증거와 성령의 증거다. 이 두 가지는 분명히 존재한다. 이 둘은 서로 구분되지만 분리되지는 않는다. 그러므로 그의 생각에 따르면 이 두 증거는 마치 하나처럼 연합하여 작동한다. 이것은 성령의 증거가 명제적 계시로 우리에게 전해지거나, 우리 안에 맹목적 확신을 생성한다는 의미가 아니다. 이것은 그 증거가 우리 자신의 의식 흐름과 동일하게 주어진다는 의미다. 본질적으로 성령은 그분의 증언을 전달하는 과정에서 우리의 본성이나 기관에 영향을 미쳐 그것들을 일깨우신다. 그래서 성령은 우리가 이전과는 다르게 느끼고 판단하고 행동하도록 만드신다. 이런 의미에서 우리는 성령의 증언이 우리의 의식과 함께 작동한다고 볼 수도 있다. 우리는 우리의 결론이나 판단, 느낌, 행동을 외부에서 오는 의식적 경험 같은 것으로 분리해 낼 수 없다.

우리는 이전과는 다르게 기능한다. 우리는 하나님을 인식할 수 없었던 곳에서 하나님을 인정하게 된다. 우리는 두려움과 증오의 대상이었던 하나님을 신뢰하고 사랑하게 된다. 우리는 하나님을 멀리 떠나려고만 하다가 이제 그분의 말씀을 통해 그분을 견고히 붙들게 된다. 이러한 변화에는 원인이 있어야만 한다. 우리는 우리 마음에서 일어나는 성령의 사역을 그 이유로 본다. 이것을 그분의 "증언"이라고 부른다. 하지만 성령의 증언을 우리가 그분을 인정하는 것과 그분을 신뢰하고 사랑하여 그분께 돌아가는 일에서 분리해낼 수 없다. 왜냐하면 이것이 바로 성령의 증언이 효과를 일으키는 모습이고, 흘러들어가는 모습이며, 인정되는 모습이기 때문이다. 우리는 지금까지 우리 자신에 대해 결코 보지 못했던 것을 완전하게 의식하고 있고, 지금 우리가 보고 있는 우리의 변화는 본질적으로 우리 안에서 찾아 설명할 수 있는 것이 아님을 깨닫는다. 그러므로 우리는 급진적인 영향이 외부로부터 들어왔다고 확신한다. 그리고 이 것이 바로 하나님의 행위임을 확신한다. 칼뱅의 뛰어난 제자들 중 하나가 오늘날 외치는 것처럼, 칼뱅도 분명 그렇게 외쳤을 것이다. "우리 자신이 하나님이 아니라, 성령이 하나님이시다. 우리가 말하는 성령이란 우리의 영을 일깨우시고 우리의 영을 깨끗게 하시고 우리의 영을 누르시고 승리 하시는 바로 그런 성령이시다. 이런 일을 하는 성령이 그저 우리의 정신 이라고 말할 수 있을까? 전혀 아니다. 성령, 곧 하나님의 영은 우리 안에 서 나오는 것이 아니라 우리 안으로 들어오시는 하나님이시다."[85] 칼뱅은 성령의 증언이 가지고 있는 초자연적 특성을 강조하는 만큼 성령의 증언 의 도구가 되는 인간의 의식을 성령과 동일시하려는 시도를 강력히 거부 한다. 칼뱅에게 이러한 성령의 증언은 하나님이나 마찬가지다. 하나님이 그분의 친밀한 사역으로 인간의 마음속에서 일하시어 진리의 빛을 깨닫 게 해주신다. 이 조명을 통해 인간의 마음은 사물을 있는 그대로 바라보 게 된다. 인간의 마음은 단 음식을 먹으면 단맛을 알고 밝은 것을 보면 빛 을 알게 되는 것과 동일하게 직접적이고 확실한 감각을 가지고 성경 속 의 하나님을 알게 된다. 사실 우리는 여기에서 칼뱅 교리의 가장 중요한 중심점을 발견한다.[86]

---

85. Doumergue, *Le Probléme Protestant*, 1892, p. 46(Pannier, 앞의 책, p. 192).
86. 이 부분에 대한 패니어의 주장은 상당히 적절하다. "그리스도인의 마음에 생겨나는 성령의 증언은 주관적인 현상이 아니다.…그것은 객관적인 일이고 하나님에게서 온다." 패니어는 이러한 결과에 대한 D. H. Meyer의 글(*De la place et du rôle de l'apologetique dans la théologie protestante*, in *Revue de théologie et des quest. relig.*, Jan., 1893, p. 1)을 인용한 후 계속 설명한다. "성령의 증언에 객관적 특징이 바로 현대 신학자들이 '이해하지 못하는 부분'이다(A. E. Martin, *La Polemique de R. Simon et J. Le Clerc*, 1889, p. 29. '성령의 개입과 개인의 의식작용을 구분하는 것은 우리에게 이해하기 어려운 부분이다'). 우리는 지금 칼뱅이 성령의 증언을 그리스도인 개개인에게 있는 '개인적 감정'과 동일시했다고 거짓으로 주장하는 자들에 대해 말하고 있지 않다. 누군가 카스텔리옹과 같은 입장을 취한다면, 그는 합법적으로 이렇게 말할 것이다. '그에게와 마찬가지로 나에게

이제 성령의 증언을 다루는 칼뱅의 교리를 좀 더 자세하게 살펴보는 것은 적절해 보인다. 성령의 증언이라는 교리는 그 자체로 매우 흥미로운 주제일 뿐만 아니라, 하나님을 아는 지식에 대한 칼뱅의 교리와 그의 진리 체계 전체를 이해하는 데 중요하고, 신학의 역사 속에서 칼뱅의 위치를 평가하는 데 적절하기 때문이다. 성령의 증언에 관한 칼뱅의 교리는 하나님을 아는 지식에 관한 그의 교리를 이해하는 핵심이다. 인간은 **신인식**(sensus deitatis)을 본성적으로 가지고 태어난다. 지울 수 없는 이 인식은 하나님의 사역과 행위에 담긴 풍부한 계시를 통해 활성화되고 충만해진다. 그러나 인간 지성의 부패로 인간은 아직 하나님을 아는 참된 지식을 얻을 수 없다. 그래서 하나님을 아는 본성적 인식은 아둔해지고 하나님의 사역과 행위에 나타난 계시를 제대로 이해할 수 없다. 그러므로 하나님은 그분의 자녀들이 그분을 알 수 있도록 스스로 말씀이라는 객관

있어서도 성령의 영감과 인간의 의식이 혼동된다. 겸손한 사람들에게 주어진 이러한 계시는 명상을 통해 주어진 종교적이고 도덕적인 직관에 불과하다'(Buisson, *Castellion*, I. p. 304, 201도 참고하라. '카스텔리옹은 보편교회의 전통보다 자신의 감각과 이성을 우위에 두었다. 한마디로 딱 잘라 말하자면, 이 모든 것을 포함하는 개념인 자신의 의식을 논쟁의 기초에 둔 것이다'). 누군가 종교개혁의 실제 교부들을 들먹일 때, 그들의 의견까지 받아들였다고 생각해서는 안 된다. 성령의 증언을 인간의 영의 증언과 동일시 하는 것, 즉 개인의 의식의 증언과 동일시하는 것은, 성령의 실재적 존재와 구별된 역할을 부정하는 것이다. 그것은 우리가 칼뱅이 명료하게 설명한 신앙과 아무런 공통점이 없다. 그것은 우리가 한 세기에 걸쳐 로마 교회의 공격에 대항해 변호하며 개혁파 교회의 신학과 경건에 필수적인 것으로 지켜온 신앙과도 아무 관련이 없음을 보여주는 것이다." 패니어의 다른 주장을 살펴봐도 그가 꽤 옳다는 것을 알 수 있다(p. 214). "우리는 우리의 이성 자체가 우리로 하여금 성경의 신적 권위를 **보도록 만든다**는 주장을 거부한다. 이성이라는 용어가 도덕적 의식으로 쓰이든 종교적 의식으로 쓰이든 그것은 중요하지 않다. 그것을 **보는 것**은 이러한 이성이나 의식이 하는 일이다. 하지만 우리로 하여금 그것을 **보게 하시는 분**은 성령이시다. 그분은 우리 밖에 있는 진리를 보기 위한 내면의 눈이 아니다. 오히려 그분은 우리의 의식의 눈을 열어 진리를 보도록 만드시는 초자연적 손이시다. 우리의 눈도 하나님에 의해 창조되었다는 의미에서 분명히 신적 특성을 지니고 있다. 하지만 그 눈은 죄의 결과로 인해 어두워졌다." Pannier, 앞의 책, p. 192.

적 계시를 통해 개입하신다. 이 과정에서 성령이 죄인들의 마음속에서 일하시며 죄로 어두워진 이해를 새롭게 하는 주관적 교정이 일어난다. 칼뱅은 이것을 성령의 증언이라고 부른다. 이처럼 하나님의 계시가 말씀이나 사역을 통해서 유효해지는 것은 오직 이러한 성령의 증언을 통해서다. 하나님은 성령을 통해서 자신을 자신의 자녀들에게 드러내신다. 그래서 하나님의 자녀들은 오직 하나님의 가르침을 통해서만 하나님을 알 수 있다. 또한 바로 이러한 이유 때문에 하나님의 자녀들이 가지고 있는 하나님을 아는 지식은 신뢰할 만하고 목적에 부합하다고 볼 수 있다. 그 지식은 하나님이 주시는 것이기에 그 자체의 놀라운 신적 특성에 의해 우리에게 안전하게 전해진다. 칼뱅은 이 확고한 사실에 기초하여 자신의 신학 체계를 전개한다. 즉 그는 하나님을 아는 지식에 대해 학문적인 진술과 설명을 전개한다.

이제 칼뱅에게는 하나님을 아는 지식의 구체적인 요소들을 우리에게 확증된 계시에 담긴 그대로 알아내는 일만 남았다. 하지만 그 전에 해야 할 일이 있다. 그것은 그리스도인이 성령의 증언을 통해 성경이 하나님의 말씀임을 확신하도록 해주는 **증거들**을 상세히 설명하는 것이다. 그리고 그것은 우리에게 그렇게 확증된 성경을 거부하고 그 대신 성령의 지속적인 계시라는 허상을 취하려는 경향을 반박하게 한다. 칼뱅은 『기독교 강요』 8장에서 상당한 분량을 할애하여 첫 번째 과제를 잘 다룬다. 그는 종교개혁 시대부터 전해져오는 성경의 신적 기원에 대한 증거를 완벽하고 힘 있게 풀어냈다. 칼뱅은 9장에서 두 번째 과제를 보다 간략하게 다룬다. 이 장은 굉장히 건조한 논쟁적 어조로 독자들의 마음에 강한 인상을 남긴다. 우리에게 하나님을 아는 온전한 지식이 필요하고, 이제 그것이 가능해졌다. 이것은 성경 한 장 한 장에 객관적인 형태로 기록되어 하나님을 아는 지식에 대해 건전하게 해석하는 유일한 원천이 된다.

칼뱅은 성령의 인도하심을 받는 사람이 하나님의 사역과 행위라는 보다 일반적인 계시를 통해 더 이상 아무것도 배울 수 없다고 말하고자 이렇게 확실한 진술을 의도한 것이 아니다. 칼뱅은 "자연신학"의 가능성을 거부하지 않는다. 오히려 5장 전체를 할애하여 하나님의 사역과 행위 속에서 계시가 얼마나 풍성하게 드러나는지 보여주고 있다. 물론 칼뱅은 "자연인"이 자연계시에서 도출하는 신학은 거부한다. 자연인은 아직 그 지성과 마음의 눈이 성령에 의해 열리지 않았고, 성령의 증언의 영향을 받지 않는 사람들이기 때문이다. 칼뱅은 이러한 의미에서 "자연신학"의 가능성을 거부한다. 칼뱅이 자신의 확실한 진술을 통해 의도하는 바에 의하면, 우리는 성경에서 발견할 수 없는 것을 자연계시에서 도출할 수 없다. 필수적인 명제든 함축적인 암시든 명백한 진술이든 모두 마찬가지다. 그리고 성경에 문서화된 계시 이외에 인간이 접근할 수 있는 다른 초자연적 계시는 존재하지 않는다. 하나님의 성령의 사역은 성경에 담긴 계시에 다른 어떤 계시를 보충하거나 대체하는 것이 아니라, 성경에 담긴 계시가 참임을 입증하는 것이다. 따라서 참된 신학을 구성하는 내용은 우리에게 이미 성경 한 장 한 장에서 객관적으로 계시된다. 칼뱅의 모든 논의는 바로 이 결론을 지향한다. 이 논의와 나란히 다루어야 할 또 다른 부수적 문제는 성령의 증언이다. 오직 그리스도인이 이것을 신학으로 구성하여 유익을 얻을 수 있다. 이처럼 우리는 참된 신학의 근거가 바로 이 두 가지 주요 원리의 연합이라는 칼뱅의 견해를 발견한다. 성령의 내적 사역을 통해 이해의 새 지평이 열리게 된 사람이 성경의 내용을 체계적으로 조사하여 논리적으로 설명한 것이 바로 칼뱅이 말한 신학이다. 칼뱅은 신학자로서의 임무를 수행하며 이 원리를 바탕으로 이 정신을 따른다. 따라서 칼뱅이 『기독교 강요』를 통해 우리에게 주고자 한 것은 간단히 말해 하나님이 주신 성경을 읽어나가는 그리스도인의 모습이다.

개신교 사상은 신학자의 임무에 관한 이러한 이해를 표면적으로 분명하게 다룬다. 그러나 이에 대한 개신교 사상은 성경이 하나님을 아는 지식의 권위 있는 유일한 원천이라는 기본 원리에만 집중하지 않는다. 만일 칠링워스(William Chillingworth, 1602-1644)가 이런 의미에서 "성경, 그리고 오직 성경만이 개신교의 경건"이라고 말한 것이라면 그 말이 참인 것처럼, 성경이 종교개혁의 "형식적 원리"라는 기본 원리도 참이었을 것이다. 개신교는 우리가 오직 성령의 증언으로 성경이 하나님의 계시임을 신뢰해야 한다는 기본 원리에 더 집중한다. 성령의 증언이 없다면 성경은 우리의 마음에 아무런 효과를 낳지 않는다. 성령의 증언으로 성경은 구원에 이르는 하나님의 능력이 되고, 하나님을 아는 모든 지식의 살아 있는 근원이 된다. 바로 이것이 형식적 원리와 내용적 원리를 뛰어넘는 개신교의 주요 원리다. 사실 이 두 가지 원리는 성령의 증언으로 생기는 필연적 결과들이다. 왜냐하면 성령의 증언이 교회의 구속과 속박을 벗어나도록 우리의 영혼을 도와주고 하나님의 은혜 아래에 온전히 거하도록 하기 때문이다. 칼뱅은 이 두 가지 원리를 형성하여 개신교에 논리적 안정성과 내면적 확실성을 처음으로 제공했다. 이제 사람들은 로마 교회의 논쟁적인 질문에도 더 이상 혼란스러워하지 않을 수 있었다. "당신은 오직 성경만을 근거로 한다고 하는데, 그렇다면 성경은 무엇을 근거로 합니까?" 성령의 증언에 관한 칼뱅의 교리는 이에 대한 답을 충분히 제시한다. "우리 마음 가운데 주어지는 성령의 증언에 근거합니다." 여기서 우리는 칼뱅이 이 교리를 형성한 역사적 중요성을 볼 수 있다. 그리고 역사적으로 중요한 사실 두 가지에 대한 설명을 본다. 두 가지 사실은 더 정확히 말하자면, 칼뱅보다 앞서 그 교리를 형성한 사람이 없었다는 사실과, 그가 그 교리를 형성하자마자 그것이 개신교 전체의 일반적인 교리가 되었다는 사실이다.

4. 역사적 관계

우리가 성령의 증언에 관한 교리를 기대하며 교부들이나 스콜라주의자들의 저작들[87]을 살펴보면, 우리는 그들의 작품에서 하나님을 아는 지식이나 구원에 이르는 지식을 얻기 위해 성령의 내면적 가르침에 의존한다는 진술 정도만 간헐적으로 발견할 수 있다. 그것은 성경을 읽은 일단의 그리스도인들의 담화에서도 발견할 수 있는 정도의 수준이다. 이러한 종류의 기록으로는 순교자 유스티누스가 쓴 한 문장,[88] 크리소스토무스가 쓴 한 문장,[89] 푸아티에의 힐라리우스(Hilary of Poitiers)가 쓴 두세 문장[90]

---

87. 특히 P. Du Moulin, *Du Iuge des controverses traitté*, 1636, p. 294 이후를 참고하라. 또한 Pannier, 앞의 책, pp. 64-68을 참고하라.

88. *Dialogue with Trypho*, VII(*Opera, ed.* Otto. I. ii. 32). "이러한 일들은 모든 사람이 이해하거나 받아들일 수 있는 것이 아니다. 오직 하나님과 그리스도께서 그것을 이해하도록 하신 사람들에게만 가능하다." οὐ γὰρ συνοπτὰ οὐδε συννοητὰ πᾶσιν ἐστιν, εἰ μή τῳ θεὸς δῷ συνιέναι, καὶ ὁ Χριοτὸς αὐτοῦ.

89. In *Cap.* v. et. vi. *Genes. homi.* xxi(Migne, liii. 175). "우리는 반드시 위로부터 내려오는 은혜의 인도가 있어야만 한다. 그리고 하나님의 예언을 받기 위해서는 성령의 조명을 받아야만 한다. 성경을 이해하는 데 필요한 것은 인간의 지혜가 아니라 성령의 계시이기 때문이다." Διάτοι τοῦτο προσήκει ἡμᾶς ὑπο τῆς ἄνωθεν χάριτος ὁδηγουμένους, καὶ τὴν παρὰ τοῦ ἁγίου Πνεύματος ἔλλαμψιν δεξαμένους οὕτως ἐπιέναι τὰ θεῖα λόγια. Οὐδέ γὰρ σοφίας ἀνθρωπίνης δεῖται ἡ θεία Γραφὴ πρὸς τὴν κατανόησιν τῶν γεγραμμένων, ἀλλὰ τῆς τοῦ Πνεύματος ἀποκαλύψεως. 유스티누스와 크리소스토무스에게는 성경이 하나님으로부터 왔다고 수용하는 것보다, 성경을 이해하는 것에 관련된 것이 더 문제임을 파악할 것이다.

90. *De Trinitate*, II.35: "인간의 영혼은 성령의 선물을 받지 않더라도 믿음을 통해서 하나님을 아는 본성을 가질 수 있다. 그러나 앎의 빛을 가질 수 없다"(Animus humanus, nisi per fidem donum Spiritus hauserit, habebit quidem naturam Deum intelligendi, sed lumen scientiae non habebit); III.24. "그것은 불완전하기 때문에 그들은 불완전하게 이해한다. 그리고 다른 것을 통해서는 영원한 이해를 얻지 못한다. 지으신 분만이 절대적 이해를 얻을 수 있다"(non enim concipiunt imperfecta perfectum, neque quod ex alio subsistit, absolute vel auctoris sui potest intelligentiam obtinere, vel propriam); V.21. "불완전한 존재들은 완전한 존재를 품을 수 없기 때문이다. 다른 존재에서 존재하는 것은 절대적으로 창조주 자신의 이해나 특성을 획득할 수 없다.…그러므로 우리는 하나님이

이 있다. 1세기에 기록된 진술은 이것이 거의 전부다.

아우구스티누스는 다르다. 그는 하나님을 의지한다는 것이 무엇인지 깊이 통찰했다. 그는 인간 내면에 있는 모든 선한 생각과 인간이 활동하는 모든 영역에서 보여주는 모든 선한 일은 반드시 하나님의 은혜로 일어난다고 확신했다. 이런 확신을 가진 그는 칼뱅처럼 모든 근본적인 것과 관련해 하나님을 아는 지식에 관한 교리체계를 형성하는 데 실패하지 않았다. 그러나 칼뱅과 아우구스티누스 사이에는 매우 흥미로우면서도 중요한 차이가 존재한다.[91] 예를 들어 칼뱅은 하나님을 아는 지식의 뿌리에는 인간이 타고나는 **신 인식**(*sensus deitatis*)이 있다고 말한다. 아우구스티누스는 이 지식을 좀 더 존재론적으로 이해해서 하나님이 이 지식을 인간 내면에 직접적이고도 지속적으로 반영하는 것으로 이해한다. 이 점이 흥미롭다.[92] 그러나 이러한 차이는 단지 표현의 정도나 강조하는 부분이 다르기 때문에 생긴 것일 수도 있다.

칼뱅은 은혜의 수여와 관련해 성령의 증언이라는 교리를 주장했다. 하지만 아우구스티누스는 은혜의 수여와 관련해서 "은혜의 수단"과 그가 강조했던 "교회"를 일치시키기 위해서, 오직 "교회 안에서만" 하나님에 대

우리 지성에 알려지는 만큼만 말할 수 있다(neque enim nobis ea natura est, ut se in coelestem cognitionem suis viribus efferat. A Deo discendum est quid de Deo intelligendum sit; quia non nisi se auctore cognoscitur...Loquendum ergo non aliter de Deo est, quam ut ipse ad intelligentiam nostram de se locutus est). 힐라리우스가 분명히 가르치는 바에 따르면, 인간 같은 피조물은 하나님이 가르쳐주지 않는 이상 하나님을 아는 지식을 얻을 수 없다. 그러나 그가 말씀을 통해 하나님을 알고 말씀이 하나님으로부터 왔다는 사실을 인정하며 말씀에서 참된 지식을 얻을 때 성령이 죄인을 향해 특별히 개입해야 한다고 가르치는지는 분명하지 않다. 성령의 증언에 관한 칼뱅의 교리는 바로 이러한 구원론적인 교리이지 존재론적인 교리는 아니다.

91. "Augustine's Doctrine of Knowledge and Authority" in *The Princeton Theological Review*, 1907, 7월호와 10월호 기사를 참고하라.
92. Ibid., p. 360 이후.

한 지식을 얻을 수 있다고 말했다.[93] 이런 이유로 우리는 아우구스티누스와 그의 계승자들의 글에서 성령의 증언에 관한 교리는, 인간이 하나님과 하나님의 일들을 아는 모든 지식에 있어서 하늘에 계신 교사의 내적 가르침과 은혜에 의존한다는 주장을 자주 발견할 수 있다. 예를 들어 아우구스티누스는 설교자들이 우리의 귀가 따갑도록 하나님의 말씀을 가르치더라도, "성령이 마음속에서 가르치지 않아 내면의 감동이 일어나지 않는" 사람은 여전히 무지한 상태로 있다고 말한다. 왜냐하면 "우리의 내면을 가르치시는 분은 하늘 보좌에 앉아계신 분이시기 때문이다."[94] 또한 모세가 히브리어가 아닌 우리의 모국어로 우리에게 하나님의 말씀을 가르친다 하더라도, 그는 하나님의 말씀에 대한 지식만 전달해줄 수 있다. 진리 자체이신 그분이 직접 우리 내면과 우리 영혼 깊은 곳에 말씀하실 때, 우리는 드디어 모세가 전하려던 진리를 확신할 수 있다. 비록 그분이 히브리어나 그리스어, 라틴어나 그 이외의 외국어로 말씀하지 않을지라도 말이다. 뿐만 아니라 그분은 우리의 귀가 들을 수 있도록 목소리나 말을 사용하지 않으시고, 최소한 어떤 울림도 일으키지 않으시고 우리에게 진리에 대한 확신을 주신다.[95] 종교개혁 이전까지는 사람들이 이 이상 나아가지 못했다.[96] 심지어 종교개혁 첫 세대들도 여기서 크게 더 나아가지

---

93. Ibid., p. 571 이후.
94. "내가 말하건대 우리에게는 참 교사가 있다. 그리스도께서 가르치시고 그가 주시는 영감이 또 우리를 가르치기 때문이다. 그리스도의 영감과 기름 부으심이 없는 한, 그 어떠한 가르침도 소음이 될 뿐이다." *Tract.* iii. in *Ep. Joan. ad Parthos*, II. 13.
95. Confession, xi.3. 또한 vi.5도 참고하라.
96. 패니어는 앞의 책에서 이렇게 말한다. "성령의 증언에 대한 교리 전체는 여기에서 아직 발견되지 않는다. (우리가 인용한 아우구스티누스의 이 구절에는) 단 한 차례 성령이 공식적으로 언급될 뿐이다. 그러나 아우구스티누스는 그리스도인의 영혼에서 일어나는 신비한 역사에 대한 직관, 그리고 인간에게 그 기원이 있는 것이 아니라 인간 외부의 우월한 능력으로부터 주어진 성경에 대한 직관적 이해를 가지고 있다. 그리고 그는 성경과 독자 사이에 발생하는 이러한 직접적 관계가 그리스도인에게 확신을 주는 데 어떤 역할을

못했다. 물론 그들은 교부들과 마찬가지로 성경에서 발견되는 성령의 음성을 뚜렷하게 인식했다. 그러나 『기독교 강요』 1539년판이 출간된 이후 (즉 1555년에) 발표된 글에서, 멜란히톤은 교부들과 비슷하게 인간의 지성은 "성령을 통해" 하나님의 일들에 대해 "확신하는 도움을 얻는다"[97]고 설명한다. 츠빙글리는 이것과 관련해 자기 형제들의 노선을 따른다. 그는 로마 교회가 자신들의 **독단**(ipse dixit)을 통해 성경의 확실성을 세우려고 하자 이를 강력히 비난한다. 그리고 성경을 진심으로 탐구하는 사람들은 하나님의 가르침을 받는다고 말한다. 심지어 그는 아버지가 이끄시지 않고, 성령이 교훈하시지 않고, 기름 부으심을 통해 사람들이 가르침을 받지 않는다면, 어느 누구도 말씀에 대한 믿음을 얻을 수 없으며, 모든 경건한 사람이 이것을 깨달았다고 주장한다.[98] 하지만 이따금씩 나타나는 이러한 언급도 아우구스티누스의 은혜 개념이 반드시 전해지는 곳이라면 사라지지 않을 것이다. 곧 우리는 성령의 증언 교리가 항상 은혜의 교리

___

하는지 설명한다. 이 부분과 다른 많은 부분에서 아우구스티누스는 종교개혁의 선구자였다. 그리고 그는 직계 계승자가 없는 선구자였다. 단지 살비아누스(De Provid., iii. 1)나 교황 그레고리우스 1세(Homil. in Ezek., I. x)에게서 예외적으로 희미한 단서가 발견될 뿐이다. 하지만 천 년이 지나도록 이 주제를 다룬 사람이 없었다. 새로운 시대에 접어들며 비엘(Lib. iii. Sent. dist. 25, dub 3)이나 카예탄(Opera II. i. 1) 등이 스콜라주의에서 벗어나서 사고하기를 추구하였고, 이를 통해 아우구스티누스의 견해가 다시금 등장한다."

97. Loci, ed. 1555(Corpus Ref., xxi. 605).

98. Niemeyer, "Articles of 1523" in Collectio Confessionum In Ecclesiis Reformatis Publicatarum, 1840, p. 5. "사람은 하나님의 말씀을 순전하고도 진심 어린 마음으로 들을 때 하나님의 뜻을 배울 수 있다. 그 후 하나님의 성령의 인도를 통해 변화를 받는다"(Verbo Dei quum auscultant homines pure et sinceriter voluntatem Dei discunt. Deinde per Spiritum Dei in Deum trahuntur et veluti transformantur). Schuler und Schulthess, "Von Klarheit und Gewüsse des Worts Gottes" in Werke, 1828, I. 81. "성경은…하나님으로부터 왔으며 인간으로부터 오지 않았다.…성경에 빛을 비추시는 바로 그 하나님이 성경말씀이 하나님으로부터 왔음을 이해하도록 도우실 것이다." 그가 어떻게 오직 성경에만 의지하게 되었는지 알기 위해서는 79쪽에 기록된 그의 생애를 참고하라(혹은 Corpus Ref., i. 379를 참고하라).

에 내포되어 있음을 보게 된다.[99]

비록 아우구스티누스와 멜란히톤과 칼뱅의 교리 사이에는 차이가 있지만, 성령의 증언 교리와 관련해서는 세 사람이 동일한 견해를 가졌고 우리는『기독교 강요』초판(1536)에서 이것을 발견할 수 있다. 만일 우리가 아우구스티누스를 따르던 교부들이 가르쳤던 성경의 신성을 말해주는 성령의 내적 증언에 관한 교리가 칼뱅의『기독교 강요』에서 동일하게 초기 형태[100]로 발견된다고 말할 수 없다면, 그리고 우리가 멜란히톤은

---

99. E. Rabaud, *Histoire de la doctrine de l'inspiration*, 1883, pp. 32-33, 42-43, 47 이후, 50. 라보에 따르면 초기 종교개혁가들은 원리적으로는 성령의 증언에 관한 교리에 기초하고 있다. 그는 성경 해석에 관련하여 이렇게 언급한다. "(우리가 만일 성령의 증언을 하나의 원리로 불러도 좋다면) 모든 종교개혁가는 보편적으로 성령의 증언을 해석학적 원리로 삼았다. 루터만이 이 원리를 알면서도 활용하지 않았다. 그것은 변증적인 필요성에 응답하는 것과 더불어, 일반 그리스도인들의 믿음과 경건이라는 목표에 응답했다. 일반 그리스도인들에게는 그것이 합리적 설명보다 더 나았다"(p. 50, 각주 4번). 라보는 32-33쪽에서 이렇게 언급한다. "일반적으로 루터는 성경을 다른 어떤 것과 비교할 수 없는 가장 권위 있는 것으로 이해했다. 그는 다른 모든 공격을 이겨내고 승리할 수 있는 견고한 성루의 토대를 바로 여기에서 찾았다. 루터는 교의나 이론이 아니라 바로 성경을 신앙적 공리이자 선결조건으로 이해했다. 그것은 모든 지적 활동과 별개로 믿음이 있는 그의 영혼에 계시된다. 따라서 루터는 성경을 통해 일하시는 성령의 사역을 신뢰하면서, 그 권위를 증명하거나 논리적으로 체계화시키려고 하지 않았다. 그것이 스스로에게 권위를 부여하기에 어떤 체계적인 논의가 필요하지 않다. 그러나 주변 상황들이 점차 그것을 요구하자, 그는 자신의 믿음과 진술에 대한 이유를 제시했다. 그것을 현대적 관점에서 본다면 빈약한 논증일 수 있다. 하지만 그 당시에 그것은 매우 설득력 있고 인상 깊은 진술이었다.…루터는 자신이 이미 분명하게 생각하는 사실에 대해 논쟁하는 것을 불필요하게 생각했던 것 같다. 그러므로 그는 성경의 권위를 입증하려는 시도를 하지 않았다. 그는 그것을 잔잔한 말로 반복하여 주장하였고…드물지만 만일 공식적인 설명으로 전개된다면 열정적으로 선포하였다." 라보는 영감의 방법과 범위에 대해 츠빙글리가 가르쳤던 교리에 대해 질문을 제기하며 이렇게 언급한다. "다름 아닌 츠빙글리가 아직 제기되지 않았던 이러한 질문들에 답한다. 하나님이 말씀하셨고, 성경은 그분의 말씀을 담고 있다. 그것으로 충분하다. 성경의 신적 특성은 단순한 사실 이상의 공리다. 그래서 그는 그것을 논리적으로 체계화시키거나 변호하는 것은 꿈도 꾸지 않았다"(p. 47).

100. "개혁주의 교의학의 다른 모든 중요한 부분들과 같이 성령의 내적 증언에 관한 교리는 『기독교 강요』초판에서부터 아직 발전되지 않은 초기 형태로 발견된다. 예정론에 행해진 것처럼 거기에 있다는 것이 거의 부정될 가능성이 그것에 있다. 그렇지만 그 교리가 아직

"성경 자체의 신성과 관련해서" 성령의 활동을 말하기보다는 "믿음의 대상, 곧 하나님의 말씀의 내용과 관련해서" 성령의 활동을 이야기하는 한 문장을 인용한 것에 대해 그를 비판한다면, 우리는 칼뱅의 『기독교 강요』 초판에 대해서도 동일하게 비판[101]해야 할 것이다. 왜냐하면 『기독교 강요』 초판은 같은 종류의 앞선 저작들보다 성령의 내적 증언에 관한 일반적인 교리를 매우 두드러지게 드러내기 때문이다. 이것은 분명한 사실이다. 즉 『기독교 강요』 초판은 선행하는 다른 어떤 저작들보다 인류의 영적인 궁핍에 관한 것과 인간이 지식이나 행위에 있어서 어떤 선한 것을 갖기 위해서는 하나님의 영의 유효한 영향이 필요하다는 것, 하나님의 영의 유효한 영향이 실제적이라는 것을 많이 다룬다. 우리가 이런 확신과 통찰력을 가지고 자신의 초기 작품을 쓸 수 있도록 칼뱅에게 영향을 준 사람을 찾고자 한다면, 우리는 아우구스티누스에게로 다시 돌아가야 한다. 칼뱅의 모든 사상을 지배하고 있는 전제는 이것이다. 인간의 영혼은 죄로 인해 구원에 이르는 신(神)지식에 대해 아주 무능하다는 것과, 인간의 영혼은 성령의 주권적 사역에 전적으로 의존한다고 칼뱅은 전제한다. 우리는 이러한 의미에서 칼뱅이 『기독교 강요』 개정판(1539)에서 죄가 인간 지성에 미친 영향과 문자로 기록된 객관적 계시인 성경을 통한 치료, 성령에 의한 주관적 조명하심에 대한 교리를 다룰 때, 이것들은 이미 초판(1536)을 관통하고 있는 인간의 궁핍함과 내주하는 성령의 치료에 관한

학문적으로 형성된 것이 아니더라도, 점차 발전하고 있는 교리 체계 전체의 한 중요한 부분으로 이미 앞서 있다고 받아들일 수 있다." Pannier, 앞의 책, p. 63. 그러나 『기독교 강요』 1536년판에 이 교리가 어떻게 초기 형태로 담겨 있는지 구체적으로 설명하는 부분(pp. 72-77)에서 페니어에 따르면 이 교리가 아직 완성된 형태로 나타나지 않는다. 뿐만 아니라 그리스도인들이 성경의 신성에 대해 지니고 있는 확신에 적용되는 것과 같은 명시적 언급도 나타나지 않는다. 따라서 그것은 이 개정판에서 성령과 그의 사역에 대한 일반적 교리에 암시적으로 앞서 있다.
101. Pannier, p. 69.

교리에 암시되어 있었다고 말할 수 있다. 칼뱅은 이미 초판에서부터 우리의 마음에 새겨진 율법에 대한 의식이 희미해져 문서화된 율법이 필요하다고 가르친다. 그리고 하나님과 하나님의 뜻을 알려면 우리 자신을 초월해야만 한다고 가르친다. 하나님을 바로 아는 지식의 원천은 우리 안에 내주하시는 성령이라고도 가르친다. 오직 이 성령의 능력을 통해서만 "우리가 복음을 듣고 믿음으로 복음을 받아들이며, 그 믿음 안에 거하게 된다"(p. 137, 혹은 *Opera* I.72). 칼뱅은 이미 초판에서부터 직접적이고도 분명하게 우리에게 다음과 같이 말한다. "먼저 우리 주님께서 말씀을 통해 우리를 가르치시고 교훈하신다. 다음으로 성례전을 통해 우리에게 확증을 주신다. 셋째로 성령의 빛으로 우리의 이해를 조명하시고 우리의 마음이 말씀과 성례전을 향하게 하신다. 이러한 작용이 없다면 우리는 말씀과 성례전을 눈과 귀로만 피상적으로 알고 그 안에 거하지 못한다"(p. 206, 혹은 *Opera* I.104). 다시 말해, 죄로 무능력해진 인간이 참된 신앙의 행동을 보이기 위해서는 하나님의 성령에 철저히 의지해야 한다는 풍성한 가르침이 『기독교 강요』 초판에서부터 나타난다. 그러나 『기독교 강요』 초판에서 성경의 신성에 대한 성령의 증언에 관한 교리는 정확하게 전개되지 않는다. 성령의 증언이라는 용어가 전혀 나타나지 않는 것은 아니지만, 단 한 차례 다른 의미로만 사용된다.[102] 또한 그 용어가 어떤 의미인지에 대한 설명은 없고, 은혜의 일반교리를 다루는 부분에서 그 용어가 암시적으로 나타나고 있을 뿐이다.

---

102. 패니어가 지적하는 바에 따르면 "성령의 증언이라는 용어는 '하나님에 의해 영감된 성경'이라는 고전적 의미로 단 한 차례 사용된다"(앞의 책, p. 77). 이 용어는 1536년판 470쪽에서 나타나는데, 1559년판에서는 해당 구절이 나타나지 않는다(*Opera* IV.796, 미주 5번). 그 구절은 이렇다. "따라서 히스기야는 모세가 하나님의 명으로 세웠던 놋뱀 지팡이를 부수어 성령의 증언에 의한 칭송을 받았다." 여기에서 성령의 증언은 "영감으로 기록된 성경에 의해"라는 의미다.

달리 말해 『기독교 강요』 1539년판에서 갑자기 전체적인 성령의 증언 교리가 만들어져 나타난다는 것이다.[103] 앞에서 이미 언급했듯이, 칼뱅은 『기독교 강요』 두 번째판(1539)에서 성경의 신성에 대한 성령의 증언 교리를 완성된 형태의 해석으로 단번에 제시한다. 칼뱅은 이후 출간되는 모든 개정판에서 이 해석을 축소하거나 삭제하지 않는다. 이것은 성령의 증언 교리에 대한 자신의 해석에 칼뱅이 영구히 동의한다는 것을 보여준다. 칼뱅은 꾸준히 개정작업을 하면서 상당한 분량의 내용을 추가하기도 했는데, 이는 성령의 증언의 필요성을 강조하면서 생기는 잘못된 오해를 바로잡기 위한 것이었다. 칼뱅은 이미 설명된 교리 내용을 수정하려던 것이 아니었다. 그가 성령의 증언의 필요성을 강조했을 때, 성경의 신적 특성을 보여주는 증거들이 내포하는 객관적 가치가 어떤 식으로든 손상될 위험이 있었기 때문이다. 칼뱅은 성경의 신성에 관한 성령의 증언 교리를 다루는 7장과 관련해 아우구스티누스의 교리를 논하는 부분을 3절에 삽입하고, 성경의 신성의 증거들을 과소평가하는 것에 대한 경고를 4절에 삽입한다. 반면 그는 8장의 첫 문장을 제외한 장 전체를 이후에 추가적으로 다시 개정했다. 만일 우리가 7장의 첫 문장, 7장 3절 전체와 4절의 내용 중 "이제 우리가 우리 양심이 진정 바라는 것이 무엇인지 묻고자 한다면"이라는 문장을 제외한 4절 전체를 삭제한다면, 그리고 7장 5절 내용 중 5절 시작과 끝에 나오는 "비록 그것이 우리의 경외감을 얻는다 하더라도"라는 문장과 바로 이 문장과 이어지는 "인간의 어떤 의지나 지식보다 우월한"이라는 문장, 그리고 우리의 이목을 끄는 두 개의 문장 곧 "그러한

---

103. Köstlin, 앞의 책, p. 411. 쾨슬린은 이 사실들을 강조한다. 종교적 진리의 원천과 기준에 대한 전체적인 논의는 『기독교 강요』의 "초기 형태에서 전적으로 부족"하다. "칼뱅은 1539년 개정판에 이르러서야 처음으로 이 문제를 다룬다." 그러나 이 개정판에서 이미 "대부분의 중요 원리들이 완성되고 성숙되어" 나타난다. 쾨슬린은 (개혁파 신학자들도 마찬가지로) 루터파 교의학자들이 칼뱅의 체계를 단 한 번에 받아들여 자기 것으로 삼았던 사실을 덧붙인다.

설득력 있는"으로 시작해서 "하늘에서 주어지는 그 설명"으로 끝나는 문장을 삭제하고, 이어서 8장을 시작하는 두 개의 문장과 9장의 중요 부분을 포함시킨다면, 우리는 1539년 개정판 본래의 본문을 갖게 된다. 우리는 이렇게 갖게 된 1539년 개정판에서 칼뱅이 끝까지 고수한 성령의 증언에 관한 교리에 대한 구체적 해석이 모두 실려 있음을 곧바로 확인할 수 있다.

칼뱅은 성령의 증언에 관한 이러한 원리를 1539년에 구체화시키고 이것은 즉각적이고도 영구한 영향을 미치게 된다.[104] 개신교 전체는 그 안에 담긴 개신교 원리의 순전한 표현과 개신교 입장을 지지해줄 최후의 희망을 단번에 알아보았다. 개혁파 교회와 더불어 루터파 교회도 그 원리를 즉시 받아들였다. 그들은 그것을 개신교 신앙을 합리적으로 변호하는 근거로 삼았을 뿐만 아니라, 기독교 교리 체계와 그리스도인의 삶에 대한 확실한 기준으로 삼았다.[105] 그들 양측은 오랫동안 그 원리를 고수했다. 그들은 개신교 원리 자체에 충실한 동안은 그렇게 하였다. 그 원리는 개

---

104. 슈바이처는 개혁파 신학자들 사이의 교리를 간략히 다룬다(A. Schweizer, *Glaubenslehre*, I. 32장). 초기 루터파 신학자들에 대해서는 클라이버(Klaiber, *Die Lehre der alt-protestantischen Dogmatiker von dem test. Sp. Sancti in the Jahrbücher für d. Theologie*, 1857, pp. 1-53)가 다루었으며, 프랑스 신학자들의 교리사는 패니어(Pannier, 앞의 책, III. pp. 139-181, pp. 186-193)가 추적했다. 패니어는 프랑스 외부의 역사에 대해서는 매우 간략하게 다룬다(pp. 181-185). 161-163쪽에서 패니어는 17세기 초 개신교 교회의 변증가들이 저술한 글에 흩어져 있는 인용문들을 하나로 모아 분석한다. 그가 분석한 인용문들 대부분은 로마 가톨릭 신학자들의 글, 특히 예수회 신학자들의 글로 여겨지며, 영혼을 조명하는 성령의 내적 사역에 관한 내용이다. 이것은 성령의 증언에 관한 개신교 교리와 거의 동일하다. 그가 인용하는 어떤 구절은 매우 특이하다. 하지만 대부분의 구절은 보편적 형태의 기독교 초자연주의라는 일반 영역을 벗어나지 않는다.

105. Otto Ritschl, *Dogmengeschichte des Protestantismus*, I. 1908, p. 173 이후. 오토 리츨은 자신의 책에서 이 주제에 대해 간략히 언급하면서 개혁파 교회와 루터파 교회가 생각하는 성령의 증언에 대한 차이를 제시한다. 그러나 그는 그 문제의 본질적인 측면보다는 적용에 관한 부분을 구분한다.

신교의 체계가 로마 교회의 반발에 후퇴한 것처럼, 혹은 좀 더 넓게 본다면 기독교의 사상 체계가 합리주의에 따른 분열로 무너진 것처럼, 성령의 증언 교리는 퇴색하기 시작했다. 시간이 흐르면서 그 교리가 다양한 주석가들의 손을 거치면서 꾸준히 변했다는 것도 의심의 여지가 없다. 그 교리는 때때로 잘못 이해되면서, 때때로 잘못 전달되면서, 또 때때로 이 두 현상이 중첩되면서 다른 모습을 갖게 된다. 예를 들어 슐라이어마허가 독일을 오랫동안 지배했던 차가운 합리주의에서 좀 더 생명력 있는 경건한 믿음으로 바꾸는 과정에서 성령의 증언 교리의 거짓 부흥이 시작된다. 그의 사상 체계의 맥락 밖에서 그가 쓴 몇 문장만 살펴본다면, 그 문장들은 정말 그런 인상을 준다.[106] 그러나 결국 그가 부활시킨 것은 종교의 주관성

---

106. 슈바이처는 그러한 문장들 일부를 인용한다(Schweizer, 앞의 책). 패니어도 슐라이어마허의 입장을 다음과 같이 지지한다. "우리는 믿음을 전제로 성경에 특정한 권위를 부여한다." "우리는 오직 점진적이면서도 꾸준한 진행과정을 통해서 무엇이 정경인지 실제적으로 인정하게 된다. 왜냐하면 우리는 오직 교회에만 은혜의 선물로 주어진 감각을 통해서 참된 사도성을 감지하기 때문이다." "믿지 않는 자들은 성경을 통한 믿음을 확립할 수 없다. 그들에게 성경의 권위는 오로지 이성적 사고의 대상일 뿐이다." Pannier, 앞의 책, p. 186. 이러한 인용 구절들은 일정 부분 옳다. 그리고 이 구절들은 슐라이어마허와 그의 제자들의 글에 영적 요소를 풍성하게 더해주기도 한다. 그러나 "믿음"을 사용하는 데 있어서 "매개념 부주연의 오류"가 발생하기 때문에 그 구절들의 중심사상은 손상되었다. 이런 유형의 작가들의 언급을 보면 구원에 이르는 믿음의 지위를 높이지 않는다. 그들은 **인간에게 있는 믿음**(fides humana)의 실제성과 타당성을 실제적으로 거부하면서 성경의 권위를 감소시킨다. 성경을 살아 계신 하나님의 말씀으로 기꺼이 받아들이려는 태도, 그리고 모든 생각과 감정과 행동을 성경의 가르침에 맞추려는 태도는 정확히 "참된 믿음"의 결과가 아니더라도 (웨스트민스터 신앙고백서의 정의에 따라) 참된 믿음의 행위임에는 분명하다. 그리고 이러한 태도는 참된 믿음이라는 성령의 내면적 창조사역의 결과다. 성령으로부터 모든 참된 믿음이 생겨난다. 하나님의 것을 이렇게 열망하는 것은 "다른 것을 구분"하는 은사의 결과다. 그 은사는 바울이 그리스도인 은혜들 중 하나로 여기는 "다른 것을 분별하는" 은사다. 그것은 분명 그리스도인의 삶이 풍성해질수록 더욱더 자라게 되는 "은혜의 선물"이다. 하나님의 말씀을 향한 그러한 열망은 성경의 자연적 작용이나 합리적 논의를 통해 비그리스도인들 안에서는 생겨나지 않는다. 오히려 **밖으로부터 일어나는**(ab extra accidens) 하나님의 성령의 사역이 필요하다. 그러나 성경이 담지하는 하나님의 계시라는 특성이 성경을 탐구하는 인간 지성 속에서 아무런 지적 합의를 일으키지 않고,

이었지, 모든 믿음의 근거가 되는 성령의 증언에 관한 교리가 아니었다. 슐라이어마허는 주관주의의 만연이라는 쓰라린 열매를 낳았다. 그는 성령의 증언이 담긴 성경의 ("외적인") 권위를 폐기하는 특징을 낳았다. 이러한 생각을 가진 사람들은 성령의 증언에 관한 교리가 갖는 지속적인 영향력을 더 이상 추구하거나 옹호하지 않는다. 우리가 만일 현대 교회에서 성령의 증언에 관한 교리의 순수한 형태를 보고자 한다면, 우리는 칼뱅의 사상을 계승하는 사람들의 글에서 그것을 찾아야만 한다. 우리 시대의 칼뱅주의자만을 열거해보자면, 윌리엄 커닝햄(William Cunningham, 1805-1861)[107]과 찰스 하지(Charles Hodge, 1797-1878),[108] 아브라함 카이퍼(Abraham

---

믿음이 생겨나기 전까지는 완전히 숨겨져 인간 본성에 적절한 정신적 반응을 일으키는지 아닌지는 완전히 다른 문제다. 마찬가지로 성경이 담고 있는 참된 사도성을 검증하는 방법이 오직 교회에서만 점진적으로 자랄 수 있는 영적 감각 외에는 없는지, 혹은 믿지 않는 자들도 합리적 근거를 통해서 성경의 사도성과 정경으로서의 권위, 신성에 대한 (그의 관점에서 보자면 마지못해 승인하도록 강요받는 것이겠지만) 지적 확신을 가질 수 있는지도 완전히 다른 문제다. 여기서의 문제는 **인간의 믿음**(*fides humana*)이 영적 삶에 얼마나 유용한지에 관한 것이 아니라, 그것이 가능하고 실재하는지에 관한 것이다. 우리는 어쩌면 인간의 믿음을 일깨우는 일이 아무런 가치가 없다고 주장하려는지도 모른다. 물론 여기에는 다양한 이견이 있을 수 있다. 하지만 어떻게 우리가 믿음을 일깨우는 것이 본질적으로 불가능하다는 것을 입증할 수 있겠는가? 이것은 칼뱅과 그의 모든 제자가 말했던 것처럼 단지 이성으로는 구원을 얻을 수 없다고 말하는 것과는 다른 것이다. 오히려 이것은 칼뱅과 그의 참된 제자들이 단 한순간도 허용할 수 없었던, 구원은 본질적으로 합리적인 사고의 대상이 아니라고 말하는 것이다. 마음은 죄로 무더져서 증거를 받아들이거나 만들어내지 못한다. 하지만 죄는 마음에 주관인 영향을 끼친다. 죄는 객관적 사고 과정에 영향을 끼쳐 증거들을 통하여 타당한 결론에 이르는 일을 막는다. 죄는 아무리 미미한 정도라도, 잘 구성된 삼단논법을 인식하는 데 영향을 끼치지 못한다. 그 어느 누구도 이성을 사용해 하늘나라에 들어가지는 못했다. 우리를 하늘나라에 계신 하나님의 아들에게 데려가는 것은 오직 성령이시다. 그러나 왜 하나님의 모든 자녀가 하늘나라에 들어가게 되는지에 대해서는 탁월한 이유를 제시할 수 있다. 이 이유들에 대해서는 이성을 통한 논의가 가능하며, 그 정당성 역시 모두에게 확연하게 제시될 수 있다.

107. *Theological Lectures*, New York, 1878, pp. 317, 320 이후.
108. *The Way of Life*, 1841. 또한 *Systematic Theology*.

Kuyper, 1837-1920),[109] 헤르만 바빙크(Herman Bavinck, 1854-1921)[110] 등이 있다.

성령의 증언이라는 원리는 우리가 성경을 하나님의 말씀으로 확신하는 근거다. 이미 앞에서 살펴보았듯이 칼뱅이 이 원리 거의 대부분을 형성했다. 그리고 이 원리는 개혁파 교회의 신앙고백서들에 녹아들었다. 우리는 이 원리가 갈리아 신앙고백서(1557-1571)와 벨기에 신앙고백서(1501-1571)에서 얼마나 날카롭고 명확하게 표현되고 있는지 살펴보았다. 또한 우리는 이 원리가 제2스위스 신앙고백서(1562)에서는 암시적으로 나타나고 있다는 사실을 지적했다. 그러나 이 원리는 종교개혁 시기에 작성된 신앙고백서들에만 녹아든 것이 아니었다. 이 원리는 1655년 박해를 받은 왈도파(Waldenses)가 박해 이후 출간한 신앙고백서에 신중하고도 분명하게 표현되어 있다.[111] 웨스트민스터 신앙고백서(1646)는 그 원리를 가장 탁월하고 균형 있게 다룬다. 그것은 칼뱅의 문구들을 상당 부분 직접 인용하거나 청교도 목회자 조지 길레스피(George Gillespie, 1613-1648)를 거쳐 인용하고 있다.[112] 그러나 그 본질은 개혁교회 신앙고백서의 절정을 이루

---

109. *Encyclopaedie*, etc., ii. 1894, p. 505 이후.
110. *Gereformeerde Dogmatiek*, ed. 1, I. pp. 142-145, 420-422, 490-491.
111. 기록자는 분명 "the Table" 당시의 조정자였던 레제(Léger)였을 것이다. 그는 자신의 저서를 우리에게 전하고 있다(*Historie générale des églises evangéliques des vallées de Piédmont*, 1669, i. p. 112). Pannier, 앞의 책, p. 133을 참고하라.
112. 미첼 박사(A. F. Mitchell, *The Westminster Assembly, its History and Standards, in the Baird Lecture* for 1882, ed. 2, 1897, p. 441, 미주)는 캔드리쉬 교수(J. S. Candlish, *Brit. and For. Ev. Rev.*, 1877, p. 173)와 동일하게 길레스피가 "웨스트민스터 신앙고백서에 자신의 흔적"을 남겼다는 데 "강한 확신"을 가졌다. *Miscellany Questions*는 1649년 길레스피 사후에 출판된 것이다. 웨스트민스터 신앙고백서의 초안이 된 길레스피의 단락이 여기에 나타난다. 그런데 상당수의 페이지가 길레스피 개인이 사적 용도를 위해 사용한 것처럼 보이기도 하고 연설을 위해 작성한 듯 보이기도 한다. 혹은 그 글은 웨스트민스터 회의 동안에 위원회에 제출하기 위해 쓰인 것으로도 여겨진다. 하지만 길레스피의 글이나 웨스트민스터 신앙고백서에 사용된 용어가 칼뱅의 영향인지 묻는 질문에 관해서는,

는 웨스트민스터 신앙고백서의 작성자들의 신앙의 핵심을 잘 담고 있다.

길레스피와 웨스트민스터 신앙고백서가 칼뱅과 일반적으로 갖는 관계로 인해 그 가능성이 열려 있다 할 수 있다. 여기 길레스피의 글이 있다(*Presbyterian Armoury*, ed., vol. ii. pp. 105-106). "성경이 정말 하나님의 말씀으로 여겨지는 것은 성경 자체에 있는 신적 권위의 빛과, 성경이 하나님의 말씀임을 증명하는 구별된 특징 때문이다. 가령 내용의 초월성, 스타일의 장엄함, 양심이 거부하지 못하는 능력, 인간을 낮추고 하나님을 높이는 전체적 견해, 하나님의 영광과 인간의 구원 강조, 성령의 도구가 되었던 저자들의 특별한 거룩함, 인간의 이성으로는 담을 수 없는 성경의 초자연적 내용, 다소 차이를 보이긴 하지만 성경 모든 부분이 나타내는 합일성, 예언의 성취, 그리스도와 예언자들, 사도들이 보이신 기적들, 사탄의 공격과 박해자들의 핍박으로부터의 보존 등이 바로 성경이 하나님의 말씀임을 보여주는 특징이자 흔적이다. 그러나 이러한 것들이 사람의 영혼 속에 성경이 하나님의 말씀이라는 충만한 확신을 만들어내지는 않는다. 이 확신은 성령이 우리 마음에 주시는 것이다. 올바른 개신교 저술가들은 모두 이 원리에 수긍한다. 물론 이 시대의 회의론자들은 이 원리에 대해 이의를 제기한다. 개신교 저술가들은 성경 자체에 담긴 이러한 근거들과 확실한 특성들을 통해서가 아니라, 바로 우리 안에 계신 성령의 증언을 통해서만 성경이 하나님의 말씀이라는 확신을 갖게 된다고 합의한다. 그들은 고전 2:10-15과 살전 1:5, 요일 2:27, 요 6:45 등을 근거 구절로 삼았다." 웨스트민스터 신앙고백서의 직접적인 자료가 무엇이든 간에 길레스피의 진술이 나온 원천은 분명히 칼뱅이다. 길레스피의 논의를 보면 특히 성경이 보여주는 증거들과 성령의 증언의 관계에 대한 문제의 본질이 너무나도 정확하고 분명하게 나타난다. 이것은 그가 색다르게 진술하는 내용이다. 이것은 그가 지금까지 다루지 않았던 문제다. 여기에서 그가 확정적으로 진술할 수 있는 것은 그가 *Questions*에서 고찰하고 있는 특별한 주제 때문이다. 즉 이 주제는 성화의 흔적과 열매로부터 우리가 그리스도 안에서 얻는 유익에 이르는 논의의 타당성이다. 이것은 좀 더 넓은 구원론적인 범주에서 볼 때 우리가 성경의 신적 특성을 확신하는 데 있어서 증거들이 갖는 지위에 관한 질문과 유사하다. 그는 다음과 같이 말한다. "누군가 이렇게 질문할 것이다. 그리고 이 질문은 살펴볼 만한 가치가 있는 질문이다. '증거들을 통해 얻는 확신과 성령의 증언을 통해 얻는 확신이 어떻게 동일하거나 다를 수 있을까? 이 둘 중 한 방법을 통해 우리의 영혼이 확신을 얻게 되는 것일까, 아니면 (내가 보기에 이 둘은 같은 것이 아니기 때문에) 둘이 동시에 발생해야 하는 것일까?'"(p. 105) 그는 이 둘이 "하나가 아니라 서로 다른 것"이고 "둘이 동시에 발생"해야 확신을 얻을 수 있음을 입증했다. "최소한의 증거도 보이지 않는데 증거를 살피지 않고 단지 성령의 증언만 신뢰하는 것은 양심을 속이고 착각에 빠뜨리는 일이다"(p. 105). 다시 말해, 그에 따르면 아무런 근거가 없는 맹목적인 믿음과 확신은 신뢰할 수 없다. 길레스피는 다시금 확실하게 말한다. "확신과 충만한 신뢰를 얻기 위해서는 은혜의 외적 증거들과 성령의 증언이라는 두 가지의 원인이나 도움이 반드시 동시에 있어야 한다. 증거 없이 생겨난 확신은 안전하지 않고 기초 없는 확신이나 마찬가지다"(p. 106). 길레스피는 이렇게 좀 더 넓은 의미의 구원론 측면에서 이 문제를 다룬다. 그는 그것이 성경의 신적 권위를 확증해준다고 생각한다.

왈도파 신앙고백서 제4장에 따르면 "우리는 이 거룩한 책들에 있는 신적 특성을 인정한다. 우리는 단지 교회의 증언을 통해서만 인정하는 것이 아니다. 우리는 원리적으로 성경 자체에 담긴 변치 않고 영원한 교리와 진리를 통해, 성경에 분명히 담겨 있는 신성의 탁월함과 장엄함과 웅장함을 통해, 그리고 교회가 성경에 대해 증언하는 내용을 존중하여 받아들이도록 하고 우리의 눈을 열어 성경에 비춰는 하늘의 빛을 발견하도록 하며 우리의 입맛을 교정하여 성경이 가지고 있는 신적 풍미를 통해 이 음식을 알아보도록 하는 성령의 사역을 통해서도 인정한다." 이러한 상세한 진술은 분명히 칼뱅의 해석에 기초하고 있다. 그러나 이보다 더 놀라운 것은 그가 성령의 증언이 이루어지는 방법을 너무도 자세히 설명하고 있다는 것이다. 또한 그가 이것이 성경의 신성을 나타내는 증거들과 어떤 관계를 갖는지를 너무나 구체적이고 정확하게 서술한다는 것이다. 그는 성령의 증언을 하늘에서 내려오는 새롭고도 독립적인 계시의 본질로 가정하지 않는다. 그는 성령의 증언을 성경의 신성을 나타내는 내적이고 외적인 증거들을 모두 무시한 채 우리 안에 맹목적 신앙을 만들어주는 것으로 바라보지도 않았다. 이 주의 깊은 진술에 따르면 성경이 하나님으로부터 왔다는 우리의 믿음은 성령의 증언을 통해 여러 증거를 토대로 형성된다. 그 믿음은 그 증거들 자체가 아니라 성령의 인도를 받은 지성과 마음이 그것을 이해한 것에 근거한다고 설명한다. 우리는 우리의 영혼을 그런 식으로 다루시는 성령의 역사 덕분에, 그분의 영향을 통해 이 증거들의 참 의미와 힘을 인식하고 느끼게 된다.

이 교리의 전체적인 모습은 웨스트민스터 신앙고백서에 좀 더 체계적으로 담겨 있다(i. 4, 5). 그리고 대요리문답에는 보다 압축된 형태로 실려 있다(Q. 4). 웨스트민스터 신앙고백서는 다음과 같이 말한다.

우리가 믿고 순종해야 하는 성경의 권위는 사람이나 교회의 증언에 근거를 두지 않고, 성경의 저자이자 진리 그 자체이신 하나님에게만 근거를 둔다. 그러므로 우리는 그것이 하나님의 말씀이기 때문에 그것을 받아들여야 한다. 우리는 교회의 증언을 통해서 성경을 깊이 존중하고 경외하는 마음을 가질 수도 있다. 그리고 우리가 생각하기에 성경 내용의 초월성과 가르침의 유효성, 문체의 장엄함, 모든 부분의 합일성, 하나님에게 영광을 드리려는 공통된 목적, 인간 구원을 위한 유일한 방법에 대한 구체적 설명, 다른 것과 비교할 수 없는 탁월한 요소들, 전체적 완전성 등은 성경이 하나님의 말씀임을 충분히 보여주는 증거들이다. 하지만 그럼에도 불구하고 오류가 없는 성경 진리에 대한 충만한 신념과 확신, 그리고 성경의 신적 권위는 말씀에 의해, 또한 말씀과 함께 증언하시는 성령의 내적 사역에 의해 우리의 마음에 주어진다.

대요리문답은 좀 더 압축된 진술을 보여준다.

성경은 그 장엄함과 순전함을 통해, 모든 부분의 합일성과 하나님께 영광이라는 공통된 목적을 위해, 죄인들을 확신시키고 회심시킨다. 또한 성경은 그리스도인들을 위로하고 강건케 하여 구원에 이르도록 하는 빛과 능력을 통해 그것이 하나님의 말씀임을 스스로 드러낸다. 그러나 말씀에 의해, 그리고 말씀과 함께 증언하시는 하나님의 영만이 그것이 바로 하나님의 말씀이라는 확신을 인간의 마음에 충만히 줄 수 있다.

이 놀라운 진술에서 엿보이는 탁월함은 성경이 하나님으로부터 왔음을 보여준 몇 가지 증거들이 언급되고 그것들의 가치가 칭송되면서도, 성령의 증언이 가지고 있는 절대적 중요성을 잘 보존시킨다는 점이다. 웨스트민스터 신앙고백서 14장에 언급되는 "믿음"과 대요리문답 72번 문항에 언급되는 "믿음"을 비교하여 좀 더 구체적인 의미를 살필 필요가 있다. 칼뱅도 성령의 증거라는 주제를 깊이 연구하려는 독자들에게 "믿음"에 대해 다룬 그의 다른 글을 참조하도록 하기 때문이다.[113] 여기서 우리는 교회의 외적 증언이 가지고 있는 중요성과 그것의 가치에 주목하게 된다. 그것은 우리로 하여금 성경을 존중하고 경외하게 한다. 우리는 또한 성경 자체의 내적 증언이 가지고 있는 중요성과 그것의 더 높은 가치에 주목하게 된다. 이것은 성경이 "하나님의 말씀"임을 "충분히 증거"하고 "드러낸다." 이처럼 성경의 내적 증거들이 "충분히 증거"하고 "드러내고" 있을 때 성령의 증언이 필요하다. 이것은 새로운 증거를 더하는 것이 아니라, 오히려 필수적인 확신을 보증하는 것이다. 성령의 증언은 말씀과 별개로 이루어지지 않는다. 오히려 성령의 증언은 "말씀에 의해, 그리고 말씀과 함께", 혹은 "성경에 의해, 그리고 성경과 함께" 이루어진다. 이처럼 성령의 증언은 "우리를 완전히 설득"시켜 "성경이 바로 하나님의 말씀"임을 확신하도록 해준다. 그 증언 때문에 우리는 하나님의 말씀이 "권위 있고 오류가 없는 진리임을 완전하게 확신"한다. 이것은 확신의 완전성에 관한 문제이지 확신의 근거에 관한 문제가 아니다. 성령의 증언은 확신을 위해 새로운 증거를 더하시는 사역이 아니다. 그것은 이미 "충분한 증거"를 통해 "충만한 신념과 확신"을 갖도록 우리 마음속에서 일하시는 내적 사역이다. 이것이 바로 칼뱅이 직접 쓴 어휘들과 문장들을 통해 알아본 칼뱅 교리의 핵심이다.

이것이 바로 성령의 증언을 다루는 칼뱅의 교리다. 이것은 개혁파 교회

---

113. 그 저자들의 상세한 인용문을 통해 웨스트민스터 신앙고백서의 진술이 어떤 의미인지 알고자 한다면 *The Presbyterian and Reformed Review*, iv. 1893, pp. 624-632를 참고하라. 또한 W. Cunningham, *Theological Lectures*, 1878, p. 320 이후와 *The Presbyterian Quarterly*, January 1894, p. 19 이후를 참고하라.

의 근본적인 교리가 되었다. 모든 개혁파 교회의 신학자들은 이 교리를 칼뱅과 동일하게 설명하였고, 공식적인 신앙고백서에 담았다. 그래서 이러한 성령의 증언에 관한 교리는 오늘에 이르기까지 프랑스와 네덜란드, 스위스, 이탈리아, 스코틀랜드, 미국 등 개혁파 교회의 신조가 고백되는 곳이라면 그 어디에서든 공식적으로 개혁파 교회의 신앙으로 선포되고 있다.

III

하나님에 관한 칼뱅의 교리[1]

---

1. Benjamin Warfield, "Calvin's Doctrine of God" in *The Princeton Theological Review*, vol. 7. 1909, pp. 381-436.

칼뱅은 『기독교 강요』의 첫 몇 장들에서 하나님을 아는 지식의 원천과 방법에 대해 설명한다. 그는 이어지는 장들(I.x, xi, xii, xiii)에서 하나님이 스스로를 말씀 속에서 계시하신 것과 성령의 유효한 내적 사역을 통해 하나님을 아는 지식을 그분의 사람들 속에 형성하시는 하나님의 본성을 설명하는 것으로 자연스럽게 나아간다. 그러나 우리가 여기서 교의학에서 볼 수 있는 것처럼 몇 가지 주제를 중심으로 질서 있게 잘 짜인 전형적인 신론(locus de Deo)을 이런 장들에서 기대한다면, 실망하게 될 것이다. 칼뱅은 추상적이고 학문적인 충동으로 글을 쓴 것이 아니라, 영혼의 필요를 채워주기 위해 글을 썼기 때문이다. 특별히 그는 자기 시대 사람들의 지적 필요를 충족시켜주기 위해 글을 썼다. 그의 저술 목적은 분명히 경건을 함양하기 위한 것이다. 그래서 스콜라주의 방법보다는 문학적 방법을 사용한다. 그는 문학적인 방법을 자유롭게 사용해 『기독교 강요』 전반부에 자료들을 정확하게 배열하면서도 다른 내용을 반복적으로 언급하여, 이후의 장들에서 다시 그 내용을 탐구할 수 있도록 여지를 남겨 두었다. 내가 지금 이 주제들을 다시 취하여 좀 더 완전하고 체계적으로 해석하려고 하는데, 이 일이 독자들에게는 실천적 목적을 위해 쓰인 『기독교 강요』의 목적을 실제적으로 고취시키지 못하고 지나치게 반복하는 것으로만 보일 수도 있다.

칼뱅은 자신이 다루려는 어떤 주제와 관련해 그것에 필요한 자료를 정확하게 배열한 것만을 놓고 그 주제를 실제로 완전하게 다루었다고 착각하는 사람이 아니었다. 또한 그는 논의가 필요한 새로운 주제들을 만나더라도 그 주제들을 어떻게 다루어야 하는지 몰라서 당황하는 사람도 아니었다. 그래서 그는 비교적 짧은 내용으로 이루어진 10장을 솜씨 있게 『기독교 강요』에 삽입한다. 10장에서 칼뱅은 자연에서 드러나는 하나님의 계시와 (그가 바로 앞에서 제시한 하나님을 아는 지식을 전달하는 신적 권위로서의) 성경에 담긴 하나님의 계시 사이의 완전한 조화를 지적하는 형식을 빌려, 자신이 이전에 언급한 자연계시를 바탕으로 하나님의 본질과 속성에 대해 언급한 것을 독자들에게 상기시킨다. 그리고 특별계시를 바탕으로 동일한 주제를 상기하는 것도 반드시 필요하다고 말한다. 칼뱅은 이 주제에 대한 모든 해석을 이렇게 간단하지만 효과적인 방법으로 독자들에게 전달해준다. 그리고 자신이 지향하는 실천적 목적을 기준 삼아 하나님에 관한 교리에서 파생되는 당시의 시급한 문제 두 가지를 다루기 시작한다. 그가 하나님에 관한 교리를 일정한 형식에 담아서 실제적으로 다루는 것은 두 부분으로 이루어진다. 칼뱅은 첫째 부분에서 강력한 반가톨릭적인 성향과 함께 모든 우상숭배의 근원을 무너뜨리려는 강한 논증을 보여준다(I.xi., xii.). 둘째 부분에서는 첫째 부분과 마찬가지로 그 당시의 반삼위일체론을 강력하게 반박하는 논증을 보여준다(I.xiii.). 그리고 이 둘째 부분에서 삼위일체 교리에 관한 신학적 완전성과 생명력 있는 믿음을 발전시킨다.

어떤 사람들이 때때로 『기독교 강요』가 하나님의 존재와 본성, 속성을 체계적으로 논의하지 않는다고 언급하는데 이것은 어느 정도 사실이다.[2] 만약 우리가 『기독교 강요』를 교의학의 대표적인 연구로 생각한다면,

---

2. Köstlin, "Calvin's Institutio" in *Studien und Kritiken*, 1868, i. pp. 61-62. 쾨슬린은 다음과 같이 말한다. "반면 이 책은 특히 하나님의 도덕적 속성을 상세하게 다루지 않고 있다. 이것은 우리에게 매우 중요한 문제다. 나중에도 그러한 시도는 찾아볼 수 없다." Ibid, p. 423. 그는 또 이렇게 말한다. "우리는 『기독교 강요』에서 하나님의 본성과 속성, 그리고 그것들 사이의 관련성에 대한 교리를 삼위일체에 관한 교리처럼 전체적인 형태로 철저하게 파악해서 제시할 수 없다. 이것은 앞서 언급했듯이 칼뱅이 어디에서도 그렇게 전체적으로 다루지 않았기 때문이다." Ibid, p. 483. "칼뱅이나 츠빙글리 모두 하나님의 존재를 입증하는 증거를 제시하지

우리는 이렇게 중요한 주제를 형식적이고 체계적으로 논의하지 않는 것을 하나의 결함으로 여길 수도 있다. 그러나 칼뱅이 이런 주제에 대해 무슨 생각을 하는지에 대해 암시할 만한 것이 『기독교 강요』에 전혀 없다는 것은 사실이 아니다. 또한 칼뱅이 공식적이고 형식적인 논의를 제시하지 않는다는 것을 그의 무관심이나 특이한 교리적 관점,[3] 신학적 방법[4] 탓으로 돌릴 수도 없다. 체계적인 논의가 생략된 이유는 이 저작이 문학적 산물로서의 특징을 지니고 있다는 데 있다. 칼뱅의 신학적 관점에서 볼 때, 그는 하나님의 존재와 본성과 속성에 관해 할 말이 없다거나 신학적으로 크게 중요하지 않게 생각해서 체계적인 논의를 무시하는 것이 아니다. 그는 이 글을 쓰면서 경건을 위한 실천적 목적에 필요한 것을 제시하고자 했는데, 이와 관련된 하나님에 관한 교리는 이미 비공식적으로 모두 언급했기 때문에 체계적인 논의가 생략된 것이다. 다른 곳과 마찬가지로 여기에서도 『기독교 강요』를 이해하는 핵심은 경건의 함양이라는 근본 목적, 즉 겉으로만이 아니라 전체적이고 본질적인 깊은 경건을 인식하는 데 있다. 우리는 오로지 이러한 관점을 통해서만 칼뱅의 결단력 있는 성격을 제대로 파악할 수 있다.

않는다." *De Godsleer van Zwingli en Calvijn*(p. 16. 참조). 뮐러의 다음과 같은 말도 참조하라. "칼뱅에게서는 하나님의 본질에 관한 교리가 발견되지 않는다." Ibid., p. 38. "우리는 칼뱅이 하나님의 속성을 다루기 위해서 따로 할애한 부분을 발견할 수 없다. 하나님의 속성에 관해 공식적인 교리가 주어지지 않기 때문에 그러한 속성들 간의 차이점도 발견되지 않는다."

3. 쾨슬린이 이렇게 언급했던 것을(앞의 책, p. 423), 뮐러가 그의 앞선 저작에서 동일하게 언급했다(*De Godsleer van Calvijn*, 1881, pp. 10, 46).

4. P. J. Muller, *De Godsleer van Zwingli en Calvijn*, 1883, p. 46. 뮐러는 자신의 초기 저작에서 제시했던 견해를 수정한다. 그는 후기 저작에서 이렇게 말한다. "칼뱅이, 하나님이 인간과 다양한 관계를 맺으시며 보여주시는 여러 요소를 묶어주는 하나의 이론을 찾지 않는 것은 그의 신학적 입장 때문이 아닌가라는 질문을 쾨슬린이 한다. 물론 우리는 여기서 칼뱅의 독특한 **방법론**을 말해야겠지만, 이 질문에 대해서는 그렇다고 대답할 수 있다." 즉 뮐러는 문제가 되는 현상이 칼뱅의 신학적 관점보다는 **후험적** 방법론 때문이라고 말하는 것을 더 선호한다.

이 부분을 강조하는 것은 중요하다. 왜냐하면 칼뱅을 매우 차갑고 건조하고 딱딱한 사람으로 보는 견해와, 그의 삶이 그저 논리의 구현으로만 가득 차 있었다는 견해가 여전히 널리 퍼져 있기 때문이다. 많은 사람이 『기독교 강요』를 빈번하게 설명하지만 잘못 설명하는 경우가 많다. 그들은 『기독교 강요』를 순전히 형식적인 사고의 총체로 여긴다. 이러한 일련의 형이상학적인 가정들로부터 과도한 결론들이 무분별하게 도출된다고 여기는 것이다. 『기독교 강요』에 대해 이렇게 말하는 사람들이 과연 그 책을 읽기는 했는지 의심스럽다.[5] 『기독교 강요』를 그런 식으로 평가하는 작가들 중에서 아마도 프랑스 문학사가이자 로마 가톨릭의 변증가인 페르디낭 브뤼티에르(Ferdinand Brunetiére, 1849-1906)는 다른 사람들에 비해서 비교적 공정한 시각을 지닌 것으로 평가된다.[6] 그에 따르면 칼뱅은 "합리성을 추구하는 종교"를 추구했고, "합리적인" 사람이나 "이성적인" 사람들만이 매력을 느낄 만한 형태의 기독교를 만들어냈다. 브뤼티에르에 의하면 "만일 다른 어떤 움직임이 칼뱅의 『기독교 강요』에 있다면,…그것은 마음으로부터 생기는 것이 아니다.…칼뱅이 그렇게 메말라 보이는 것은 그가 보여준 이성적 추론의 엄밀함에서 기인한다. 나는 여기서 칼뱅의 개인적인 성격을 말하는 것이 아니라, 종교를 이론화시키고자 했던 한 작가로서의 모습을 말하는 것이다." 칼뱅이 제시하고자 했던 종교의 모습은 "지식인들이 진리를 발견하려는 열정"과도 같다. 그것은 "문헌학처럼 본문들의 일치성에 대

---

5. André Duran, *Le Mysticisme de Calvin*, 1900, p. 8에서 그는 공정하게 말한다. "『기독교 강요』는 정확하게 이런 면에서 놀랍다. 그 책에는 사변이 없다. 칼뱅은 하나님을 연구하면서 하나님이 인간과 맺는 관계를 염두에 두기 때문이다. 또한 그는 그러한 마음으로 인간과 하나님의 완전한 연합을 이루고자 한다." 칼뱅 신학에서 이 "마음"이 무엇인지에 대한 만족스러운 논의를 얻고자 한다면 두메르그의 책을 참고하라(E. Doumergue, *Jean Calvin*, iii. 1905, pp. 560-563). 그리고 두메르그의 *L'Art et le sentiment dans l'oeuvre de Calvin*, 1902에 실린 세 번째 강연과 비교해보기 바란다.
6. *Discours de combat*, 1903, pp. 135-140.

해 다루고, 여기서 도출한 논리적 구성이 얼마나 견고한지를 살피는 순수 이성의 영역"과 비슷하다. 브륀티에르는 계속해서 이렇게 설명한다.

> 칼뱅은 수학적 진리를 얻는 것과 동일한 방법으로 종교적 진리를 추구했다. 그는 삼각형이나 원의 성질을 추론하듯이 하나님의 속성도 그렇게 생각했다. 그는 자신의 논리 체계의 필요조건에 부합하지 않는 것에 대해서는 이의를 제기하거나 거부하였다.…이처럼 칼뱅은 데카르트 이전에 이미 데카르트의 사상을 가지고 있던 사람으로서, 이성적 증거와 논리적 비모순성을 가지고 진리를 검증하거나 증명했다. 칼뱅은 정형화된 삼단논법의 검증을 통과하지 못한 믿음은 받아들이지 않았다.…이렇게 표현해도 좋을지 모르겠지만 칼뱅은 종교를 '마음의 문제'에서 '지식의 문제'로 변화시켰다.

우리는 칼뱅이 기독교에 남긴 공헌을 간과해서는 안 된다. 비록 브륀티에르가 칼뱅의 글에서 나타나는 무미건조함을 그의 개인 성격으로 여기지는 않았지만, 칼뱅은 자신의 주변에 있던 모든 사람에게 종교에 대한 깊은 인상을 남겼던 것으로 보인다. 이 때문에 고대 언어학자이자 문화 인류학자인 에르네스트 르낭(Ernest Renan, 1823-1892)조차도 "칼뱅이 당대 최고의 기독 지성인"이었다고 말하게 되었다. 르낭은 칼뱅에 대한 브륀티에르의 평가를 상당 부분 공유한 셈이다.[7] 또한 우리는 브륀티에르와 그의 견해를 따르는 사람들이 칼뱅의 강력한 논증에 어려움을 느껴서 『기독교 강요』를 맹렬히 비난하고 있다고 의심하지 않을 수 없다. 그들은

---

7. *Études d'histoire religieuse*, ed. 7, 1880, p. 342. *"l'homme le plus chrétien de son siècle."* 사실 이러한 표현은 르낭이 보여주는 최고의 칭찬은 아니다. 우리는 이것을 기억해야 한다. 이것은 오히려 누군가를 비판할 때 사용했던 표현이다. 르낭이 말하고자 했던 것은 칼뱅을 너무 과대평가하지 말자는 것이었다. 그는 기독교에 대한 반발이 일던 시기에 살았고, 당대 가장 훌륭한 그리스도인이었다. 그의 탁월함은 그렇게 설명되어야 한다.

『기독교 강요』가 무분별하게 논리적이라고 비난하기도 하고, 칼뱅이 일반적인 종교적 사고를 가지고 있다고 비난하기도 한다. 한 종교적 합리주의자가 "합리적인" 사람이나 "이성적인" 사람이 저항할 수 없는 설명 체계를 제시하는 것은 분명히 불명예가 아니다. 합리적인 사람이나 이성적인 사람 앞에서 유지될 수 없는 종교 체계는 영원히 지속될 수 없다. 최소한 그런 사람들의 이성적 능력 앞에서 이성적이지 않은 종교 체계는 오랫동안 유지될 수 없을 것이다. 어떤 사람은 종교적 진리 체계가 가지고 있는 반박할 수 없는 논리에 흥미를 갖는다. 그래서 브륀티에르가 칼뱅을 비난하며 보인 신랄함은 부정적이라고 볼 수 있다. 그는 칼뱅의 종교 체계가 그저 논리 체계에 불과하다고 비난한다. 그리고 『기독교 강요』가 바로 이러한 논리를 체계적으로 제시하고, 본질적으로 삼단논법만을 모아놓고 논리적 명제들만을 묶어놓았다고 비난한다. 또한 거기에는 종교적 내용이나 사람들에게 희망을 주는 내용은 전혀 없다고 비난한다. 하지만 여기에서 브륀티에르가 가장 크게 실수한 것은 그가 요점을 벗어났다는 점이다. 우리는 특히 그가 자신의 의도를 설명하는 가운데 두 가지 문제에 집중하면서 부적절한 결론에 이르렀음을 부연설명하고자 한다. 우선 브륀티에르는 칼뱅의 변증적 출발점을 "하나님의 속성"으로 삼았고 기존 체제에 저항하는 최고 원리로 "믿음"의 지성화를 내세웠다.

칼뱅이 믿음을 다룰 때 무엇보다도 놀라운 사실은 믿음이 단순히 이해의 문제가 아니라 마음과 관련된 것임을 명확히 했다는 점이다. 그리고 그는 로마 교회가 믿음의 신뢰라는 요소보다는 지적인 측면을 지나치게 확대했다고 비판했다. 칼뱅 자신이 썼거나 그의 동료들이 칼뱅의 지도아래 집필한 제네바 신앙고백서[8]는 다음과 같이 말한다.

---

8. *Instruction et Confession de Foy dont on use en l'Eglise du Genève*(Opera XXII.47). 스트라스부르 편집자들은 칼뱅의 동료들이 이 고백서의 저자라고 본 반면, 두메르그는 칼뱅이

우리는 기독교의 믿음을 단순히 하나님에 대한 지식이나 성경에 대한 이해라고 추측해서는 안 된다. 이러한 종류의 믿음은 마음을 감동시키지 않은 채, 머릿속에서만 떠다니는 상념들에 불과하다.…기독교에서 말하는 믿음은 마음에 견고하고도 단단하게 새겨지는 확신이다.

혹은 칼뱅이 다른 곳[9]에서도 반복하듯이, "믿음이 무미건조하고 차가운 지식이라고 생각하는 것은 큰 오산이다.[10]…믿음은 머릿속에서나 떠다니는 무미건조한 지식이 아니다.[11] 믿음은 마음에 생겨나는 살아 있는 감정이다."[12] 칼뱅이 『기독교 강요』 두 번째 개정판[13]에서 하는 설명에 따르면 "참된 기독교 신앙이란 단순한 역사적 지식에 그치지 않고, 인간의 마음 깊숙이 심어진다." "우리의 마음이 성령의 능력을 통해 강건해지지 않고, 성령의 조명하심으로 이해만 넓어지는 것만으로는 충분하지가 않다. 소르본 대학의 신학자들은 이런 면에서 큰 실수를 저질렀다. 그들은 하나님의 말씀에 대한 단순한 동의만으로도 충분하다고 보았다. 그러나 이것은 마음의 신뢰와 확신을 고려하지 않고 이해라는 측면만 생각한 것이다." "우리가 이해를 통해 얻은 것은 반드시 마음에 심겨져야 한다. 하나님의 말씀이 머릿속에서만 표류한다면, (그는) 아직 그 말씀을 믿음으로 받아들인 것이 아니다. 마음 깊숙이 뿌리내린 후에야, 비로소 그것을 진심으로 받아들였다고 할 수 있다." 『기독교 강요』의 초기 개정판들에서 다소 덜 날카롭게 언급되었던 것이 최종판에서 새롭게 부각되고 힘이

이 고백서의 저자라고 보았다(*Jean Calvin*, II.236-251).

9. "참된 기독교적 화평과 교회개혁의 이유"(*Vera Christianae pacificationis et ecclesiae reformandae ratio*), 1549(*Opera* VIII.598-599).

10. "무미건조하고 차가운 지식"(*nudam frigidamque notitiam*).

11. "무미건조한 지식"(*nudam notitiam*).

12. "마음속의 살아 있는 감정"(*vivum affectum qui cordi insideat*).

13. 1539년판. 인용구절은 1541년 프랑스어판에서 발췌했다. pp. 189, 202, 204.

더해진 몇 구절을 다시 인용해보자. 그의 말에 따르면 "다시 살펴봐야 할 문제는 우리가 하나님을 아는 지식으로 초대받았다는 사실이다. 우리는 공허한 사변으로 만족되고 머릿속에 표류하는 지식으로가 아니라, 우리가 올바르게 받아들이면 마음에 뿌리를 내리고 견고해져서 열매를 맺는 그런 지식으로 초대를 받았다."[14] 그가 또 다시 하는 단언[15]에 따르면 "우리가 하나님께 하는 동의는 우리의 머리로 내리는 것이 아니라 마음으로 드리는 동의를 의미하고, 이해의 문제가 아니라 감정의 문제임을 의미한다."[16] 그렇다면 칼뱅은 자신의 가르침에 대해 단순히 지적으로 동의하기를 가르쳤다기보다는 독자의 마음을 움직이고자 했음이 매우 분명하게 드러난다. 실제로 그가 경건에 대해 전체적으로 지니는 관점이 여기에서 드러난다. 그의 설명에 따르면 경건이란 하나님을 기쁘시게 해드리려는 마음에 관한 문제이고,[17] 하나님은 당신을 예배하는 자들에게 마음과 감정을 요구하신다.[18] 그의 주장에 따르면 성령께서 우리 마음속에서 일하시지 않는다면, 세상의 모든 논쟁은 참된 경건이 요구하는 마음의 믿음을 전혀 만들어낼 수 없다.[19]

우리는 이것이 경건을 단지 논리적 논증의 문제로만 여긴 사람의 소리라고 보기 어렵다.

그리고 칼뱅은 하나님의 속성들을 형이상학적으로 규정하려 하지 않았다. 그는 소위 삼각형의 본성에서 삼각형의 특성을 도출하듯이 수학적인 사고로 도출한 내용을 자기 가르침 전체의 출발점으로 삼으려 하지

---

14. 『기독교 강요』, I.v.9.
15. 『기독교 강요』, III.ii.8.
16. "머리보다는 마음의, 그리고 이해보다는 감정의"(*Cordis esse magis cerebri, et affectus magis quam intelligentiae*).
17. "믿음과 진실한 마음"(*fidem et veritatem cordis*).
18. "마음과 지성"(*cor et animum*)(*Opera* VI.477,479).
19. 『기독교 강요』, I.vii.4.

않았다. 오히려 칼뱅은 하나님의 본성과 속성에 대한 언급이 너무 적다는 비난을 받는다. 칼뱅은 이렇게 적게 언급하더라도 하나님의 사역이나 성경의 직접적인 가르침에서 명백히 드러나는 **증거들에만** 자신의 논의를 제한해 발전시킨다. 칼뱅은 하나님의 속성을 정의하거나 하나님의 사역을 규정할 수 있는 어떠한 "선험적 원리"도 거부한다. 그러므로 사람들은 칼뱅이 다루는 하나님에 관한 교리가 진지하면서도 절제되어 있다고 말한다. 동시에 사람들은 칼뱅이 츠빙글리에 비해 하나님에 관한 교리를 중요하게 생각하지 않는다고 말하기도 한다.[20] 하지만 칼뱅의 교리가 최소한 철저하게 경건하다고는 인정한다. 바로 이것이 칼뱅의 교리가 갖는 근본적인 특성이다. 정확히 말해서 칼뱅의 교리가 츠빙글리의 교리와 큰 차이를 나타내는 부분은 칼뱅이 하나님을 경건이라는 측면에서 계속 생각하는 반면, 츠빙글리는 철학적으로 생각한다는 데 있다. 칼뱅은 하나님을 모든 만물 위에 계시고, 모든 만물에 앞서 계시는 분이고, 우리가 경건한 마음으로 경외해야 할 대상으로 생각했던 반면, 츠빙글리는 하나님을 만물의 기원이 되며 제1원인이 되시는 분으로 생각했다.[21] 우리가 앞서 요

---

20. P. J. Muller, *De Godsleer van Zwingli en Calvin*, 1883, p. 111. "츠빙글리는 칼뱅만한 신학자는 아니었다. 하지만 하나님에 관한 교리의 역사에서 츠빙글리는 칼뱅보다 여전히 중요하게 여겨지고 있다. 『삼위일체론』(*De Trinitate*)과 『창조론』(*De Creatione*), 『시간론』(*De Lapso*)을 제외한다면 츠빙글리의 신학체계가 칼뱅의 신학체계에 비해 훨씬 더 논리적이다. 칼뱅의 신학체계에는 여러 부분을 하나로 묶는 끈을 발견할 수 없기 때문이다. 반면에 우리는 하나님에 관한 츠빙글리의 교리에는 **신학자**의 가치를 구성하는 것, 다시 말해서 경건이라는 특성을 발견할 수 없다. 칼뱅은 악과 죄의 기원을 하나님께 생각하게 만드는 자신의 이성의 결과를 혐오한다. 우리는 츠빙글리에게서는 이러한 태도를 발견하지 못한다. 왜냐하면 츠빙글리는 칼뱅처럼 하나님을 모든 것 위에 계시는 분, 경건한 경외의 대상이 되시는 분으로 여기지 않았고, 사변적 사고의 대상으로 여겼기 때문이다."
21. P. J. Muller, *De Godsleer van Zwingli en Calvijn*, 1883, p. 6. "만일 하나님에 관한 교리가 그 신학자에게서 신앙적 성격으로 규정된다면, 하나님을 경외의 대상으로 보는 신앙적 관점은 하나님을 궁극적 원인으로 생각하는 철학적 관점보다 더 높은 차원의 신론이 될 것이다. 우리는 츠빙글리가 하나님을 경외해야 할 신앙의 대상이라기보다는 궁극적

약한 바 있는 한 역사가에 따르면 "칼뱅의 주된 관심은 하나님을 향한 예배에 있었지 하나님에 관한 교리에 있지 않았다. 우리가 그의 언급을 통해 알 수 있는 사실에 의하면 칼뱅은 하나님에 관한 교리에서 경건을 중요한 위치에 놓는다(I.ii.1). 무엇보다도 칼뱅은 경건한 사람이었다. 그리고 종교개혁은 하나님을 위해 살고자 하는 열망으로 가톨릭주의에 대항한 운동이었다. 칼뱅은 이 부분에 대해 적절한 평가를 내린다. '모든 사람이 하나님에 대한 예배에 관여하고는 있지만, 그분을 진정으로 경외하는 사람들은 극히 드물다. 겉치레로 가득한 예배 의식은 도처에 널려 있지만, 진실한 마음은 찾아보기 어렵다'(I.ii.2). 하나님을 향한 경외야말로 칼뱅이 으뜸으로 생각한 것이었다. 이 부분을 고려하지 않는다면 칼뱅을 올바르게 평가할 수 없다. 칼뱅의 전 인격을 휘감고 있었던 신앙적 원리를 이해해야만 그가 교의학자로서 남긴 저작을 바로 이해할 수 있다."[22] 다시 말하지만 칼뱅은 "하나님의 본성이나 속성에 관한 지식을 마음의 문제로 보았지 이해의 문제로 보지 않았다. 그리고 그러한 지식은 우리에게 '하나님을 섬기려는 마음을 주고, 미래의 삶을 소망하게 하는 지식'이어야만 했다(I.v.10). 마지막 언급이 보여주듯이, 칼뱅은 실천적인 측면을 강조했으며 이 문제에 철학적으로 접근하기를 거부하였다. 그는 오직 성

원인이라는 사변적 사고의 대상으로 여겼다는 사실을 부정할 수 없다. 그러므로 신앙적 가치에 있어서는 츠빙글리의 신론이 칼뱅의 신론보다 열등하다고 할 수 있다." 뮐러가 계속하는 설명에 따르면 "칼뱅이 하나님의 본질에 관해 하는 생각은 굉장히 절제되어 보인다. 그에게 하나님이란 경외해야 할 신앙의 대상이었기 때문이다. 따라서 그는 하나님의 본성을 파헤치려는 시도를 비난하는 것 말고는 할 수 있는 것이 없었다(I.v.9). 반면에 츠빙글리의 신론 체계에서는 하나님이 궁극적 원인으로 제시되기 때문에 하나님의 본질에 관한 교리가 하나님에 관한 교리의 중요한 부분을 차지한다"(p. 21). "칼뱅은 자신이 '성경의 신학자'라는 점에서 자부심을 느꼈기 때문에 철학자들의 연역적 방법을 사용하지 않았다. 성경을 보면 하나님은 그분의 본질에 대해 거의 말씀하지 않으신다. 그러기에 칼뱅은 하나님의 본성에 대한 개념을 절제하여 다룬다"(p. 23).

22. P. J. Muller, *De Godsleer van Calvijn*, 1881, p. 117.

경만을 하나님을 아는 지식의 원천으로 보았기에, 하나님의 속성을 다룰 때 성경의 안내만을 의지했다."[23] 또 다시 말하지만 "이미 우리가 한 차례 이상 언급한 것처럼, 칼뱅은 하나님을 다룰 때 하나님의 존재하심을 변함 없는 사실로 믿는 한 명의 그리스도인으로서 하나님을 다룬다. 그가 하나님에 대해 말했던 것은 성경만을 근본적인 원천으로 삼아 도출한 것이다. 이처럼 그는 자신이 **성경의** 신학자라는 사실을 자랑스러워했으며 언제든 성경을 **철학적으로 해석하는 일**(*philosophico more interpretari*)을 반대했다(I.xvi.3). 하나님에 관한 칼뱅의 교리는 동일한 믿음을 지닌 사람들에게 도움을 주려는 실천적 목적을 지녔다. 칼뱅은 매번 하나님을 경배하거나 하나님에게 마음을 내어놓으라는 권고로 논의를 마무리한다. 바로 이 점이 주목할 만하다. 그는 삼위일체 교리에 대해서는 언제까지나 성경의 진리를 고수할 것이라고 선포한다. 왜냐하면 그는 우리가 이해할 수 있는 **평이한 언어**(*planioribus verbis*)로 성경의 가르침을 전달하는 것을 추구하기 때문이다. 이러한 원리는 하나님에 관한 교리에도 고스란히 적용된다."[24] 요약하자면, 칼뱅이 하나님에 관한 특정 교리나 신앙의 진리에 대해 전반적으로 보여준 태도는 단순히 논리적인 결과로 만족을 얻으려는 사람의 태도와는 거리가 멀었다. 그를 이러한 관점에서 본다면 우리는 그에게서 변증적 목소리보다는 하나님을 향한 뜨거운 열정의 소리를 들을 수 있다.

하나님의 존재와 본성, 속성은 매우 중요한 주제다. 그럼에도 불구하

23. P. J. Muller, *De Godsleer van Zwingli en Calvijn*, 1883, pp. 46-47. 1859년 파리의 메이르사(Meyrueis et Cie)가 출판한 『기독교 강요』 프랑스어판을 보면, 익명의 저자가 이와 유사한 내용을 서문에서 언급한다. "칼뱅은 구체적이고 신중하며 실천적인 사람이었다. 칼뱅의 이러한 성격은 사변을 필요로 하지 않았다. 그는 매우 신중했기에 자신이 확신한 것을 완전히 발전시킬 때까지 그 생각을 표현하지 않았다. 그는 그저 신적 계시라는 사실을 진지하게 받아들였다. 칼뱅은 그렇게 성경 밑에서 자신의 믿음을 키웠다"(p. xii).
24. P. J. Muller, *De Godsleer van Calvijn*, 1881, pp. 103-104.

고 칼뱅이 이러한 중차대한 주제들을 『기독교 강요』에서 어떤 형식에 맞춰 자세히 다루지 않고 넘어갈 수 있었던 것은 그를 다스리고 지배하고 있는 것이 바로 경건이라는 목적과 관심이기 때문이었다. 우리는 칼뱅이 단지 어떤 형식에 맞추어 자세하게 논의하는 것을 생략하고 있음을 다시 한 번 강조해야만 한다. 왜냐하면 그가 이러한 주제들을 완전히 한쪽으로 미루어두고, 자신의 신학적 관점이나 방법이 전제하는 특성을 통해 이미 사람들이 받아들이고 있는 어떤 사실을 더 자세히 설명하기 원한다고 말하는 것은 엄청난 과장일 뿐 아니라 심각한 오해이기 때문이다. 칼뱅은 자신을 지배하고 있는 경건이라는 동기를 중심으로 사람들에게 경건이라는 영향을 주는 목적에 도움이 되도록 하나님의 본성과 속성을 해석하려고 했다. 특히 내용과 형식과 관련해서도 하나님의 본성과 속성을 해석하려고 했다. 그리고 그는 스콜라 신학자들의 방법론에 맞추어 그것을 세부적으로 확장시키고 설명할 필요를 느끼지 못했다. 하지만 단순히 어떤 이론적 체계를 세우는 일에만 탁월한 사상가가 아니라 영혼의 열정을 가지고 가르치는 경건한 교사가, 자신의 목적을 위해 하나님에 관한 완전한 교리를 이루는 중요한 요소들을 생략한다는 것은 아마도 불가능한 일일 것이다. 사실 우리는 『기독교 강요』가 적절한 방법으로 이 중요한 주제들을 전혀 다루고 있지 않다고는 볼 수 없다. 우리는 단지 이 주제들을 따로 구분하여 정형화된 형태로 다루는 것이 부족하다는 것을 발견할 뿐이다. 이 주제들과 관련하여 그리스도인이 알아야 할 모든 것이 『기독교 강요』에 담겨 있다. 말하자면 그것들은 정리되지 않은 상태로 그 책에 녹아들어 있다. 그것들은 하나님을 아는 지식을 일반적으로 논의하는 가운데 여기저기 깊이 포함되어 있다. 칼뱅이 그것들을 주제별로 한데 모아 다루고 있지 않을 뿐이다. 더욱이 그것은 스콜라주의의 방법이나 추상적인 방법이 아니라 문학적이고 구체적인 방법으로 전해진다.

우리는 칼뱅이 유창한 담론의 형태로 전해주는 하나님에 관한 교리의 요소들을 이해하면서, 하나님에 관한 교리와 관련해 그가 전해주고 싶었던 실제 가르침의 명확한 본성과 요지를 어느 정도 적절히 평가할 수 있다. 또한 칼뱅이 하나님의 존재와 가지성(可知性), 본질, 속성에 관해 제시하는 교리를 차례로 살펴보면서 그런 평가를 시도할 수도 있다.

우리는 하나님 존재 증명들을 설명하는 칼뱅의 모습을 세세하게 확인할 정도로 『기독교 강요』를 깊게 읽을 수는 없다. 사실 『기독교 강요』는 한 그리스도인이 다른 그리스도인들에게 도움을 주기 위해 저술한 책이기 때문에 하나님의 존재를 증명하기보다는 그것을 전제한다. 그리고 『기독교 강요』는 하나님이 존재하신다는 사실에 대한 지식을 얻는 것에 관심을 가지기보다는, 이른바 하나님 존재 증명들 자체를 수단으로 사용해 하나님이 어떤 하나님이신지에 대한 지식을 얻는 것에 관심을 두고 있다. 그러나 이것은 하나님 존재 증명들을 중요한 것으로 이해하도록 칼뱅의 태도를 바꾼다. 칼뱅은 자신의 논의에서 하나님이 존재하신다는 사실을 아는 지식을 얻기 위해 하나님 존재 증명들을 사용할 뿐 아니라 하나님이 어떤 분이신지를 아는 지식을 얻는 수단으로 하나님 존재 증명들과 논리적으로 우선하는 목적을 위해 하나님 존재 증명들을 반복해 사용하는 데까지 나아간다. 그래서 칼뱅이 하나님의 존재에 대한 증거로 이런 하나님 존재 증명들을 실제로 제시한다는 것은 의심의 여지가 없는 사실이다.[25]

---

25. P. J. Muller, *De Godsleer van Zwingli en Calvijn*, 1883, pp. 11, 14. 다음의 발췌문을 통해 알 수 있듯이 뮐러의 견해는 다르다. "비록 하나님 존재 증명들을 상기시키는 것처럼 보이는 특별한 구절들이 츠빙글리나 칼뱅의 글에 있지만, 그런 구절들은 실제로 하나님 존재 증명들을 제공하는 것들이 아니다. 그러나 '하나님이 존재하신다'라는 명제를 증명하는 것은 그것을 증명하는 이들에게나 다른 동료 개신교인들에게, 심지어 로마 교회 신학자들에게도 필요하지 않다. 사실 츠빙글리에게서는 이른바 우주론적 증명이, 칼뱅에게서는 목적론적 증명이 발견된다고 여겨진다(Lipsius, *Lehrbuch der Evangelisch-Protestantischen Dogmatik*, ed. 2, 1879, p. 213). 그러나 두 경우 모두 철학적인 추론과는 크게 관련되지

예를 들어 만일 칼뱅이 하나님을 깊이 아는 지식으로 발전될 수 있는 초기 단계로 모든 사람이 타고나는 **신 인식**(*sensus deitatis*)을 제시한 것이라면, 그렇다면 칼뱅은 모든 인간에게 동일하게 있으며 인간 본성을 구성하는 지울 수 없는 하나님의 증거를 명시적으로 제시하지 못한 것이 아니다. 칼뱅이 우리에게 분명히 말하는 바에 따르면 인간의 마음에 본능적으로 주어지는 감각, 즉 **신 인식** 때문에 모든 인간은 **핑계 대지 못하고**(*ad unum omnes*) "**하나님이 존재하심**"(*Deum esse*)을 **알게**(*intelligant*) 된다. 그러므로 그들이 하나님을 예배하고 자신들의 삶을 하나님에게 드리는 일을 거부한 것에 대해 어떤 핑계도 댈 수 없다(I.iii.1). "아무리 문명이 발달하지 못한 국가나 미개한 부족이라 할지라도, 어떤 신이 존재한다는[26] 확신을 마음속에 지닌다"는 키케로의 인정할 만한 주장[27]을 칼뱅이 받아들여 인용하는 것은 바로 이러한 주장을 지지하기 위함이다. 따라서 칼뱅은

않고, 오히려 하나님을 완전히 아는 지식을 얻기 위한 보조 수단으로 사용되고 있음을 증명하기란 어렵지 않다." 뮐러 교수의 메모를 보면 칼뱅이 1권 3장 1절에서 "역사적 증명"을 사용하는 것처럼 보인다는 언급이 나온다. "츠빙글리가 하나님의 존재에 대한 증거를 제시하지 않는다면, 칼뱅도 마찬가지일 것이다. 『기독교 강요』에서 목적론적 논증이 발견된다는 것은 사실이다. 그러나 칼뱅이 『기독교 강요』 1권의 5장에서 '하나님을 아는 지식은 하나님이 세상을 창조하시고 계속해서 다스리신다는 사실에서 분명하게 드러난다'고 쓴 것을 보면, 그는 세상의 목적론을 통해 창조자이자 보존자, 통치자이신 하나님의 존재를 증명하는 데 사용하려는 의도는 없었던 것으로 보인다. 그는 단지 세상을 '아름다운 책'으로 묘사하기를 즐겼다. 벨기에 신앙고백서의 표현을 빌리자면, 이 세상은 크고 작은 피조물들이 글자가 되어 보이지 않는 하나님을 설명하는 책이다(제2번 조항). 여기서도 우리는 하나님을 아는 지식을 좀 더 충만하게 만드는 수단과 관련이 있음을 볼 수 있다"(*Do.*, p. 16). "스콜라 신학자들은 '하나님이 존재하는가?'라는 질문으로 논의를 시작한다. 물론 그 질문에 긍정으로 답한다. 하지만 칼뱅에게는 이러한 질문 자체가 불가능한 것이었다. 종교개혁가들은 하나님을 근거로 하는 개인적 구원에 대해 확신을 지닌 사람들이었기 때문에, 다른 그리스도인들에게도 이러한 질문은 제쳐두게 할 수 있었다. 칼뱅은 분명 하나님의 존재를 생각에 품고 있었다. 그리고 그는 인간이 어떻게 하나님을 알 수 있는가라는 질문에만 실천적 가치를 부여했다"(*De Godsleer van Calvijn*, 1881, p. 11).

26. "신은 존재한다"(Deum esse).

27. Cicero, *De natura deorum*, I.16. "그는 이방인으로서 말했다"(ut ethnicus ille ait).

"역사적" 증명이라고도 불리는 "**인종의 합의**"(*consensus gentium*)의 참뜻을 바로 이해하여 제시한다. 그는 이것을 하나님의 존재를 증명하는 직접적 증거로 제시하기보다는, 하나님의 존재에 대한 확신이 인간의 본성에 담겨 있다는 직접적 증거와 이것을 통해 하나님의 존재를 증명하는 간접적 증거로 제시한다. 이 입장은 이어지는 다음 단락에서 무신론을 반대하는 논증으로 발전된다. 그에 따르면 종교가 존재한다는 사실은 인간의 마음에 "하나님에 대한 지속적인 설득"이 있음을 상정한다. 이러한 설득이 씨앗이 되어 종교를 낳게 된다. 인간은 "하나님이 존재하신다"는 사실을 부정할지도 모른다.[28] 그러나 "그들은 알고 싶지 않은 대상을 좋든 싫든 간에 항상 인식하게 된다."[29] 이것은 모든 사람에게 본성적으로 생겨나는, "어떤 신이 존재한다"는 설득이다(I.iii.3).[30] 이것은 학교에서 교육을 통해 얻는 것이 아니라, 이미 어머니의 뱃속에서부터 심겨진 것으로 어떤 방법으로도 지울 수 없다. 그러므로 "하나님이 존재하신다"는 사실을 부인하려는 것은 미친 짓에 불과하다(I.iv.2).[31] 이러한 모든 구절에서 칼뱅은 하나님이 어떤 분이신지에 대한 지식이 아니라, 하나님이 존재하신다는 것의 지식을 명확하게 다루고 있다. 그러므로 그가 하나님 존재에 대한 논증의 근거를 인간을 구성하는 성질에서 찾고 있음은 아주 분명하다. 다른 말로 표현하면, 칼뱅에게 하나님의 존재는 하나의 "직관"이다. 그는 따로 한 장을 할애해서 설명할 만큼 이 부분을 명백히 한다.

비슷한 예로, 칼뱅이 5장의 서두에서 하나님의 사역과 행위에서 드러

---

28. "누가 신의 존재를 부정하는가?"(qui Deum esse negent)
29. "하지만 그들이 그것을 원하든지 원하지 않든지, 그것을 원하고 느끼게 된다"(velint tamen nolint, quod nescire cupiunt, subinde sentiscunt).
30. "신이 존재한다는 이 확신은 모두에게 자연적으로 주어진다"(imo et naturaliter ingenitam esse omnibus hanc persuasionem, esse aliquem Deum).
31. "신의 존재를 부정하는"(negantes Deum esse).

나는 그분의 계시를 설명할 때, 그는 "하나님을 아는 지식이 하나님이 세상을 창조하시고 계속해서 다스리신다는 사실에서 분명하게 드러난다"고 기록했다(I.v.). 하지만 칼뱅은 하나님이 그분의 사역에서 하나님의 모습을 드러내시는 것을 그분의 본성의 계시로 설명하기보다는, 그것을 그분이 존재하신다는 논증으로 이따금 사용하면서 자신의 설명을 완성했다. 이러한 설명 중에서 가장 주목할 만한 것이 인간의 본성을 통해 드러나시는 하나님을 전개하는 과정에 나타난다(I.v.4). 여기서 그는 우리에게 무신론을 반대하는 논증을 다시 한 번 제공한다. 그는 다음과 같이 외친다.

그렇다. 오늘날 이 땅은 여러 기이한 존재들을 길러낸다. 그 존재들은 인간 본성에 심겨진 하나님을 아는 바로 그 씨앗을 빼앗아 하나님의 이름을 주저 없이 욕되게 한다. 이 얼마나 가증스럽고 미친 짓이란 말인가! 인간은 자신의 육체와 영혼 속에서 하나님을 수백 번이나 발견하면서도, 바로 그 탁월함을 구실삼아 하나님의 존재를 부정하고 있구나![32] 그들은 자신들이 우연에 의해 들짐승들과 다르게 태어났다고 말하지는 않을 것이다. 그들은 그저 하나님 위에 '자연'이라는 껍데기를 씌우고는 이것을 만물의 조성자라고 선포하고 하나님을 폐기한다. 그들은 얼굴에서부터 눈, 손톱에 이르기까지 우리 몸 하나하나가 얼마나 탁월한 작품인지는 이해한다. 여기서도 그들은 '자연'을 하나님의 자리에 올려놓는다. 하지만 무엇보다도 쉽게 감출 수 없는 하나님을 발견하는 데 있어서 인간 영혼의 움직임이 얼마나 재빠르고, 그 기능이 얼마나 탁월하며, 그 은사가 얼마나 독특한가! 이러한 탁월함을 가지고 에피쿠로스학파는 그 옛날의 거인들인 퀴클롭스(Cyclops)처럼 하나님을 대적하는 일에만 열을 올렸다. 기껏해야 오 척 밖에 되지 않는 벌레와 같은 인간을 다스

---

32. "신의 존재를 부정하다"(Deum esse neget).

리는 데도 하늘의 온갖 지혜가 사용된다. 그런데 이 거대한 우주를 운행하는
일과 관련해 하늘의 온갖 지혜가 사용된다는 것이 불합리한가? 영혼에 기계
와 같은 것이 있어, 영혼이 몸의 각 부분과 연동한다고 생각하는 것은 하나님
의 영광을 가리는 행위가 아니다. 도리어 그것은 하나님의 영광을 드러낸다.
에피쿠로스학파에게 대답하도록 해보라. 과연 음식과 음료에 들어 있는 원소
들의 조합 중 일부는 배설에 관여하고 일부는 혈액을 만들어 몸의 각 부위가
제 역할을 수행하도록 하는지 말이다!

그는 다음과 같은 말을 유창하게 덧붙인다.

다양한 탁월함을 가진 영혼은 하늘과 땅을 살피고, 과거와 미래를 연결시키
고, 오래전에 들었던 일을 기억으로 간직하며, 선택하는 것은 무엇이든 마음
에 담아둔다. 또한 독창성을 가진 영혼은 놀라운 것들을 고안하고, 놀라운 예
술작품의 발원이 되기도 한다. 이것이 분명 인간의 내면에 있는 하나님의 흔
적(*insignia*)이다.…자, 이렇게 신적 기원을 가지고 있는 인간이 무슨 이유로
창조주를 모른다고 할 수 있을까? 우리가 우리에게 주어진 판단을 가지고 옳
고 그름을 분별하면서, 하늘에 하나님이 없다고 할 수 있을까?…우리 자신을
유익한 예술의 창시자라 여긴 결과로 하나님을 향한 찬양을 중단할 수 있을
까? 우리의 경험에 의하면 우리가 누리고 있는 것이 모두 다른 곳으로부터 주
어진 것이지 않은가!(I.v.5, 중반)

물론 칼뱅은 "지금 돼지우리 같은 것에 대해서는 문제 삼고 싶지 않
다"라고 말하면서 자신이 주제를 벗어나는 논의를 하고 있다는 것도 알
고 있었다. 여기서 칼뱅이 말하는 돼지우리는 에피쿠로스학파다. 그러나
그것이 주제를 벗어났든 그렇지 않든, 칼뱅은 그 구절을 하나님이 존재하

심을 입증하는 목적론적 논증으로 사용한 것이 분명하다. 또한 그것은 칼뱅이 그 논증을 건전하다고 생각했다는 것과, 하나님이 존재하신다는 것을 증명하는 일이 필요하면 언제든 목적론적 논증을 사용할 것이라는 사실을 잘 보여준다.

우리가 보기에 칼뱅이 의존한 하나님 존재 증명 방법들은 초기 교회가 세워진 1세기부터 교회의 전통으로 자리 잡았다. 초기 교부들은 정확히 이 두 가지 논증 방법에 의존했다. 알렉산드리아의 클레멘트(Clement of Alexandria)는 칼뱅처럼 "자기 자신을 아는 사람은 하나님을 알게 된다"라고 말한다.[33] 테르툴리아누스(Tertullian)는 "하나님을 아는 지식은 인간 영혼에 자연적으로 주어진 것"이라고 외친다.[34] 테오필로스(Theophilus)가 당시 이교도들의 도전에 응대한 것에 따르면, "만일 너희가 '네 하나님을 나에게 보여줘'라고 요구한다면, 나는 너희들에게 '너희의 속사람을 나에게 보여준다면, 나도 내 하나님을 너희들에게 보이겠다'고 답할 것이다."[35] 테오필로스는 이어서 "우리는 하나님을 인간의 눈으로 볼 수는 없지만, 하나님의 섭리와 사역을 통해 볼 수 있다"고 단언한다.[36] 항구를 향해 직진하는 배를 볼 때 그 선장을 떠올리지 않을 수 없듯이, 그 경로를 따라 직진하는 우주의 운행 속에서 우리는 통치자 하나님을 떠올리지 않을 수 없다. 미누키우스 펠릭스(Minucius Felix)는 자신의 책 『옥타비우스』(Octavius)라는 변증서[37]에서 "이 우주라는 체계가 하나

---

33. *The Paedagogus*, III. i. ed. Stählin, I. 1905, p. 235; E. T. in *The Ante Nicene Christian Library*: *Clement of Alexandria*, i. 1867, p. 273. *Stromata*, V. xiii.와 *Protrepticus*, vi.를 참고하라.

34. *Adversus Marcionem*, i. 10; E. T. *The Ante Nicene Fathers*, iii. 1903, p. 278. *De testimonio animae*, vi: E. T. 앞의 책, p. 179를 참고하라.

35. *Ad Autolycum*, i. 2: E. T. *Ante Nicene Fathers*, ii. 1903, p. 89.

36. *Do.*, i. 5. E. T. 앞의 책, p. 90.

37. 17장: E. T. *Ante Nicene Fathers*, iv. 1902, p. 182.

님의 지혜를 통해 완전하게 설계되었음을 부정하고 각 구성요소들이 우연히 들러붙어 만들어졌다고 주장하는 이들이 있다. 내가 보기에 그들은 지성도 감각도 심지어 눈도 없는 자들과 같다"라고 말한다. 알렉산드리아의 디오니시우스(Dionysius of Alexandria)는 칼뱅과 같은 맥락에서 원자론을 비판하며 질문한다.[38] "누군가 조직하거나 인도하지 않고, 뭔가를 결정할 수 있는 의지도 없고, 서로에 대한 아무런 지식이 없는데도, 하늘에 있는 이 모든 별이 어떻게 완벽한 조화와 질서 속에서 운행될 수 있을까?" 이러한 초기 교부들처럼 칼뱅도 두 종류의 증거를 제시한다. 곧 그것은 우리 자신을 아는 지식에서 이미 하나님의 존재가 주어지고, 우리는 하나님의 사역과 행위를 알아가면서 그것을 확증하는 것이다. 우리는 칼뱅이 이 주제를 단순히 부수적인 논의로 다루기보다는 공공연한 논의로 다루고 있음을 발견하더라도, 교부들처럼 칼뱅의 논의에도 형이상학적 논증이 결여[39]되어 있는지를 단지 추측할 수 있을 뿐이다. **후험적** 방법(*a posteriori* method)이 칼뱅에게 생소했던 것처럼(I.v.9 참조), 칼뱅은 형이상학적 논증들을 자신의 논증에 포함시키지 않았을 것으로 보인다. 사실 칼뱅은 자신의 논의 과정에서 위의 두 가지 방법만을 언급하며 기독교 초기부터 많은 학자가 여기에 의존해왔다고 지적했다. 칼뱅은 특유의 분명함과 명료함을 담아 이 두 가지 방법을 충분히 설명하고 묘사했다. 그러나

---

38. *Adv. Epic.*, iii.: *E. T. Ante Nicene Fathers*, vi. 1899, p. 88.

39. "아우구스티누스나 안셀무스, 데카르트가 하나님의 존재를 증명하고자 제시했던 형이상학적 논증은 기독교 초기 3세기 동안의 신학에는 다소 생소했다." H. C. Sheldon, *History of Christian Doctrine*, i. 1886, p. 56. 그러나 이미 다음 세대들에게는 형이상학적 논증들이 유입된다. Sheldon, p. 187을 참고하라. "우리는 새로운 형태의 논증을 발견한다. 그것은 앞선 몇 세기에 걸쳐 사용되었던 방법에 비해 좀 더 형이상학적인 노선에 속해 있다. 특히 타르수스의 디오도로스(Diodorus of Tarsus)와 아우구스티누스, 보에티우스(Boëthius) 등의 세 저자가 이 새로운 원리에 따라 증거를 추구하였다." 아우구스티누스는 존재론적 증명의 진정한 아버지다. 그러나 그는 시대적으로만 고대에 속했을 뿐이며 지벡(Siebeck)의 지적처럼 "최초의 현대 신학자"였다.

결국에 그는 이 두 가지 방법을 부수적으로 다루고 있을 뿐이다. 이 부분에 있어서는 츠빙글리가 좀 더 풍부하고도 완벽하게 설명한다.[40] 우리가 종교개혁가들 중에서 하나님 존재 증명에 대해 형식적으로 언급한 사람을 찾고자 한다면, 우리는 멜란히톤에게 가야 한다.[41]

---

40. P. J. Muller, *De Godsleer van Zwingli en Calvijn*, 1883, pp. 11-16에는 츠빙글리가 유신론적 논증들을 어떻게 다루고 있는지를 흥미롭게 설명하는 내용이 실려 있다. 물론 뮐러의 생각에 따르면 츠빙글리는 이 논증들을 하나님의 존재를 입증하기 위해 사용하지 않고 하나님을 아는 우리의 지식을 늘려주는 데 사용한다. 츠빙글리에 따르면 하나님을 아는 모든 지식은 계시의 맨 밑바닥에 깔려 있다. 이것은 칼뱅이 보편적인 신 인식(*sensus deitatis*)이라고 부른 것과 동일하다. 츠빙글리는 "하나님이 하나님을 알 수 있는 씨앗을 이방인들 사이에도 뿌려놓으셨다"고 자신의 방법대로 설명한다(iii.158). 그리고 모든 피조물이 자신의 창조주를 선포한다고 강력히 주장한다. "츠빙글리는 하나님에 관한 교리를 다룰 때 두 가지 질문으로 구분한다. 첫 번째는 하나님의 본성에 관한 것이고, 두 번째는 하나님의 존재에 관한 것이다. 첫 번째 질문에 대한 답은 인간 지성의 한계를 뛰어넘는 영역에 있다. 두 번째 질문은 그렇지 않다." A. Baur, *Zwinglis Theologie*, i. 1885, pp. 382-383. 츠빙글리에 따르면 "이해하기 이전에 이미 정당성을 얻을지도 모르는"(Muller, p. 13) 하나님의 존재를 아는 지식은 하나님의 본성을 아는 지식을 수반하지 않는다. 이러한 사실은 한편으로는 널리 퍼진 다신론으로, 다른 한편으로는 자연적 유신론이 항상 이론적이라는 사실로 입증된다(Baur, p. 383).

41. 『신학총론』(1521) 초판에는 **신론**(*locus de Deo*)을 다루는 부분이 전혀 나타나지 않고, 2판(1535-1541)에 이르러서야 신론이 나타나기 시작한다. 여기서도 멜란히톤은 신론을 구체적으로 다루는 것이 아니라, **창조론**(*locus de Creatione*)을 다루면서 하나님의 존재에 대한 다음과 같은 논증을 추가한다. "인간 지성은 하나님의 말씀에 도움을 입어서 하나님과 창조에 대한 참되고 올바른 견해를 가진 이후에, 자연 속에서 하나님의 흔적을 찾고 하나님이 계시다는 증거를 살피면서 유익을 얻는다"(*Corp. Ref.*, xxi.369). 이런 표현은 "선한 도덕"이라는 유익을 독자들에게 주고자 최종판(1541)에서 좀 더 확장되어 정형화된 형태로 정리된다. 이 항목(*Corp. Ref.*, xxi.641-643)은 아홉 가지의 "논증들로 이루어져 있고, 그것들은 인간 지성에 정직한 견해를 주입시키고 교육하는 유용한 생각이다." "첫째 논증은 자연 질서 그 자체에서 파생되는 것이다. 이것은 자연에 나타난 결과를 보면 그것을 만든 창조주를 분명히 알 수 있다고 말한다.…둘째 논증은 인간 지성의 본성에서 파생되는 것이다. 이것은 비이성적인 존재는 지적 본성을 가진 것들의 원인이 될 수 없다고 말한다.…셋째 논증은 선과 악을 구별하고 질서와 숫자를 인식하는 감각에서 파생되는 것이다.…넷째 논증은 본성적인 관념이 참이라는 것이다. 곧 하나님이 존재하신다는 관념은 모든 인간이 태어나면서부터 고백하는 것이다.…다섯째 논증은 크세노파네스(Xenophanes)가 언급한 것처럼 양심이 느끼는 두려움에서 파생되는 것이다.…여섯째 논증은 사회에 있는 정치적

인간 지성에는 하나님의 존재를 확신하는 성향이 있으며, 사람들은 하나님이 그분의 사역과 행위에서 풍성하게 자신을 나타내시는 것을 보면서 이런 확신을 정당하다고 생각한다. 그리고 인간이 하나님을 알 수 있다고 생각하는 것이 칼뱅의 모든 논의의 기저를 이룬다. 칼뱅은 『기독교 강요』를 시작하는 처음 몇 장에서 견고한 기초 위에 하나님을 아는 지

성격에서 파생되는 것이다.···일곱째 논증은···연속된 작용인들에서 파생되는 것이다. 이것은 작용인들이 무한히 소급될 수 없기 때문에 최초의 작용인이 있음을 보여준다.···여덟째는 목적인들에서 파생되는 것이다.···아홉째는 미래를 예견하는 능력에서 파생되는 것이다." 그가 덧붙이는 말에 따르면 "이러한 논증들은 하나님의 존재를 보여줄 뿐 아니라 섭리의 증거도 보여준다. 그것은 너무도 명백하여 우리가 항상 올바른 지성을 갖도록 도와준다. 좀 더 많은 논증을 제시할 수는 있지만 다소 모호한 것들이라 생략한다." G. H. Lamers, *Geschiendenis der Leer aangande God*, 1897, p. 179. "멜란히톤이 하나님을 영으로서 언급하거나 아니면 사랑의 하나님으로 언급할 때면, 그는 언제나 하나님의 도덕적 특성에 최고의 가치를 두었다. 특히 그가 하나님의 존재 증명으로 제시하는 아홉 가지 목록은 그가 도덕적 요소를 고려하는 데 매력을 느끼고 있음을 보여준다"(Doedes, *Inleiding tot de Leer van God*, p. 191). 헤를링거는 멜란히톤이 이 논증들을 어떻게 다루고 있는지를 적절히 평가했다. "하나님에 관한 지식은 인간 내면에 본성적으로 주어진다. 인간이 세상을 바라보며 세상의 존재 목적에 대해 숙고하는 순간, 이 본유관념(innate idea)이 깨어나게 된다. 멜란히톤은 자신의 철학적 저술, 특히 자연학에 대한 저술에서 우리가 어떤 대상을 숙고해야 하는지를 말한다. 그래서 우리는 그에게서 자연신학의 요소를 발견할 수 있다"(Herrlinger, *Die Theologie Melanchthons*, 1879, p. 168). 멜란히톤은 계속되는 논의를 통해 이러한 숙고 대상을 아홉 가지로 정리하여 제시하며 이것들이 서로를 강화시켜준다고 확신한다. 헤를링거는 이 항목들이 멜란히톤의 다른 여러 글에서도 동일한 순서로 제시되고 있음에 주목한다. 그는 그것들이 어떤 원리에 따라 나열된 것이 아닐까 생각한다. 그 원리는 자연과 인간에 대한 세부 내용에서 출발하여 인간 공동체를 다루고 자연 체계 전체로 진행되는 원리일 것이다(p. 392). 헤를링거가 계속하는 설명에 따르면 "이 모든 논증은 목적론적 논증이라는 방법에 따라 제시되고 있음이 분명하다. 그러나 멜란히톤은 이러한 논증들을 인식하기 위해서 본유관념이 필요하다고 말하는 칸트와 의견을 같이한다. 하나님의 존재를 가장 직접적으로 입증해주는 존재론적 인식이 앞서야 다른 모든 논증이 유용해진다는 것이다. '인간 지성은 수없이 많은 증거들을 통해 하나님을 생각한다. 그러나 인간의 지성 속에 하나님에 관한 특정 지식(notitia)이나 선 개념(πρόληψις)이 불어넣어져야만(insita) 이러한 사고가 가능해진다'(*De Anima*, 15.564). 그는 이것을 이 책의 13.144, 169에서도 유사하게 설명한다"(p. 393). 여기서 언급된 이러한 논증들과 타고난 신 인식(sensus deitatis) 사이의 관계는 칼뱅에게도 유효하다.

식을 확립시키려고 노력한다. 그래서 그는 1장에서 하나님을 아는 우리의 지식이 실재하고 신뢰할 수 있음을 강조한다. 이런 칼뱅의 강조는 하나님을 알고자 하는 우리의 타고난 본능이 그분을 실제로 아는 지식으로 발전되는 기술을 가지는 것과 같은 것이다. 칼뱅은 하나님이 그분의 사역과 행위에서 하나님 자신을 알려주시는 계시의 풍성함을 적절하고 빼어난 예시로 잘 묘사한다(I.v.). 물론 죄로 물든 인간이 자기 스스로 하나님을 아는 지식을 얻을 수 있다고 가르치지는 않는다. 그는 죄가 인간 지성에 끼친 영향을 심각하게 다루며, 모든 인간은 하나님을 아는 참된 지식으로부터 멀어진 상태라고 강조한다(I.iv.). 그러나 이것은 하나님의 불가지성(不可知性)을 가르치는 것이 아니라, 죄로 생긴 무능력한 결과를 가르치는 것이다. 이런 이유로 칼뱅은 죄인들이 하나님을 아는 지식과 관련해 자신들이 부적당하다는 것만 알 수 있고, 이것 자체가 죄라는 것을 가르친다. 인간 본성이 하나님을 섬기려고 준비하고 있고, 하나님이 그들의 눈앞에 그분 자신을 계시하여 보이신다. 그런데도 만일 그들이 하나님을 알지 못한다면 그들은 핑계 댈 수 없으며, 자신들이 하나님을 알지 못하는 이유가 자신들의 죄성 때문이라고 주장할 수 없다. 정상적인 사람은 하나님을 알 수 있다. 인간이 하나님을 아는 것은 당연한 일이기 때문이다. 그런데 만일 우리가 인간 마음에서 활동하시는 성령의 초자연적 활동의 도움으로만 하나님을 알 수 있다면, 이것은 인간이 더 이상 정상적인 상태에 있지 않음을 보여주는 것이다. 성령의 이러한 초자연적 사역에는 인간의 참된 본성을 회복시키는 기능이 있다. "마음에서 일어나는 성령의 증언"은 인간에게 어떤 새로운 능력, 곧 인간에게는 전혀 생소한 능력을 부여하지 않는다. 오히려 성령의 증언은 죄를 범해 죽어 있는 인간의 본성을 회복시킨다. 원리적으로 간단히 설명하면, 그것은 죄를 범해 일어났던 죽음의 상태에서 인간들의 능력을 회복시키는 것이다. 그래서 인간이 성령의 증언으로 깨달은 하나님을 아는 지식은 정상적인 인간에게 원래 있었던 지식이다. 비록 성령이 초자연적인 방법으로 하나님을 아는 지식을 주셨지만, 하나님을 아는 지식을 종류로 분류하면 그것은 인간이 타고난 **신 인식**(*sensus deitatis*)의 산물과 하나님이 그분의 사역과 행위로 드러내신 계시로 분류된다. 그리고 인간이 지식을 획득하는 방식과 관련해 하나님을 아는 지식을 설명하면, 그것은 하나님을 본래적으로 아는 지식이다. 죄가 인간 지성에 영향을 미쳤고 "성령의 증언"이 이런 부정적인 영향들을 소멸시킨다고 칼뱅이 가르친 교리는, 우리가 "중생"이라고 부르는 교리다. 우리는 이것을 하나님의 불가지성에 관한 교리로 여기면 안 된다. 오히려 성령의 증언은 하나님의 가지성(可知性)에 관한 교리이며, 인간이 현재 상태로는 왜 하나님을 제대로 알지 못하고 실패하는지에 대한 이유를 말해준다. 그리고 성령의 증언은 지금 실제 알려진 하나님으로 이해된 것처럼, 하나님의 가지성이 인간에게 어떤 조건들에서 드러났고 어떻게 이해되었는지를 설명해준다. 칼뱅에 따르면 하나님의 성령이 새롭게 재창조하시는 능력을 가지고 인간 마음에 들어오시면, 아무리 치명적인 죄인이라 할지라도 눈이 열려 하나님을 알게 된다. 그는 그저 하나님이 존재한다는 사실만 아는 것이 아니라, 이 하나님이 어떤 분이신지도 알게 된다(I.i.1, ii.1, v.1).

물론 칼뱅은 인간이 하나님을 완전히 알 수 있다고 말한 것이 아니다. 새롭게 된 사람이든 죄로 손상되기 이전의 온전한 능력을 지닌 사람이든, 하나님을 완전히 아는 것은 불가능하다. 하나님의 존재의 깊이는 인간이 측정할 수 있는 영역을 초월하는 문제다. 인간 지성은 그 깊이를 헤아릴 수 없다. 그에 따르면 "하나님의 **본질**(*essentia*)은 **이해될 수 없는**(*incomprehensibilis*) 영역이고, 하나님의 **신성**(*numen*)은 인간의 모든 감각을 초월한다"(I.v.1, I.xi.3). 하나님은 그분의 사역을 통해 자신을 조금씩 드러내시며 "인간이 이해할 수 없는 그분의 본질을 조금씩 보여주신다"(I.

xi.3). 하지만 우리는 인간이기에 하나님을 **모두 이해하지**(*capax Dei*) 못한다. 어거스틴이 다른 글에서 말했듯이, 우리는 하나님의 위대함 앞에서 겸손히 서 있을 뿐이지 하나님을 우리 안으로 불러들일 수는 없다(I.v.9).[42] 그래서 우리는 하나님의 영광만을 알 수 있다(I.v.1). 다시 말해 우리는 그분이 드러낸 완전함만을 알 수 있다(I.v.9). 그분은 우리에게 계시된 만큼 다가오신다(I.x.2). 우리는 하나님 안에 무엇이 있는지 알 수 없다. 그래서 그분의 본질을 파악하려는 모든 시도는 냉랭하고 생명력 없는 사변적 결과만 낳게 된다. 칼뱅은 "정작 우리가 관심을 가져야 할 부분은 하나님의 **속성**(*qualis sit*)이며 그분의 **본성**(*natura*)에 합당한 것이 무엇인지에 관한 것임에도, **하나님의 본질이 무엇인지**(*quid sit Deus*)라는 문제에 집중하는 것은 차가운 사변적 시도를 가지고 장난하는 것에 불과하다"고 말한다(I.ii.2).[43] 그러므로 우리는 하나님을 추구할 때 "그분의 **본질**을 찾으려고 해서는 안 된다. 그분은 경외의 대상이지, 우리가 호기심을 갖고 탐구할 대상이 아니다. 하지만 우리는 그분이 자신을 우리에게 가깝게 내미시고, 자신을 친숙하게 하시고, 어떤 면에서는 우리와 의사소통하시는 수단인 그분의 사역을 통해 하나님을 보게 된다"(I.v.9). 만일 우리가 하나님의 **속성**(*virtutes*)을 이해하면서 그분이 **우리에게 어떤 분이신지**(*qualis erga nos*)를 살피지 않고, 하나님 **자신에게 누구인지**(*quis sit apud se*)에만 집중한다면 우리는 텅 빈 사변 속에서 표류하고 말 것이다(I.x.2).

칼뱅은 여기서 하나님의 "**본질**"(*quid*)에 관한 지식과 하나님의 "**속성**"(*qualis*)에 관한 지식을 구분하고 있다. 곧 이것은 하나님 자신에 대한

---

42. Augustine, In *Psalmos*, 144. "우리는 그분의 위대하심에 이를 수 없다"(illum non possumus capere, velut sub eius magnitudine deficientes).

43. 우리는 하나님의 본질을 알 수 없다. 우리는 단지 그분의 속성만을 알 뿐이다. 이는 하나님의 본질은 우리의 이해를 초월하는 영역이지만 우리가 그분의 속성은 이해할 수 있다는 의미다.

지식과 하나님이 우리에게 어떤 분이신지에 대한 지식으로 구분되는 것을 보여주며, 스콜라주의 학자들의 전형적인 방법으로 토마스 아퀴나스의 주장을 비교적 잘 보여주고 있다(*Summa theologiae*, i.12, 12). 아퀴나스에 따르면 **하나님 본질에 의한**(*per essentiam*) 지식, 그분의 본성에 관한 지식, 그분의 **고유한 종에 관한 본질**(*quidditas per speciem propriam*)에 관한 지식은 없다. 우리는 단지 그분이 창조세계를 향해 자신을 드러내시는 모습(*habitudinem ipsius ad creaturas*)만을 알 뿐이다. 그러나 이러한 설명이 유명론을 암시하지는 않는다. 이런 설명은, 우리는 하나님의 본질이나 하나님의 본성, 하나님의 고유한 성질, 하나님의 **실재**(*realiter*)를 보여주는 그 어떤 것도 알 수 없다는 오캄(Occam)의 주장과도 유사하지 않다. 칼뱅은 하나님의 속성이 하나님의 **내적 본질**(*apud se*)을 묘사하는 것이 아니라 우리에게 어떤 분이신지를 묘사한다고 설명한다.[44] 이때 그는 하나님의 속성이 하나님의 본성을 참되게 규정한다는 사실과, 하나님이 어떤 분이신지 우리에게 드러낸다는 사실을 부정하려는 것이 아니었다. 그는 단지 하나님이 우리에게 드러내시는 그분의 속성을 고려하지 않고 사변적으로만 하나님의 본질을 알려는 시도를 거부한 것이다. 그리고 오직 우리가 그러한 속성들을 통해서만 하나님을 알 수 있다고 주장한 것이다. 그는 하나님의 본성을 규정하는 모든 종류의 **선험적**(*a priori*) 방법을 거부한다. 그의 요청에 따르면 우리는 하나님이 그분의 활동 가운데 우리에게 주시는 계시라는 **후험적**(*a posteriori*) 방법으로 하나님을 아는 지식을 형성해야 한다. 그는 이것만이 우리가 소유할 수 있는 하나님을 아는 지식이

---

44. 두 번째판이나 다른 중간 단계의 개정판을 보면 사벨리우스주의자들을 배격하는 부분이 나온다. 칼뱅은 다음과 같이 설명한다. 하나님의 능력이나 선하심, 지혜, 자비 등의 속성이 "**하나님이 우리에게 어떤 분**"(*qualis erga nos sit Deus*)이신지를 보여주는 반면, 인격적 명칭에 속하는 아버지와 아들, 성령 등은 "**그 스스로 존재하는 양식**"(*qualis apud semetipsum vere sit*)을 말해주는 명칭이다(*Opera* I.491).

고, 우리가 하나님을 아는 지식에 이르는 유일한 방법이라고 주장한다. 칼뱅은 우리가 전혀 경험할 수 없는 일을 행하시는 하나님을 상상하는 것이 우리에게 무슨 소용이 있겠느냐고 묻는다(I.v.9). 그렇게 생겨난 지식은 그저 하나의 텅 빈 사변으로 우리 머릿속에서 떠돌 뿐이다.

하나님은 그분의 **속성들**(*virtutes*)을 통해서만 드러나신다. 오직 이것을 통해서만 우리는 하나님을 견고하고 유익하게 아는 지식을 얻을 수 있다. 그러므로 하나님을 추구하는 올바른 방향과 적절한 방법은 하나님이 우리에게 가져다주시는 그분의 사역들을 사용하는 것이다. 이 사역들을 통해 그분은 우리에게 다가오시고, 그분 자신을 우리에게 친숙하게 여기게 하시고, 어떤 면에서는 그분 자신을 우리에게 수여하신다. 이것은 우리가 하나님의 속성을 통해 그분을 전혀 배우지 못한다거나 우리에게 있는 규정만을 제시한다는 주장이 아니다. 도리어 이것은 우리가 하나님의 속성을 통해 하나님을 견고하고 참되게 아는 지식을 얻는다는 주장이다. 단지 그분의 사역을 통해서만 드러난 하나님의 속성이 그분이 어떤 분이신지, 혹은 그분 본연의 본질이 무엇인지에 대해 우리에게 말해주는 전부인 것처럼 가정하지는 않는다. 그것들은 그저 하나님이 우리에게 어떤 분이신지를 말해준다. 칼뱅의 목적은 하나님이 자신의 피조물들과 교제하시면서 드러내신 그분의 속성들이 그분의 본성에 대한 참된 규정을 보여줌을 반대하는 것이 아니다. 오히려 그의 목적은 하나님이 그분의 피조물과 교제하시면서 드러내신 하나님의 본성에 관한 규정들이 하나님에 대한 참 지식의 전부라고 주장하는 것이다. 그리고 이런 규정들과 관계없는 추상적인 사고는 건전한 결론을 도출하지 못할 것이라고 주장하는 것이다. 칼뱅은 우리가 그분의 활동을 보면서 하나님에 대한 상상적 지식을 추론해서 그분에 대해 전혀 알지 못하는 인식의 결론을 가지라고, 곧 우리가 그분의 속성들이라고 말하는 것은 단지 우리의 내면에서 일어난 느낌이라는 인식의 결론을 가지라고 초청하는 것이 아니다. 그는 어떤 상상적 신을 설명하는 **추상적 이해**(*a priori* construction)에서 실제로 존재하시고 활동하시는 하나님에 대한 지식을 설명하는 **경험적 이해**(*a posteriori* knowledge)를 가지라고 우리를 초청하고 있다. 우리가 익히 아는 대로 그는 하나님의 사역과 활동이 보여주는 그 모습이 바로 하나님의 모습이라고 말한다. 하나님의 사역과 활동은 하나님의 형이상학적 존재를 드러내지는 않지만, 그분의 인격적 관계들을 보여준다. 그것은 하나님의 본연의 본질을 드러내지 않고, 하나님이 우리에게 어떤 분이신지를 드러낸다.

그러므로 칼뱅은 추상적인 의미로서의 하나님의 본성―스콜라주의 표현으로는 하나님의 본질(*quiddity*)―에 대해 말하지 않는다.[45] 그는 하

---

45. P. J. Muller, "하나님의 본성에 관해 그렇게 보는 교리는 칼뱅에게서 찾을 수 없다." *De Godsleer van Calvijn*, 1881, p. 26. 칼뱅에 따르면 하나님은 우리에게 겸손을 가르치고자 성경에서 당신의 본성에 대해 많은 것을 말씀하시지 않는다. 대신에 우리가 하나님에 대해 마땅히 알아야 할 것을 가르치시기 위해 두 가지 성질을 주신다. 그것은 광대하시다는 것과 영이시라는 것이다. "칼뱅은 하나님의 본질이 '광대하시고 영적이시다'는 것(I.xiii.1)과 '우리가 이해하기 어렵다'는 것(I.v.1) 말고는 이 주제에 대해 거의 말하지 않는다." *De Godsleer van Zwingli en Calvijn*, 1883, pp. 30-31. 38쪽에 따르면 "만일 (츠빙글리가 차용한 것처럼) **선험적** 추론이 삼위일체 교리의 발전에서 맞지 않았다면, 칼뱅의 **후험적** 추론은 삼위일체를 제외한 하나님의 본성에 대한 그의 개념이 츠빙글리의 견해보다 덜 중요해진 이유다. 칼뱅에 의하면 우리의 이해로는 하나님이 어떤 분이신지 알 수 없다. 그래서 하나님의 본성을 호기심으로 다루려는 것은 어리석은 행위다. 오히려 하나님의 본성은 우리가 경외하는 마음으로 접근해야 할 문제다(롬 1:19에 대한 주석에서 '사람들이 하나님의 본질을 파헤치려고 혈안이 되어 있다', 『기독교 강요』, I.ii.2: '하나님의 본질은 경외의 대상이지 탐구의 대상이 아니다'). 그럼에도 우리가 이 문제에 대한 답을 어느 정도까지 찾기 원한다면, 그 답은 오직 하나님이 자신의 본질을 나타내신 성경만을 수단으로 하고 우리가 알 필요가 있는 부분에 한정해서 이루어져야 한다. 칼뱅의 이러한 충고는 충분히 이해할 만하다. 그러므로 '하나님의 본질이라는 문제를 다루려는 사람들은 항상 어떤 기준 안에서 사고해야 한다. 왜냐하면 우리에게는 하나님이 어떤 모습으로 존재하시는지를 아는 것이 더 중요하기 때문이다'(I.ii.2). 자신의 본성도 제대로 이해하지 못하는 존재가 어떻게 하나님의 본성을 이해할 수 있을까? 칼뱅은 이렇게 말한다. '그러니 하나님에 관한 지식은 하나님에게 맡기도록 하자. 우리가 하나님을 인식할 때 우리에게 계시하시는 그대로 받아들이고, 하나님에 대해 알고자 할 때 오직 성경이 아니고서는 다른 것에서 찾지 않도록 하자"(I.xiii.21).

나님이 그분의 사역과 행위로 우리에게 드러내신 그분의 속성을 더 깊이 살펴보는 것을 거부한다. 그런데 우리가 그의 생각과는 다르게 칼뱅을 위해서 하나님의 속성을 더 깊이 살펴보거나 칼뱅이 반대했던 하나님의 본질에 대한 본성을 그가 자세하게 살펴보았다고 생각하는 것은 바람직하지 않다. 칼뱅은 사람들에게 자신이 단호하게 반대한 교리를 창시했다는 불필요한 오해를 받았고, 그로 인해 다른 사람들보다 더 큰 고초를 겪어야 했다. 사람들은 칼뱅이 스코투스학파처럼 도덕적 내용이나 규정이 없는 임의적인 의지(arbitrary Will)[46]라는 단순한 개념으로 하나님을 격하시

46. 칼뱅에 대한 이러한 오해는 빠르게 확산되었다. "칼뱅은 분명 하나님을 완전한 의지로 보는 스코투스의 개념을 차용하였다. 그의 선택에 담긴 숨겨진 동기는 우스꽝스러울뿐더러 묻기에 불경스럽기까지 하다." Williston Walker, *John Calvin*, 1906, p. 149. 418쪽에는 이런 내용이 있다. "하나님이 그저 그분의 의지로 도덕을 창조한다는 스코투스의 견해가 하나님에게 도덕적 성품을 부여하는지는 알 수 없다. 이것을 묻는 것은 별 의미가 없을 것이다." 그러나 칼뱅은 스코투스의 개념을 아무 생각 없이 빌리지 않았다. 오히려 그는 공개적으로 스코투스를 반박하곤 했다. 칼뱅은 하나님의 의지가 그분의 도덕적 성품과 독립된 것으로 존재한다고 보기보다는, 하나님의 도덕적 성품의 단순한 표현으로 하나님의 의지를 생각했고, 우리에게 교육될 만한 것으로 생각했다. "그는 둔스 스코투스의 이론을 고수하여 하나님이 그것을 의도하신다는 단순한 사실이 한 사물을 완전하게 한다고 보았고, 성경이 그러한 과정을 하나님이 일하시는 과정으로 돌린다고 확신한 것처럼 그 과정이 신적 특성과 부합하는지 부합하지 않는지에 대한 의문을 제기하지 않았다." C. H. Irwin, *John Calvin*, 1909, p. 179. 그러나 칼뱅은 하나님이 그것을 의도하신다는 단순한 사실이 사물을 완전하게 만든다고 보지 않았다. 하지만 (성경이 우리에게 증언하는 사실일지도 모르는) 하나님이 그것을 의도하신다는 단순한 사실은 우리에게 그것이 완전하다는 충분한 증거가 된다고 보았다. 하나님에 관한 칼뱅의 교리가 이렇게 잘못 이해되는 이유에는 (비록 좀 더 신중한 형태이긴 하지만) 분명 리츨이 한 진술의 영향이 크다(Ritschl, *Jahrbb. für deutsche Theologie*, 1868, xiii. p. 104 이후). 리츨의 기본 주장은 토마스 아퀴나스의 사상으로 로마 교회에서 내몰린 유명론이 루터와 칼뱅에게서 발견된다는 것이다. 그에 따르면 유명론의 영향으로 "제멋대로 일하시는 임의적인 하나님" 개념이 형성되었다. 이것이 루터의 "종속된 의지"와 칼뱅의 "이중예정" 교리에 스며들었다(p. 68). 칼뱅은 이론이나 적용에서 이러한 원리를 받아들이지 않았을 뿐더러, 그 위험성을 인지하여 그 원리를 항상 경계했다(p. 106). 그러나 리츨에 따르면 칼뱅의 이중예정론은 유명론을 바탕으로 시작된다. "칼뱅의 경계에도 불구하고, 하나님에 관한 그의 교리는 유명론의 절대적 능력(*potentia absoluta*)과 매우 유사하다"(p. 107). 제베르크 역시 이와 유사한 견해를 보인다. 그에 따르면 이러한 하나님

켰다고 계속 주장한다. 뿐만 아니라 사람들은 도덕적 이신론[47]이나 확장된 범신론[48]이라는 서로 모순된 생각이 칼뱅에게서 시작되었다는 주장을 확신 있게 전개한다. 한 가지 예를 들면 맨스필드 대학(Mansfield College, 1887-1908) 총장이었던 페어베언(Fairbairn)은 칼뱅에 대해 이렇게 표현한다. "칼뱅은 스피노자만큼 의식적이고 지속적이지는 않았지만 분명히 범

개념이 칼뱅에 의해 반박되었을 뿐만 아니라 그의 "논리 구조"를 파괴한다(Seeberg, *Text-Book of the History of Doctrines*, 79, 4). 이러한 견해를 충분히 반박한 글은 막스 샤이베의 글에서 찾아볼 수 있다. *Max Schiebe, Calvin's Prädestinationslehre*, 1897, p. 113 이후. 샤이베에 따르면, "칼뱅은 하나님의 절대적 능력이라는 스코투스의 유명론에서 자신의 사상이 시작했다고 생각한 사람들의 오해를 반박했다.…오히려 칼뱅에게 하나님의 의지는 궁극적인 원인이다. 하나님은 하나님 외부에서 일어나는 자신의 행위로 규정되지 않으시고, 하나님의 본질에 따른 필연적 선에 따라 행동하신다."

47. A. V. G. Allen, *The Continuity of Christian Thoughts*, 1884, p. 299. "따라서 이렇게 계시된 하나님은 우주 체계 외부에 계신 존재로서 그분의 의지의 힘을 사용하셔서 우주가 존재하도록 하셨다. 칼뱅은 하나님의 내재성이라는 가르침을 분명하게 거부했다. 그는 하나님과 자연을 뒤섞은 자들을 '루크레티우스의 개'라고 불렀다. 이때 그는 츠빙글리를 염두에 둘 정도였다. 칼뱅은 하나님과 인간을 좀 더 엄격히 구별하기 위해 중보자들의 등급을 개입시킨다." 302쪽에서 앨런은 이렇게 설명한다. "어떤 면에서 보면 칼뱅의 체계는 라틴 기독교의 사상을 단순히 반복하는 데 그치지 않고 그것의 주요 개념을 확장시킨다. 라틴 기독교의 저자들 중에는 하나님의 내재성을 반박하고, 세계와 분리된 하나님의 초월성을 단호하게 거부하려는 목적을 가진 이가 없다. 임의적인 절대 의지로 하나님을 생각하는 칼뱅의 신 개념은 둔스 스코투스를 넘어선다. 하나님과 인간의 분리는 그 어느 때보다도 강조된다. 왜냐하면 칼뱅은 그동안 생각하면서 의식하지 못했던 것을 매우 교의적이고 형식적으로 주장하기 때문이다." 앨런 교수는 이미 아우구스티누스의 신학이 "하나님의 초월성을 제1원리로 삼아 의존하고 있다"고 평가했다. 그는 아우구스티누스의 신학이 이신론을 "암묵적으로 가정"했다고 설명한다(pp. 3, 171).

48. D. W. Simon, *Reconciliation by Incarnation*, 1898, p. 282. 사이몬은 다음과 같이 말한다. "범신론과 관련해…다음과 같은 칼뱅의 진술을 보면, 칼뱅에게도 논리적 책임이 있다. 물론 그는 이러한 오명에 분개할지도 모른다. '하나님이 직접 알고 계획하신 것 외에는 아무 일도 일어나지 않는다.' '우주에서 일어나는 모든 변화는 하나님의 보이지 않는 손길에 의한 것이다.' '하늘과 땅, 움직이지 않는 생명체뿐만 아니라 인간의 의지와 계획도 하나님이 계획하신 과정을 따라 정확하게 다스려진다.'" 사이몬 교수에게는 세계에 대한 하나님의 섭리적 통치도 범신론이었던 것이다!

신론자였다."[49] 이러한 선언은 그 자체로도 놀랍지만, 그것이 무엇을 근거로 하고 있는지를 살펴보면 더욱 놀랍다. 이것은 본질적으로 칼뱅주의가 가진 기본적인 개념, 곧 "하나님만이 우주에서 유효적 의지(efficient will)를 가지고 계시며, 그분만이 궁극적 원인이 되시는 실재이시다"[50]라는 생각에 근거한다. 이것을 바탕으로 "보편화된 신적 의지는 보편화된 신적 실체(universalized Divine substance)보다 훨씬 더 결정적이고 포괄적인 범신론에 가깝다"[51]라는 참된 생각이 만들어졌다. 이런 주장의 논리 과정에 따르면, ("제2원인"의 존재와 실재를 암시하는) **만물의 제1원인**(*prima causa rerum*)으로 하나님의 주권적 의지를 말하는 칼뱅주의 개념은, 하나님의 의지가 우주에서 작동하는 유일한 작용인이라고 말하는 범신론적 개념으로 바뀐다. 혹은 하나님의 "의지가 만물의 필연적 원인"이라고 말하는 칼뱅주의의 주권적 통치자 개념이, 하나님을 단순하고도 사변적인 의지[52]로 바라보는 헤겔식 개념으로 바뀐다. 많은 사람이 이러한 설명에 매력을 느끼지만 분명히 이런 논리 과정은 모호하다. 사실 칼뱅주의자가 청교도 사상가 윌리엄 에임즈(William Ames, 1576-1633)의 표현을 인용하여[53] 하나님을 **"만물의 제1원인"**이라고 할 때는 우주에서 일어나는 모

---

49. Andrew Martin Fairbairn, *The Place of Christ in Modern Theology*, 1893, p. 164. 심지어 그와트킨 교수도 "칼뱅은 스코투스주의를 받아들여" 하나님에 관한 그의 개념을 "주권적이고 이해할 수 없는 의지"로 정립했다고 말하면서, "하나님의 의지"는 "필연적이지만 이해할 수 없는 것"이기에 칼뱅이 범신론적 체계를 가르쳤다고 추정한다(H. M. Gwatkin, *The Knowledge of God*, 1906, ii. p. 226). 그러나 그는 칼뱅이 이것을 가정하지 않았음을 받아들인다. 그의 지적에 따르면 칼뱅은 하나님을 "임의적이고 절대적 능력"을 가진 존재로 설명하지 않는다. 이를 볼 때 우리는 이것을 수사적 표현 이상으로 여길 필요가 없다.

50. Ibid., p. 164. 페어베언 교수는 자신의 언급을 정당화하기 위해 아메시우스(Amesius), 윌리엄 에임즈의 라틴식 이름)의 글을 근거로 삼는다. 사실 그는 아메시우스의 글을 잘못 해석했다.

51. Ibid., p. 168.

52. Baur, *Die christliche Lehre von der Dreieinigkeit*, iii. 1843, p. 35 이하.

53. "그러므로 하나님의 의지가 만물의 제1원인이다. '만물이 하나님의 의지로 창조되었고

든 현상이 하나님의 의지에 따라 일어난다는 것을 의미하는 것이지, 하나님의 의지가 우주의 유일한 작용인이라는 의미가 아니다. 칼뱅은 아우구스티누스의 글을 만족스럽게 인용하여 "하나님의 의지가 만물의 필연적 원인"[54]이라고 설명한다. 왜냐하면 그 말은 아우구스티누스의 것이기 때문이다. 이때 칼뱅과 아우구스티누스 어느 누구도 범신론적 관점에서 말하지는 않는다. 칼뱅은 하나님이 계획하신 것은 무엇이든 일어난다고 강조한다. 물론 그것은 **"원인과 그것의 내용이 제2원인에서 발견되는 그러한 방법"**(*ut causa et materia in ipsis reperiatur*)으로 발생한다.[55]

사실 칼뱅은 하나님의 내재성에서 확고한 믿음을 발견할 수 있다고 생각했다. 그에 따르면 "우리의 존재는 오직 하나님 안에서만 유지된다"(I.i.1). 페어베언 박사가 우리에게 전하는 것처럼, 칼뱅은 심지어 경건한 의미로 "자연이 하나님이다"(I.v.5)라고 말했다. 만일 이 표현이 경건한 사람의 지성에서 나온 표현이라면, 그것은 경건한 의미로 이해할 수 있다.[56] 하지만 신학자 페어베언은 칼뱅이 바로 그 뒤에 추가한 표현을 무시

존재하고 있다'(Apoc. iv. 11). 그러나 외부를 향한 하나님 그분의 의지는 사물의 선(善)을 전제하지 않는다. 하나님은 그저 그분의 의지를 사용하셔서 사물을 선하게 만들고 그 사실을 정립시키신다." *Medulla*, I. vii. 38.

54. 페어베언 교수는 이 문구를 칼뱅의 것처럼 인용하여 칼뱅이 "스피노자와 같은…순전한 범신론자"라는 주장을 지지한다(p. 164). 그러나 칼뱅은 아우구스티누스에게서 이 문구를 인용한다(III.xxiii.8). 이 문구는 버림받은 자의 영원한 죽음을 다루는 논의의 한 부분이다.

55. III.xxiii.8.

56. Muller, *De Godsleer van Zwingli en Calvijn*, 1883, p. 26. "따라서 츠빙글리에 따르면 플리니우스(Pliny)가 자연을 하나님이라고 부른 것은 옳다(*De Providentia Dei Anamnemna*, iv. 90). 어느 정도 학식을 갖춘 사람이라면 신이라는 개념을 여러 가지 다른 의미로 생각할 수 없기 때문이다. 플리니우스가 말하는 자연은 만물을 움직이고 붙드는 힘이었다. 그것은 다름 아닌 하나님이었다." *De Godsleer Zwingli en Calvijn*, 1883, p. 26. 그는 츠빙글리가 범신론자였다는 비난에 대해서는 이렇게 설명한다(pp. 26-28). "이미 잘 알려진 것처럼 츠빙글리의 *De Providentia Dei Anamnemna*에는 범신론적 요소가 있다는 주장이 제기되었다. 스피노자 냄새를 풍기는 표현이 그에게 여럿 있음을 부정하긴 어렵다. 우연론(fortuitism)에서 범신론을 발견하는 사람들이 보기에, 츠빙글리는 필연적으로

했다. 칼뱅은 앞의 표현이 "적절하지 않고 다듬어지지 않은 표현"이라고 지적한다. 오히려 그는 "자연을 하나님이 제정한 질서"라고 묘사한다. 게다가 그 표현이 "하나님보다 열등한 피조물을 하나님과 혼동"하는 경향이 있어 해로운 표현이라고까지 한다. 또한 페어베언은, 칼뱅이 긴 논쟁의 마무리 부분에서 "자연이 곧 하나님이다"라는 표현을 언급했다는 사실도 숨긴다. 칼뱅은 하나님을 보자기로 뒤집어 씌워 자연 너머에 가둬 놓고는 하나님의 자리에 자연을 놓아두려는 자들과 논쟁할 때 그들을 비판한 후 "자연이 곧 하나님이다"라는 표현을 제시한다. 칼뱅은 "온 세계를 활동하게 만드는, 숨어 있는 생기" 운운하는 자들에게 그러한 생기가 얼마나 "약하고" 심지어 "하나님을 모독"하는 표현인지 보여주었다. 그는 세계를 움직인다고 여기는 보편적 지성이 얼마나 무능력한지 보여주기 위해 그것을 신랄하게 비판한다(I.v.4-5). 심지어 칼뱅 자신이 그토록 좋아

범신론자일 것이다. 그러나 만일 우리가 츠빙글리의 글에서 스피노자의 견해를 발견한다면, 우리는 스피노자의 견해의 흔적들이 사도 바울의 글에서도 어렵지 않게 발견된다고 지적할 수 있다. 예를 들어 분명히 바울도 다음 구절에 동의할 것이다. '만일 어떤 것이 스스로의 힘과 계획에 의해 생겼다고 한다면, 우리 하나님의 능력과 지혜가 더 이상 필요하지 않을 것이다. 만일 그것이 사실이라면 하나님의 지혜가 궁극적 원인이 되지 않는다. 이 경우 하나님의 지혜는 만물을 포함하지 못하기 때문이다. 그리고 하나님의 능력은 전능할 수가 없게 된다. 하나님의 능력과 별개로 존재하는 능력이 있기 때문이다. 그리고 그 경우 하나님의 능력이 아닌 다른 종류의 능력이 존재하게 된다'(Opera VI.85). 어떤 경우에도 츠빙글리는 다른 종교개혁가들의 범주에서 멀리 떨어졌다는 비난을 받을 수 없다. 칼뱅 역시 이것을 인식하여(『기독교 강요』, I.v.5), '자연이 곧 하나님이라는 말은 오직 경건한 사람만이 할 수 있다'라고 간단하게 말한다(Zwingli, VI. a. 619. '철학자들처럼 하나님을 자연이라 부르면서, 그는 자연을 모든 만물의 기원이 되는 원리, 모든 영혼의 시작이 되는 원리로 이해한다'). 물론 그렇게 할 때 그는 이렇게 중요한 문제에 있어서 혼란을 일으킬 만한 표현을 삼가라고 경고한다. 다나에우스는 그리스도인이라는 이름을 기꺼이 받아들이는 사람이 하나님과 자연을 서로 다른 두 실체로 이해한다는 것에 놀라워한다(Danaeus, Lib. i. 11 of his Ethices Christ. lib. tres). 심지어 다른 이방 철학자들도 '우리가 제시한 자연이라는 것은 사실 하나님'이라고 더 진심으로 가르쳤기 때문이다"(pp. 26-28). 그는 츠빙글리처럼 세네카를 거명한다.

하는 세네카도 비판한다. 이는 세네카가 하나님을 마치 세상의 모든 요소에 깃든 신성쯤으로 상상하여 우리가 보는 모든 것과 우리가 보지 못하는 모든 것이 곧 하나님이라고 표현했기 때문이다(I.xiii.1). 세르베투스(Servetus)의 범신론적 체계 역시 비판의 대상이다(II.xiv.5-8). 칼뱅은 범신론적 견해들을 이렇게 빈번하게 비판하고 있다.[57] 그런데도 칼뱅이 범신론적인 형태의 신 개념을 취한다고 비난하는 것은 칼뱅의 의도를 놓치는 것이다. 만일 칼뱅이 "신 개념을 언급하는 가운데 **"내재적 원인"**(*causa immanens*)이라는 용어를 사용하여 스피노자의 생각보다 앞섰다"고 말할 수 있다면, 그리고 "스피노자가 철학적으로 칼뱅주의와 유사한 신 개념[58]에 도달했다"고 말할 수 있다면, 이것은 칼뱅이 이신론자가 아니라는 사실을 의미한다. 사실 칼뱅은 범신론만큼이나 이신론도 격렬히 거부했다. 하나님에게서 심판과 섭리를 빼앗고 그분을 하늘 한구석을 배회하는 **게으름뱅이**(*otiosum*)로 감금시키는 것은, 그야말로 하나님을 "증오할 만한 광적인 행동"을 하시는 분으로 묘사하는 것이다. 그에 따르면 "하나님이 통치권을 포기하시고 단순히 운명에 내맡기실 뿐만 아니라, 사람들의 악한 행동에 눈 감아주시면서 사람들이 벌을 받지 않도록 내버려두셨다면, 그것은 하나님과 전혀 어울리지 않기" 때문이다(I.iv.2).[59]

칼뱅의 신 개념은 순전하고 분명한 유일신 사상이다. 칼뱅은 하나님의 초월성과 내재성을 동시에 강조하는 가운데 이 세상을 향한 하나님의 통

---

57. 다른 예들은 I.xiv.1, I.xv.5에서 찾아볼 수 있다.
58. Fairbairn, 앞의 책, pp. 165-166.
59. 『기독교 강요』, I.xvi.1. "모든 사역을 단번에 다 마치신 하나님을 일시적인 창조자로 만드는 것은 건조하고도 단순한 사변이다." Genevan Catechism, 1545(*Opera* VI.15-18). 하나님의 창조주 되심을 특별하게 다룬다는 사실은 하나님이 그분의 창조사역을 단 한 번에 모두 마치고 피조세계를 더 이상 돌보지 않는다는 뜻이 아니다. 그보다는 이 세상은 하나님이 한 번에 창조하신 그대로, 지금도 그분에 의해 보존되고 있으며, 그분은 앞으로도 여전히 세상의 궁극적 통치자로 간주되어야 한다.

치가 정당함을 부각시킨다. 그는 범신론을 거부하는 글로 자신의 글을 마무리할 때 다음과 같이 말한다. "우리는 모든 자연을 다스리는 오직 한 분 하나님이 계시다는 것을 명심해야 한다"(I.v.6). "그분은 우리가 그분을 신뢰하고 바라보고 예배하면서 그분의 이름을 부르기 원하신다"(I.v.6). "그분은 우리가 사랑의 증거를 기대하고, 사랑의 증거를 주시는 아버지로 그분을 바라보기 원하신다"(I.v.3). 칼뱅은 이러한 하나님 아버지를 결코 신적 의지로 격하시키지 않는다. 그는 기회가 있을 때마다 스코투스학파의 견해를 반박한다. 그에 따르면 하나님의 의지는 우리에게 의로운 질서이자 만물의 원인이다. 하지만 우리는 하나님의 "절대 의지"에 대한 궤변을 늘어놓으며 "하나님의 의와 능력을 따로 구분" 짓는 궤변론자들이 아니다. 오히려 우리는 비록 만물의 근원이자 만물을 이끌어가는 하나님의 통치와 섭리를 이해할 수 없더라도 그것을 높이고자 한다(I.xvii.2). 칼뱅은 다른 곳에서, 하나님의 의지가 곧 사물들의 원인임을 독자들에게 충분히 설명한다. 그의 말에 따르면 "그럼에도 우리는 절대 능력이라는 허상에 우리 자신을 맡길 수 없다. 그것은 불경하기 때문에 우리에게 가증스럽다. 우리는 스스로에게는 법칙이 되면서도 어떤 법칙이 없는 하나님을 상상할 수도 없다.…하나님의 의지는 모든 오류로부터 자유로울 뿐만 아니라 완전함에 이르는 최고의 법칙이자 모든 법칙들의 법칙이다"(III.xxiii.2).[60] 요약하

---

60. 칼뱅이 스코투스학파의 견해를 대변한다고 강조하는 교리사학자들은 일반적으로 칼뱅이 일관적이지 않다고 주장한다. H. C. Sheldon, "하나님의 주권을 지나치게 강조하는 사람들은 하나님의 의지가 절대적인 의의 법칙이라고 말하는 스코투스학파의 원리를 주장했다. 루터가 말한 내용을 보면 그는 스코투스와 매우 유사하다.…칼뱅은 이렇게 강한 어조로 '하나님의 의지'를 말하면서(『기독교 강요』, III.xxiii.2)…결국 하나님의 의지가 절대적으로 의의 최고의 법칙이라는 정도까지는 의미하지 않았다. 그는 하나님의 의지를 인간이 능가할 수 없고 우리 판단과 맞물려 있는 것으로 간주해야만 한다는 정도만 뜻한다. 왜냐하면 그는 '하나님이 자기 스스로 법칙이시면서 동시에 법칙을 주시는 분이시다'라고 덧붙이기 때문이다." *History of Christian Doctrine*, 1886, ii. pp. 93-94. Victor Monod, "칼뱅 자신은 분명 스코투스학파가 아니었다. 그러나 그의 제자들이 스코투스학파의 견해를

자면, 칼뱅에게 하나님의 의지는 우리를 위한 최고의 법칙이다. 왜냐하면 그것은 하나님의 탁월하심을 완벽하게 표현하기 때문이다.[61]

그러므로 칼뱅은 자신이 이신론자나 범신론자, 스코투스학파로 분류되는 것을 거부한다. 이것들 중 하나로 칼뱅을 부르려는 사람은 정당한 근거 없이 칼뱅의 어느 한 면만을 본 것이다. 그들은 칼뱅이 하나님의 초월성을 강조하면서, 신성이 세상의 모든 부분에 스며들어 우리 자신뿐만 아니라 나무나 돌에서도 하나님의 일부를 발견할 수 있다고 주장하는 사람들에게 경멸스럽다는 듯이 말하는 모습만 본 것이다(I.xiii.1, 22). 다른 한편으로는 칼뱅이 하나님의 내재성을 강조하면서, 그분이 행하신 일들을 바라보자고 우리를 초청하거나 "하늘과 땅의 만물에 깃들어서 만물을 유지시키고 활동하게 하시는 하나님"을, 혹은 "어떤 제한이나 경계가 없이 자신의 생기를 만물에 불어넣어 만물의 생명과 활동을 불러일으키시는" 하나님을 바라보자고 우리를 초청하는 모습만 본 것이다(I.xiii.14). 또 다른 한편 그들은 칼뱅이 하나님의 의지는 우리와 같은 피조물이 이해할 수 없고 그것이 우리에게 의의 기준을 제시해준다고 강조하면서, 그것을

받아들였다. 칼뱅의 논리 체계에서 하나님은 도덕 법칙 위에 존재하신다. 칼뱅은 이런 경향을 언제나 반대하지는 못했다." *Le problème de Dieu*, 1920, p. 44.

61. 칼뱅에 따르면 "하나님의 선(善)은 하나님의 신성과 매우 밀접하게 연합되어 있다. 하나님의 선하심은 하나님이 하나님으로 존재하는 것만큼이나 필연적이다"(『기독교 강요』, II.iii.5). 또한 그에 따르면 "태양의 빛과 열을 분리시키는 것은 쉬울지 몰라도 하나님의 능력과 의를 분리시키는 것은 불가능하다"(*Opera* VIII.361). Herman Bavinck, *Gereformeerde Dogmatiek*, ii. 1897, p. 226. 바빙크는 칼뱅이 스코투스학파의 절대적 능력(*potentia absoluta*)을 "불경한 발견"이라고 언급(『기독교 강요』, III.xxiii.1,5)하면서 이렇게 말한다. "로마 교회 신학자들은 이 부분에서 칼뱅이 하나님의 전능하심을 제한하거나 부정한다고 생각한다(Bellarmine, *De Gratia et Libero Arbitrio*, iii. chap. 15). 그러나 칼뱅은 하나님이 실제로 하시는 것보다 훨씬 많은 것을 하실 수 있다는 사실을 부정하지 않는다. 그는 단지 하나님의 존재나 덕목들과 아무런 상관없이 제멋대로 활동한다는 의미의 절대적 능력을 거부한다. 그래서 일관성 없는 모든 종류의 것들을 할 수 있다는 의미의 절대적 능력을 거부한다."

불평하거나 의심하지 말고 받아들여야 한다고 선언한 모습만 본 것이다. 사실 이러한 비난은 모두 칼뱅이 아우구스티누스의 견해를 따라 "만물의 필연적 원인"이라고 표현한 하나님의 주권 교리에 대한 그들의 반감을 표시하는 몇 가지 방법에 불과하다. 그들은 이 미움받는 개념을 몇 가지 치욕스러운 명칭으로 낙인찍었다. 그들에 따르면 칼뱅은 이신론적 사상을 취해 하나님이 제정한 법칙 너머에 숨어 있는 신 개념을 가지고 있다. 혹은 칼뱅은 하나님을 단순히 사물에 대한 원인의 흐름으로, 혹은 최소한의 단순한 신적 의지로 격하시켰다.[62] 그러나 칼뱅에 대한 그들의 해석은 이렇게 한쪽으로 치우치거나 서로 상반된다. 사실 이는 칼뱅의 교리가 이러한 설명들 중 어느 하나와도 일치하지 않음을 효과적으로 보여준다.

우리가 보기에 칼뱅의 신 개념은 전혀 모호하지 않다. 오히려 그는 냉철과 경외가 잘 조화를 이룬 생각을 가지고 있다. 칼뱅을 범신론자나 이신론자, 스코투스주의자로 보는 오해는 모두 풀려야 한다. 그가 마니교나 신인동형설을 비판한다는 사실을 생각할 때(I.xiii.1), 비로소 우리는

---

62. 바우어의 긴 논의를 보면 이를 좀 더 분명하게 보여주는 예가 나타난다(F. C. Baur, *Die Christliche Lehre von Der Dreieinigkeit*, iii. 1843, p. 35 이하). 바우어는 칼뱅의 선택과 유기 교리를 하나님 안에서 자비와 정의가 분리되는 양상으로 생각한다. 이에 따르면 하나님은 선과 악에 무관심한(indifferent) 존재로 전락하며, 사실상 선과 악은 존재하지도 않으며 그저 반대되는 생각을 주는 것으로 변형된다. 바우어는 다음과 같이 주장한다. "만일 정의가 은혜와 같이 동일하게 하나님의 절대적 속성이라면, 선과 악은 결국 하나가 되며 하나님이라는 절대 존재는 악이 없는 속성을 갖지 않을 수 없다. 악은 선과 같이 하나님의 절대적 존재와도 동일한 관계를 이룬다. "같은 맥락에서 본다면, 하나님은 선의 원리이신 동시에 악의 원리이시다." 그리고 "하나님의 정의는 그 대상이 없이는 존재할 수 없으므로, 하나님은 이 대상을 제공하셔야만 한다"(pp. 37-38). "그러나 만일 악이 선과 마찬가지로 하나님으로부터 나온다면, 바로 이런 이유 때문에 악도 선하다. 그러므로 선과 악은 서로 전적으로 반대되지 않고(indifferent), 절대적 이원론은 동일한 절대적 독단(Willkür)으로 이해할 수 있다. 둔스 스코투스가 하나님의 절대적 존재를 두는 곳이 바로 이곳이다"(p. 38). 그러나 이것은 칼뱅의 견해가 아니라 바우어가 헤겔철학의 변증법을 사용해 칼뱅의 견해에서 도출한 결과다.

칼뱅의 유일신론 견해를 바르게 이해할 수 있다(I.x.3). 그의 생각에 따르면, 이 한 분이신 하나님의 본성은 오직 그분이 그분의 사역 가운데 드러내시는 모습을 통해 이해될 수 있다(I.v.9). 말하자면 우리는 하나님의 탁월하심을 통해 하나님을 알게 된다. 그러므로 우리가 말하는 하나님의 속성은 바로 칼뱅이 말하는, 하나님을 아는 지식의 총체다. 사실 하나님이 우리에게 드러내시는 그분의 특성을 통해, 우리는 그분 본연의 본질을 보는 것이 아니라, 그분이 우리에게 어떤 분이신지를 보게 되는 것이다(I.x.2). 따라서 우리가 보는 하나님은 우리를 향한 그분의 진정한 모습이다. 이것이 우리가 그분에 대해 알 수 있는 전부다. 그러므로 우리는 『기독교 강요』에서 하나님의 속성 전반에 대해 체계적으로 논의하는 내용을, 그리고 이것을 바탕으로 하나님이 우리에게 어떤 하나님으로 다가오시는지 충분히 말해주는 설명을 기대할지도 모른다. 하지만 앞서 살펴본 대로 우리는 이러한 내용을 발견하지 못한다.[63] 더군다나 하나님의 속성들의 본성에 대한 형이상학적 논의나 각 속성들의 관계, 혹은 하나님의 속성들을 규정하는 하나님의 본질과 속성들의 관계를 다루는 내용은 훨씬 더 적다. 그렇다고 해서 우리가 이 부분에 대해 거의 아무것도 얻지 못한다고 가정해서는 안 된다. 그와는 반대로 논의 전반에 걸쳐 이따금 나타나는 암시와 더불어 우리는 칼뱅이 두 장을 할애하여 하나님의 속성들에 대한 자신의 생각을 나타내려는 모습을 살펴볼 수 있다. 그중 한 장에서 칼뱅은 하나님의 사역과 행위에 나타나는 하나님의 탁월하심을 다루고, 다른 한 장에서 하나님의 말씀에 나타나는 하나님의 탁월하심을 다룬다.

이미 우리는 칼뱅이 『기독교 강요』 1권 10장에서 하나님에 관한 교리

---

63. P. J. Muller, *De Godsleer van Zwingli en Calvijn*, 1883, p. 40. "우리는 츠빙글리나 칼뱅에게서 하나님의 속성"에 대한 형식이나 속성 분류를 보지 못한다. 때때로 여러 속성들이 한꺼번에 거론되기도 하고, 각 속성들이 따로 언급되기도 한다."

를 시작할 때 그것을 어떻게 다루는지 살펴보았다. 칼뱅은 성경에 기록된 하나님 묘사와, 우리가 하나님의 사역에서 이끌어내는 하나님 개념이 얼마나 조화를 잘 이루는지 설명하면서, 하나님의 속성과 관련한 모든 것을 단번에 독자들에게 제시한다. 칼뱅에 따르면 성경은 하나님의 사역과 행위에서 드러난 일반계시를 이 부분에서 좀 더 분명하게 나타내준다(I.x.1). 성경은 하나님을 묘사할 때 하나님의 "창조세계를 바라보며 알 수 있는 것" 외에는 담지 않는다(I.x.2). 칼뱅은 모세의 기록(출 34:6)과 시편(시 145편), 예언서(렘 9:24) 등을 인용하여 하나님이 어떻게 풍성하게 묘사되고 있는지 살핀다. 그리고 앞장(I.v.)에서 살폈듯이, 하나님의 사역과 행위를 통해 발견할 수 있는 하나님의 탁월하심과 이것이 조화를 잘 이룬다고 설명한다. 이러한 비교는 하나님의 속성을 전체적으로 다루는 일과 일부 속성에 대한 자세한 논의를 어느 정도 수반한다. 이전에는 그 논의가 자연을 바탕으로 이루어졌다면(I.v.), 여기에서는 성경을 통해 이루어진다. 그러므로 칼뱅은 하나님의 속성을 좀 더 간접적인 방법으로 다루는 것도 거부하지는 않는다. 또한 그는 실천적인 측면을 매우 강조한다. 그는 하나님의 본질에 대해 "뜬구름 잡는 듯 모호한 사변"을 철저히 배제하며, 하나님이 우리에게 어떤 하나님이신지에 집중하는 경향을 보인다. 그리하여 하나님을 아는 우리의 지식이 살아 있는 관념이자 신앙적 반응이 되도록 한다(I.x.2).

칼뱅은 하나님의 다양한 속성들을 여러 구절에서 함께 다룬다. 그는 이것을 **덕목들**(*virtues*)이라[64] 부르며, 때때로 그 덕목들을 분류하는 기준을 살짝 암시하기도 한다. 가장 눈에 띄는 구절은 『기독교 강요』 초판

---

64. *Virtutes Dei*, I.ii.1; v.7,9,10; x.2. 칼뱅은 xiii.4에서 "**속성**"(*attributa*)이라는 용어를 사용한다. 그는 xiii.1에서는 하나님께서 영적이시고 광대하시다고 말하면서 "**성질**"(*epitheta*)을 통해 설명한다.

의 시작하는 부분에 실려 있었지만, 다음 개정판에서는 삭제되었다.[65] 칼뱅이 거기서 하나님에 대해 가장 포괄적으로 묘사한다고 생각하는 사람들에게, 그 부분이 삭제된 것은 유감스러운 일일 것이다. 그것은 다음과 같다. "거룩한 교리의 총체는 이 두 가지로만 구성된다. 그것은 하나님을 아는 지식과 우리 자신을 아는 지식이다. 이제 우리는 하나님에 대해 생각할 때 다음과 같은 것들을 항상 염두에 두어야 한다. 첫째, 우리가 견고하게 붙들어야 하는 믿음에 따르면 하나님에게는 무한한 지혜와 의, 선, 자비, 진리, **능력**(*virtus*), 생명이 있다. 그리하여 다른 종류의 지혜와 의, 선, 자비, 진리, 능력, 생명은 하나님께 없다(바룩 3장; 약 1장). 어디서든 이러한 것들이 나타난다면 그것은 분명 하나님께로부터 온 것이다(잠 16장). 둘째, 하늘이나 땅에 있는 모든 것이 다 하나님의 영광을 위해 창조되었다(시 148편; 단 3장). 만물이 각자의 본성에 따라 하나님을 섬기고 그분의 권위를 인정하고 순종하며 주님과 왕으로 받아들이는 것은 당연하다(롬 1장). 셋째, 하나님은 의로운 재판관이시기에 그분의 명령을 떠

---

65. Köstlin, 앞의 책, pp. 61-62. "한편 이것은 우리에게 가장 중요한 부분이다. 『기독교강요』에서는 하나님의 속성을 포괄적으로 다루지 않는다. 여기서는 특히 하나님의 도덕적 속성이 다루어지지 않는다. 이것은 이후 칼뱅의 다른 저작에서도 마찬가지다. 『기독교강요』 초판은 하나님의 무한하신 지혜와 의, 자비 등에 대해 포괄적으로 말하는 명제로 시작된다. 이것은 그 이후 개정판에서 발전된 논의의 형태를 띨 것이라는 기대를 모은다. 그러나 위의 명제들은 초판 이후에는 삭제되어 다시는 발전하지 않는다." 다음에 이어지는 개정판들(1543-1550)에서는 이 단락이 다음과 같은 형태로 나타난다. "참되고 바른 지혜일 경우 우리의 모든 지혜는 두 가지 사실로 구성된다. 하나님을 아는 지식과 우리 자신을 아는 지식이 그것이다. 하나는 모든 인간이 예배하고 경배해야 할 대상으로서의 하나님이 계시다는 사실뿐 아니라 바로 이 하나님으로부터 모든 진리와 지혜, 선, 의, 공의, 자비, 능력, 거룩함이 나온다는 것을 가르쳐준다. 그래서 우리로 하여금 하나님을 향해 이 모든 것을 기대하도록 하고, 그것을 받게 되면 하나님께 찬양과 감사를 드리도록 가르쳐준다. 다른 하나는 우리의 연약함과 비참함, 자만심, 부정함을 드러냄으로써 우리가 낮아지고 낙담하여 우리 자신을 미워하는 단계에까지 이르게 한 후, 하나님을 찾고자 하는 열망이 우리 안에 일도록 한다. 그것은 우리로 하여금 모든 선한 것이 오직 하나님으로부터 나온다는 사실을 깨닫게 하고 우리가 얼마나 부족하고 연약한 존재인지 인정하도록 한다."

나거나 그분의 뜻에 순종하지 않는 자들을 엄하게 심판하신다. 생각이나 말, 행동에서 하나님의 영광을 구하지 않는 자들도 마찬가지다(시 7편; 롬 2장). 넷째, 하나님은 자비로우시고 오래 참으시는 분이시다. 그래서 비참하고 절망에 빠진 사람이라도 하나님의 사랑과 신실하심을 의지하기만 한다면 하나님은 그를 그분의 나라로 부르신다. 우리가 언제나 기억해야 할 것은 하나님은 그분의 자비를 구하는 자들을 용서하시고, 그분의 도움을 기다리는 자들을 도우시며, 그분을 신뢰하는 자들을 구원하신다는 것이다(시 25, 85, 103편; 사 55장)." 이 뛰어난 진술의 첫 조항에서 우리는 하나님의 도덕적 속성을 완전하게 담은 목록을 발견한다. 물론 단락을 계속 살펴보면 하나님의 다른 속성의 목록도 발견할 수 있다. 그리고 이 모든 속성은 무한한 형태로 하나님의 본질에 속한다고 선포된다. 그 목록은 일곱 가지 항목을 포함한다. 지혜, 의, 선(자비), 자비(오래 참으심), 진리, 능력, 생명이 그것이다.[66] 이 목록을 웨스트민스터 소요리문답 4번 항의 유명한 하나님의 정의[67]와 비교하면 그것이 실제로 동일함을 알 수 있다. "선"이라는 일반 용어에 좀 더 구체적인 의미가 있는 "자비"를 더하고, 목록 마지막에 "생명"을 추가했다는 것이 다를 뿐이다. "거룩"이란 용어도 생략되었는데 이것은 분명히 "의"에 포함되기 때문이다.

비록 이 목록이 『기독교 강요』에서 최종적인 형태로 다시 나타나지 않는다 해도, 그와 유사한 목록이 하나 이상의 구절에 분명 잠재해 있을 것이다. 이미 첫 장의 처음 부분에서 우리는 우리의 **"악들"**(mala)과 반대되는 하나님의 **"선들"**(bona)의 목록을 만난다. 지혜, 능력, 선, 의가 여기서 언

---

66. 『기독교 강요』 중간 단계의 개정판들에서는 이 목록의 순서가 다를 뿐더러 규칙적이지도 않다. "생명"이 생략되는가 하면, "의" 다음에 "공의"가 덧붙여지기도 한다. 마지막에 "거룩"이 추가되기도 하며, "힘"이 "능력"을 대신하기도 한다. 진리, 지혜, 선, 의, 공의, 자비, 능력, 거룩.
67. "지혜, 능력, 거룩, 공의, 선, 진리."

급된다. 그 부분에 따르면 우리는 "참된 지혜의 빛과 강한 **능력**(*virtus*), 모든 선한 것의 풍성함, 순전한 의"를 오직 하나님 안에서만 발견할 수 있다 (I.i.1). 다음 장을 시작하는 부분에서 칼뱅은 하나님의 탁월하심을 보여주는 목록을 두 개 제시한다. 이것은 분명 수사적이면서도 체계적인 배열의 기초를 드러낸다. 이 목록들의 후반부에는 능력, 지혜, 선, 의, 공의, 자비가 좀 더 완전하게 제시되고, 마무리 부분에서는 하나님의 강력한 "보호하심"이 언급된다. 하나님은 "그분의 **광대하신 능력**(*immensa potentia*)으로 이 세상을 유지하시고, 지혜로 이 세상을 통치하시며, 선하심으로 이 세상을 보존하신다. 하나님은 특히 의와 **공의**(*iudicium*)로 인류를 다스리시고, 자비로 오래 참으시며, **보호하심**(*praesidium*)으로 지켜주신다." 그러나 거의 완성된 형태의 목록은 칼뱅이 자연의 암시를 마무리하며 성경의 몇 구절을 해석하여 하나님의 탁월하심을 도출하는 과정에서 주어진다. 그 목록은 특히 출애굽기 34:6에 대한 해석에서 분명하게 나타난다(I.x.2). 칼뱅은 "여호와"라는 이름에 있는 하나님의 영원하심과 자존하심을 언급한다. 그리고 "엘로힘"이라는 이름에서 하나님의 **힘과 능력**(*virtus et potentia*)을 발견한다. 그러한 묘사는 바로 하나님의 덕목을 나타낸다. 이는 하나님의 **내적 본질**(*apud se*)이 아니라 **우리에게**(*erga nos*) 나타나시는 하나님의 모습을 보여준다. 더 정확히 말해 그것은 하나님의 인자하심과 선하심, 자비하심, 의로우심, 공의로우심, 진실하심을 보여준다. 그러나 이 구절에서 우리는 이 속성들이 구분될 수 있음을 암시하는 부분에 가장 많은 관심을 집중한다. 하나님이 영원하시고 자존(*αἰτουσία*)하신다고 말하는 것은 분명 칼뱅이 하나님에게 적용한 덕목들과는 다르다. 그 덕목들은 하나님의 내적 본질을 묘사하지 않고 우리에게 나타나시는 하나님의 모습을 묘사하기 때문이다. 하지만 하나님이 영원하시고 자존하신다는 것은 하나님의 속성보다는 본질에 속한다. 다음 이어지는 구절에서도 우리는 이와 비슷한 결과를 갖는 단서를 발견한다(I.xiii.1). 하나님의 "본질"을 나타내는 "두 가지 성질"이 성경에 나타난다. 그것은 하나님이 영이시라는 것과 광대하시다는 것이다.[68] 그러므로 우리는 칼뱅이 하나님의 내적 본질을 지칭하는 성질과 하나님이 우리에게 나타나시는 모습을 가리키는 성질을 익숙하게 구분하고 있었다고 생각할 수 있다. 이것은 하나님의 본질이나 형이상학적 속성을 도덕적 속성과 구분하는 것과 같다. 하나님의 본질적인 존재 양식과 하나님의 인격을 이루는 요소들을 구분하는 것과도 동일하다.[69]

만일 우리가 이러한 암시로 유익을 얻을 수 있고, 칼뱅이 가끔 언급하는 것처럼 두 종류의 속성을 모을 수 있다면, 우리는 칼뱅이 하나님에 관해 내린 정의를 실제로 재구성할 수 있을 것이다. 이것은 다음과 같을 것이다.[70] 오직 한 분이시고 참되시며,[71] 자존하시고,[72] 순전하시고,[73] 비가시

---

68. "하나님의 광대하시고 영적이신 본질에 대해서는 성경을 통해 우리에게 전해졌다.⋯하지만 내가 언급한 그분의 두 가지 성질은 가끔씩 언급된다"(Quod de immensa et spirituali Dei essentia traditur in Scripturis⋯parce de sua essentia disserit, duobus tamen illis quae dixi epithetis).

69. 이러한 구분을 탁월하게 보여주는 설명은 J. H. Thornwell, *Works*, i. 1871, pp. 168-169를 참고하라.

70. 칼뱅이 하나님의 내적 본질에 대해 정확히 정의한 경우는 아마 『기독교 강요』의 중간 단계 개정판에서 하나님을 묘사하는 부분이다. 그것은 시작하는 문구에 잘 집약되어 있다(I.vi.7). "성경은 그 본질이 영원하시고 무한하시며 영적이신 한 분 하나님만이 존재한다는 사실을 명백히 증거한다." 따라서 하나님의 본질은 영원하시고, 무한하시고, 영적이시다. *Adv. P. Caroli Caluminas*(*Opera* VII.312). "우리는 성경이 우리에게 증거하는 바로 그 한 분 하나님을 믿고 흠모한다. 그리고 성경이 묘사하는 대로의 하나님을 떠올린다. 그분은 영원하시고 무한하시며 영적이시다. 그분만이 스스로 존재하는 능력이 있으시고, 다른 피조물이 존재하도록 하신다."

71. I.ii.2. "유일하신 참 하나님"(*unicus et verus Deus*); xii.1, xiii.2, xiv.2. "유일하신 하나님"(*unicus Deus*); ii.1, v.6, x.3, xii.1. "한 분 하나님"(*unus Deus*); x.3, xiii.2. "참 하나님"(*verus Deus*); xiii.1. "하나님의 통일성"(*unitas Dei*) 등.

72. v.6. "스스로 시작이 되시는"(*a se ipso principium habens*); x.2. "자존하시는"(αὐτουσία); xiv.3. "자존하시는, 즉 스스로 존재하시는"(αὐτουσία, *id est a se ipso existentia*).

73. xiii.2. "하나님의 단일한 본질"(*simplex Dei essentia*); xiii.2. "하나님의 단일하고 나누어지지

적이시고,[74] 온전히 이해할 수 없는[75] 영이시고,[76] 무한하시고,[77] 광대하시고,[78] 영원하시고,[79] 완전하시고,[80] 본질 안에 능력[81]과 지식[82]과 지혜[83]와 의[84]와 공의[85]와 거룩[86]과 선하심[87]과 진리[88]를 가지고 계시는 하나님만이 존재하신다. 게다가 칼뱅은 이러한 일반적인 용어들과 더불어, 좀 더 특정한 의미를 지닌 용어들을 차용한다. 그는 이 용어들로 자신의 생각을 좀 더 정확하게 표현하고 일부 속성들에 대해서는 좀 더 상세하게 설명하고자 한다. 예를 들어 칼뱅은 하나님이 정의로운 재판관으로서 악한 사람들

않은 본질"(*simplex et individua essentia Dei*); "Adv. Val. Gent."(*Opera* IX.365). "하나의 단일한 신성"(*una simplexque Deitas*).

74. I.v.1, II.v.4. "보이지 않는 하나님"(*invisibilis Deus*, 그리스도 안에서 가시화되심, II.ix.1 참조); I.xi.3. "보이지 않는"(*invisibilis*, 성령님의 비가시성).

75. v.1; xi.3. "이해할 수 없는"(*incomprehensibilis*).

76. xiii.1. "하나님의 영적 본질"(*spiritualis Dei essentia*); xiii.1: "영적 본성"(*spiritualis natura*).

77. i.1. "하나님 안에 있는 무한한 선"(*in Deo residet bonorum infinitas*). ed. 1.i, 초반(p. 42)의 *infinitsa*를 참고하라.

78. xiii.1. "그의 무한하심"(*eius immensitas*); xiii.1. "무한하심"(*immensitas*); xiii.1. "하나님의 무한하신 본질"(*immensa Dei essentia*).

79. v.6, x.2, xiii.18, xiv.3. "영원"(*aeternitas*); v.6. "영원하신 하나님(*aeternus Deus*).

80. i.2. "그의 완전하신 의와 지혜, 덕"(*exacta iusticiae, sapientiae, virtutis eius perfectio*).

81. ii.1, v.3,6,8, x.2. "능력"(*potentia*); ii.1. "무한하신 능력"(*immensa potentia*); xvi.3. "전능하심"(*omnipotentia*); xvi.3. "전능하신"(*omnipotens*); i.1,3, v.1,6,10, x.2. "권능"(*virtus*); x.2. "권능과 능력"(*virtus et potentia*).

82. III.xxi.5. "지식"(*notitia*); III.xxi.5. "예지"(*praescientia*).

83. i.1,3, ii.1. "지혜"(*sapientia*); v.1,2,3,8,10. "놀라운 지혜"(*mirifica sapientia*).

84. ii.1, v.10, x.2, xv.1, III.xxiii.4. "의"(*iustitia*); i.1. "순전한 의"(*iustitiae puritas*); ii.1. "의와 심판"(*iustitia iudiciumque*).

85. ii.2, x.2. "공의"(*iudicium*); ii.1. "공의와 심판"(*iustitia iudiciumque*); ii.2. "공의로운 심판"(*iustus iudex*).

86. x.2: "거룩"(*sanctitas*); i.3. "순결"(*puritas*); i.2: "하나님의 순결하심"(*divina puritas*).

87. ii.1, v.3,6,9,10, x.1,2, xv.1. "선하심"(*bonitas*); ii.2. "선"(*bonus*).

88. x.2. "진리"(*veritas*); III.xx.26. "하나님의 진리"(*Deus verax*).

에게 보이시는 태도를 다룰 때 "엄격하심"[89]이라는 용어를 즐겨 사용한다. 이와 대조적으로 그는 하나님이 회개하는 죄인들을 향해 보이시는 태도를 설명할 때면 "인자하심"[90]이라는 용어를 사용한다. 특히 "선하심"이라는 개념을 다양한 의미로 설명한다. 그는 "인자하심"과 더불어 그보다 더 큰 의미의 "자비"나 "연민"[91] 등을 제시하기도 하고, 좀 더 포괄적인 개념의 "은혜"[92]를 여기에 덧붙인다. 반면 "선하심"이란 용어는 보다 일반적인 개념이다. 그는 "친절하심"[93]이나 "자애로우심"[94] 등의 다른 유의어를 사용해 선하심의 의미를 구체화시킨다. 또한 하나님의 선하심[95]에 풍부하게 담긴 의미를 최대한 구체적으로 표현하고자 한다. 하나님은 "선하시고 자비로우시며"(I.iii.2), "자애로우시고 친절하시며"(I.v.7), "모든 선한 것의 근원"(I.ii.2)이 되셔서 선한 것들을 차고 넘치게(I.ii.2) 하신다. 하나님의 뜻은 언제나 친절함으로 가득하다(I.x.1). 하나님 안에는 모든 선한 것이 "풍요"로운 정도가 아니라 "무한"히 존재한다. 그러므로 칼뱅은 이러한 하나님을 우리의 주(I.ii.1)로 볼 뿐만 아니라 이 세상의 창조자(I.ii.2)이자 보존자(I.ii.2), 통치자(I.ii.1)로 바라본다. 또한 그는 하나님을 특히 세상의 "도덕적 통치자"(I.ii.2)이자 "의로운 재판관"(I.ii.2)으로 바라본다. 하지만 그는

---

89. ii.2, v.7,10, xvii.1. "엄위하심"(*severitas*).
90. v.7,8,10, x.2. "인자하심"(*clementia*).
91. ii.1; x.2. "자비"(*misericordia*); ii.2. "선과 자비"(*bonus et misericora*).
92. v.3. "은혜"(*gratia*).
93. v.7. "친절하신"(*beneficus*); x.1. "자발적인 의지에서 나오는 친절하심"(*voluntas ad beneficentiam proclivis*); xvii.1. "하나님의 호의와 친절"(*Dei favor et beneficentia*).
94. v.7. "자애로우심"(*benignitas*); v.7. "그분은 친절하고 자애로우시다"(*benignus et beneficus*).
95. ii.2. "선하고 자비로우신"(*bonus et misericors*); v.7. "그는 선하고 자비로우시다"(*benignus et beneficus*); ii.2. "모든 선의 기원과 시작"(*bonorum omnium fons et origo*); ii.2. "모든 선의 창조자"(*bonorum omnium autor*); x.1. "자발적인 의지에서 나오는 친절하심"(*voluntas ad beneficentiam proclivis*); i.1. "풍성한 각종 선"(*bonorum omnium perfecta affuentia*); i.1. "하나님 안에 있는 무한한 선"(*in Deo residet bonorum infinitas*).

좀 더 특별하게 우리의 "변호자이자 보호자",[96] 우리의 주이신 우리의 아버지,[97] "아버지와 같은 관용"[98] 때문에 우리가 신뢰할 수 있는 분으로 하나님을 본다.

우리가 하나님의 속성에 대한 이러한 지식을 얻는 방법이 『기독교 강요』에는 구체적으로 설명되지 않는다. 우리는 하나님의 사역들이 하나님의 지혜(I.v.2)와 능력(I.v.6)을 드러낸다는 말만 들을 뿐이다. 그러나 하나님의 능력 때문에 우리가 하나님의 영원하심과 자존하심에 대해 더 깊게 생각하게 된다는 말을 더 듣는다. 왜냐하면 "만물의 기원이 되는 분이라면 영원부터 존재해야 하는 동시에 자신 스스로가 존재의 근원"이 되어야만 하기 때문이다.[99] 또한 우리는 하나님이 세상을 창조하시고 보존하시려는 이유를 깨달으면서 하나님의 선하심을 발견한다.[100] 하나님은 섭리를 통해 그분의 인자하심과 자애로우심을 드러내신다. 경건한 사람들을 다루실 때 인자하심을 보여주시고, 악한 이들을 다루실 때는 엄격하심을 보이신다.[101] 이 두 가지 속성은 하나님의 의를 서로 달리 보여주는 두 측면이다. 물론 여기서 "하나님의 능력과 지혜도 동시에 나타난다."[102] 이러한 속성들은 성경에서 말하는 하나님의 속성[103]과 동일하다. 우리는 이러한 속성들이 출애굽기 34:6에서뿐만 아니라 성경 전체에 걸쳐 나타

---

96. ii.2. "변호자이자 보호자"(*tutor et protector*).

97. ii.2. "주이자 아버지"(*Dominus et Pater*).

98. v.7. "아버지의 관용"(*paterna indulgentia*).

99. v.6. "우리는 이것을 통해 하나님의 영원성을 생각한다. 왜냐하면 만물의 기원이 되시는 분은 영원하고 기원이 되어야 하기 때문이다"(iam ipsa potentia nos ad cogitandam eius aeternitatem deducit; quia aeternum esse, et a se ipso principium habere necesse est unde omnium trahunt originem).

100. *Do.*

101. v.7.

102. v.8.

103. x.2.

나고 있음을 볼 수 있다(I.x.1). 예를 들어 시편 145편에는 거의 하나도 빼놓지 않고 매우 정확하게 목록 전체가 기록되어 있어서 하나님의 탁월하심이 드러난다. 예레미야 9:24은 완전하지는 않지만 동일한 결과를 낳는다. 이 구절에 기록된 세 가지 탁월함만으로도 우리가 하나님의 완전하심을 이해하는 데는 충분하기 때문이다. "우리의 구원은 모두 오직 하나님의 자비에 놓여있다. 하나님의 공의는 악인들에게 매일 나타난다. 하지만 그 공의는 최후의 심판 때에 좀 더 분명하게 드러나기 위해 그들을 기다린다. 하나님의 의는 신실한 사람들을 보존하고 도와주는 이유가 된다." 칼뱅은 이 구절에서 하나님의 다른 탁월함은 생략되지 않고 전부 온전히 나타난다고 부연 설명한다. 그의 설명에 따르면 "하나님의 진리나 능력, 거룩하심, 선하심" 등 그 어떤 것도 누락되지 않았다. 만일 "하나님의 변함없는 진리가 우리를 붙들지 않는다면, 우리는 하나님의 의와 자비, 공의를 어떻게 확신할 수 있을까? 우리가 하나님의 능력을 깨닫지 않고서 어떻게 세상을 향한 하나님의 공의와 의를 믿을 수 있겠는가? 하나님의 자비가 그분의 선하심에서 시작되지 않으면 어디서 시작되겠는가? 만일 하나님의 모든 방법이 공의롭고 자비로우며 의롭다면, 거룩하심도 그 안에 내포되어 있는 것이 분명하다." 하나님의 능력, 의, 공의, 거룩하심, 선하심, 자비, 진리는 여기서 모두 함께 다루어진다. 하나는 다른 것들과 연결될 때 그것들의 상호관련성을 일부 암시하며, 하나님의 모든 탁월하심을 인식하지 않고는 그분을 제대로 인식할 수 없다는 암시도 함께 분명하게 보여준다. 우리는 하나님의 탁월하심을 구성하는 모든 속성 중에서 어느 하나를 생략하고 하나님을 묘사하는 일을 결함으로 여길 수 있다.

이와 마찬가지로 칼뱅은 하나님의 본질을 묘사하는, 좀 더 필수적인 "성질"(I.xiii.1)을 다룰 때에도 만일 우리가 그 모든 것을 통해 하나님을 생각하지 않는다면 그것은 하나님의 위엄을 침해하는 것이라고 분명히 말한다. 이런 면에서 마니교는 하나님의 통일성을 깨뜨리고 하나님의 광대하심을 제한했다는 결함을 보인다.[104]

이렇게 본다면 칼뱅은 하나님의 속성을 제대로 다루고 있는 셈이다. 그는 속성의 다양성을 제대로 이해했다. 뿐만 아니라 그의 바른 평가에 따르면 우리는 그 모든 속성을 하나로 묶어 인식해야만 하나님을 바로 이해할 수 있다. 칼뱅의 마음속에는 하나님의 탁월하심을 보여주는 모든 속성이 분명하게 있으며 이는 두 가지 종류로 구분되어 있다. 하나는 하나님의 본질적 특성이고, 다른 하나는 하나님의 인격적 특성이다. 한마디로 그것은 하나님의 본질적인 속성과 하나님의 인격적인 속성이다. 칼뱅은 이 두 가지 속성이 서로 맺는 관계를 이해했을 뿐만 아니라, 우리가 하나님을 온전하게 이해하기 위해서는 이 두 가지 속성 각각의 형태를 반드시 받아들여야 한다는 것을 완벽하게 이해했다. 우리가 하나님과 관련된 그 어떤 것이라도 설명하려고 한다면, 우리는 이 두 가지 속성을 이해해야만 한다.

칼뱅이 하나님의 속성을 다룰 때 다소 부족한 면이 있다면, 그것은 그가 몇 가지 속성에 대한 개념을 구체적으로 다루지 않는다는 것과 이 속성들을 하나님을 인식하는 데 매우 중요한 요소로 자세히 설명하지 않는다는 것이다. 칼뱅은 통일성, 단일성, 자존성, 불가지성, 영적 특성, 무한함, 광대함, 영원함, 불변성, 완전함, 능력, 지혜, 의, 공의, 거룩함, 선함, 자애로움, 친절함, 인자함, 자비, 은혜 등의 용어[105]를 현재 우리가 이해하

---

104. I.xiii.1. "이렇게 하나님의 통일성을 깨뜨리고 그분의 무한성을 제한한다"(Certe hoc fuit et Dei unitatem abrumpere, et restingere immensitatem).

105. 뮐러가 이것들을 공정하게 종합한다(P. J. Muller, *De Godsleer van Calvijn*, 1881, pp. 39-44). 『기독교 강요』(불어판, 1537)나 교리문답서(라틴어판, 1538)의 세 번째 항목은 속성들을 간결하고도 완전하게 다룬 논의를 담고 있다. 교리문답서의 기초가

는 의미로 차용한다. 그는 단지 몇 차례의 지엽적인 언급 말고는 그것들의 의미를 계속 전개한다.[106] 칼뱅이 이 용어들을 사용하는 각각의 경우를 보더라도 우리는 그가 그 의미를 분명하게 전하고 있음을 볼 수 있다. 물론 그 용어들을 단순하게 열거하는 데도 효과가 큰 것은 의심의 여지없이 칼뱅의 사상과 문체가 놀랍도록 명료하기 때문이다. 그는 용어들을 정확하고 일관되게 사용하여 문맥에서 그 의미가 스스로 분명하게 드러나게 한다. 따라서 우리는 칼뱅이 하나님의 속성을 암시적으로 다룬다고 말하지 않는다. 그가 경건이나 실천적 목적에 맞지 않게 글을 쓰고 있다고도 말하지 않는다. 또한 칼뱅이 글을 쓰는 양식은 스콜라주의적이라기보다는 문학적 양식에 더 일치한다는 것도 분명하다. 사람들은 스콜라주의적인 관점을 기준으로 삼아 칼뱅이 그의 글에서 하나님의 관점을 우리가 기대하는 만큼 다루지 않는다고 가정한다. 그러나 우리는 칼뱅이 언제나 스콜라주의적인 관점을 비판했고 단순하고도 실천적인 목적에 집중했다는 사실을 기억해야 한다.[107] 칼뱅은 하나님을 아는 지식을 "머리에서만

되었던 『기독교 강요』에서처럼 하나님의 사역에 대한 연구를 통해 도출된 속성들이 먼저 열거되고, 말씀에서 도출되는 속성들이 그 다음에 열거된다. 칼뱅은 하나님의 사역에 대해 이렇게 말한다. "우리는 이 우주를 바라보며 하나님의 **영원불멸하심**을 떠올린다. 여기서 우리는 만물의 시작과 기원을 찾을 수 있다. 하나님의 **능력**(potentia)은 우주라는 거대한 **체계**(moles)를 만드시고 보존하신다. 하나님의 **지혜**는 복잡하고 거대한 우주를 질서 있게 구성하시고 통치하신다. 그분의 **선하심**은 이 모든 것이 창조되고 존재하게 된 원인이 되신다. 그분의 **정의**는 선한 자들을 보호하시고 악인들을 벌하시는 것에서 놀랍게 드러난다. 하나님은 그분의 **자비**로 인해 우리가 회개로 인도될 수 있도록 우리의 악함을 큰 자애로 참으신다"(*Opera* V.324-325).

106. 이러한 지엽적인 언급 이후에 『기독교 강요』, I.xvi.3에 나타나는 하나님의 전능하심에 대한 놀라운 논의를 보라.

107. P. J. Muller, *De Godsleer van Calvijn*, 1881, p. 45. "하나님이 **덕목들**(virtutes)을 통해 그분을 드러내신다고 그가 말했을 때, 우리가 하나님의 속성에 대한 교리를 떠올리는 것은 당연하다. 그러나 칼뱅이 비록 철학적 영향으로부터 완전히 자유로울 수는 없지만, 신학적 문제들을 언제나 철학적 방법으로 해결하는 것은 거부했다. 우리는 이 점을 기억해야 한다. 그는 언제나 실천적인 것에 집중했다. 일부 속성들 사이의 관계를 따지는 것보다는

맴도는 사변적 형태"로 추구하지 않았고 다른 사람들에게 그렇게 추천하지도 않았다. 이와 반대로 그는 "마음속 깊이 뿌리내려 열매를 맺는 지식"을 추구했다. 그러므로 그는 하나님의 속성을 철학적으로 다루는 방법을 의도적으로 거부한다. 그는 하나님을 아는 실천적 지식을 독자들의 마음에 불어넣으려고 애쓴다. 이 지식은 먼저 하나님을 향한 **두려움**(timor)에서 기능하고, 그 다음으로 하나님을 향한 **신뢰**(fiducia)에서 기능한다.

이제 여기서 우리는 신앙적 감정에 있는 이 두 가지 특성을 살펴봐야 한다. 칼뱅이 생각하는 것과 마찬가지로 그것은 하나님을 아는 사람들이 하나님을 보게 되는 두 가지 측면과 관련된다. 우리의 주가 되시는 하나님의 임재 안에서 우리는 두려움과 경외심을 갖는다. 하나님은 우리의 아버지이시고, 우리는 하나님 아버지에게 신뢰와 사랑을 드린다. 두려움과 사랑은 참된 경건이 있는 곳에 존재해야 한다. 칼뱅은 "내가 말하는 **경건**(pietas)은 하나님을 향한 경외함과 사랑이 복합된 감정이고, 이것은 하나님이 주시는 유익을 깨달을 때 생겨나는 것이다"(I.ii.1)라고 말한다. 칼뱅의 설명에 따르면 **경외심**(reverentia)이라는 요소는 형태를 부여하는 중

그 속성들을 통해 우리가 무엇을 배울 수 있는지를 중요하게 여겼다. 그는 하나님 자체를 논의하기보다는 우리 자신과 삶을 위한 것에 집중했다." *De Godsleer van Zwingli en Calvijn*, 1883, pp. 46-47. "칼뱅은 단지 '게으른 사변'만 일으키는 '하나님을 아는 지식'을 추구하지 않는다. 그와 반대로 그는 '견고하고 결과적으로 열매를 많이 맺는, 마음에 자리를 두고 있는 지식으로부터 기대할 수 있는' 하나님을 아는 지식을 추구한다(I.v.9). 그는 하나님의 본질과 속성에 대한 지식도 이와 마찬가지로 이해의 문제가 아니라 마음의 문제로 여겼다. 그러한 지식은 우리 안에 '하나님을 섬기고자 하는 마음을 일으킬 뿐만 아니라, 미래의 삶에 대한 소망도 주는 것'이어야 한다(I.v.10). 이처럼 그는 실천적인 면에 집중하였기에 철학적인 접근은 철저히 배제하고자 했다. 따라서 칼뱅은 오직 성경만을 하나님을 아는 지식의 원천으로 여겼고 하나님의 속성을 알려주는 교사로 받아들였다." 로브스타인의 설명과 비교해보라. Lobstein, *Études sur la doctrine Chrétienne de Dieu*, 1907, p. 113. "칼뱅의 『기독교 강요』에서 하나님의 전능하심을 다루는 구절들은 생명력 있는 경건함이 묻어난다. 모든 독자는 이로 인해 칼뱅의 논의가 좀 더 따뜻함을 나타내고 있음을 감지할 수 있을 것이다."

요한 요소처럼 보인다. 곧 경건이 경외심이다. 비록 경건은 사랑이 없는 경외심일 수 없지만 말이다. 그러나 만일 경건이 경외심 자체가 아니라 사랑을 통해 일깨워진 경외심이라면, 참된 경건을 결정적으로 규정하는 요소는 바로 하나님을 향한 사랑이다. 그리고 칼뱅은 우리의 예배와 경배를 받을 만한 자격을 가진 분, 한마디로 우리의 주님으로 하나님을 이해하는 것이 참된 경건을 만드는 데 충분하지 못하다고 주저 없이 말한다. 그의 말에 따르면 참된 경건은 생겨나지 않는다. "우리가 오직 하나님만이 모든 선한 것의 근원이 되신다는 사실을 인정하고 다른 곳에서 선한 것을 찾으려는 노력을 중단하도록 설득되기" 전까지는 말이다. 다시 말해 우리가 하나님을 우리의 아버지이자 주로 인정할 때, 참된 경건이 우리에게 생겨난다(I.ii.1). 이와 관련해 칼뱅은 다음과 같이 부연 설명한다.

> 사람들은 자신들의 모든 것을 하나님에게 빚지고 있고, 부모님 같은 하나님의 돌봄을 받고 있으며, 하나님만이 모든 선한 것의 근원이 되시고, 다른 곳에서 선한 것을 추구해서는 안 된다는 사실을 자각할 때까지는 결코 하나님에게 자발적인 **순종**(*observantia*)을 할 수 없다. 혹은 그들이 하나님 안에서 견고한 행복을 발견하기 전까지, 그들은 하나님에게 **진실한 마음을 다해** (*vere et ex animo totos*) 헌신하지 않으려 한다.

그리고 칼뱅은 하나님을 아는 지식이 어떻게 먼저 우리 안에 두려움과 경외심을 갖게 하고, 그 다음으로 하나님에게 선한 것을 기대하게 하는지 길게 설명한다(I.ii.2). 하나님과 관련한 우리의 첫 번째 생각은 하나님을 우리 주님으로 이해하고 의지하도록 우리를 일깨운다. 이를 통해 하나님에 대한 분명한 견해가 우리 안에 생겨나고, 오직 하나님만이 모든 선한 것의 근원이자 기원이 되신다는 사실을 감각하게 된다. 죄에 물들지 않은 사람이라면 누구나 하나님을 갈망한다. 이는 하나님을 **신뢰**(*fiducia*)하고자 하는 마음을 가지는 것과 동일하다. 왜냐하면 그는 하나님만이 우리가 완전히 **믿을 수 있는**(*fides*) 보호자이자 인도자가 되신다는 사실을 깨닫게 되기 때문이다. 칼뱅은 진정한 경건을 소유한 사람들의 마음 상태를 다음과 같이 설명한다.

그는 어려움을 겪거나 부족함이 있을 때에도 모든 선한 것을 주시는 분으로 하나님을 인식하기 때문에, 지체하지 않고 하나님의 보호하심에 자신을 맡기고 하나님의 도움을 바란다. 하나님이 선하시고 자비롭다는 것을 확신하기 때문에, 결코 의심하지 않고 하나님의 인자하심이 자신이 겪는 아픔을 모두 치료할 치료제를 준비해주실 것이라는 확실한 **신뢰**(*fiducia*) 가운데 하나님을 의지한다. 그는 그분을 주님이자 아버지로 바라보기 때문에, 모든 상황에서 하나님의 다스리심을 주목하고 하나님의 장엄하심을 경외하며, 하나님의 영광을 추구하고 그분의 명령에 복종하는 것을 확신한다. 그는 그분을 의로운 재판관으로 인식하기 때문에, 그분이 악인을 엄격하게 벌하신다는 사실을 잊지 않으며, 언제나 자신을 돌아보면서 하나님의 진노를 피하려 애쓴다. 그러나 그는 하나님의 공의 앞에서 두려움에 떨며 도망하려 하지 않는다. 오히려 하나님이 악인들에게는 보응하시지만 경건한 사람들에게는 유익을 주신다는 것을 믿는다. 왜냐하면 그는 불경건하고 악한 자들에게 형벌이 주어지는 것만큼 의로운 사람들에게는 영원한 생명이라는 상이 주어진다는 사실을 인식하기 때문이다. 게다가 단순히 그저 형벌이 두려워서 죄를 피하는 것이 아니라, 하나님을 **아버지로서**(*loco patris*) 사랑하고 경외하며, **주님으로서**(*loco domini*) 예배하고 높이고 싶어 하기 때문이다. 그들은 지옥이 없더라도 하나님을 대적하는 일을 두려워할 것이다.

우리는 칼뱅이 설득력 있게 말하는 이 단락을 길게 인용하여 살펴보았다. 경건은 다른 것들과 달리 단순한 경외가 아니며, 칼뱅이 깊이 이해하는 하나님을 향한 사랑을 잘 보여주기 때문이다. 칼뱅에게 참된 경건은 하나님을 단순히 주로 인식하는 차원에 머물지 않고 아버지로 인식하는 단계까지 포함한다. 이렇게 이중적인 신 개념은 자연계시나 특별계시 모두에서 드러난다. 그의 설명에 따르면 "성경에서 우리에게 주어지는 하나님을 아는 지식은 다른 어떤 것이 아니라 바로 창조세계를 통해 드러나는 것을 지향한다. 이 지식은 먼저 우리가 하나님을 두려워하도록 하고, 그 다음에는 하나님을 신뢰하도록 해주고, 하나님을 섬기고 하나님의 선하심을 신뢰하도록 인도한다"(I.x.2). 한마디로 말해, 칼뱅의 하나님 개념에는 하나님의 주권과 더불어 하나님의 아버지 되심이라는 의미도 담겨 있다. 물론 칼뱅은 하나님의 주 되심을 최대한 강조한다. 그가 생각하는 하나님 개념의 핵심은 바로 하나님의 주권이다. 그리고 칼뱅은 항상 하나님의 주권을 하나님 우리 아버지의 주권으로 이해한다. 한마디로 칼뱅의 하나님 교리에 나타나는 특징은 그가 하나님 개념에서 주권이라는 측면을 강조한다는 데 있다. 이 문제를 우리에게 명확하게 설명한 사람은 바로 어떤 루터파 신학자다. "칼뱅이 경건과 관련하여 다루는 문제의 주요 요소는 다음의 명제로 요약된다. '우리 주 하나님이 우리를 창조하셨다. 우리 아버지 하나님이 우리에게 모든 선한 것을 주신다. 그러므로 우리는 하나님에게 빚진 자로서 하나님을 존귀하게 대해야 하며 영화롭게 대해야 하며 사랑하고 신뢰해야 한다.' 그래서 칼뱅은 『기독교 강요』 초판에서 십계명을 해설할 때 루터가 소요리문답에서 말하는 것과 동일한 내용을 전한다. 칼뱅에 따르면 우리는 하나님을 '두려워하고 사랑해야 한다.' 특히 『기독교 강요』 최종판을 보면, 그가 이 중에서 두 번째 요소인 사랑을 강조하고 있음을 볼 수 있다.…우리는 루터나 루터파 신학자들이 하나님을 두려워하는 경건을 칼뱅보다 더 강조하는 경향을 볼 수 있다."[108] 요약하자면 칼뱅은 하나님의 주권만을 강조하는 것처럼 보이지만, 하나님의 사랑을 좀 더 강조했다. 하나님 아버지라는 칼뱅의 개념이 다른 종교 개혁가들의 하나님 개념에 비해 매우 두드러진다. "주님과 아버지" 개념, 즉 아버지로서의 주권, 혹은 주권자 되시는 아버지 개념이 바로 칼뱅이 하나님을 인식한 방법이다.

칼뱅이 하나님을 높이고자 그토록 열망했던 이유가 바로 여기에 있다. 그는 하나님을 주님인 동시에 아버지로 이해하여 순종과 사랑을 함께 드리고 싶어 했다. 따라서 하나님으로부터 영광을 앗아가려는 모든 것은 칼뱅이 보기에 역겨울 뿐이었다. 그러므로 칼뱅이 하나님에 관한 교리를 다룰 때 꽤 긴 지면을 할애하여 하나님의 권리를 침해하는 것을 비판하는 것은 전혀 놀라운 일이 아니다. 특히 그가 오직 하나님에게만 드려져야 할 예배가 우상이나 인간이 만든 다른 것에 돌려지는 것을 경멸하는 이유가 여기에 있다. 칼뱅의 영혼은 자신의 영광을 다른 사람에게 주지 않으시는 하나님의 위대하심을 향한 비전으로 가득하다. 그리고 그의 마음은 이 위대하신 하나님이 주시는 아버지 사랑으로 가득하다. 이제 칼뱅은 우상숭배를 비판하는 일로부터, 로마 교회가 변질시킨 예배를 논의하는 데로 관심을 돌린다. 그리고 인간이 자신을 정당화하기 위해 만들어 낸 거짓 가르침들을 추적하여, 하나님의 영광을 그토록 변질시킨 것에서 벗어나길 바라는 사람들에게 바른 길을 안내해야겠다는 강렬한 책임을 느낀다. 칼뱅은 실천적 신학자 중 한 사람으로서 당시 실천적 경건이 필요함을 깊이 고민했다. 그래서 그는 보이지 않는 영이신 하나님을 보이는 형상으로 만들고자 하는 인간을 "짐승과도 같이 어리석다"고 책망했다. 나무나 돌, 금, 은 등의 다른 어떤 물건으로 자신들이 섬길 신을 만들려는

---

108. Köstlin, 앞의 책, pp. 424-425.

어리석음이 하나님의 영광을 가렸기 때문이다. 우상숭배를 책망하는 원리가 칼뱅의 다음과 같은 표현에 잘 나타난다. 하나님에게 돌려야 할 마땅한 것을 한 분 하나님 이외의 다른 어떤 것에 돌리는 행위는 "하나님으로부터 영광을 빼앗는 것이고 하나님께 드리는 예배를 오염시키는 행위다."[109] 이 표현에 깊이 담겨 있는 원리는 하나님의 영광을 향한 열망이다. 이것은 비단 칼뱅만의 생각이 아니다. 삶과 예배에 있어서 이교도적인 것들에 단호하게 저항했던 개혁파 교회의 태도에 결정적으로 나타나는 특징이 이것이라 할 수 있다.[110]

분명 칼뱅은 당시 로마 교회에 만연한 예배 형태로 인해 하나님이 받

---

109. I.xii.1. "신성에 속한 것이 오직 한 분이신 하나님께 돌려지지 않는다면 그분의 영광을 빼앗고 그분을 향한 예배가 침해받는 것이다"(Quod autem priore loco posui, tenendum est, nisi in uno Deo resideat quidquid proprium est divinitatis, honore suo ipsum spoliari, violarique eius cultum).

110. Schweizer, *Die Glaubenslehre der Evangelischen Reformierten Kirche*, i. 1884, p. 16. "우리는 개혁주의의 교리 몇 가지를 철저히 파헤치는 것만으로도 그 교리들이 근본적으로 지향하는 경향을 파악할 수 있다. 이것은 모든 이교적인 것들을 향한 강력한 저항으로 제시될 수 있다." "그러므로 모든 곳에서 피조물을 신격화시키는 것에 대한 저항은 개혁파 개신교 사상을 형성한 결정적인 요인이었다"(p. 25). 이 원칙이 개혁파 교회의 사상을 형성하는 가운데 어떻게 여러 모순과 미봉책들을 막아냈는지 알고자 한다면 40, 59쪽을 참고하길 바란다. Scholten, *De Leer der Hervormde Kerk*, 1870, ii. pp. 12-13. "슈바이처는 하나님을 향한 인간이 하나님에게 전적으로 의존한다는 성경적 원리에서 개혁파 교리의 특성을 찾는다. 동시에 교회에 유입된 이교도적 요소와 가르침에 대해 기독교의 초기 형태를 바탕으로 저항하는 것도 개혁파 교회의 특징이라고 보았다. 우리는 개혁파 교회가 로마 교회에 대항하는 가운데 이교적인 요소들이 저절로 드러났다는 사실을 부정할 수 없다. 역사가 그렇게 증언하기 때문이다." "하나님의 주권을 유지하는 것이 개혁파를 비롯해 모든 것의 출발점이었다. 그러므로 로마 교회의 예배 의식에 담긴 이교도적 요소들을 향한 저항도…그렇다"(p. 17). "루터가 마리아와 성자들을 향한 숭배와 중보기도를 반대한 것은 그들도 죄인이기에 그들의 중보와 공로는 우리에게 도움이 되지 않고 하나님 앞에서 우리의 죄를 덮지도 못한다는 확신에 근거한다. 츠빙글리와 칼뱅은 바로 하나님에 대한 개념을 출발점으로 삼았고, 하나님의 사랑이 누군가의 중보기도에 의존해야 한다는 생각을 부인했으며, 마리아를 숭배하거나 성인을 높이는 것은 피조물을 신격화시키고 하나님의 주권을 침해한다고 거부한다"(pp. 150-151).

으신 수치와 모욕으로 치를 떨었다. 하나님은 말씀뿐만 아니라 사역을 통해서도 그분이 오직 한 분 하나님이심을 드러내셨다. 그러나 인간의 교만은 하나님을 아는 지식을 오염시켜 수많은 신과 주를 만들고 말았다. 인간은 거기에도 만족하지 못했다. 나무나 돌, 금, 은 등 죽어 있는 물체로 신을 만들어 섬기는 우상숭배에까지 이르렀다. 물론 칼뱅이 집중하는 것은 일반적인 의미의 우상숭배가 아니라 로마 교회의 우상숭배다. 그는 실천적인 면을 강조했던 신학자답게 당대의 실제적인 문제에 몰두했다.

칼뱅이 특히 비판했던 것은 좀 더 정교한 형태의 우상숭배였다. 때로 그는 그것을 역겹다고 가차 없이 표현하기도 했다. 하나님은 이 우상과 저 우상을 비교해서 그중에 좀 더 나은 것을 취하시지 않는다. 칼뱅은 성상이나 성화를 배격하며, 다른 어떤 종류의 상징 등 미신으로 가득한 사람들이 자신들 곁으로 하나님을 가져오는 방편이라고 생각한 모든 우상을 예외 없이 배격한다(I.xi.1). 모든 형태의 우상숭배를 비판의 대상으로 삼은 것이다. 그는 그려진 것은 받아들이면서도 새겨진 조각상은 받아들이지 않는 헬라인들의 **"어리석은 속임수"**(inepta cautio)까지 다루었다. 심지어는 우리가 상상으로 갖는 잘못된 신 개념도 비판의 대상에 넣었다(I.xi.4). 그것은 하나님이 그분을 드러내신 계시와 우리의 상상을 바꾸기 때문이다. 그에 따르면 "인간의 마음은 끊임없이 우상을 만들어내는 공장과도 같다"(I.xi.8). 따라서 칼뱅은 이미 앞장에서 선언하고 자신의 중심원리로 삼았던 "청교도 사상"으로 돌아가(I.xi.4), "인간 스스로 만들어내는 모든 예배 형태는 혐오스러울 뿐이다"라고 선언한다.[111]

그러나 칼뱅은 이 원리를 선포하고 확립하는 것에 만족하지 않는다. 그는 예배에서 사용되는 성상을 자세하게 논의하면서 하나하나 반박해

---

111. "사람들 스스로가 고안한 모든 예배 양식들이 가증스럽다는 것, 이것이 확정되게 하소서"(Ut hoc fixum sit, detestabiles esse omnes cultus quos a se ipsis homines excogitant).

나간다. "성상이나 성화는 문자를 모르는 이들에게 책"이나 마찬가지이기 때문에 이것을 금지하는 것은 그들에게 가장 효과적인 교육 수단을 빼앗는 것과 같다는 주장이 제기되었다. 그 주장에 대해 칼뱅은 그것들이 분명 무엇인가를 가르치지만 그 가르침은 거짓되며 하나님은 그것들이 묘사하는 하나님과 다르다고 대답한다(I.xi.5-7). 그것은 우상을 숭배하는 것이 아니라 그 우상들을 통해 신성을 숭배하는 것이라는 주장이 있었다. 그 우상들에게 한 것은 "예배"(λατρεία)가 아니라 "봉사"(δουλεία)였을 뿐이라는 주장이 있었다. 이 주장에 대해 그는 그러한 구분에 의미가 없다고 대답한다. 유대인들 역시 자신들의 우상숭배에 대해 이런 식으로 변명한다. 그러나 언어상의 구분은 가능할지 몰라도 현실에서 실제적인 차이를 발견하기는 어렵다(I.xi.9-11). 칼뱅이 예술적 상징에 대해 지나치게 민감하게 반응한다는 비판이 있었다. 이 비판에 대해 칼뱅은 그것이 사실과 다르다고 대답한다. 그는 단지 예술을 잘못된 목적에 남용하는 것을 방지하려는 것뿐이라고 대답한다(I.xi.12-13). 마지막으로 그는 성상숭배에 호의적이었던 제2차 니케아 공의회(Council of Nicea, 786-787)에 참석해 성상숭배를 찬성했던 교부들이 "굉장히 역겹고", "수치스러울 정도로 불경건"한 사람들이었음을 폭로하는 것으로 답을 대신한다(I.xi.14 이후). 그 논의는 오직 하나님만이 예배를 받으실 분이고, 하나님이 지정한 방식으로만 예배를 드려야 하며, 무엇보다도 하나님의 영광을 다른 사람에게 주어서는 안 된다고 강조하는 장으로 마무리된다(I.xii.). 우상숭배에 있는 위험성은 로마 교회의 예배 행위를 통해 이처럼 분명하게 드러났다. 하나님의 본질에 대해 철학적 사변을 일삼기보다는 순전하고 생명력 있는 하나님의 말씀으로 돌아갈 필요가 여기에 있다. 말씀 안에서 그분은 우리와 같이 영적 인격이시다. 하지만 그 안에서 그분은 우리와는 달리 형용할 수 없는 장엄함을 옷 입고 계신다. 하나님은 영적이시고 광대하시다. 이 두 가지 속성이 칼뱅이 생각하는 하나님의 본질에서 핵심으로 나타난다. 하나님의 광대하심 때문에 우리는 두려움을 느낀다. 그리고 감히 우리의 감각으로 하나님을 측량하려는 태도를 버리게 된다. 하나님이 영이시라는 특성은, 우리가 그분에 대해 세속적으로 사변함으로써 장난치지 못하게 한다(I.xiii.1).

이 논의 과정을 살펴보면 칼뱅이 부수적으로 다룬 문제 가운데 그냥 지나치기에는 너무나 흥미로운 주제가 세 가지 등장한다. 우리는 이것들을 우상숭배에 대한 철학적 고찰, 설교에 대한 칭송, 예술적 표현에 대한 옹호로 부를 수 있다.

칼뱅은 우상숭배의 기원에 관한 심리학적 이론의 형태로 철학적 고찰을 제시한다(I.xi.8-9). 그는 고대 사람들이 망자를 숭상하거나 미신적 요소를 덧입혀 기억하는 것에서 우상숭배가 싹트기 시작해 널리 퍼졌다고 생각한다. 하지만 그에 따르면 우상숭배의 기원은 실제로 이러한 관습보다 더 오래되었으며, 이것은 하나님에 관한 일그러진 개념의 산물이다. 그는 우상숭배가 네 단계를 거쳐 발전했다고 말한다. 첫째, 오만과 어리석음으로 가득한 인간 마음은 자기 기준을 따라 신을 상상[112]하고, 그 마음의 아둔함 속에서 헐떡이고 어리석은 무지에 빠져 하나님 대신에 유령 같은 것들을 마음속에 떠올린다. 둘째, 인간은 이렇게 내적으로 만들어낸 신에 외적인 형태를 입히려고 한다. 마음이 낳은 것을 손이 만들어낸다. 셋째, 인간은 이 형상을 예배하기 시작한다. 인간은 형상을 통해 하나님을 볼 수 있다고 가정한다. 그래서 그 형상 안에 있는 하나님을 예배하고 있다고 생각한다. 마지막으로 이제 인간의 마음과 눈이 그 형상에 고착되기 시작한다. 인간은 점점 더 짐승처럼 되어 그 형상이 본질적으로 신성

---

112. "자신의 능력에 따라"(*pro captu suo*).

을 가지고 있는 것처럼 그 앞에 서서 경이와 놀라움을 느낀다. 칼뱅은 하나님에 대한 그릇된 견해가 인간을 짐승과 돌을 미신적으로 경배하는 데까지 끌고 간다고 생각한다. 그는 분명하고 반복적으로 우상숭배의 뿌리를 하나님에 대한 잘못된 인식에서 찾는다. 그리고 하나님의 말씀과 사역 가운데 하나님이 드러나는 방식과는 다른 방식으로 하나님을 생각할 때, 인간은 언제나 우상숭배의 위험에 노출된다고 말한다.

칼뱅은 죄로 인해 왜곡된 우리의 신 개념에 의존하여 우리가 상상으로 그분의 형상을 만들어내는 것이 곧 우상숭배의 본질임을 강조한다. 그리고 하나님에 관한 우리의 생각을 언제나 하나님이 우리에게 주신 계시에 일치시켜야 한다고 열정적으로 강조한다. 이러한 구절을 읽을 때, 프랑스 고등연구원의 교의학 교수 사바티에(Auguste Sabatier, 1839-1901)가 각각의 그리스도인이 생각하는 하나님을 예배하기 위해 한자리에 모여든 것을 묘사했던 내용이 떠오른다.[113] 사바티에 교수는 신인동형론자, 이신론자, 불가지론자, 범신론자 모두가 하나님 앞에 엎드려 예배하는데, 하나님은 이 모든 예배를 동일하게 받아주신다고 이야기했다. 그러나 몽또방(Montauban) 신학교의 교의학 교수인 앙리 부아(Henri Bois, 1862-1924)는 그렇지 않다고 반대한다.[114] 그는 세상에 이만한 구경거리는 없을 거라고 조롱하듯 말한다. 부아도 칼뱅과 견해를 같이한다. 부아가 생각하기에 사바티에 교수의 묘사는 단지 우상숭배 집단이 한자리에 모인 것일 뿐이다. 그들이 예배하는 대상은 참 하나님이 아니라 그들 스스로 만들어낸 신일 뿐이다. 그런 사람들에게 칼뱅은 이렇게 외친다. "회개하라! 스스로 만들어

---

113. A. Sabatier, *Esquisse d'une philosophie de la religion*, 1887, pp. 303-304. 위의 묘사가 담긴 부분은 1888년 *La vie intime des dogmes et leur puissance d'evolution*라는 제목으로 조금 다른 형태로 따로 출판되었다.

114. Henri Bois, *De la connaissance religieuse*, 1894, p. 36.

낸 신으로부터 참 하나님에게로 돌아오라!"

　설교에 대한 칭송은 성상이나 성화가 문자를 모르는 사람들에게는 책과 같다는 얼토당토않은 주장을 반대하는 부분에서 나타난다. 칼뱅은 하나님이 당신의 백성들을 가르치시기 위해 적절하게 제정하신 수단이 바로 설교라고 보았다(I.xi.7). 그에 따르면 성상이나 성화가 하나님에 관한 정보를 적절히 전달해주도록 고안되었지만, 실제로 그것들이 그런 기능을 제대로 하지 못하고 있다. 성상과 성화가 전달하려는 말도 안 되는 **유치한 생각들은**(naeniae) 하나님이 그분의 백성들에게 가르치시기 바라고, 말씀과 성례전이라는 공통의 교육으로 제정하신 특별한 가르침을 전달하기에는 충분치 않다. 사람들이 우상을 보는 일에 자신들의 시선을 빼앗긴 것처럼, 그들이 성상과 성화에 자신들의 마음을 비참하게 빼앗길까 두렵다. 이것은 사람들이 너무 무지해서 하나님이 주시는 메시지로는 교육될 수 없고 오직 성상이나 성화로만 교육될 수 있다는 말인가? 그러나 우리 주님께서 제자로 삼아 하늘의 가르침을 주시고는 하나님 나라에 대한 신비를 깨닫도록 명령하신 대상이 바로 이러한 사람들이다. 만일 이들이 성상과 성화와 같은 "책들"이 없이는 아무것도 이해할 수 없는 존재일 정도로 타락했다면, 그것은 단지 그들에게 적절하게 주어져야 할 가르침이 왜곡되었기 때문이 아닐까? 한마디로 말하자면, 성상과 성화와 같은 상징들은 사람들이 어리석어서 생겨난 것이 아니라, 가톨릭 사제들이 할 말을 하지 않았기 때문에 생겨난 것이다. 그러므로 우리에게 그리스도를 제대로 전해주는 것은 참된 설교뿐이다. 사도 바울의 증거처럼 설교는 예수께서 십자가에 못 박히신 모습을 우리의 눈앞에 펼쳐 보여준다. 나무나 돌, 금, 은으로 된 십자가상이 교회 안에 넘쳐날 필요가 없다. 단지 우리의 죗값과 우리가 받을 저주를 대신 지시고 십자가에서 돌아가신 예수 그리스도를 제대로 설교하기만 하면 된다. 자신의 몸을 희생 제물로 삼으시고, 자신의 피로 우리를 깨끗이 씻어

주시며, 하나님 아버지와 우리를 화목하게 하신 그리스도를 설교하면 되는 것이다. 우리는 만들어진 수천 개의 예수 그리스도의 십자가상을 보면서 배우는 것보다는, 그리스도에 대한 이런 단순한 선포를 들으면서 더 많은 것을 배운다. 그래서 칼뱅은 하나님의 자녀로서의 존엄성과, 은혜의 복음을 누릴 권리, 성령의 가르침을 통해 하나님의 메시지를 이해할 수 있는 능력, 예배에서 그리스도의 속죄를 설교하는 것이 하나님의 사람들에게 중심이 되어야 한다고 강조한다.

칼뱅이 예술을 어떻게 이해했는지를 살피기 위해 잠시 멈춰, 충분히 논의하여 그 중요성을 전체적으로 이해하는 것도 상당히 중요해 보인다. 칼뱅은 이 문제와 관련해 항상 오해를 받아왔기 때문이다. 종교개혁 진영, 특히 칼뱅주의가 예술을 반대한다는 일반적인 견해가 있었다. 칼뱅은 "삶의 모든 아름다움의 적"이라는 수식어를 얻을 정도였다. 철학자 볼테르(Voltaire)는 제네바를 묘사하면서 그곳에 남아 있는 예술이란 그저 돈 세는 사람들의 예술일 뿐이라고 비꼬았다. 그에 따르면 제네바에서 계산은 할 수 있어도 웃을 수는 없었기 때문이었다. 제네바에서 부를 수 있는 노래라고는 오래된 협주곡인 "선한 다윗"(The Good David)이 전부였다. 하나님은 진지한 노래 가사만을 좋아하신다는 이상한 믿음 때문이었다. 심지어 칼뱅 밑에서 그 주제를 공부하던 학생들도 칼뱅이 예술적 매력에 문외한 일뿐만 아니라 모든 예술적 표현에 적대적이었다고 비판했다. 프랑스 개혁파에 속한 교회음악사가였던 쿠르트와(M. D. Courtois)에 따르면, 칼뱅은 "예술이 종교 영역을 침범하는 듯 보이는 모든 것에 대해 거룩한 두려움"을 가졌다. 프랑스 국립고등미술학교 교수 뮌츠(M. E. Müntz, 1845-1902)는 자신의 책 『프로테스탄트와 예술』(Protestantism and Art)에서 "칼뱅의 눈에는 아름다움이 우상이나 마찬가지였다"고 말했다. 르네상스 시대에 활동했던 프랑스 시인 클레망 마로(Clément Marot, 1496-1544)의 전기 작가였던 도우엔(M. O. Douen)은 칼뱅을 "반자유적·반예술적·반인류적·반기독교적" 신학자로 묘사한다. 이 문제는 사실 매우 광범위하기에 모든 측면을 다루기는 어렵다. 두메르그 교수와 아브라함 카이퍼 박사는 이러한 중상모략이 엄청난 무례함이라고 해석하면서 진리를 사랑하는 자들에게 큰 도움을 주었다.[115]

사실 칼뱅은 예술을 사랑하는 사람이었고 예술을 꽃피우고자 했다. 모든 예술은 하나님의 은사로 잘 다듬어질 필요가 있다. 그에 따르면 쾌락만을 위해 사용되는 예술이라 하더라도 불필요하다고 여겨져서는 안 된다. 경건에 도움이 되지 않는다고 정죄의 대상이 되는 것은 아니다. 예술이 우상숭배에 사용되는 부작용이 있다 해도 우리는 칼뱅이 일방적으로 예술 전체를 부정하는 것이 아님을 강조하는 부분을 발견한다(I.xi.12). 칼뱅에 따르면 모든 상징을 피해야 한다는 생각은 미신일 뿐이다. 그는 하나님의 영광과 우리의 유익을 위해 주어진 은사를 활용하여 회화와 그림을 만들어내는 것을 예술이라고 이해했다. 그는 다음과 같이 말한다.

나는 어떤 성상이나 성화도 허용해서는 안 된다는 미신을 따르지 않는다. 나는 조각이나 그림이 하나님이 주신 은사이기 때문에 그것을 순전하고 정당하게 사용하자고 말할 뿐이다. 그래서 하나님이 그분의 영광과 우리의 유익을 위해 우리에게 수여하신 것이 오용되고 왜곡되어 우리를 해하는 결과를 낳지 않도록 하자.

---

115. A. Kuyper, *Calvinisme en de Kunst*, 1888; *Calvinism*, Stone Lectures for 1898-1899, Lecture v(『칼뱅주의 강연』, 크리스챤다이제스트 역간, 2002); E. Doumergue, *L'Art et le sentiment dans l'oeuvre de Calvin*, 1902(두 번째 *Conference*는 "칼뱅의 사역에서의 회화"에 실려 있다); *Jean Calvin*, etc., ii. 1902, pp. 479-1187; *Calvin et l'art in Foi et Vie*, 16 March, 1900; H. Bavinck, *De Algemeene Genade*, 1894; "Calvin and Common Grace" in *The Princeton Theological Review*, 1909, vii. pp. 437-465.

이 구절에는 미(美)를 불신하는 내용이 전혀 없다. 오히려 그것은 예술이 그것을 주신 하나님의 영광과 인간의 유익을 증진시킬 수 있다는 가능성을 담고 있다. 하나님이 주신 귀한 은사가 그릇된 목적을 위해 남용되지 않도록 보호하려는 의지도 여기서 엿보인다. 1560년 발간된 프랑스어판에 추가된 "『기독교 강요』에 수록된 주요내용 요약"은 지금 우리가 다루는 부분에 대해 다음과 같이 설명한다.

> 우상숭배가 정죄의 대상이 될 때, 그것은 회화나 조각으로서의 예술까지 부정하는 것은 아니다. 단지 그러한 예술을 순전하고도 정당하게 사용하라고 요구하는 것이다. 우리는 눈에 보이는 형상으로 하나님을 나타내면서 우리 자신을 즐겁게 하려는 것이 아니다. 예술품 자체는 우리가 바라보고 즐거워하는 대상이 될 뿐이다.[116]

칼뱅은 모든 예술을 정죄하지 않는다. 도리어 그는 예술을 하나님이 주신 높은 은사답게 경외심을 가지고 순전하게 사용하자고 호소한다. 다른 은사들과 마찬가지로 인간의 유익을 증진시키고 "위대한 수여자"이신 하나님을 영화롭게 하자는 것이 칼뱅의 핵심 사상이다.

예술을 정당하게 사용하는 것이 무엇인지 좀 더 자세히 알려면 우리는 먼저 칼뱅이 하나님을 가시적 형태로 표현하는 것을 모두 금지했음을 기억해야 한다.[117] 이러한 금지의 근거는 두 가지다. 첫째 근거는 그것을 하나님이 금지하신다는 것이다. 둘째 근거는 "그것이 하나님의 영광을

---

116. *Opera* IV.1195. 제네바 신앙고백서(1545)의 언급과 비교해보라(*Opera* VI.55). "그러므로 모든 회화나 조각이 금지된 것이라고 이해해서는 안 된다. 단지 눈에 보이는 것으로 하나님을 예배하거나 하나님을 영화롭게 하려는 목적에서 제작된 것을 금지한다."

117. "하나님을 가시적 형상으로 만드는 것은 범죄다"(Deum effingi visibile specie nefas esse putamus).

어떤 식으로든 침해하지 않고는 이루어질 수 없다는 것이다." 여기서 우리는 하나님의 영광을 빼앗는 것을 모두 반대하는 칼뱅의 열정을 다시금 발견한다. 그러므로 칼뱅이 보기에 하나님의 형상을 만들려는 시도는 하나님의 명시적인 명령에 불순종하는 것일 뿐만 아니라, 무가치한 우상숭배에 불과해서 하나님의 영예를 더럽히는 것이다. 그래서 칼뱅은 예술이 적절한 범위에서 사용된다면 칭송받아 마땅하다고 여긴다. 그러나 그는 예술이 마땅한 영역을 넘어설 경우 그 예술은 우리를 지옥으로 안내하는 문이 될 뿐이라고 비난한다. 다음으로 기억해야 할 것은 칼뱅이 하나님을 표현한 예술품들로 교회를 장식하는 일도 반대했다는 사실이다(I.xi.13). 하지만 하나님이 분명히 그렇게 명령하셨거나 예술품들이 그 목적을 본질적으로 수행하지 못하는 결여가 있기 때문이 아니라, 단순한 편법[118]이 되기 때문에 그러한 일을 반대한다. 그의 말에 따르면, 우리는 교회 안에 어떤 형상을 들여놓는 것이 우상숭배의 모델을 제시하는 것과 같다는 가르침을 경험에서 얻을 수 있다. 인간의 어리석음은 생각보다 심각하여 이런 경우는 바로 미신적인 예배로 전락한다. 좀 더 중요한 이유는 하나님이 직접 생동감 있고 명시적인 은혜의 형상을 그분의 성전에서 사용하도록 제정하셨다는 사실에 있다. 세례와 주의 만찬만이 우리에게 허락된 가시적 형태의 수단이기에 다른 어떤 것도 요구해서는 안 된다. 우리는 칼뱅이 하나님을 향한 예배를 논하면서 주요 원리로 삼은 것이 "청교도의 원칙"임을 여기서 다시금 발견하게 된다. 그가 지속적이고도 망설임 없이 하는 주장에 따르면 오직 하나님이 제정하신 예배만이 그분께 합당하다. 하나님이 그분의 백성들을 가르치실 때 성상이나 성화가 필요했다면 그분은 그것을 예배의 수단으로 제정하셨을 것이다. 그러므로 성상이나 성화를 사용하는

---

118. "편의주의적인 방법"(*expediat*).

것은 원리적으로 하나님이 만드신 것들을 경멸하는 행위다. 그것은 우리 자신을 위해 다른 어떤 것을 만들어내는 것에 불과하다. 분명히 그러한 것은 누군가를 잘못 인도하지는 않더라도 적절하지 않다.

우리는 지금 칼뱅의 예술적 표현을 구체적으로 다루는 이론을 논하려는 것이 아니다. 그러나 칼뱅의 관심 전체를 설명하는 것에는 어느 정도 가치가 있다. 그에게 그런 이론이 있고 그가 이러한 논의와 드문 언급을 통해 그런 사실을 보인다고 말하는 것에는 가치가 있다. 칼뱅이 예술적 표현의 영역을 제한시켜 인정한다는 사실이 중요하다. 그는 예술을 **사물을 보이는 그대로 묘사하는 수준**(*ea sola quorum sint capaces oculi*)으로 한정시킨다. 그런데 칼뱅은 이러한 묘사가 두 가지 종류로 나뉜다고 생각했다. 하나는 "이야기와 전달"이고, 나머지 하나는 "상징과 형상"이다.[119] 칼뱅의 생각에 따르면 전자는 교육과 훈계에 유익하고 후자는 그저 즐거움을 위한 것이다. 그러나 그에 따르면 둘 다 적절한 위치에서 적절한 목적을 위해 사용된다면 정당할 것이다. 인간에게 즐거움이란, 교육이 필요한 만큼이나 똑같이 필요한 요소이기 때문이다. 이처럼 칼뱅은 예술적 표현을 완고하게 반대하는 입장을 취하지 않는다. 오히려 그는 예술적 표현을 포괄적으로 다루는 이론을 제시한다. 우리는 그가 예술이 사람을 유익하고 즐겁게 해준다는 이유로 예술의 사용을 장려하고 있음을 알 수 있다.

이제 마지막으로 칼뱅의 삼위일체 교리에 대해 알아보자.

---

119. A. Bossert, *Calvin*, 1906, pp. 203-204에서 칼뱅의 이 언급을 인용한 이후 이렇게 덧붙인다. "그것은 네덜란드 회화의 양식이다." 여기에서 두메르그가 "칼뱅의 사역에서의 회화"(앞의 책, pp. 36-51)에 대한 그의 *Conference*에서 완전히 제시한 것을 반복한다.

IV

삼위일체를 다루는 칼뱅의 교리[1]

1. Benjamin Warfield, "Calvin's Doctrine of the Trinity" in *The Princeton Theological Review*, vol. 7. 1909, pp. 553-652.

하나님에 관한 교리를 논의할 때, 칼뱅은 하나님의 존재를 일반적으로 다루던 논의에서 한 분 하나님을 구체적으로 다루는 삼위일체 논의로 시선을 돌린다(I.xiii.). 이때 그는 한 단락(I.xiii.1)을 삽입하여 가장 효과적인 전환을 만들어낸다. 이는 분명히 의도적으로 보인다. 분명 이 한 단락 때문에 독자들은 하나님의 신비한 존재 양식에 관심을 갖게 된다.[2] 그에 따르면 성경은 우리에게 하나님의 본질에 대해 말해준다. 그런데 성경은 하나님의 본질에 두 가지 "용어들"을 적용한다. 우리가 하나님에 대해 생각할 때, 그 용어들은 저속한 자들의 어리석음뿐 아니라 학식 있는 자들의 교묘함도 아주 잘 꾸짖는다. 하나님의 "광대하심"(immensity)과 "영적이심"(spirituality)이 그 용어다. 이 두 가지 본질은 사람들이 하나님에 대해 무분별하게 상상하는 일을 적절히 억제하기에 충분하다. 어찌 감히 우리가 인간의 사변으로 영이신 하나님을, 혹은 이 영이신 하나님의 무한한 광대하심을 측량할 수 있단 말인가? 범신론자처럼 하나님을 자연에 깃들어 있는 비인격적인 힘으로 보거나, 마니교도처럼 하나님의 광대하심

---

2. 칼뱅의 이런 전환 방식은 네덜란드 개혁신학자 트리그란디우스(1583-1654)가 자신의 책에서 이와 동일한 주제를 다루는 부분에서도 발견된다. Jacobus Triglandius, *Antapologia*, 1664, p. 76. "하나님은 본질에 있어서 단일하시고 영원하시고 무한하시며, 따라서 무한한 지혜와 능력이 있으시다는 사실을 앞 장의 논의를 통해 충분히 살펴보았다. 이를 통해 하나님이 유일무이하시다는 사실이 분명해졌다. 그런데 성경은 우리에게 아주 커다란 신비를 제시한다. 유일무이한 하나의 본질과 함께 세 개의 위격이 있다는 것이다. 첫 번째 위격은 성부라고 불리고, 두 번째 위격은 성자라고 불리며, 마지막 위격은 성령이라고 불린다. 이는 너무도 신비하기에 인간의 지성으로는 이해할 수 없고, 인간의 이성으로 측량할 수도 없으며, 인간의 지혜로 탐구할 수도 없는 영역이다. 단지 인간은 하나님의 말씀을 신뢰할 뿐이다. 하나님의 말씀이 이끄는 만큼만 앞으로 나아가고, 하나님의 말씀이 멈추는 곳에서 멈추면 되는 것이다. 이 규칙을 따르지 않는 순간 인간의 이성은 미로에서 길을 잃고 끝도 없이 헤매게 된다."

을 제한시키고 그분의 단일성을 나눌 수 있단 말인가? 무한한 영이신 그분을 우리가 어떻게 우리 자신을 생각하듯이 생각할 수 있단 말인가? 성경이 하나님을 인간의 모습으로 설명할 때 그것은 유치원 교사가 어린이들에게 단순한 비유로 설명하는 것처럼 우리에게 하나님을 설명하고 있다는 것을 우리가 어찌 모를 수 있을까? 우리가 하나님에 대해 말하거나 생각할 수 있는 모든 것은 실제로 하나님의 높으심에 비하면 항상 부족할 수밖에 없다. 그래서 칼뱅은 인간의 이성을 뛰어넘는 하나님의 존재에 관한 깊은 의미를 생각하도록 우리의 마음을 준비시킨 다음에 곧바로 하나님의 삼위라는 주제를 설명한다. 그는 하나님의 이런 존재 방식이 다른 모든 것과 구별되는 신비한 특성이라고 설명한다. 칼뱅의 설명 방식은 다음과 같다(I.xiii.2).

> 그분은 또 다른 특별한 특징으로 자신을 알려주신다. 이 특징은 그분을 더 자세하게 정의한다. 곧 하나님은 그분이 한 분이시라는 통일성을 단언하시면서 동시에 세 가지 위격으로 뚜렷하게 구분되시도록 자신을 나타내신다. 우리가 이것을 기억하지 않는다면, 우리 머릿속에는 결코 참 하나님이 더 이상 없고 그저 하나님이라는 공허한 명칭만 남는다.

이 놀라운 문장에 담겨 있는 깊은 의미를 충분히 이해하고자 한다면, 우리는 이 설명에 포함된 몇 가지 요소에 주의를 기울여야 한다. 예를 들어 칼뱅은 위의 문장에서 하나님의 광대하심과 영적이심이라는 특징과 함께, 또 다른 특별한 "특징"으로 하나님의 위격을 세 가지로 분류했다. 이 특징은 하나님을 좀 더 정확하게 정의한다. 칼뱅은 이어서 다음과 같이 말한다.

그러나 하나님은 그분이 좀 더 뚜렷하게 구별되는 또 다른 특징으로 자신을 나타내신다. 이 또 다른 특징에 의해서 하나님은 더 구체적으로 구별되실 것이다.

위의 문장에서 "또 다른 특징"은 (하나님의) 광대하심과 영적이시라는 "용어들"이다.[3] 그래서 칼뱅은 하나님이라는 완전한 개념에 어떤 새로운 것을 추가하거나, 하나님이 그분의 존재하시는 과정에서 발전되는 것으로 하나님의 세 위격을 이해하지도 않는다. 오히려 그는 인간이 하나님을 생각하면 인간의 생각에 떠오르는 것이 이 세 위격이라고 이해한다. 이 세 위격이 없이 하나님은 인간에게 이해되지 않는 분이시다. 우리가 이것을 간과한다면 하나님의 존재에 대한 진리를 바로 인식할 수 없다. 칼뱅은 이런 자신의 요점에 다음과 같은 진술을 하나 덧붙이면서 자신의 생각을 보다 분명하게 강조한다. 그의 이런 추가적인 진술은 다른 어떤 의

---

3. 하지만 우리는 칼뱅이 신성 안에서 발견되는 위격의 구분을 단지 "용어" 차원으로 이해했다고 추측해서는 안 된다. 즉 칼뱅이 사벨리우스주의자들처럼 단지 한 분 하나님이 세 가지 속성으로 분류되거나 세 가지 양태(mode)로 나타나는 것으로 삼위일체를 이해했다고 오해하면 안 된다. 하나님의 세 위격은 또 다른 "용어"가 아니라, 하나님의 광대하심과 영적이심과 관련된 또 다른 "특징"이다. 다시 말해 그것은 하나님을 다른 모든 존재와 구별해주는 특징이다. 칼뱅은 하나님의 본질에 있는 특징들이 유사한 것으로 세 위격의 구분을 파악하려는 시도를 분명하게 거부한다. 그의 말에 따르면 "우리는 하나님의 한 본질 안에서 성부와 그분의 영원하신 말씀, 영을 함께 지각한다. 그러나 이러한 표현의 구분은 세 종류의 하나님을 의미하지 않는다. 이는 성부가 말씀이 아닌 **다른 실체**(aliud quiddam)이거나, 하나님의 역할에 따라 쓰이는 **단순한 용어**(nuda epitheta)라는 의미도 아니다. 우리는 모든 참된 교회의 고백과 동일하게 하나님의 단일성 안에 존재하는 세 위격을 인정한다. 세 위격은 한 본질 안에 공존하지만 서로 섞이지 않는다. 따라서 성부께서 말씀과 영과 더불어 한 하나님으로 존재하시지만, 성부가 말씀이 되거나 말씀이 영이 되는 것은 아니다." "Adversus P. Caroli Calumnias" in *Opera* VII.312. 칼뱅은 사벨리우스주의를 반박할 때 다음과 같이 구분한다. "사실 사벨리우스주의자들은 하나님이 강하시고 선하시고 지혜로우시고 자비로우시다고 불리는 정도의 의미로 언제는 성부로, 언제는 성자로, 언제는 성령으로 불린다고 억지스러운 이론을 제기한다. 그러나 그들은 다음과 같이 쉽게 반박될 수 있다. 전자는 하나님이 **우리에게**(erga nos) 어떤 분이신지를 드러내는 용어이고, 다른 것들은 하나님 **본연의 모습**(apud semetipsum)을 선포하는 명칭이기 때문이다"(*Opera* I.491).

도가 있어서 그런 것이 아니라 자신의 요점을 강화하려는 것이다. 칼뱅의 진술은 다음과 같다.

우리가 이것[하나님의 통일성 안에 존재하는 세 위격]을 기억하지 않는다면, 우리의 머릿속에는 결코 참 하나님이 더 이상 없고 그저 하나님이라는 공허한 명칭만 남는다.

이와 같은 칼뱅의 말에 따르면 마치 단일론적 하나님(monadistic of God)과 같은 것은 있을 수 없고, 다만 다형성(multiformity)이라는 생각이 하나님이라는 분명한 개념에서 생기는 것으로 보인다.[4] 이와 다르게 칼뱅이 오직 참된 하나님은 실제로 삼위이시라는 단순한 사실을 자신의 지성으로 받아들였고, 그리고 이에 대해 전적으로 자신이 경험한 것(a posteriori)을 말했다고 우리는 추측할 수 있다. 그러므로 칼뱅에 따르면

---

4. 이는 "다형"(multiformity)이라는 개념이지 **혼합**을 내포하는 "다수"(multiplicity)의 개념이 아니다. 따라서 칼뱅은 하나님의 본질을 "복합체"(multiplex)로 묘사하는 것은 불경건하다고 했다(I.xiii.2, 후반). 그 단락의 시작 부분에서 그는 "삼중적 하나님"(triplex God)을 떠올리지 말라고 경고한다. 그는 그것이 하나님의 단일 본질을 세 위격에 따라 분할하는 것이라고 규정한다. 아우구스티누스 역시 이런 위험성을 경고했다. Augustine, *De Trinitate*, VI. vii. 9. "하나님은 삼위일체(Trinity)이시기 때문에 삼중적(triplex)으로 간주되어서는 안 된다. 삼중적으로 이해할 경우 성부와 성자는 함께 계실 때보다는 따로 계실 때 더 약해진다는 결론이 나온다. 비록 그것을 알기 어렵지만, 성부가 성자와 함께 계시고, 성자가 성부와 함께 계셔서, 성부와 성자는 항상 서로 분리될 수 없으므로, 우리는 어떤 방법으로도 성부 혼자 혹은 성자 혼자라고 말할 수 없다." 다시 말해, 하나님은 세 신성이 복합된 존재가 아니라 본질적으로 세 위격이 한 신성으로 존재하신다. 이러한 진술 방식은 전통으로 자리잡았다. Hollaz, *Examinis Theologici Acroamatici*, 1741, p. 297. "하나의 본질 안에 세 가지 방식의 실재가 있는 것이 삼위일체다. 세 개로 구성되는 것은 삼중적(triplex)이다. 우리는 하나님이 삼위일체 하나님이라고 말한다. 기독교는 하나님을 삼중적으로 묘사하는 일을 허용하지 않는다." 다시 말해 "우리는 삼위적 하나님은 말할 수 있어도, 삼중적 하나님을 말해서는 안 된다." 또한, Hase, *Hutterus Redivivus*, 1848, pp. 166-167과 Keckermann, *Systema S. S. Theologiae*, 1615. p. 21을 참고하라.

유일하신 참 하나님은 삼위일체로 존재하시기 때문에, 우리가 하나님을 단일체(monad)로 생각하는 것은 사실 존재하지 않는 신을 상상하는 것이다. 이런 신은 근거 없고 공허하며 명칭뿐이고 전혀 참되지 않은 하나님이다. 칼뱅이 설명하는 이런 단순성이 우리의 추측(supposition)을 지지해준다. 곧 칼뱅은 우리가 우리의 필요를 위해 거짓 신들이라는 우상숭배를 만들 수 있다는 것을 감안하더라도, 우리는 하나님이 자신을 우리에게 계시하신 것처럼 그분을 유일하신 한 분 하나님으로 이해해야 한다고 생각했을 것이다. 그러나 이런 생각은 칼뱅의 진술이 보여주려고 하는 전체적인 강조점들을 만족시키지 못하는 것 같다. 곧 칼뱅은 하나님이 단일체로 존재하신다는 생각은 하나님이 삼위일체로 존재하신다는 생각보다 가능성이 더욱 낮다고 생각했을 것이다. 달리 말해, 칼뱅은 삼위일체라는 개념이 하나님에 대한 이해에 생명력을 불어넣어준다고 생각했을 것이다.[5]

이런 설명은 일반적으로 종교개혁가들이, 특히 칼뱅이 삼위일체 교리와 같은 교리들에 별로 흥미를 느끼지 못하거나 전혀 관심 없는 것처럼 설명되는 정황에서 중요성을 띤다. 우리가 알기로 종교개혁가들은 삼위일체 교리에 대해서는 구(舊) 교회의 전통을 그대로 수용했다. 종교개혁가들은 교리들을 구체화시키는 일에는 관심을 보였지만, 삼위일체 같은 교리는 그들의 관심 대상이 아니었다. 예를 들어 튀빙겐 대학교 신학부 교수이자 튀빙겐학파 수장인 페르디난트 크리스티안 바우어(Ferdiand Christian Baur, 1792-1860)에 따르면, 스콜라주의에 만연했던 변증적이고

---

5. 그래서 칼뱅은 1537년과 1538년 발간된 *Instruction*과 *Catechism*에서 이렇게 말한다(*Opera* V.337; XXII.52). "성경이 우리에게 보여주는 바에 따르면 하나님의 절대적으로 단일한 본질 안에 성부와 성자와 성령이 계시다. 따라서 성부의 형상이 되시는 성자에 대한 이해와 성부의 능력과 덕목을 드러내시는 성령에 대한 이해 없이 우리는 지성으로 성부를 이해할 수 없다." 창세기 1:26에 대한 주석을 참고하라. "성부와 성자와 성령에 주목하게 하는 무언가가 인간 내면에 내재되어 있다." 그러나 칼뱅은 이것이 무엇을 의미하는지는 구체적으로 밝히지 않는다.

지적인 성향과는 대조적으로 종교개혁은 깊은 경건운동을 추구했다는 것과, 이 경건운동에서 인간의 마음이 중심을 차지했고 그래서 죄와 은혜의 교리에서 모든 것을 바라보려 했다는 데 뚜렷한 특징이 있다.[6] 그 다음에 바우어는 자신의 의견을 다음과 같이 적용한다. "개신교가 더욱더 분명하게 자신들의 교의적 이해의 중심점을 죄와 은혜의 교리에 놓을수록, 구(舊) 교회가 중요한 것으로 생각했던 삼위일체 교리와 같은 교리들은 자연스럽게 뒷전으로 밀려나는 결과로 이어졌다. 비록 종교개혁가들이 단번에 변화된 이 관계를 의식하지 못했지만(실제로 그들은 그것을 인식할 수도 없었다), 그럼에도 그들은 부차적으로만 이런 범주에 포함된 교리들에 관심을 가졌다. 그들은 자신들이 왜 그렇게 교리를 다루었는지에 대한 분명한 이유를 설명하지 않으면서 단순히 교회의 전통이 가르치는 내용을 그대로 수용했다. 그렇지만 종교개혁가들은 중요한 부분에 있어서는 반대자들의 견해와 큰 차이가 있음을 숨길 수 없었다."[7] 종교개혁가들이 당시 좀 더 급진적인 개혁세력인 재세례파를 반대했던 것은 확실하다. 급진적 개혁세력은 종교개혁가들이 가졌던 동일한 일반 원리에서 시작했지만, 자신들만의 특성과 관점, 경향 등에 이끌려 결국 삼위일체 교리 전체를 부정하는 데까지 나아갔다. 그러나 종교개혁가들도 그 흐름을 거스를 수는 없었다. "개신교 교리가 한 부분만 개혁의 영향을 받고 다른 부분은 아무런 영향을 받지 않을 수 있었을까?"[8] 처음에는 공인된 개신교의 영역 밖에 있던 소수의 그룹만이 삼위일체 교리와 관련해 논쟁적 태도를 보였는데, 결국 그런 논쟁적 태도가 개신교 입장의 일부가 되는 것 말고 무엇을 기대할 수 있었

---

6. Ferdinand Christian Baur, *Die christliche Lehre von der Dreieinigkeit*, iii. 1843, pp. 6-7.
7. Ibid., pp. 9-10.
8. Ibid., p. 10.

을까?[9]

　이런 도식에 따라 바우어는 『신학 총론』(Loci Communes)에서 멜란히톤이 하나님에 대한 지식은 탐구보다는 경외만을 요구하는 이해할 수 없는 신비로 여겼던 것처럼, 멜란히톤이 삼위일체 교리를 이해할 수 없는 신비라고 언급하며 넘어간다고 묘사한다.[10] 물론 그 이후 멜란히톤은 삼위일체 교리로 되돌아간다. 하지만 바우어의 지적에 따르면, 멜란히톤은 이번에는 전과 다르게 삼위일체 교리가 자신의 사상 체계에서 부수적이고도 형식적인 위치만 차지한다는 것을 강조한다.[11] 반면 바우어는 칼뱅의 삼위일체 교리가 근본적으로 바뀌기 시작하는 것을 발견한다. 실제로 칼뱅은 멜란히톤과 더불어 삼위일체를 성경의 가르침이라고 설명한다. 그는 성경의 교리를 그저 재발표하는 것처럼 삼위일체 교리에 대한 교회의 정의를 분명하게 고수한다. "그러나 우리가 보기에 칼뱅은 자신의 종교적이고 교의적인 인식을 통해 삼위일체 교리의 초월적인 심원(甚遠)을 좀 더 가까운 관계로 가져오는 방법을 모르고 있다. 그래서 그는 신 개념의 객관적 내용으로서 삼위의 관계를 사변적으로 발전시키는 대신, 공허한 사변만을 낳을 뿐이라는 이유로 그 개념 전체를 거부한다(I.xiii.19-20). 하지만 그는 다른 곳에서 좀 더 구체적으로 삼위의 관계를 말한다. 여기서 그는 교회가 주장한 동일본질(homoousia)을 종속설이라는 이성적 관계로 전환시켜 삼위를 이해하려는 설명 방식을 선호하는 것처럼 보인다."[12] "그는 옛 정통교리를 가감 없이 받아들이고자 했다. 그러나 그 시대의 새로운 의식에서 옛 정통교리는 이미 내적으로 약화되어 있었다. 옛 개신교

---

9. Ibid., pp. 10-11.
10. Ibid., p. 20.
11. Ibid., p. 24 이하.
12. Ibid., pp. 42-43.

신학자들이 그것을 다룰 때 보여주었던 것과 같은 종교적이고 교의적인 관심은 더 이상 나타나지 않았다. 이미 낡고 오래된 추상적인 교리를 지향하려는 사람은 아무도 없었다. 새로운 원동력이 되는 자극이 개신교 의식의 중심에서 먼저 발현되어야만 했다. 우리는 이런 교리 변화의 첫 시작을 칼뱅에게서 찾아볼 수 있다. 그는 성자와 성령의 사역을 통해 드러나는 하나님의 생명이라는 삼위일체 교리의 실천적 관점을 중심에 놓았고(I.xiii.13-14), 그리스도와 개인적으로 관계를 맺고서 하나님과 연합된다는 의식을 지닌 선택받은 사람들만이 가지는 확신을 발견했다."[13] 만일 우리가 바우어의 말을 제대로 이해했다면, 칼뱅에게 이미 징조가 나타나는 삼위일체에 대한 새로운 설명은 그리스도를 중심으로 전개된다는 것이다. 하지만 신인(God-man)이신 그리스도를 중심으로 삼위일체를 전개하는 것은 하나님과 인간을 중보하는 원리로 무한과 유한을 일치시키고, 하나님 본연의 모습이 유한한 인간 의식에 들어올 수 있다는 확신을 우리에게 주는 것으로 이해하는 것이다. 그러나 이런 진술 방식은 칼뱅이 지지하는 개신교 사상보다는 바우어가 지지하는 헤겔 철학에 훨씬 더 가깝다.

우리는 이미 삼위일체 교리에 대한 칼뱅의 이해는 매우 빈약하고 단지 전통적인 입장만을 보여준다는 주장을 살펴보았다. 하지만 이런 주장은 삼위일체 주제를 논의하는 처음 다섯 구절에 의해 반박된다(I.xiii.2, 초반). 우리가 칼뱅의 반박 이유를 확인했던 것처럼, 칼뱅은 오직 삼위일체 개념으로만 하나님에 관한 이해에 생명력이 주어진다고 강하게 선포한다. 실제로 칼뱅을 반박한 주장 자체에 모순이 있다. 왜냐하면 칼뱅은, "성자와 성령이 하나님의 생명이라는 고유한 원리로 자신들을 알려주신다는 실천적 의식의 활동"으로 삼위일체를 생각하기 때문이다. 이 말의

---

13. Ibid., pp. 44-45.

의미는 그가 삼위일체 교리를 자신의 종교적 사유와 관련시켜 주장한 것이 아니라, 자신의 가장 깊은 종교적 감정에서 나오는 선행조건으로 그것을 주장했다는 것이다. 정말로 칼뱅은 구원 자체를 경험하면서 삼위일체 교리를 얻었다.[14] 초기 기독교에서와 마찬가지로, 그에게 삼위일체 교리의 핵심은 구원의 체험과 관련이 있었고, 구속하시는 그리스도와 성화시키시는 성령이 각각 하나님의 위격이라는 그리스도인의 확신과 관련이 있었다. 이런 면에서 그는 다른 종교개혁가들과 다르지 않았다. 물론 종교개혁 운동은 실제로는 경건을 향한 위대한 부흥이었다. 그러나 그가 스콜라주의에 저항한 것은 "하나님과 그분의 통일성, 그분의 삼위일체, 창조의 신비, 성육신의 방법에 관한 교리[15]에 대해 등지는 것을 의미하지는 않았다. 그는 다만 스콜라주의 신학자들이 이러한 교리들을 형식적이고

---

14. 그는 1537-1538년에 출판한 『제네바 요리문답서』에서 다음과 같이 말한다. "성경과 **구원에 대한 체험 자체**가 우리에게 성부, 성자, 성령이라는 하나님의 단일한 본질을 보여준다"(*Opera* V. 337, XXII.5).

15. 이것이 바로 멜란히톤이 『신학총론』(*Loci Communes*)에서 더 상세하게 다루지 않겠다고 열거한 교리들이다. 바우어가 20쪽에서 인용한 아우구스티누스의 1821년 개정판 8쪽을 참고하라. "그러므로 우리가 신론과 삼위일체, 창조의 신비, 성육신의 방법이라는 최고의 논제들에 크게 집중하지 않는 이유는 없다"(Proinde non est, cur multum operae ponamus in locis supremis de Deo, de unitate, de trinitate Dei, de mysterio creationis, de modo incarnationis). 멜란히톤이 이 교리들에 무관심함을 드러내려는 것이 아니었음은 "맨 마지막에"(supremis)라는 용어에서 잘 드러난다. 바우어는 이렇게 설명한다. "스콜라주의자들의 사변에 있는 변증적 정신은 바로 이 교리들을 그 대상으로 삼는다. 그러한 정신은 하나님, 그분의 통일성과 삼위일체, 창조, 성육신 등의 교리에 철저하고도 정교하게 쏟아 부어졌다. 그러나 멜란히톤은 그런 것과는 거의 무관했다. 심지어 그는 『신학총론』에서 이 주제들을 따로 다루지도 않는다. 전체 체계를 아우르는 개신교 교의학을 개괄하려는 자신의 계획에 그 주제들이 포함되지 않았기 때문이 아니라, 그에게 제시된 교리들이 가진 객관적 성격 때문이었다. 그 교리들의 객관적 성격은 종교개혁운동에 의해 결정된 관점 그대로였다"(p. 20). 하지만 그렇더라도 멜란히톤은 이 교리들의 중요함을 과소평가하지 않는다. 다만 그는 자신의 체계 가운데 구원의 경험과 직접적으로 관련이 없는 곳에서 삼위일체 교리를 언급할 뿐이다. 또한 우리는 『신학총론』이 로마서를 주석하는 과정에서 생겨난 책이기에 체계적인 형태나 완성도가 다소 부족할 수 있다는 사실을 잊지 말아야만 한다.

지적으로만 다루려는 태도를 배격했다. 멜란히톤은 사도 바울이 로마서에서 기독교 교리의 개요를 기록했을 때 그가 "삼위일체의 신비와 성육신의 방법, 자율적 창조와 수동적 창조" 등에 관한 교리에 대해 **철학적 논증**(*philosophabatur*)을 했는지 살펴보았다. 그런데 여기서 우리는 "철학적 논증"이라는 표현이 강조되었음을 간과하지 말아야 한다.[16] 멜란히톤은 삼위일체나 성육신, 창조에 관한 교리에 대해 그 진실성이나 중요성을 가급적 의심하지 않으려 했다. 단지 사람들이 이 교리들이 가진 신비한 특성에 대해 쓸데없이 사변하는 일을 멀리하길 원했다. 그는 그들이 죄와 은혜라는 위대한 교리뿐만 아니라 삼위일체와 성육신, 창조에 관한 교리들이 인간의 필요와 그 필요를 충족시키는 하나님의 섭리와 맺는 필수 관계에 집중하기를 원했다. 한마디로 종교개혁가들은 사람들이 이 모든 교리에서 돌아서는 것을 바라지 않았다. 그들은 사람들이 지적인 미묘함으로만 가득하고 유익 없는 기이한 문제들에 관심을 두기보다는, 자신들의 덕을 고양시키는 모든 교리의 원리와 측면에 깊은 관심을 두기 바랐다. 만일 이 교리들을 부정하려는 듯한 뉘앙스가 종교개혁가들의 초기 저작에서 엿보인다면, 이것은 단순히 그들이 은혜의 교리를 선포하는 데 사로잡혔기 때문만이 아니라, 당시 로마 가톨릭교회와 논쟁하던 주제가 아니었기 때문에 강조할 필요가 없었던 것이다. 그러나 종교개혁가들이 당시 급진적인 개혁세력들과 논쟁할 때, 우리는 종교개혁가들이 급진적인 개혁세력들에게 눈길을 돌려 그 누구보다 그 교리들을 강력하게 주장하는 모습을 볼 수 있다. 이런 이유로 후기 종교개혁가들의 저작은 이 교리

---

16. 바우어는 21쪽에서 『신학총론』(*Loci Communes*)의 9쪽 내용을 인용한다. 멜란히톤이 말하고자 하는 요점에 따르면 사도 바울은 난해한 주제들에 대해 철학적인 논증을 하지 않았다. 도리어 그는 죄에 물든 영혼에게 그리스도의 구원의 은혜를 적용시키는 일에 오직 한마음으로 열중했다.

들에 대해 더 관심이 많은 것처럼 보인다. 그래서 역사가들은 종교개혁운동 초기에는 상대적으로 논쟁이 적게 나타났다고 잘못 해석했다. 곧 그것을 종교개혁가들이 순전했던 첫사랑에서 벗어나 경건운동으로서 종교개혁이 저항했던 스콜라주의적 주지주의(主知主義)로 돌아간 징후라고 생각한 것이다. 사실 그것은 단지 기독교 체계의 필수 교리들에 대한 종교개혁가들의 변함없는 믿음을 보여주는 것이다. 하지만 지금까지는 그들이 그것을 충분히 주장하거나 변증하지 않았다. 지금까지 그것들을 확장시킬 계기가 없었기 때문이다.

사실 일반적인 종교개혁가들은 칼뱅만큼 삼위일체 교리를 분명히 표현하지 않았다. 하이델베르크 대학교 교의학자 빌헬름 가스(Wilhelm Gass, 1813-1889)는 이렇게 말했다. "확실히 삼위일체에 대한 칼뱅의 해석은 종교개혁가들이 우리에게 준 저작들 가운데 최고인 것은 물론이고 가장 사려 깊은 것이다. 우리는 칼뱅이 모든 요소를 적절히 다루면서도, 반박을 받을 만한 부분은 지혜롭게 넘어가는 것을 볼 수 있다."[17] 이런 판단이 분명한 사실이라면 그것을 지지하기 위한 가스의 권위는 필요 없을 것이다. 그런데도 우리는 칼뱅의 삼위일체 교리를 해석하는 사람들이 가스의 판단을 인용한다는 것[18]에 놀란다. 칼뱅의 신학적 통찰력은 다른 신학자들보다 우월할 뿐만 아니라, 그가 우리에게 전해준 삼위일체 교리는 "개혁주의자들이 우리에게 준 저작들 가운데 최고의 것이자 가장 사려 깊은 것"이라는 평가를 받았다. 그리고 종교개혁가들이 삼위일체라는 이 위대한 주제를 획기적으로 다루는 방법들 가운데 칼뱅의 방법이 가장 획기적이었다는 평가를 받았다. 삼위일체 교리에 대한 칼뱅의 전체 방법은

---

17. *Geschichte der protestantischen Dogmatik*, I. 1854, p. 105.

18. Köstlin, *Theologische Studien und Kritiken*, 1868, p. 420; Muller, *De Godsleer van Zwingli en Calvijn*, p. 31.

대체로 종교개혁가들의 태도를 완벽하게 반영한다. 칼뱅은 종교개혁가들의 관점을 가졌지만 그들과는 삶의 정황이 달랐다. 이런 점 때문에 칼뱅은 종교개혁가들과는 다르게 삼위일체 교리를 충분히 해석하고 강조할 수 있었다. 또한 칼뱅의 작품은 다른 종교개혁가들의 작품들에 비해 상대적으로 늦은 시기에 출판되어[19] 그의 뛰어난 체계성이 『기독교 강요』 초판(1536)에 더욱 오랜 시간 반영될 수 있었고 삼위일체 교리에 대해서도 좀 더 포괄적으로 다룰 수 있었다. 그는 특출한 삼위일체 교리를 성경적인 근거와 함께 자신의 책에 독창적이고 설득력 있게 담았다. 뿐만 아니라 오늘날 교회가 사용하는 신앙고백서에 있는 것처럼 삼위일체 교리의 정확성과 필요성을 변론하는 강한 진술을 담았다. 하지만 칼뱅은 초기 종교개혁가로서 삼위일체 교리를 특이하게 설명해서 사람들에게 혼동을 주려는 것은 아니었다. 그는 이제 막 형성되고 있던 개신교 신자들의 마음을 자신의 논리적인 설명으로 난해하게 만들거나 혼란스럽게 하고 싶지도 않았다. 칼뱅이 주장했던 주요 내용에 따르면, 우리는 마음을 다해 우리가 섬겨야 할 유일한 하나님의 존재를 믿어야 한다. 또한 마음을 다해 우리를 구속하신 예수 그리스도와 우리의 성화를 이끄시는 성령님도 우리 존재의 근원이 되시는 성부 하나님과 동일하게 유일한 하나님이시라는 것을 믿어야 한다. 그리고 우리는 마음을 다해 이 구별된 세 위격이 우리의 사랑과 경외의 대상이심을 믿어야 한다.[20]

칼뱅은 당시 제네바에 머물던 자기 동료들과 의견을 전적으로 같이했

---

19. 예를 들면 세르베투스(Servetus)의 *De Trinitatis erroribus*는 1531년에 나타나고, *Dialogi de trinitate*는 1532년 나타난다.
20. 『기독교 강요』, I.xiii.5, 초판. "성부와 성자와 성령이 한 하나님이시면서, 성자가 성부는 아니시고 성령 역시 성자가 아니시지만, 이 세 위격은 특별한 본질에 의해 구별된다는 신앙에 모든 사람이 동의만 한다면, 나는 삼위일체를 둘러싼 온갖 용어들을 어디엔가 완전히 파묻어버려도 좋다고 생각한다."

다. 그는 삼위일체의 신비가 "복음이 전파되던 처음 순간부터" 해석보다
는 교훈과 포용으로 이끈다고 보았다. 그리하여 삼위일체의 신비를 설명
하지 않으려 했고, 심지어 이 신비를 가장 잘 표현할 수 있는 전문용어들
을 차용하는 것도 삼갔다. 그리스도의 신성을 충만하게 선포하는 것에 더
만족했고 성부, 성자, 성령 사이의 뚜렷한 구분을 간단하게 설명하는 것
에 만족했다.[21] 칼뱅은 제네바에 정착하자마자 작성하기 시작한 신앙고
백서에 그러한 원칙을 반영했다. "사기꾼 신학자"라고 불려도 전혀 부당
하지 않은[22] 피에르 카롤리(Peter Caroli)가 이의를 제기할 때마다 그는 이
원칙을 열심히 변호했다. 물론 이것은 삼위일체 교리를 분명하고 견고하
게 믿는 것이 기독교 신앙에 불필요하다고 칼뱅이 오해했음을 뜻하지 않
는다. 혹은 과거 논쟁들 속에서 좀 더 정확하게 표현하고 변론하기 위해
만들어진 전문용어와 관련된 교리를 보호하는 일의 가치를 오해하고 있
음을 의미하지도 않는다. 그는 이미 『기독교 강요』 초판(1536)부터 강력
한 주장을 통해 반대 입장을 밝히고 있다. 이것은 그 이후 개정판들에서

---

21. 그들 스스로 변호한 내용을 참고하라(*Opera* XI, p. 6).
22. Philip Schaff, *History of the Christian Church*, VII. 1892, p. 351. "더 심각한 문제는
원칙 없고 허영심 많고 다투기 좋아하는 사기꾼 신학자이자 변절자인 소르본 대학의 피에르
카롤리 박사에 의해 생겼다.…그[카롤리]는 1537년 5월에 열린 로잔 총회에서 파렐과
칼뱅이 아리우스주의자라고 비난했다. 그들이 신앙고백서에서 삼위일체와 위격이라는
형이상학적 용어 사용을 회피했기 때문이었다. 물론 칼뱅은 『기독교 강요』와 교리문답서에서
그 용어들을 사용했다. 그리고 그들이 비난받을 만한 아타나시우스 신조의 구절에 동의하는
서명을 하라는 카롤리의 명령을 거부했기 때문이었다. 그것은 부당하고 무자비한 비난이다.
또한 샤프의 *Creeds of Christendom*, I. 1881, p. 27, 미주 1번을 참고하라. "사도신경을 매우
높게 여기는 칼뱅은 니케아 신조를 '신앙고백서라기보다는 오래된 노래에 가깝다'(carmen
cantillando magis aptum, quam confessionis formula)라고 경시한다." 하지만 샤프
박사가 여기서 설명하는 것처럼 잘못된 많은 추측들을 단어 몇 개로 옮기는 것은 쉽지
않다. 칼뱅은 삼위일체 교리의 형이상학적 용어 때문에 어려움을 느끼지 않았다. 그는
아타나시우스 신조의 비난받을 만한 구절을 반대하지도 않았고, 니케아 신조를 경시하지도
않았다. 그 논문에서 니케아 신조가 아타나시우스 신조보다 노래에 더 적합하다고 말하는
구절도 발견되지 않았다.

도 유지된다. 그가 당시 재세례파와 반삼위일체론자들, 사기꾼 신학자들과 연루된 모든 논쟁은 그의 마음에 이 교리를 정확하게 진술하고 열정적으로 변호하는 것이 중요하다는 깊은 깨달음을 심는 데 적합하게 작용하였다. 기독교를 가르치는 사람들은 진리를 고수하면서 시시콜콜한 용어 싸움은 지양하고 "진리의 말씀을 적절히 다루려는" 최선의 노력을 다해야 한다는 것이 칼뱅의 견해였다. 그는 단 한순간도 단순히 진리뿐만 아니라, 기독교 체계나 삼위일체 교리가 중요하다는 것을 의심한 적이 없었다. 그는 삼위일체 교리에 헌신된 지지자들 중에서 가장 이 교리를 순전하고 엄격하게 이해하고 고수했다. 앞에서 살펴본 것처럼 칼뱅은 삼위일체 교리가 구원에 관련된 교리 전체의 기초라고 생각했다. 뿐만 아니라 그 교리가 하나님의 존재 자체에 대한 개념에도 생명력을 부여하는 데 필수적이라고 이해했다. 그는 삼위일체 교리를 가장 잘 표현하고 변론하였다. 그것을 치명적인 오해로부터 보호할 수 있도록 고안된 신학적 표현에 의구심을 갖지도 않았다. 심지어 삼위일체 교리를 희석시키려는 이교도적 사상을 몰아내는 일이 이러한 신학적 표현을 통해서만 가능하다고 고백할 정도였다. 그러나 그는 기독교 교사들이 이 교리를 순전한 형태로 간직하면서, 양떼를 가르치는 일과 관련해 자신들의 지혜에서 가장 유익한 수준으로 삼위일체 교리를 사용할 수 있는 자유를 끈질기게 주장하고 강조했다. 교사들이 숙고하는 것에서 삼위일체 교리의 전체나 일부를 회수하거나, 혹은 그들의 견해에서 그것의 중요성을 축소시키거나, 혹은 그들의 이해를 변질시키는 관점에서가 아니라 교사들의 신앙에 생명력을 주는 요소로 만드는 관점에서, 그는 교사들이 삼위일체 교리를 사용할 수 있는 자유를 주장했다. 칼뱅은 이 교리를 기독교 교사들의 신조의 핵심에 내포된 것처럼 우선 어느 정도 암시적으로 가르치고 기독교 교사들이 그것을 이해할 수 있을 때 어느 정도 명시적으로 가르친다. 하지만 칼뱅은 기독교 교사들이 이해되지 않는 전통적인 어구들을 단순히 모아 자신의 양떼를 가르쳐서는 결코 안 된다고 말했다. 칼뱅에게 삼위일체 교리는 중차대한 교리인 동시에 다른 깨달음을 불러일으키는 실재였다. 그러했기에 그는 자신의 양떼 중 지극히 어린 사람들에게는 삼위일체 교리의 필수적이고 생명력을 주는 요소만을 가르쳤고, 반대자들을 향해서는 가장 완전하고도 정확한 체계를 통해 그 교리를 변증했다.

사람들이 초기개혁가들에게 논리력이 부족해서 삼위일체 교리를 이렇게 이중적인 논의 방식으로 다루었다고 오해할 수 있지만, 칼뱅을 그렇게 오해해서는 안 된다. 칼뱅은 논리적 일관성이 부족하다기보다는 당시 시대적 상황들에 맞게 이중적인 방식으로 삼위일체 교리를 다루었다. 우리가 보기에 상황을 잘못 해석해서 바우어는 멜란히톤이 처음에 삼위일체 교리가 중요하지 않다고 생각해 그것을 지나쳤다가 나중에 잘 설명된 어느 스콜라주의의 진술을 읽고 삼위일체 교리를 탐구하기 시작했다고 말했다. 그러나 어느 누구도 바우어가 멜란히톤에게 했던 그런 말을 칼뱅에게 할 수 없었다. 칼뱅은 삼위일체 교리를 스콜라주의의 방법으로 가르칠 게 아니라 생명력 있게 가르치라고 주장했던 바로 그 순간에도, 교회 저술가들이 자신들의 작품에서 삼위일체 교리에 대해 정확하게 표현해야 하며, 바로 그럴 때 삼위일체 교리 전체가 유지된다고 주장하고 있었다.

칼뱅이 제네바에서 사역을 시작한 때는 1536년 10월 5일이었다. 1536년에서 1537년으로 넘어가는 겨울 동안 칼뱅이 자신을 바쳐 일한 중요한 사역들 중에는 첫 번째 교리문답서를 작성하는 것이 포함된다. 그 첫 번째 교리문답서는 『제네바 교회에서 사용된 가르침』으로 표현할 수 있고, 그것의 프랑스어판은 1537년에 출간되었으며, 『요리문답 또는 기독교 강요』(Catechismus sive Christiane Religionis Institutio)라는 제목의 라틴어판은 1538년 3월에 출간되었다. 그는 이 교리문답서와 좀 더 간략한 형태의 신앙고백서를 프랑스어와 라틴어로 출간하려고 준비하는 중이었다. 이것은 칼뱅이 저술한 것이 아니라 제네바에서 함께 사역하던 동료들, 그중에서도 파렐[23]이 칼뱅의 핵심 사상을 반영해 작성한 것으로 보인다. 첫 번째 교리문답서가 『기독교 강요』 초판(1536)과 관련이 있었던 만큼, 이 신앙고백서는 교리문답서와 관련이 있었다. 다시 말해, 이 신앙고백서는 형식에 얽매이지 않고 교리문답서를 압축한 것이다. 이 신앙고백서는 제네바 교회가 믿는 기본 요소들을 담고 있었고, 제네바 시민은 모두 이 고백을 따라 서약해야 했다. 그럼에도 불구하고 이것은 삼위일체 교리를 체계적으로 해석하지 않는다. 하나님의 통일성만 언급되고(2항), 단지 사도신경 구절이 인용될 뿐이며(6항), 예수 그리스도가 하나님의 아들로 간간이 언급되면서(15항) 삼위일체를 시사한다. 심지어 교리문답서에도[24] 우리 주님의 아들 되심의 독특함("그분은 그리스도인들처럼 은혜와 양자됨으로 하나님의 아들로 받아들여지는 것이 아니라, 본질상 유일하고 독특하여 다른 존재와 구별되신다", p. 53. 그리고 pp. 45-46, 53, 60, 62 참고)과 그분의 참된 신성("성부와 함께 영원부터 소유한 그분의 신성", p. 53)이 동일하게 명시적으로 주장되고 지지되고 있다. 하지만 삼위일체 교리에 대한 진술은 자세히 설명되어 있지 않다. 비록 삼위일체 교리가 우리의 하나님 개념에 꼭 필요하다고는 제시하지만, 그것은 삼위일체에 대한 사실 자체를 주장하는 것에 국한된다. 심지어 그런 주장은 사도신경을 이해하는 데 필요하다고 생각했기 때문에

---

23. 스트라스부르 편집자들과 랑도 같은 의견이다(*Die Heidelberger Katechismus*, 1907, pp. xxxv.-xxxvi.; *Johannes Calvin*, 1909, pp. 38, 208). 두메르그와 리에는 칼뱅이 저술했다고 보았다(Doumergue, *Jean Calvin*, ii. 1902, pp. 236-251. Rilliet, *Le catéchisme français de Calvin Publié en* 1537, 1878, pp. lii.-lvii.).

24. *Opera* XXII, p. 33 이하. 이 교리문답서의 라틴어판은 1538년까지 출판이 되지 않았지만, 프랑스어판과 함께 준비된 것이 확실하다. 왜냐하면 1537년 2월 무렵 칼뱅이 카롤리와 논쟁할 때 그것을 인용하기 때문이다(Bähler, "Petrus Caroli und Johannes Calvin," in *Jahrbuch für schweizerische Geschichte*, xxix. 1904, p. 64, 주를 보라).

제기된 것이다. 사도신경의 몇몇 구절을 해석하기 전(p. 52), 우리는 사도신경에 대한 다음과 같은 일반적 고찰을 보게 된다.

> 하지만 성부, 성자, 성령에 대한 우리의 신앙고백이 누군가에게 문제가 되지 않도록, 먼저 그것에 대해 잠깐 언급할 필요가 있다. 우리가 성부와 성자와 성령을 언급할 때, 우리는 결코 서로 다른 세 종류의 신을 상정하지 않는다. 그러나 성경과 거룩한 경험 그 자체가 우리에게 보여주는 것은 하나님, 즉 성부와 그분의 아들, 그분의 성령에게 있는 절대적인 단일 본질이다. 따라서 성부의 형상이 담긴 성자를 이해하지 않고서는, 그리고 성부의 능력과 덕목이 발현되는 성령을 이해하지 않고서는 우리의 지성만으로 성부 하나님을 이해할 수 없다. 따라서 우리 마음의 모든 생각은 한 분이신 하나님께 집중한다. 그럼에도 우리는 성부를 성자와 성령과 함께 생각한다.

여기서 삼위일체에 대한 사실이 분명하고 확실하게 언급된다. 더욱이 이 고찰은 이런 간략한 진술로도 삼위일체 교리의 본질을 확실하게 선포하고, 그 교리의 뿌리가 단지 성경뿐 아니라 그리스도인들의 체험에도 심어져 있으며, 생명력 있는 하나님 개념에 포함된다는 것을 가르쳐준다. 우리는 그러한 힘에 탄복할지도 모른다. 카롤리가 제기한 비난이 널리 확산되고, 사람들이 "한 분 하나님의 위격들의 구별에 관한 그(칼뱅)의 견해는 교회의 정통적 합의에서 얼마간(non nihil) 벗어난 것"이라는 의혹을 품었을 때, 칼뱅은 확실히 자신이 처음부터 제네바 교회에서 "하나님의 단일한 본질 안에 있는 세 위격의 일체"를 가르쳤다는 교리문답서를 증거로 제시하면서 자신을 정당화했다.[25] 하지만 어떤 사람들이 근본

---

25. 사실 라틴역에 추가된 서문은 당시 만연했던 자신에 대한 오해를 풀기 위한 것이었다(*Opera* V. 318).

교리들은 42장에 이르는 긴 분량으로 설명하면서 삼위일체라는 가장 중요한 교리에 대해서는 너무 짧게 설명하는 것 아니냐고 의문을 품는 것은 이상한 일이 아니다.[26] 그러나 교리문답서에 기록된 삼위일체 교리는 간결한 설명이었지만, 함께 쓰인 신앙고백서는 교리문답서에 빠진 삼위일체 교리에 관련한 모든 내용(반복적으로 사도신경에 내포된 것을 제외하고)을 너무도 잘 담고 있다. 칼뱅과 그의 동료들은 기독교 교리를 교육시키는 단계와 관련해 삼위일체 교리는 상급 단계에 적합하다고 생각했다. 그들은 그리스도 안에서 이제 막 하나님의 자녀가 된 사람들의 신앙이 아직 충분히 성장하지 않았다고 생각했고, 섬세하고 신비스러운 삼위일체 교리에 대한 논쟁으로 아직 성장하지 않은 그들의 마음을 무겁게 하는 것은 좋지 않다고 생각했다. 오히려 그들은 막 하나님의 자녀가 된 사람들이 일반적으로 가지고 있는 종교적 견해에 삼위일체 교리를 함축적으로 내버려두는 것이 좋다고 생각했다. 경건을 체험하는 것에 삼위일체 교리가 함축되어 있다고 생각했기 때문이다. 칼뱅과 그의 동료들은 신앙의 이러한 주요 진술을 준비할 때, 삼위일체 교리에 대한 언급을 아주 적게 하거나 거의 하지 않았다. 그럼에도 그들은 제네바 교회에서 이 교리를 반대하는 사람들을 반박하고 축출하는 일에 열정을 보였다. 칼뱅은 제네바에서 사역을 시작하는 초기부터 급진적 반삼위일체론자들과 충돌해야 했다. 훗날 그 반박은 많은 부분 칼뱅의 영향력에 기인한다. 또한 이미 1537년 이른 봄부터 재세례파들을 반대하고 추방하기 시작했다. 그중에는 장 스토르되르(Jean Stordeur, ?-1540)라는 사람이 있었는데, 나중에 칼뱅은 그의 미망인과 결혼한다.[27] 또한 그들이 나타나기 직전에 그는 뉴

---

26. 웨스트민스터 신앙고백서와 웨스트민스터 소요리문답이 삼위일체 교리를 짧은 분량으로 설명하고 있다는 사실을 기억할 필요가 있다.
27. 콜라든(Colladon)은 *Opera Calvini*, XXI. 59에서 설명하기를 제네바 의회에는 "예한

사텔(Neuchatel)에서 파렐의 동료였던 거의 반미치광이 클로드 알리오디(Claude Aliodi)가 1534년 그리스도의 선재성을 부정한 일과, 1537년에 제네바에서 반삼위일체적 이단 교리를 가르쳤던 일을 처리해야 했다.[28]

칼뱅이 삼위일체 교리에 대해 정확하게 보여준 입장과 가르침은 한 어리석은 사람이 제네바 목회자들을 공격하기 시작할 때 종교개혁이라는 파도 위로 공개된다.[29] 피에르 카롤리가 로잔 지역의 첫 목회자라는 거

토르되르"(Jehan Tordeur)로 등록되어 있다고 한다. N. Weiss, *Bulletin de la société de l'histoire du protestantisme français*, lvi. 1907, pp. 228-229를 보라.

28. Doumergue, *Jean Calvin*, ii. 1902, pp. 241-242와 Herminjard, *Correspondance*, ed. 2, iii. 1878를 참고하라. 좀 더 간결한 설명을 원하면, E. Bähler, "Petrus Caroli und Johannes Calvin" in *The Jahrbuch für schweizerische Geschichte*, xxix. 1904, p. 73 이하를 참고하라.

29. 스트라스부르 편집자들(*Calvini Opera*, VII. p. xxx.)은 카롤리를 "허황된 야망을 쫓는 사람, 소문에 잘 흔들리는 사람, 성급한 사람"(vir vana ambitione agitatus, opinionibus inconstans, moribus levis)이라고 묘사한다. 그에 대한 두메르그의 판단은 다음과 같은 말에 묻어난다. "불행하게도 그의 성격은 그의 지성만큼 좋지 않았다. 새로운 생각들이 그에게 매력을 주기는 했지만, 그를 변화시키지는 않았다"(ii. 1902, p. 252). 두메르그가 두앙(Douen)의 표현을 빌려하는 말에 따르면, 카롤리는 "대담하고 모험심을 좋아하는 성격이지만 사리분별을 잘 못하고, 도덕적 성품보다는 재능으로 인정받는 스타일의 사람이었다"(p. 253, 미주 2번). 캄프슐트는 카롤리를 "산만하고 자기주장을 자주 바꾸는 사람"으로 묘사했다(Kampschulte, *Johann Calvin*, i. 1869, p. 162). 랑의 설명에 따르면 카롤리는 "예리한 사고를 하지만 성격과 자기 인식에 다소 문제가 있다"(August Lang, *Johannes Calvin*, 1909, p. 40). 스위스 티에라체른 지역의 목사였던 에두아르드 배흘러는 긴 제목으로 쓴 사설(Eduard Bähler, *Petrus Caroli und Johannes Calvin: Ein Beitrag zur Geschichte und Kultur der Reformationszeit in Jahrbuch für schweizerische Geschichte*, v. 29, 1904, pp. 39-168)에서 카롤리를 재평가한다. 배흘러의 논지에 따르면 카롤리는 파버 스타풀렌시스(Faber Stapulensis)의 영감과 프랑스 모(Meaux)의 주교였던 윌리엄 브리소네(William Briçonnet)를 영적 지도자로 하는 프랑스의 반(semi) 개신교 진영의 사람이다. 그는 중도적 입장을 취함으로써 로마 교회와 개신교 교회 모두로부터 인정받지 못했다. 카롤리의 우유부단함과 배반을 이러한 애매한 입장으로 설명할 수 있다. 그러나 배흘러의 설명은 카롤리를 이해하는 데 어느 정도 도움은 되지만 그의 성격과 행동이 왜 그러한지를 변호해줄 만큼은 아니었다. 랑에 따르면 배흘러의 설명에는 그다지 설득력이 없다. "여전히 카롤리를 따라다니는 수식어는 어리석고 일관적이지 못하다는 말뿐이다. 그에 비하면 파렐은 얼마나 훌륭한가!"(*Johannes Calvin*, 1909, p. 209)

만함을 풍기며 제네바 목회자들에게 복수하고자 마음먹었던 때가 바로 이 무렵(1537년 1월)이다. 그는 그들에게 개인적으로 타격을 입힐 수 있다고 여겨 사실상 제네바의 목회자들을 아리우스주의자로 비난하고자 했다. 그러한 비난에는 그럴 만한 가치가 없었다. 그런데도 부분적으로는 클로드 알리오디가 파렐을 비난하며 생겼던 오래된 의혹 때문에 카롤리의 비난이 주목받기 시작했다.[30] 이것은 제네바의 목회자들이 1537년에 발간한 제네바 신앙고백서에서 삼위일체 교리를 생략했듯이, 파렐도 자신의 저작 『신학개요』(Sommaire, 1524-1525)에서 삼위일체 교리를 생략하게 되는 정황들에서 기초한다. 그는 1537-1538년 개정판의 서문에서 밝힌 것처럼 순전히 교육적인 의도로 그렇게 한다. 왜냐하면 삼위일체 교리가 갓 회심한 그리스도인들에게는 너무 난해한 주제라고 생각했기 때문이다.[31] 지금 우리는 카롤리 같은 자들이 어떻게 비방 발언의 기회를 얻었는지 알 방법이 없다. 단지 전체 개신교 진영에서 제네바 목회자들의 정통성을 많이 의심했다는 사실을 발견할 뿐이다. 그들이 이상하리만큼 "삼위일체"나 "위격" 등의 용어를 사용하기를 망설인다는 소문이 베른에서 바젤, 취리히, 스트라스부르, 비텐베르크로 퍼져나갔다. 심지어 그들은 가장 대중적인 기도문에서 그 용어 사용을 "맹렬하게" 반대했다. 그러면서 제네바 목회자들이 아리우스주의에 빠져들기 시작했다는 보고들이 여기저기서 속속 올라왔다. 심지어 스페인의 세르베투스가 해외에서 전하고 있는 **가장 끔찍한 오류**(pessimus error)에 그들이 물들었다는 소문까지 돌았다. 개인적인 논쟁이나 총회, 결의 등 지역적 위기가 대두되었을 뿐만 아니라 불신의 분위기가 널리 확산되었다. 매우 주의 깊고도 시

---

30. Doumergue, *Jean Calvin*, ii. 1902, p. 258과 Bähler, *Petrus Caroli und Johannes Calvin*, p. 73을 참고하라.
31. Bähler, 앞의 책, p. 71.

급한 관심이 요청되었다. 칼뱅은 봄부터 여름까지 여기저기 서신을 보내며 자신에 대한 부정적인 소문을 바로잡아야 했다. 그가 말했듯이 그것은 **"아무것도 아닌 사람"**(*homo nihili*)이 "헛된 자만심"으로 퍼뜨리기 시작한 소문이었다.[32] 회의와 총회, 서신 이후에도 긴 논문들이 이어졌다. 그 결과 사람들이 칼뱅의 정확한 입장을 더 이상 오해하지 않게 되었다.

칼뱅은 모든 논쟁에서 항상 주요 대변자로 나섰고 자신보다는 공격 대상이 되었던 동료들을 변호하는 데 힘썼다. 논쟁 전반에 걸쳐 두 가지 흐름이 엿보인다. 이것은 최소한 『기독교 강요』 1권 13장에서는 아니지만, 칼뱅의 삼위일체 교리에 관한 모든 글에서 흐르는 것과 동일한 내용이다. 글 곳곳에는 삼위일체에 대한 칼뱅의 분명하고도 견고한 이해와 함께, 그것을 최고로 여기려는 결정에 수반된 매우 깊은 통찰이 담겨 있다. 그것과 더불어, 전통적인 진술방식에 얽매일 필요 없이 누구나 그 교리를 자유롭게 다룰 수 있다는 지속적이고도 확고한 입장이 드러난다. 이 두 가지 입장은 서로 전혀 모순되지 않는다. 오히려 두 입장은 동일한 확신에서 갈라져 나온 열매들이며 동전의 양면처럼 동일한 사고방식에 있는 것들이다. 삼위일체 교리가 인간의 사고능력을 뛰어넘는 주제이기 때문에 이론적 사변을 피하고 오직 성경의 계시에 의지해야 한다는 칼뱅의 확신이 두 가지 입장의 뿌리다. 그러므로 한편으로 그는 오직 성경에만 호소했기 때문에 삼위일체 교리를 표현할 때 현재의 권위나 과거의 기도문에 얽매일 필요가 없었다. 다른 한편으로 그는 성경만 전적으로 신뢰했기 때문에 성경에서 발견되는 모든 것에 정당성을 부여하고자 했다. 이것이 칼뱅이 가지고 있었던 개신교 사상의 순전함이었다. 다시 말해 이것이 그가 삼위일체 교리를 다루는 방식이었다. 그는 삼위일체 교리에 독자성

---

32. Doumergue, 앞의 책, pp. 266-268.

을 부여했다. 그러나 그 독자성은 항상 이해되는 것은 아니다. 우리가 칼뱅의 마음을 엿볼 수 없는 것은 다소 놀랍지만, 그 독자성은 때로 칼뱅의 마음을 드러내는 그의 태도에 대해 설명할 수 있는 기회를 제공한다.[33]

앞에서 제기된 문제는 매우 간단한 것이었다. 칼뱅은 전통적 신조들에 서명하라는 카롤리의 명령을 따르지 않았다. 이는 그가 최소한 그것들의 가르침에 동의하지 않았기 때문만이 아니라, 전적으로 자신과 동료들에게 그리스도인에게 속한 자유를 보장해주고자 했기 때문이다. 또한 그는 믿음과 관련된 문제에서 다른 어떤 권위가 아니라 오직 성경에서 말씀하시는 하나님의 권위만 따르고자 결정했기 때문이었다. 그는 신조들을 거부하거나 깎아내리는 것이 자신의 목적이 아니었다고 말한다.[34] 칼

---

33. 벨라르미누스는 카롤리의 진술에 따라 오랜 예시를 하나 제공한다. 그에 따르면 칼뱅이 로잔 공의회의 신조에 서명을 거부한 것은 아퀼레이아 공의회에서 아리우스주의자들이 보인 행동과 비슷하다(Bellarmine, *Controversia de Christo*, ii. 19, 거의 중반부, in *Opera Omnia*, Paris, I. 1870, p. 335). 그의 말에 따르면 "이 부분에서 칼뱅은 아리우스주의자들과 크게 다르지 않다. 암브로시우스 주교는 아퀼레이아 공의회에서 두 명의 아리우스주의자들로부터 성자가 곧 참 하나님으로부터 나오신 참 하나님이라는 고백을 받아낼 수 없었다. 백 번을 물어도 그들은 항상 성자는 참 하나님이 낳은 유일한 아들이지 참 하나님 자체가 아니라고 말했기 때문이다. 칼뱅도 마찬가지로 로잔 공의회에서 성자가 곧 하나님으로부터 나오신 하나님이라는 고백을 거부했다고, 현장에 같이 있던 카롤리는 로렌의 추기경에게 편지를 썼다." 벨라르미누스는 아리우스주의자들과는 달리 칼뱅이 신조에 담긴 성자 하나님에 대한 모든 칭송에 동의할 준비가 되어 있었음을 보지 못했다. 심지어 캄프슐테도 그의 책에서 칼뱅이 "카롤리와의 논쟁에서 아타나시우스 신조에 대해 **매우 모호한 방법**(in sehr bedenklichem Masse)으로 표현한다"고 말한다(F. W. Kampschulte, *Johann Calvin*, ii. 1889, p. 171). 그가 미주에서 하는 말에 따르면 "이로 인해 그가 후대 반대자들에게 비난받았다는 사실에는 근거가 전혀 없지 않다. '칼뱅은 자신의 삼위일체에 관한 견해가 도마 위에 오르자 화가 난 나머지 반삼위체론자들이 니케아 공의회와 아타나시우스 신조에 대해 반대했던 것과 비슷한 비난을 쏟아냈다.' Claude de Saintes, *Declaration d'aucuns atheismes de la doctrine de Calvin*, Paris, 1568, p. 108을 참고하라." 또한 캄프슐테와 두메르그의 *Jean Calvin*, ii. 1902, p. 266을 참고하라. 우리는 이미 샤프 박사가 그 문제에 대해 얼마나 이해할 수 없게 진술하는지 살펴볼 기회가 있었다(위의 책, p. 199, 주 22번). 하지만 그는 그러한 유형의 작가들 중 한 사람일 뿐이다.

34. "신학자 피에르 카롤리의 비방에 대한 반박"(*Adversus Petri Caroli theologastri*

뱅의 지적에 따르면 심지어 카롤리조차도 칼뱅 자신이 그 신조들의 가르침을 부정하고 있다고 오해하지 않았다. 오히려 카롤리는 칼뱅이 "그 신조들의 신뢰성을 받아들이지도 않았고 부정하지도 않았다"고 인정했다. 카롤리의 형편없는 라틴어 표현인지 칼뱅의 익살스러운 표현인지 모르지만 카롤리는 그것을 "소르본식 우아함"이라고 묘사했다.[35] 칼뱅은 어떤 전통적 표현방식이 존중할 만하고 참된 것임을 인정했지만 기독교 교사들의 신앙이 그것에 얽매여야 한다는 것은 받아들일 수 없었다. 그리고 그는 평화를 해치는 이런저런 사람들이 제시한 옛 신조들을, 기독교 교사

---

calumnias), Opera VII.315. "사실 칼뱅과 다른 사람들은 그 신조들을 격하시키거나 거부하려던 것이 결코 아니었다"(Calvino quidem et aliis propositum nequaque erat symbols, abiicere aut illis derogare fidem). 그가 1539년 10월 8일에 스트라스부르에서 한 논의에 관해 파렐에게 쓴 것과 비교하라. "비록 그것을 거부하기는 쉬웠지만, 우리는 거부하지 않고 비난하거나 그저 사인하기를 거부했을 뿐이다. 그래서 붙잡혀온 그가 우리의 사역에 대해서 승리하지 못하도록 하기 위함이었다"(Quamquam id quoque diluere promtum erat, nos non respuisse, multo minus improbasse, sed ideo tantum detrectasse subscriptionem, ne ille, quod captaverat, de ministerio nostro triumpharet), (Herminjard, vi. 1883, p. 53).

35. Adversus Petri Caroli theologastri calumnias, in Opera VII.316. "나는 믿지도 믿지 않지도 않는다"(ego neque credo neque discredo). 칼뱅이 파렐에게 하는 말에 따르면, 카롤리는 스트라스부르에서 칼뱅 자신과 동료들이 세 가지 신조들(three Symbols)의 가르침을 거부한 것으로 보고하지 않았다. "하지만 우리는 [서명을] 거부했을 뿐만 아니라, 신조들을 다룰 때 그것에 동의하게 하는 확고한 권위가 항상 교회에 있다고 여겼다"(nos vero non tantum detrectasse [subscriptionem], sed vexasse multis cachinnis symbola, illa. quae perpetua bonorum consensione authoritatem firmam in Ecclesia semper habuerunt(Herminjard, vi. 1883, p. 52). 하지만 카롤리가 교황에게 보낸 서신에서 개신교 설교자들을 비난한 바에 따르면 그들은 세 신조들을 "조롱하고 비꼬고 헐뜯었다." 그들이 거부한 것은 그 신조들의 진리가 아니라 권위를 부정한 것이다. "그들은 와서, 니케아 공의회와 신적이고 위대한 아타나시우스의 신조들을 분파적으로 조롱하고 비꼬며 헐뜯었으며, 합법적인 교회로부터 받아들여지는 것을 언제나 부정했다"(eoque devenisse ut concilii Niceni et divi Athanasii symbols, maiori ex parte riderent, proacinderent, proculcarent, et ab ecclesia legitima umquam fuisae recepta negarent, Herminjard, iv. ed. 2, 1878, p. 249). 250쪽 주 37과 비교하라.

들이 받아들이기 전까지 그들이 이교도로 취급받는 것을 인정하는 선례를 개혁파 교회에 남기기를 거부했다. 칼뱅은 자신의 저술과 가르침을 통해 그가 믿는 바를 고백할 준비가 되어 있었다. 우리가 그를 판단하고자 한다면 이러한 신앙 고백적 표현들을 진리의 유일한 기준인 하나님의 말씀에 비추어보면 된다. 칼뱅이 제네바 목회자들의 일로 카롤리와 처음 부딪혔을 때, 그는 새롭게 작성된 교리문답서의 삼위일체 부분이 제네바 목회자들의 신앙을 잘 표현한다고 말했다. 그리고 카롤리가 "새로운 신앙고백서들은 저리 치워라! 우리는 세 개의 전통적 신조들에 서명할 것이다" 라고 외쳤을 때, 칼뱅은 자만심으로가 아니라 오직 하나님의 말씀만을 기준으로 삼고 있다고 자신 있게 말하며 카롤리를 반대했다.[36] 그에 따르면 "우리는 오직 하나님 안에서 믿음을 고백해왔지, 아타나시우스 안에서가 아니었다. 아타나시우스의 신조는 정당하게 세워진 어떤 교회에서도 인정받은 적이 없다."[37] 칼뱅은 우리를 이단의 고통에 빠뜨리는 인간 작품

---

36. A. Lang, *Johannes Calvin*, 1909, p. 41. "여기서 우리는 칼뱅이 모든 종류의 교회 전통에 대해 자립적이고 독립적이라는 사실을 보게 된다.…따라서 칼뱅은 로잔에서 자신과 동료들의 이름으로 제시한 신앙고백서를 통해 이렇게 설명한다. '우리는 오직 하나님의 말씀 안에서만 그분의 위대하심을 발견한다. 우리는 오직 하나님의 말씀과 함께 그분을 생각할 수 있다. 그리고 우리는 오직 하나님의 말씀을 통해서만 그분에 대해 말할 수 있다.' '경건한 신앙고백서는 다름 아닌 우리 안에 있는 믿음에 대한 증언이다.…그러므로 신앙고백서는 성경이라는 순전한 원천을 통해 만들어져야만 한다.'"

37. *Opera* XB.83-84(Herminjard, iv. ed. 2, 1878, pp. 185-186). 칼뱅은 이에 대해서 "우리는 아타나시우스를 믿기보다 한 분 하나님을 믿기에 맹세한다. 어떤 참된 교회도 그의 신조에 결코 동의한 적이 없었다"는 말로 부정했다(Ad haec Calvinus, nos in Dei unius fidem iurasse respondit, non Athanasii cuius Symbolum nulla unquam legitima ecclesia approbasset). 두메르그는 정확하게 번역한다(Doumergue, *Jean Calvin*, II.1902, p. 256). "우리는 아타나시우스가 아니라 한 분 하나님을 믿는 믿음으로 맹세한다. 그 신조는 참된 교회로부터 인정을 받지 않았기 때문이다"(Nous avons jure la foi en un seul Dieu, et non en Athanase, dont le symbole n'a été approuvé par aucune Église légitime). 윌리스턴 워커는 구조를 제대로 보지 못해서 잘못 번역한다(Williston Walker, *John Calvin*, 1906, p. 197). "우리는 아타나시우스에 대한 믿음 안에서가 아니라 한 하나님에 대한 믿음 안에서

이 마치 교리를 규정하는 권위인 것처럼 취급되는 것을 거부했다. 그는 그러한 권위를 오직 하나님의 말씀에서만 찾고자 했다. 그 이후에 열린 로잔 공의회에서도 그는 정확히 동일한 입장을 취했다. 그는 기존의 기도서에 쓰인 것과 동일한 용어만으로 신앙을 표현해야 한다는 요구는 문제의 본질을 다루기보다는 인신공격이라고 말하며[38] 냉소했다. 그리고 신

맹세한다. 그의 신조를 인정한 참 교회는 없다." 랑도 마찬가지다(A. Lang, *Johannes Calvin*, p. 40). "우리는 아타나시우스가 아니라 한 분 하나님에 대해 신앙을 고백했다. 참된 교회라면 그의 신조를 인정하지 않았을 것이다." 제임스 오르의 표현은 최악이다(James Orr, *The Christian View of God and the World*, 1893, p. 309). "우리는 한 하나님 안에서의 믿음을 향해 맹세해왔지, 아타나시우스의 신조를 향해서가 아니다. 그의 신조는 참된 교회가 단 한 번도 받아들인 적이 없었다." 칼뱅은 아타나시우스 신조가 참 교회의 인정을 받을 만한 가치가 전혀 없는 문서라고 말하는 것이 아니다. 그가 강조한 바에 따르면 아타나시우스 신조는 개인이 작성한 문서로 교회법에 의거하여 권위를 부여받은 적이 없다는 사실을 상기시킨다. 카롤리가 칼뱅의 언급에 대해 하는 설명은 위의 주 34번을 참고하라. 그럼에도 아타나시우스 신조는 서방 교회에서 최고의 존중을 받았다. (그것의 "수용과 사용" 범위를 알고자 한다면 Ommaney, *A Critical Dissertation on the Athanasian Creed*, 1897, p. 420 이하를 참고하라). 그 신조는 머지않아 개신교 교회에서도 일반적으로 "승인"되기 시작했다. 츠빙글리(*Fidei Ratio*, 1530)와 루터(*Smalcald Articles*, 1537)는 그것을 교회의 신조들의 자리에 놓았으며 그 권위를 인정했다. 신조 일치서(*Formula Concordiae*)나 갈리아 신앙고백서와 같은 개혁파 교회의 다양한 신앙고백서들을 보면 우리는 그 고백서들이 아타나시우스 신조의 권위를 받아들이기 시작했음을 알 수 있다. 또한 Loofs, *Athanasianum*, in Herzog, *Realencyklopädie*, ed. 3, ii. p. 179; Schaff, *Creeds of Christendom*, ed. 1, i. p. 40; E. F. Karl Miller, *Die Bekenntnisschriften der reformierten Kirche*의 색인에서 "Athanasianum"의 부분; Ménégoz, 아래 주 42번에서 언급된 책 등을 참고하라. 칼뱅은 스트라스부르에서 그 신조들에 대해 동료들에게 다소 공격적으로 언급했음을 인정했다. 그는 파렐에게 이렇게 썼다(Herminjard, vi. 1883, p. 53). "우리가 신조들에 대한 문제에서 자유로워지기는 어려워 보입니다. 이 신조들은 전체 교회에 의해 합법적으로 수용된다 하더라도 문제가 있는 주제이기 때문입니다. 우리는 그 신조들을 비난하거나 거부한 것이 아닙니다. 우리는 그것에 서명하는 것을 거부하여, 카롤리가 우리의 사역에 대하여 승리했다고 기뻐하는 것을 보지 않으려 했다는 사실을 설명하기는 쉽습니다. 하지만 문제는 아직 남아 있습니다."

38. *Opera* VII.316. "그것에 한 것은 그 사람에게만큼은 아니다"(non tam ad rem quam ad hominem).

조들에 대해 말할 때 결국 카롤리를 "조롱"[39]한 것이라고 우리에게 말한다. 카롤리는 신조들을 읊으려고 시도했지만, 아타나시우스 신조의 네 번째 항목에서 막혔다.[40] 칼뱅은 옛 신조들에서 사용한 동일한 용어를 통해서만 신앙고백이 가능하다고 말했던 카롤리의 주장을 카롤리에게 상기시킨다. 그는 카롤리가 방금 읊은 아타나시우스 신조를 제시한다. "누구든지 이 믿음을 고수하지 않는다면 구원받지 못한다." 그러면서 카롤리 스스로가 이 믿음을 고수하지 않고 있다고 말한다. 설사 고수한다 해도 아타나시우스 신조와 동일한 용어를 사용해서 표현하지는 못했다. 칼뱅은 그 용어들을 그대로 반복해보라고 요구했다. 그는 카롤리가 네 번째 항목에서 다시 막힐 것이라고 말한다. 이제 칼뱅은 카롤리에게 묻는다. 만일 자네가 지금 당장 죽게 되어 마귀 앞에 섰는데, 고대의 신조들과 동일한 용어를 사용하여 믿음을 표현하지 않았다는 이유로 영원한 파멸에 이르게 될 것이라고 한다면 어쩌겠는가? 그리고 니케아 신조와 관련해서는 그것이 그 공의회를 통해 작성되었다는 것은 매우 분명하지 않은가? 거룩하게 살았던 교부들이 신조와 같이 중대한 문제에서 그것을 간결하게 표현하려고 연구했을 것이라는 기대를 누군가 분명 했을 것이다. 그러나 여기 반복되는 구절을 보라. "하나님으로부터 나오신 하나님, 빛으로부터 나오신 빛, 참 하나님으로부터 나오신 참 하나님." 무엇을 강조한 것은, 수사적 용법도 아닌데 왜 이런 반복구절을 사용했을까? 이것이 신앙고백의 한 구절이라기보다는 노랫말에 더 어울린다는 것을 모르겠는가?[41] 우리는 칼뱅의

---

39. *iocatus est*(Ibid., p. 315).
40. "아타나시우스 신조의 세 항목을 읊은 이후, 네 번째 항목을 읊지 못했다"(Ibid., p. 311).
41. Ibid., pp. 315-316. 니케아 신조에 대해 이런 식으로 말하는 데 대해 스트라스부르에 있는 신학자들도 불편해했다. 칼뱅은 1539년 10월 파렐에게 편지를 썼다(Herminjard, vi. 1883, p. 53). "나는 그 불필요하게 반복되는 구절들에 대해 만족스러운 답을 찾고 싶었습니다. 그러나 아무리 노력해도 이러한 반복 구절들이 있다는 것을 그들에게 확신시켜줄 수 없었습니다. 하지만 나는 인간의 그런 사악함에 대해 반발심만 지니지 않았다면 그렇게 말하지 말았어야

이런 익살스러운 표현이 마음에 들 수도 있고 그렇지 않을 수도 있다. 그러나 우리 시대 저자들의 작품에서 칼뱅이 "정당하지도 않고 신랄히 저주 받을 만한 몇 구절" 때문에 아타나시우스 신조에 서명하지 않았으며 니케아 신조를 "격하시켰다"고 말하는 것을 읽고 놀라지 않을 수 없다.[42] 칼뱅의 진술만을 살펴본다면 칼뱅은 위의 두 가지 중 어떤 것도 하지 않았다. 그는 "한 번도 두 가지 신조를 격하시키거나 그 신뢰성을 의심한 적이 없었기" 때문이다.[43] 칼뱅의 유일한 의도는 오직 이 두 가지 신조에서 사용된 용어들을 통해서만 우리의 삼위일체 믿음을 표현할 수 있다는 카롤리의 주장에 반대하는 데 있었다.

칼뱅은 삼위일체 교리를 표현할 때 오직 과거의 표현에만 얽매여야 한다는 주장을 거부했다. 이는 그가 과거의 삼위일체 논쟁들을 통해 결정된 용어들을 사용해 삼위일체 교리를 정의하지 않겠다는 것을 의미하지는 않는다. 오히려 칼뱅에 따르면 그러한 용어들은 삼위일체 교리를 표현하고 변호하는 데 가장 적합하다. 실제로 카롤리가 제네바의 목회자들을

한다는 생각이 듭니다."

42. Schaff, 앞의 책, p. 199, 주 22번. 메네고즈가 이 문제의 본질에 대해 적절하게 설명한다. 어떤 사람은 칼뱅이 아타나시우스 신조에 서명하라는 명령을 거부하면서 그것의 문학 양식에 대해 비평했다는 정황을 통해 칼뱅의 마음에 깊이 자리 잡고 있었던 반감을 추측할 수 있다. 메네고즈는 이 부분에서 아타나시우스 신조와 니케아 신조를 혼동하고 있다(M. Ménégoz, *Publications diverses sur le Fidéisme*, 1900, pp. 276-277). 그는 동일한 평가를 더한다. "개신교 신학이 비록 가톨릭의 신조들을 수용하기는 했지만 그 반감을 용인할 의도가 없었다는 사실을 보여주기 위해 칼뱅을 예로 삼는 것은 적절하지 않다. 종교개혁가들이 그러한 신조들을 받아들였다고 생각하는 것도 역사적 오류다. 물론 그들은 그러한 상징들을 크게 신뢰하지 않았고, 어떤 의혹을 가지고 있었으며, 비난받아 마땅한 문구들에 대해 의구심을 품었지만 말이다. 당시에는 중의적 표현으로 속이거나 하지는 않았기 때문이다. 그들은 표현을 자제하는 것을 미덕으로 여기지도 않았다. 만일 이전의 신조들에 대한 반감이 개신교 신학자들에게 있었다면 그들은 여지없이 그러한 생각을 표명하고 그 상징들을 분명하게 거부했을 것이다. 이것은 그들에게 매우 쉬운 일이었다."

43. *Opera* VII.315.

비판했던 핵심 내용은 그 용어들을 사용하기를 꺼려한다는 것이었다. 그러나 이러한 비난을 잠재우는 일은 칼뱅 자신과 관련해서는 쉬운 일이었다. 그는 그저 『기독교 강요』 초판(1536)을 증거로 삼으면 되기 때문이었다. 그는 거기서 문제가 되는 용어들을 자유롭게 사용할 뿐 아니라, 그 용어들의 정당함을 변호하고 그 용어들을 차용해야 할 의무가 있다고 주장했다. 그의 주장에 따르면 삼위일체 교리를 이단이라는 오해를 받지 않고 표현할 수 있는 것은 오직 그러한 전문적인 용어를 통해서만 가능하다. 그 이후 카롤리가 "칼뱅이 '위격'이나 '삼위일체' 등의 용어 사용을 끈질기게 거부"하는 것에 의문을 표할 때 칼뱅은 자신이나 파렐, 비레, 그 어느 누구도 그러한 용어들에 조그마한 반감도 갖고 있지 않다고 대답했다. 칼뱅은 "자신의 글이 삼위일체를 표현하는 용어들을 아주 자유롭게 차용하고 있음을 온 세계에 입증한다. 심지어 그는 이 용어들을 거부하거나 회피하는 사람들이 가진 관습에 대해 비난한다고 말한다."[44] 제네바 목회자들은 제네바 신앙고백서에서 이 용어들을 사용하지 않고 이 용어들이 반드시 사용되어야 할 상황에서 그것들을 차용하지 않는다. 칼뱅은 이에 대해 두 가지 이유를 제시한다. 그들은 어떤 문제가 충분하게, 그리고 충분한 것 이상으로 확립되었는데도 단어들이나 음절에만 제한해 그것들을 신뢰해야 한다는 전횡에 동의하지 않으려 했다. 하지만 그들이 좀더 구체적으로 말하는 이유는 이것이었다. 그들은 "자만심 가득한 그 미치광이가 무례하게 만든 것을 빼앗고 싶었다. 카롤리의 목적은 경건한 사람들이 지켜낸 모든 교리를 의심하고 그들의 영향을 파괴하는 데 있었기 때문이다."[45] 그러므로 제네바 목회자들은 분명히 이단 사상을 논박하고 교회가 동일한 신앙고백을 하도록 할 때 이러한 용어들이 가지는 가치를

---

44. *Opera* VII.318.
45. *Adversus Petri Caroli theologastri calumnias*, in *Opera* VII.318.

전적으로 인식했다. 그러나 그들은 호전적 방법으로 그 용어들을 사용하도록 강요받았을 때, 단 한 순간도 그것을 따르지 않으려 했다.

칼뱅이 삼위일체와 관련되는 교리 용어들을 취하는 태도는 다시 한 번 살펴보기에 충분할 정도로 흥미롭다. 앞서 설명한 바와 같이 이러한 용어들은 이미 칼뱅의『기독교 강요』초판(1536)의 매우 흥미로운 구절에서 완전하게 제시되었으며, 그 이후 개정판들에서도 큰 변화 없이 유지된다. 하지만 삼위일체 교리를 논의하는 부분에서 이 구절의 위치는 그 이전 모든 개정판에는 맨 마지막에 있다가 최종판에 이르러서는 맨 처음에 위치한다. 그러므로 최종판에서 그 구절은 삼위일체 교리의 본질을 다루는 부분의 서문처럼 등장한다(I.xiii.3-5). 그리고 앞선 절은 이 전문용어들 중 하나를 성경의 권위가 직접 입증함을 보여주려 할 때 이 부분을 좀 더 강화한다(I.xiii.2). 칼뱅은 히브리서 1:3의 "본체"(*ύπόστασις*)에서 "위격"이라는 용어를 발견한다. 칼뱅에 따르면 이 용어는 적어도 **인간이 만들어낸 용어**(*humanitus inventa*)가 아니다. 우리는 이 논의를 다루는 칼뱅의 방식을 살펴보지 않고 그냥 지나칠 수 없다. 문제가 되는 용어들을 다루는 칼뱅의 태도뿐만 아니라, 삼위일체 교리와 주해적 방법론 등까지도 그야말로 칼뱅의 특성을 잘 보며주며 또한 그 방법이 매우 교육적이기 때문이다.

칼뱅은 이 논의에서 본질적으로 히브리서 1:3의 성자 하나님이 "하나님의 본체의 형상(*χαρακτήρ τῆς ύποστάσεως αύτοῦ*)이 되신다"는 구절을 엄격히 분석한다. 그의 주장에 따르면 "본체"(*ύπόστασις*)라는 용어는 반드시 성자가 아닌 어떤 것을 의미한다. 왜냐하면 성자는 자신의 형상이 될 수는 없기 때문이다. 우리는 형상을 말할 때 두 가지 구별된 요소를 떠올린다. 형상화된 것과 그것을 형상화시키는 것이 그것이다. 만일 성자가 하나님의 본체의 형상이라고 한다면, 하나님의 본체는 성자가 공유하지 않는 것이어야만 한다. 그것은 오히려 성자와 유사한 것이어야만 한다. 성자는 하나님이라는 본질을 공유하신다. 그러므로 여기서 본체는 본질을 의미할 수 없다. 그렇다면 본체의 의미는 "위격"이라는 대안적 의미로 받아들여져야 한다. 그래서 히브리서 저자가 말하는 것은, 성자는 그 위격에 있어서 성부와 정확하게 동일하다는 것이다. 말하자면 성자는 성부의 재생이다. 그러므로 히브리서는 신성 안에 있는 두 위격을 분명히 말하는데, 한 위격은 형상화되고, 나머지 위격은 그것을 정확하게 형상화시킨다. 우리는 이와 같은 생각을 성령에도 적용할 수 있다. 따라서 하나님의 한 본질 안에 세 위격이 있다는 사실은 성경에 근거하는 가르침이다. "그러므로 만일 우리가 사도의 증언을 신뢰한다면, 하나님 안에는 세 위격이 있다." 라틴어 "페르소나"(persona)는 그리스어 "휘포스타시스"(ὑπόστασις, 위격)를 번역한 것이다. 그래서 "위격"이라는 용어 사용을 거부하는 사람은 그저 그가 까다롭기 때문에 그 용어를 사용하지 않는 것이다. 만일 어떤 사람이 좀 더 문자적인 번역을 선호해 "subsistence"나 "substance"를 사용하려고 한다면, 그가 그것을 사용하도록 내버려두라. 중요한 것은 의미이지 단어 자체가 아니기 때문이다. 유사한 단어를 사용한다고 의미가 바뀌지는 않는다. 심지어 그리스인들도 "프로소폰"(πρόσωπον, 위격)을 "휘포스타시스"(ὑπόστασις, 위격[susbsistence])와 혼용하여 사용하고 있다.

물론 이런 하나의 주해가 우리에게 신뢰를 주는 것 같지는 않다. 논리적 분석이나 심지어 논리적인 분석 작품 하나가 우리에게 완벽한 만족을 주는 것 같지도 않다. 결국 우리가 칼뱅의 견해를 따라 위격성과 본질을 구분한다면, 성자는 그 위격에 있어서 성부의 형상이 아니다. 성자가 그 "위격"에 있어서 성부와 다르다는 것은 다음과 같은 의미에서다. 곧 위격에 있어서는 성자는 성자이시고 성부는 성부이시다. 우리는 이 "아버지 되심"과 "아들 되심"이라는 개념을 통해 두 위격에게는 서로 차이를 보여주는 구별된 "특성"(properties)이 있다는 결론을 내릴 수 있다. 우리가 성자라 부르는 위격이신 분과 성부라 부르는 위격이신 분은 서로 완전히 유사하다. 하지만 그 유사성은 각자 동일한 본질(identical essence)을 공유한다는 사실에 기인한다. 그러므로 성자가 성부의 형상으로 표현되는 이유는 성자가 신적 본질(divine essence)을 성부와 함께 공유하신다는 데 있다. 성자는 본질에 있어서는 모든 면에서 성부와 동일하시다. 그분은 성부의 모사(repetition)다. 하지만 그 모사는 유사함을 담지하고 있는 한 본질이 두 위격에게 동일하게 있다는 의미다. 이는 단지 유사한 성질이 두 위격에 있다는 의미가 아니다. 칼뱅의 이러한 논증에 있는 근본적인 문제는 그가 성자의 본질적 신성을 보여주는 직접적 증거로 채택한 구절에서 한 분 하나님이 삼위로 이루어졌다는 것을 보여주는 직접적 증거를 찾았다는 데 있다. 히브리서 저자는 단일 본질 속에 구별된 본체, 즉 성자가 삼위일체 속에서 성부와 갖는 관계를 염두에 두지 않았다. 그보다 성자의 절대적 신성을 제시하고자 했다. 히브리서 저자는 성자가 모든 면에서 하나님의 존재와 동일하고 하나님의 완벽한 반영이라고 선포하고자 했다. 성자가 하나님의 완전한 형상과 대조될 때 하나님이 되심을 드러내고자 했다. 사실 "휘포스타시스"(ὑπόστασις)라는 용어는 여기서 "본질"이라는 좁은 의미로 사용되어서는 안 된다. 동시에 그 용어는 "위격"을 의미하는 추상적 의미로 사용되어서도 안 된다. 그것은 우리가 하나님이라고 부르는 모든 실재의 총체이자 실체화된 위격을 의미한다. 그에 따르면 이 모든 실재의 총체는 성부 안에 있는 것과 동일하게 성자 안에도 있다. 그 어떤 것도 삼위일체 안에서 구별된 위격들이나, 성자와 성부의 관계를 직접적으로 말하지 않는다. 본문은 "성자"가 아주 작은 요소에서도 "하나님"과 전혀 다름없으시다고 주장한다. 본문의 선언이 매우 중요한 이유가 여기에 있다. 성자는 하나님 개념과 모든 점에서 일치하는 하나님이시다.

그러나 지금 우리의 관심을 가장 많이 끄는 것은 칼뱅의 주해가 얼마나 성공적이었는지가 아니다. 칼뱅이 본문 주해를 통해 논의할 때 우리에게 매우 강력하게 제시하는 두 가지 사실이 그보다 더 많은 관심을 끈다. 첫 번째는 칼뱅의 마음에 이미 체계적인 형태의 삼위일체 개념이 담겨 있어, 거의 혹은 상당히 무의식적으로 그것을 논의의 주요 전제로 삼았다는 사실이다. 두 번째는 그가 "위격"이라는 용어를 통해 신성 안에 구별된 위격이 있음을 말하는 데 전혀 반감이 없었고, 오히려 그가 그것을 명확한 성경적 근거가 있는 것처럼 사용한다는 사실이다. 이 본문에서 "휘포스타시스"(ὑπόστασις)는 본질이 아니라 반드시 "위격"을 의미해야만 한다. 그의 이러한 논의는 분명한 원리를 중심으로 한다. 곧 성부와 성자가 본질에 있어서 절대적으로 일체이시고 오직 위격에 있어서만 구별되신다고 설명할 수 있다는 원리다. "왜냐하면 하나님의 본질은 **단일하고 구별될 수 없기 때문에**(simplex et individua)—하나님은 그분 안에 본질 전체를 나누거나 왜곡하지 않고 **완전한 형태로**(integra perfectione) 담지하고 있다—그분을 본질의 형상이라 부르는 것은 적절하지 못할 뿐더러 어리석은 일이다." 다른 말로 표현하면, 완성된 형태의 삼위일체 교리가 칼뱅의 논의에 있어서 선결 조건이다. 그리고 이 논의의 결론에 따르면 히브리서는 성부와 성자를 구별할 수 있는 "위격들"로 서로 대조시키고 있으며, 이 "휘포스타시스"(ὑπόστασις)라는 분명한 용어를 사용해 성부와 성자의 차이를 나타내고 있다. 칼뱅은 "따라서 만일 사도의 언급에 신빙성이 있다면, 하나님 안에는 세 휘포스타시스가 있다는 것이 자연스러운 결론이다"라고 말한다. 그러므로 칼뱅에게 이 용어는 신성 안에 있는 구별됨의 본성을 표현하는 것으로서 **인간의 고안물**(humanitus inventa)이 아니라 하나님의 계시였다.

칼뱅은 성경을 통해 확신을 얻었기에 삼위일체 안의 구별들을 표현하기 위해 "위격"이라는 용어를 사용하는 것을 반대할 수 없었다. 하지만 그럼에도 불구하고 그는 히브리서 1:3에서 그 용어를 발견하기 이전에 출간했던 『기독교 강요』 개정판들에서 이 용어가 비성경적이라고 전제하고 이 용어의 사용을 변증한다. 이 변증은 본질적으로 정당성을 주장하고 해석학적 이론을 설명하는 것이다. 칼뱅은 여전히 인간의 판단을 통해 만들어진 모든 용어(*hominum arbitrio confictum nomen*)를 반대하는 사람들과, 우리가 하나님의 일에 대해 지니는 언어와 생각이 성경의 범위 내로 국한되어야만 한다고 주장하는 사람들이 있다고 말한다. 그들의 주장에 따르면, 만일 우리가 성경에 나오는 용어들만 사용한다면 우리는 수많은 논쟁을 피할 수 있으며 "이질적인 언어들"로 인해 사랑이 깨지는 일들을 방지할 수 있다. 물론 칼뱅은 우리가 하나님을 생각하는 것 못지않게 그분에 대해 경건하게 말해야 한다고 대답한다. 그러나 만일 우리가 성경의 정확한 의미를 전달한다면, 왜 우리 자신을 성경에 나오는 것과 똑같은 용어에 국한시켜야 하는가? 그 용어가 성경의 무수한 음절에 포함되지 않는다고 해서 "이질적"이라고 정죄하는 것은 단지 성경의 여러 구절을 엮어내는 것 이상의 모든 해석을 단번에 부정하는 것이다. 우리가 이해하기에 복잡하고도 어려운 것이 성경에 많이 있다. 우리가 좀 더 쉬운 용어를 사용하여 이런 것들을 설명한다면, 이 용어들이 경건하게 다루어지고 성경의 깊고도 진정한 의미들을 충실히 드러낸다면, 그리고 조심스럽고 적절하게 근거와 더불어 사용된다면 그 용어들을 사용하는 것에 대해 반대할 이유가 있을까? 그 용어는 성경에 기록되어 성경에 의해 검증된 내용만을 표현한다. 그런데 이것을 반대한다면 그것이 바로 사악한 행동이 아닐까? 이 용어들이 반드시 꼭 있어야 하고 성경의 진리를 단순하고 명쾌하게 설명하고 있다면, 이 용어들을 반대하는 자들은 결국 그 용어들에 담긴 진리를 반대하기 위해 싸우고 있다고 추측할 수 있지 않을까? 결국 그들이 그 용어들을 사용하면서 진리가 좀 더 **분**

명하고 실수 없이(*plana et dilucida*) 드러난다는 사실을 반대하고 있는 것은 아닐까? 삼위일체의 신비가 표현되는 삼위일체 자체와 위격이라는 용어들, 그리고 그리스도인들이 이단의 속임수로 인해 진리를 확고히 하고 보호하기 위해 형성하고 차용한 **동일본질**(*homoousios*)과 같은 용어들에 대해서도 어느 누구도 칼을 들어 그것들을 단순히 근거 없는 용어라고 쳐내지 않을 것이다. 사실 모든 사람이 마음을 다해 단순한 믿음을 받아들이기만 한다면, 칼뱅은 그 모든 용어가 완전히 사라져도 기뻐했을 것이다. 성부와 성자와 성령은 한 하나님이시다. 하지만 성자는 성부가 아니시고 성령은 성자가 아니시다. 이 세 분은 고유한 특성으로 구별된다. 이것은 단순한 믿음이다(I.xiii.5). 그러나 바로 그것이 문제였다. 인간이란 단순한 믿음을 그냥 받아들이지 않고 중의적 표현으로 적당히 얼버무린다. 아리우스는 그리스도가 곧 하나님이라고 제대로 선포했지만 그리스도 역시 피조물이며 시작이 있는 존재라고 가르치고 싶어 했다. 아리우스는 그리스도가 성부와 하나라고 주장했다. 그는 만일 허용된다면 그분의 하나 됨은 우리와 하나님 사이의 하나 됨과 동일한 종류라고 덧붙였다. 그러나 "동일본질"(ὁμοούσιος)이라는 용어 때문에 진리를 가장한 거짓 가르침이 드러났다. 그래서 그 어떤 것도 성경에 첨가되지 않았다. 사벨리우스는 신격 안에 성부, 성자, 성령 셋이 있다고 인정하는 데 아무런 거부감이 없었다. 하지만 그는 실제로 그 셋을 단지 속성이 구별되는 것과 같은 수준으로 구분했다. 단순히 "하나님의 통일성 안에 세 위격들의 일체가 존재한다"고만 말해도, 사벨리우스의 말장난과도 같은 논리를 파할 수 있을 것이다. 만일 교리적 용어들을 싫어하는 자들이 그 용어들에 함축된 내용들을 솔직하게[46] 고백한다면, 우리는 용어에 대한 문제를 더

---

46. 속이지 않고(*non fraudulenter*).

이상 걱정하지 않아도 될 것(*cadit quaestio*)이다. 칼뱅은 다음과 같은 의미심장한 설명을 덧붙인다.

> 그러나 내 오랜 경험에 비추어볼 때, 용어에 관한 문제들을 끊임없이 물고 늘어지는 사람들은 진정 그들의 마음속에 보이지 않는 독을 키우고 있다. 따라서 부정확하고 모호한 용어를 사용하여 그들과 적당히 타협하기보다는, 차라리 그들의 비난을 감수하는 편이 훨씬 현명하다(I.xiii.5, 후반).

이 얼마나 현명한 발언인가! 칼뱅 이후로 이 고백을 계속해야만 하는 쓰라림이 교회에 얼마나 많았는가! 예를 들어 우리는 믿음의 문제에 있어서 오직 성경에 나오는 용어만 사용해야 한다는 옥스퍼드 대학교의 논쟁가 윌리엄 칠링워스(William Chillingworth, 1602-1644)의 교묘한 주장을 읽을 때, 그 모든 것이 무엇을 의미하는지 알고 있다. 그는 "성경만이, 오직 성경만이 개신교 교인들의 경건의 핵심"이라고 말하면서, "하나님의 말씀보다 하나님의 일들에 대해 더 말할 수 있는 모호한 착상들", "그리하여 우리의 해석들을 신격화시키고 그것들을 다른 사람들에게 강요하는 것"에 대해 크게 비난한다. 그는 그럴듯하게 관용으로 자신의 말을 포장해 진리를 왜곡하는 수많은 죄악을 덮고 지나가겠다는 것이다. 우리는 칼뱅이 다른 사람의 말에 맹세하지 않으려 할 때, 그의 개인 권리 변호와 칠링워스의 자유주의적 사상을 혼동하지 말아야 한다. 만일 칼뱅이 아타나시우스의 말을 그의 말이 아니라 하나님의 말씀이라고 말한다면, 내 판단에 칼뱅은 성경의 용어가 아니라 성경의 의미가 곧 성경이라고 말한 것이다. 성경에 나오는 용어를 단순하게 반복하여 그 뒤에 불분명한 의미를 숨기는 것이 아니다. 성경이 가르치는 내용은 모두 분명하게 설명되어야 하고, 모호함이 있어서는 안 된다. 그 내용은 가장 분명한 용어로 표현되

어야 한다.[47]

다시 말해 칼뱅은 분명하게 삼위일체 교리의 본질에 관심을 두었다. 그는 그것을 표현하는 특정 방식에는 관심이 없었다. 그는 삼위일체 교리를 정확하게 표현하고 보호하는 일이 꼭 필요하다고 생각해 그것을 표현하는 용어에 특별히 관심을 가졌다. 칼뱅은 이런 태도를 처음부터 견지했다. 앞에서 살펴본 것처럼 그는 이미 『기독교 강요』의 초판(1536)부터 최종판까지 이런 태도를 유지했다. 어떻게 『기독교 강요』의 초판부터 완전한 형태의 진술로 삼위일체 교리가 나타나는지, 그리고 그 진술에서 이미 칼뱅이 삼위일체 교리를 다루는 독특한 특성들이 어떻게 그렇게 분명하게 나타나는지 사실 매우 놀랍다. 그 단락에 담긴 논의는 분명 초판에서 최종판으로 완성되어가면서 크게 확장된다. 1536년 초판에서 5줄에 불과했던 것이 개정을 거치면서 15.5줄로 늘더니, 1559년의 최종판에서는 27.5줄로 증가했다. 우리는 최종판의 분량이 초판에 비해 5-6배가 늘었음을 알 수 있다.[48] 『기독교 강요』가 이렇게 확장되는 동안 분량만 늘어난

47. 도르너는 칼뱅이 교리적 이해를 증진시킨 것에 대해서 바르게 설명한다. 하지만 그는 이 문제에 대한 칼뱅의 태도를 설명하는 부분에서는 칼뱅의 동기나 행동을 다소 부정확하게 그리고 있다(Dorner, *Doctrine of the Person of Christ*, E. T. II. ii. 1862, p. 158). "카롤리와 한창 논쟁할 무렵, 심지어 칼뱅도 삼위일체 교리를 보완하는 개정작업이 필요하다는 것을 인정했다. 이런 전제를 바탕으로 칼뱅은 아타나시우스 신조를 거부하고 'persona'나 'Trinitas'와 같은 표현이 스콜라주의적이라며 그런 표현을 없애려고 했다. 그렇다고 칼뱅이 반삼위일체론을 수용한 것은 결코 아니었다. 오히려 그는 삼위일체 교리를 좀 더 완전한 형태로 다듬고 싶어 했다. 칼뱅이 주목한 것은 그 교리의 전통 구조 안에서 성자가 충만한 신성을 가지고 있지 않았다는 사실이었다. 자존성(自存性)이 오직 성부에게만 있는 것처럼 설명되면서 성부는 성자보다 우월한 존재로 비치고, 성자는 단지 궁극적 실체(Monad)나 신적 본질(Divine essence)과 동일한 존재로 여겨졌다. 반삼위일체론자들은 바로 이 부분을 공격하여 자신들의 반삼위일체론적 결론을 도출하곤 했다."

48. 『기독교 강요』는 전체적으로 보았을 때 2판(1539)의 내용이 초판(1536)에 비해 두 배 가량 증가했다. 그것은 최종판(1559)에서 다시 두 배 증가했다. 결국 최종판의 길이는 초판에 비해 네 배가량 증가한 셈이다. 따라서 전체에 비하면 삼위일체 교리를 다루는 부분이 그렇게 크게 늘어난 것은 아니다.

것이 아니라 내용도 수정되었다. 그러나 칼뱅은 교리의 본질이나 표현 방식과 용어를 수정한 것이 아니라 논의의 범위나 주요 목적을 수정했다.

『기독교 강요』초판은 일반 그리스도인들에게 지침을 주려는 단순한 목적이 글 전체를 지배한다. 그래서인지 칼뱅은 논쟁하는 형식으로 글을 작성하지 않고 삼위일체라는 주제와 관련해 그리스도인들이 무엇을 따라야 하고 무엇을 피해야 하는지를 간략하게 제시한다. 그러므로 칼뱅은 논의를 시작하는 처음부터 성경이 한 분이신 하나님을 가르치면서, 동시에 성부도 하나님이시고 성자도 하나님이시며 성령도 하나님이심을 분명하게 가르친다는 사실을 천명한다. 그는 이 부분에서 삼위일체를 뒷받침하는 성경적 증거로 에베소서 4:5과 마태복음 28:19을 제시하고 그 구절들을 연결시켜 삼위일체가 한 분 하나님이심을 단번에 전개한다. 이것은 그가 히브리서 1:3에 대한 주석에서 보여준 날카로운 분석 능력을 다시금 엿볼 수 있게 해준다. 그는 사도 바울이 한 세례와 한 믿음, 한 하나님을 서로 연결하며 우리가 성부와 성자와 성령으로 세례를 받는다고 말하는 마태복음의 부분을 언급한다. 결국 성부, 성자, 성령은 바로 바울이 말하는 한 분 하나님을 의미하는 것이 아니고 무엇이겠는가?[49] 예언자 예

---

49. 이 논증은 초판 이후 개정판들에서도 계속 나타난다. 그것은 최종판(1559)에 이르러서 완성된 형태로 제시된다(I.xiii.16). 그것은 초판에서 다음과 같이 나타난다. "사도 바울은 하나님과 믿음, 세례 이 세 가지를 연관지어, 하나에서 다른 하나를 생각한다(엡 4장). 그래서 그는 한 믿음이 있기 때문에, 한 하나님이 계시다고 설명한다. 그는 한 세례가 있기 때문에 한 믿음이 있음을 보여준다. 믿음이란 여기저기를 둘러보거나 수많은 사물을 살피는 것에서 생겨나지 않는다. 믿음이란 한 분이신 하나님에게 시선을 돌리고 그분에게 집중하여 그분을 붙잡는 것이다. 이러한 전제를 통해 알 수 있는 바는, 만일 다양한 믿음이 있다면 다양한 신이 존재한다는 것이다. 세례는 믿음의 성례전이다. 그래서 그것은 우리에게 그분의 통일성을 확증해주고 신이 하나임을 보여준다. 그러나 한 분이신 하나님을 떠나서는 그 어느 누구도 믿음을 고백할 수 없다. 그러므로 우리가 한 믿음을 통해 세례를 받기 때문에 우리의 믿음은 한 하나님을 믿는 믿음이다. 이것도 하나고 저것도 하나인 이유는, 두 가지 모두가 한 하나님의 것이라는 데 있다. 그러므로 한 하나님 이외의 다른 어떤 존재에게 세례를 받는 것은 정당하지 못하다. 우리는 한 하나님을 믿음으로, 한 하나님의 이름으로

레미야는 "유대인들이 부담스러워하는 이름"[50]으로 성자를 묘사한다는

세례를 받기 때문이다. 그런데 이제 성경(마태복음 후반부)은 우리가 성부와 성자와 성령의 이름으로 세례를 받아야 한다고 말하고 있고, 그와 동시에 모두가 한 믿음으로 성부, 성자, 성령을 믿어야 한다고 말한다. 그렇다면 그것은 성부, 성자, 성령이 한 분이신 하나님이라는 것이 아니고 무엇이란 말인가? 만일 우리가 그분들의 이름으로 세례를 받으면, 우리는 그분들 안에서 믿음을 통해 세례를 받게 된다. 그러므로 만일 그분들이 한 믿음으로 경배를 받는다면, 그분들은 한 하나님이시다"(1536, pp. 107-108, 스트라스부르판, p. 58).

50. *Opera* I.58. 이 우스꽝스러운 완곡어법이 사용된 이유는 『기독교 강요』가 쓰였던 1534-1535년 무렵, 테트라그라마톤(Tetragrammaton)을 표현할 적절한 어휘가 칼뱅에게 없었다는 데 있을 것이다. "여호와"(Jehova)라는 호칭이 초판에 나타나지 않는다는 사실이 이러한 견해를 지지한다. 그 호칭은 심지어 십계명의 첫 계명에 대한 서론에서도 등장하지 않고, 그 대신 "주"(Dominus)라는 호칭이 관례적으로 나타난다. 그러나 "여호와"라는 호칭은 1537년 봄부터 자주 사용되기 시작하며(*Opera* VII.314; IX.704,708,709; XB.107, 121), 칼뱅의 여생 동안 친숙하게 사용된다. 그는 바젤에 잠시 머무는 기간(1535)에 세바스티앙 뮌스터와 함께 히브리어를 공부했다(Baumgartner, *Calvin Hebraisant*, 1889, p. 18). 칼뱅은 뮌스터에게 배워 "여호와"라는 발음을 익혔던 것이 분명하다(Münster, *Critici Sacri*, 1698, pp. 107-108에 나오는 출애굽기 6:3에 대한 주석을 참고하라). 출애굽기 6:3에 대한 주석에서 우리는 칼뱅이 "여호와"라는 발음이 정확하다고 확신했음을 볼 수 있다. "'여호와'라는 호칭의 발음에 대해 의견을 나열하면 끝도 없을 것이다. 하나님의 이름을 부르거나 쓸 수 없다고 생각하여 '주'(Adonai)로 대체한 것은 유대인의 미신에서 비롯된 것이 분명하다. 많은 사람이 가르치듯 이 호칭이 문법적 규칙에 따라 기록된 것이 아니기 때문에 우리는 그것의 발음을 정확히 알 수 없다고 가르치는 것도 이제 더 이상 바람직하지 않다.…나는 이 호칭의 발음이 불규칙하기에 발음할 수 없다고 하는 문법학자들의 가르침에도 더 이상 동의할 수 없다." 1570년 무렵 제네바에서는 "여호와"라는 발음이 얼마나 완고했었는지를 드러낸 사건이 하나 있었다. 그해 학당(Academy)에서 열린 신학육성교육에서, 히브리어 교수 코넬리에 버트럼(Corneille Bertram)이 "여호와"가 아니라 "주"로 읽혀야 한다고 주장했다가 질타를 받고 사과를 요청받았다. "베자와 그의 모든 동료는 그 발언을 불쾌해했으며, 그가 미묘하고 쓸모없는 질문을 한다고 항의했다. 그 질문은 당시 선한 지식과 경건과 판단을 겸비한 많은 훌륭한 사람을 터무니없고 미신적이며 단지 랍비적이라고 보았다"(M. de Bèze, *Reg. Comp.*, 1537년 5월 31일, 샤를 보르고[Charles Borgeaud]의 *Histoire de l'Université de Genève*, 1900, p. 228에서 인용). "여호와"라는 발음에 대한 역사는 아직 제대로 연구되어 있지 않다. 그러나 G. F. Moore, *Notes on the Name* יהוה, A.J.T., 1908, xii. pp. 34-52; A.J.S.L., 1909, xxv. pp. 312-318; 1911, xxviii. pp. 56-62를 참고하라. 전통적인 학문의 입장에서 보았을 때, 레오 10세의 고해사제였던 피터 갈라틴에 의해 소개되었고 1516년 발간된 책(Peter Galatin, *De Arcanis Catholicae Veritatis*, ii. 10)에서 이 역사는 처음 나타난다고 언급된다(Buhl, *Gesenius Hebrew Lexicon*, ed. 13, 1899, p. 311; Brown, Driver, Briggs, *Hebrew and English Lexicon*,

1906, p. 218a, 1520; Kittel, Herzog, viii. pp. 530-531, 1518; Davidson, *Hastings' Dictioanry of the Bible*, "God" 항목, 1520; A. J. Maclean, *Hastings' Dictioanry of the Bible*, One Volume, 1909, p. 300a, 1518; A. H. McNeile, *Westminster Commentary on Exodus*, 1908, p. 23, 1518; *Oxford English Dictionary*, sub voc., 1516; and Moore, 앞의 책, 1518을 참고하라. 그리고 Dillmann, *Alttest. Theologie*, 1895, p. 215에 나타나는 딜만의 강력한 진술을 참고하라. 그러나 드루시우스(Drusius)가 테트라그라마톤에 대해 쓴 소논문에 따르면 이런 전통은 단지 구전으로만 전해질 뿐이었다(*Critici Sacri*, Amsterdam ed., vol. I. part ii. p. 322 이하; 또한 Decas, *Exercitationum Philologicarum de Vera Pronuntiatione Nominis Jehova*, 1707을 참고하라). 드루시우스 이후에 이 주제에 대해 제대로 연구한 사람은 뵈트케 외에는 없었다. F. Böttcher, *Ausführliches Lehrbruch der Hebräischen Sprache*, i. 1866, p. 49. 미주 2번. 학자들은 단지 드루시우스의 견해를 베끼기만 한다. 그래서 그들은 드루시우스가 나중에 355쪽에 남긴 메모에서 이미 포르케투스(Porchetus)가 1303년부터 "여호와"라는 호칭을 쓰기 시작했다고 지적한 사실을 제대로 밝히지 못했다. 포르케투스가 사용한 용어는 Jehova가 아니라 Johova다. 또한 레이먼드 마르티니(Raimund Martini)가 1270년경에 저술한 『믿음의 단도』(*Pugio Fidei*)에도 "여호와"라는 호칭이 나온다는 사실을 지적하고 있다. 비록 무어가 이 부분에 대해 그와 동의하지만, 이 호칭이 『믿음의 단도』에 삽입된 것이라는 뵈트케의 추측은 신빙성이 없어 보인다. 갈라틴은 직접적으로나 포르케투스를 통해서 마르티니의 견해를 상당수 인용하기 때문에 "여호와"라는 호칭을 그에게서 차용했을 가능성이 없는 것은 아니다. 어떤 경우든 우리는 갈라틴이 "여호와"라는 호칭을 직접 개발해서 사용하지 않았고 이미 잘 알려진 용어를 사용한 것임을 알 수 있다. 따라서 "여호와"라는 발음의 기원을 다루는 문제는 여전히 연구대상이다. 우리는 챈스 박사의 언급에 주목할 필요가 있다(F. Chance, *The Athenaeum*, No. 2119, June 6, 1868, p. 796). "'내가 생각하기에' יהוה라는 네 글자는 히브리어 모음이 도입되는 그 순간부터 현재의 형태로 사용되어왔다. 이 사실에는 의심의 여지가 없다.…그리고 만일 그렇다면 누구든지 이 글자를 읽을 때 여호와(Jehovah)로 읽는 것이 타당하다. 만일 이 용어가 16세기 이전에 그렇게 **기록된** 적이 없다면, 그것은 히브리어를 연구한 사람들이 그 시기까지 극히 적었기 때문일 것이다. 이 가장 거룩한 하나님의 이름을 그대로 쓰거나 읽을 수 없는 유대인들과 이들로부터 히브리어를 배운 이방인들이 유대인들의 용례를 따라 읽거나 쓸 때에 그것을 아도나이나 주님 등으로 불렀던 것은 예외다." 16세기 중반 "여호와"라는 호칭이 성행했던 것은 그것이 갈라틴의 책에서 간헐적으로 사용되었기 때문만은 아니었음이 분명하다. 히브리어 연구가 진행되는 가운데 네 글자의 발음이 되살아나기 시작했다. 이 발음을 기피한 것이 유대인들의 미신적 사상과 마소라 사본의 중요성을 지나치게 과장한 결과라는 이해가 그 원인이었다. 이 네 단어의 정확한 발음에 관한 논의는 어찌 되었든 인문주의의 영향으로 나타난 현상이었다. "여호와"라는 발음의 형태는 히브리어가 학문적으로 잘 정립된 곳이면 바로 그 학문에 의해 수정되기 전까지는 어디서든 그 용례가 발견되었다. 로이힐린(Reuchlin)이나 멜란히톤과 같은 사람들은 그 용어를 사용하지 않았던 것으로 보인다. 반면에 루터(1526-1527, 1543,

사실(렘 23:33)과, 주님(Lord)은 성부와 성령과 함께 한 하나님이시라는 것을 의미하는 또 다른 성경적 증거가 성부, 성자, 성령이 한 분 하나님이라는 것을 지지한다. 칼뱅은 하나님의 통일성과 세 위격이라는 삼위일체 교리의 두 가지 요소를 증명하는 일에 관심을 가졌고 삼위일체를 소개하는 다음과 같은 인용구를 소개한다. "부분적으로는 세 위격에 있는 하나의 신성을 주장하고, 부분적으로는 분명하게 세 위격의 구별을 주장하는 진술이 있다."[51] 그다음에 삼위일체 진리를 표현하고 고수할 수 있는 교리적 용어들을 변호하는 부분이 나온다. 이 주제가 1539년 2판에서 좀 더 확장되고 개정된 것은 카롤리와 논쟁하는 가운데 작성되었기 때문이다. 2판에는 성부, 성자, 성령이 하나님 안에서 단일한 본질을 갖고 계시면서 서로 뚜렷이 구별되신다는 철저한 증거들이 추가되었다. 그리고 분명 이 논쟁에서 도출된 특징이 그 논의 전체를 지배한다. 그 안에서 당대의 언어로 삼위일체 교리를 자유롭게 형성할 수 있으며, 그 무렵 이미 사용되고 있던 교리적 언어들에 가치가 있다는 주장을 동일하게 한다. 1539년 판에 담겼던 자료들은 중간 개정판들(1543, 1559)에도 온전히 남아 있다. 단지 짧은 인용문들이 아우구스티누스로부터(I.xiii.16, 20), 그리고 히에로니무스와 힐라리우스로부터(I.xiii.24) 1543년에 추가되었다. 그러나 1559년 최종판에서는 이 자료들이 좀 더 자유롭게 취급된다. 그동안의 분량에서 3분의 2가량(15.5절 중 11.5절)만이 보존되었고, 6개의 절들이 새롭게 추가되었다. 전체로 보자면 5분의 3가량이 새롭게 추가되었다.[52] 게다가

그러나 그의 성경에서는 사용하지 않음)와 매튜 틴데일(*Pentateuch*, 1530), 그리고 개신교 신학자들이 그 용어를 폭넓게 사용했다. 로마 교회 신학자들은 상떼 빠니뇨(Sanctes Pagnius)의 예를 따라 그것을 "칼뱅과 베자의"(Calviniani et Bezani) 불경건이라고 묘사(게네브라두스도 마찬가지)하려는 충동을 느꼈다.

51. *Opera* I.58.
52. 새롭게 추가된 것 중에서 가장 눈에 띄는 부분은 히브리서 1:3의 "휘포스타시스"(ὑπόστασις)를 다루는 논쟁(I.xiii.2), "위격"의 정의(I.xiii.6), 세르베투스와 젠틸리스에 대한 변증이다

전체 부분이 생략된 곳(I.xiii.10, 15)이 있고, 새로운 순서로 정렬된 부분도 있으며, 그 외에도 부수적으로 수정한 부분이 있다. 이러한 논의를 재구성하고 확장하면서 삼위일체 교리의 형태와 양상을 결정짓는 주요 원인은 급진적인 반삼위일체론자들의 공격에 있었다. 사실 이러한 반삼위일체론자들의 활동은 처음부터 인지되었다. 이미 칼뱅은 1536년 초판에서부터 "우리 신앙의 뿌리를 뒤흔들려 하는 특정한 불경건한 자들"로 반삼위일체론자들을 분명하게 언급한다. 사실 당시 세르베투스의 가르침이 이미 칼뱅의 마음에 있었음이 분명하다. 그러나 칼뱅은 최종판(1559)에서 삼위일체 교리를 직접적으로 규정짓는 원인으로 반삼위일체론자들의 공격을 생각하기 시작한다. 세르베투스의 이름이 구체적으로 거론되는 것도 이 개정판에서부터다. 이제 칼뱅은 그들에게 좀 더 논증 형태의 성경 진술을 제시한다. 뿐만 아니라 그는 삼위일체 교리에 대한 적절한 해석 전체를 새로운 목적에 어울리는 형태로 변화시키기도 한다. 그는 논증 형태에 맞게 성경의 진술들을 구성하거나, 새로운 문장과 구절들을 삽입하여 보완한다. 이제 논쟁 대상은 1539년처럼 칼뱅의 정통성을 의심하는 사람들이 아니었다. 삼위일체라는 기독교 교리로 들어가는 신비를 의심하거나 심지어 그것을 공개적으로 거부하는 사람들을 향한다. 그는 날카로운 반스콜라주의적인 문장들을 사용하여 지속되는 논쟁에서 적절하게 균형을 유지했고, 반삼위일체론자들을 향한 반박이 단지 표현의 문제가 아니라 필수적인 부분임을 분명하게 보여주었다.

칼뱅은 최종적인 형태에서 새로운 주된 관심을 몇 줄에 걸쳐 설명한 이후에 그 자료를 내놓는다. 우리가 살펴보았듯이 그 논의는 하나님의 존재방식을 특징짓는 신비에 대한 감각을 마음에 낳기 위해 고안된 한 단

(I.xiii.22-끝). 이 항목들은 새롭게 추가된 16개의 절 중에서 9개의 절을 차지한다.

락으로 시작한다(I.xiii.1). 이것은 바로 삼위일체에 대한 사실을 공표하고, 그것을 표현하고 보호하는 데 사용되는 교리적 용어들을 변호하는 부분으로 이어진다(xiii.2-5). 이 설명 이후 그 주제는 그 자체로 크게 두 부분으로 나뉘어 다뤄진다(xiii.6). 첫째 방식에 의해서는 삼위일체에 대한 적절한 진술과 증거들이 다루어지며(xiii.6-20), 둘째 방식에 의해서는 논쟁적인 변증이 다뤄진다(xiii.21-29). 적절한 진술은 "삼위일체"가 무엇인지 조심스럽게 정의하면서 시작한다. 그 진술은 그 교리에 대한 성경적 증거를 세 부분으로 제시하면서 이루어진다. 먼저 성자의 완전한 신성의 증거가 제시되고(xiii.7-13), 다음으로 성령의 완전한 신성의 증거가 제시되며(xiii.14-15), 마지막으로 성경을 토대로 이 구별의 본성을 논의하는 삼위의 구별에 대한 증거가 제시된다(xiii.16-20). 그 논의의 논쟁적인 국면은 서론격과 같은 언급으로 시작된다(xiii.21). 그 후 그는 세르베투스에 반대하여 성자의 참된 "위격"을 변론하고(xiii.22), 당시 또 다른 반대자였던 발렌티누스 젠틸리스(Valentinus Gentilis, 1520-1566)에 반대해서는 성자의 완전한 신성을 차례로 변론한다(xiii.23-29).

이 개요 전체는 세부적인 내용으로 풍부하게 채워져 있다. 하지만 모든 것은 주의 깊고 온건한 자세로 다뤄진다. 그리고 그것은 이렇게 차원 높은 주제를 다루면서 인간의 사변을 배제하고, 성경의 계시만을 철저히 의존하며, 성경의 계시를 표현하고 보호하는 데 유익한 경우에만 인간의 표현을 올바르게 사용하려는 칼뱅의 결심을 잘 묘사해준다.[53] 예를 들어 우리는 그가 삼위일체에 대한 증거나 묘사를 형이상학적 사고나 자연

---

53. Köstlin, *Studien und Kritiken*, 1868, p. 419. 쾨슬린에 의하면 "칼뱅은 교회가 가지고 있는 가장 단순한 원칙을 넘지 않는 조심성을 가지고 있었다. 그는 성경의 단순한 선포를 넘어서 교리를 형성하지 않는다. 더군다나 그는 스콜라주의적인 질문과 답변으로 나아가기를 거부했다. 그 이유는 오랜 적들과 새로이 출몰하는 적들로부터 구속자와 성령의 신격을 보호하기 위함이었다."

세계에 비유하여 제시하지 않는 것을 볼 수 있다. 아우구스티누스의 예에서 알 수 있듯이, 이러한 증거들이나 묘사들을 많이 만드는 것은 중세시대 전체의 경향이었다. 그 경향은 개신교의 관습으로 전해졌다. 예를 들어 멜란히톤은 주체와 객체라는 양식 안에서 사고하시는 성부 자신에 로고스를 대조시켜 그분 자신의 형상으로 인식하려는 고전적인 존재론적 사변뿐 아니라 인간의 지성, 감각, 의지 사이의 구분처럼 묘사하여 삼위일체의 구별을 상상하는 인간의 모든 비유에도 새로운 흐름을 주었다. 칼뱅 자신은 "삼위일체의 위격적 구분이 갖는 힘을 묘사하는 데 인간의 유사함에 비유하려는 시도의 가치"(xiii.18)에 대해 의구심을 가지고 그러한 시도들을 멀리했다. 그는 그러한 비유가 삼위일체를 반대하는 악한 의도를 가진 사람들에게 어떤 빌미를 줄 수 있다고 염려했으며, 교육을 적게 받은 사람들이 오류에 빠지는 것을 두려워했다.[54] 칼뱅은 인간의 사변이 삼위일체 교리를 증명하는 데 부수적으로 필요하다는 주장에서 벗어나 성경 자체가 삼위일체 교리의 요소를 아주 분명하게 증명한다는 것을 보여주고자 했다. 그는 자신의 책을 통해 최소한 이 증거들의 윤곽이라도 제시하고 싶었다. 그가 어떻게 그 일을 처리하는지 살피는 것은 흥미로운 일이다.

---

54. 『기독교 강요』, I.xv.4, 후반을 참조하라. 또한 창 1:26에 대한 주석을 참조하라. 칼뱅은 거기서 인간 기능들에 대해 이렇게 말한다. "하지만 아우구스티누스의 경우 다른 모든 사람을 뛰어넘어 인간 내면에 있는 삼위적 기능을 찾기 위해 아주 세밀하게 숙고한다. 따라서 그는 아리스토텔레스가 열거한 지성, 기억, 의지라는 인간 영혼의 세 가지 기능을 시작으로 이후에 여러 형태의 삼위적 기능을 도출한다. 어떤 독자든지 아우구스티누스의 그러한 생각을 맛보고 싶다면 『삼위일체론』 10장과 14장, 그리고 『하나님의 도성』 11장을 읽어보라. 나는 사실 성부, 성자, 성령을 암시하는 기능이 인간 내면에 있음을 확신한다. 그리고 인간의 내적 기능을 위와 같이 구분하는 것에 어떠한 거리낌도 느끼지 않는다.… 하지만 하나님의 형상의 정의는 그러한 난해함보다는 견고한 근거에 놓여야만 한다." 후기 개혁파의 견해에 대해서는 Heppe, *Die Dogmatik Der Evangelisch- reformierten Kirche*, 1861, p. 85 이하를 참조하라.

우리가 이미 지적했듯이 칼뱅은 자신이 말하는 삼위일체에 대해서 평이하게 진술하기 시작한다(I.xiii.6). 그의 목적은 처음부터 삼위일체를 "**짧고 쉽게 정의**"(*brevis et facilis definitio*)하는 것이었다(xiii.2, 초반). 사실 그는 그 목적을 위해 신격 안에 구별되는 "위격"의 용어와 개념이 무엇인지를 논의하는 변증에 참여했고 『기독교 강요』 1권 13장 초반부에서 그것을 설명한다. 그는 위격의 용어와 개념을 변증한 이후 다시 위격으로 돌아가 자신이 의미한 "위격"이 무엇인지 주의 깊게 정의한다(xiii.6). 즉 그것은 "하나님의 본질 안에 있는 한 실재로서, 다른 실재들과 연관을 가지면서도 서로 공유할 수 없는 특성으로 구분된다." 그러므로 칼뱅이 증명해야 하는 것은 신격의 단일성 안에 있는 위격들에 그러한 구별이 있다는 사실이다. 아니면 그가 테르툴리아누스의 진술을 인용하여 표현하듯이, "하나님의 본질에 있는 단일성에 어떠한 변화도 주지 않는 일종의 배열이나 경륜이 하나님 안에 있다" 혹은 그가 나중에 "우리가 하나님이라는 이름을 통해 이해하는 바에 따르면 단일하고 유일한 본질 안에 세 위격 혹은 세 본체가 있다"(xiii.20, 초반)고 스스로 설명하는 것을 증명해야 한다. 그는 "삼위일체" 교리를 증명하기 위해서는 하나님이 한 분이신 반면에 하나님이신 삼위가 계시다는 것을 밝혀야만 한다. 칼뱅은 이러한 이해를 바탕으로 삼위일체를 증명하기 시작한다. 그러나 그는 잠시 멈추어 하나님의 통일성을 좀 더 상세히 논하지는 않는다. 도리어 결론 부분에서 하나님의 통일성을 논하는 것으로 다시 돌아가 자신이 생각한 삼위의 구별이 그 통일성을 침해하지 않는다는 사실을 보여준다(xiii.19). 그리고 실제로 그는 겐틸리스를 반대하는 논증에서 아리우스주의자들과 삼신론자들을 반박하며 아주 완벽하게 자신의 논증의 정당성을 입증한다(xiii.23). 그러므로 칼뱅이 제시한 증거는 위격들의 구별을 자연스럽게 신성 안에 확립시켜준다. 이것을 위해 그는 먼저 성자와 성령이 각각 하나님이심을 증명한다. 그리고 하나님의 통일성과 연관지어 그 위격들의 신성이 암시하듯이 그러한 구별이 신성 안에 존재함을 성경이 명확히 인정한다는 것을 보여준다.

　성자의 신성을 보여주는 증거는 구약과 신약에 걸쳐 포괄적이면서도 구체적으로 나타난다. 하나님이 "말씀하시다"라는 표현에 등장하는 하나님의 말씀은 그분이 세계를 창조하신 수단이다. 잠언에 따르면 그것은 지혜로 불리는 실체인 동시에 영원한 말씀으로 이해되어야 한다(xiii.7). 이와 관련하여 로고스의 임시발생을 성자에게 적용하는 것은 날카롭게 반박된다. 하나님 **그분 안에서**(*in se ipso*) 어떤 새로운 것이 발생한다고 생각하는 것은 경건하지 못하다. 그리고 "항상 하나님으로 존재하셨고, 또한 후에는 이 세상의 창조자가 되신 그 말씀에 어떤 시작이 있다고 상상하는 것만큼 용납할 수 없는 것도 없다"(xiii.8). 성자의 신성을 선포하는 구약의 여러 구절이 이렇게 일반적인 논의에 추가된다. 가령 시편 45:6의 "오 하나님, 하나님의 보좌는 영원무궁토록 견고할 것입니다"와 이사야 9:6의 "그의 이름은 놀라운 조언자, 전능하신 하나님, 영존하시는 아버지, 평화의 아버지라고 불릴 것이다", 예레미야 23:5-6의 "내가 다윗에게 한 의로운 가지를 일으킬 것이라.…그 이름은 여호와 우리의 의라 일컬음을 받으리라"(xiii.9) 등이다. 그리고 여호와의 천사가 등장하는 사건과 관련된 현상들도 증거로 제시된다(xiii.10). 신약의 증거들은 두 가지로 구성된다. 신약 저자들이 그리스도에게 적용한 신적 칭호들과(xiii.11), 그리스도가 행하신 신적 사역과 기능들이(xiii.12-13) 그것이다. 구약에서 여호와를 언급하는 구절들이 신약에서는 그리스도에게 적용된다(사 8:14와 롬 9:33; 사 45:23과 롬 14:10; 시 68:18과 엡 4:8; 사 6:1과 요 12:41). 뿐만 아니라 이 신약 저자들 스스로가 "하나님"이란 용어를 사용해 그리스도를 호칭한다(요 1:1, 14; 롬 9:5; 딤전 3:16; 요일 5:20; 행 20:28; 요 20:28). 그렇다면 신적 사역 가운데 신약 저자들이 그리스도에게 귀속시키는 것은 무엇일까? 그들은 그리스도를 영원부터 하나님과 함께 동역하는 분(요 5:17), 세상을 보존하고 통치하시는 분(히 1:3), 죄를 용서하시는 분(마 9:6), 마음을 살피시는 분(마 9:4)으로 묘사한다. 그리고 그리스도가 놀라운 일을 행하셨다는 것을 신뢰한다. 또한 그들은 기적을 베푼 다른 사람들과 그리스도를 구분한다. 다른 사람들이 하나님의 능력에 힘입어 기적을 일으켰다면, 그리스도는 그분 자신의 능력으로 기적을 일으키셨다(마 9:13a). 신약 저자들은 그리스도를 구원을 베푸시는 분이며, 영원한 생명의 근원이시며, 모든 선한 것의 원천이시라고 묘사한다. 그들의 설명에 따르면 그리스도는 우리가 구원을 얻는 믿음과 진리이며, 심지어 예배와 기도를 받으시기에 합당한 대상이다(마 9:13b).

성령의 신성도 이와 유사하게 논의된다. 이는 먼저 하나님의 영에 실체가 있는 것처럼 묘사되는 구약의 특정 구절들을 근거로 한다(창 1:2; 사 48:16). 다시 말해 한편으로는 하나님의 편재적 활동과 중생, 하나님의 깊은 것을 살피시는 등의 신적 사역이 성령에게 돌려진다. 다른 한편으로는 해야 할 말과 지혜, 그 밖의 모든 복을 인간에게 주시는 사역을 담당하는 것을 근거로 성령의 신성이 주장된다. 마지막으로 하나님이라는 호칭을 성령에게 적용하는 신약의 기록들이 성령의 신성을 옹호하는 근거다(고전 3:16; 6:19; 고후 6:16; 행 5:3; 28:25; 마 12:31).

칼뱅은 이렇게 성자와 성령이 신성을 가지고 계시다는 것을 확립한 이후 우리에게 삼위일체 교리를 설명하면서 세 위격의 신성을 더 자세히 설명해주는 성경구절로 나아간다. 사실 삼위일체 교리의 모든 것은 신약성경에 있고, 칼뱅은 그것이 성경의 본성이라고 말한다. 왜냐하면 그리스도의 출현이 하나님을 보다 분명히 알려주는 계시를 보여주고, 하나님의 존재가 각각의 위격으로 구분되어 있다는 것에 대한 보다 완전한 지식을 보여주기 때문이다(xiii.16). 여기서 논의의 강조점은 에베소서 4:5

과 마태복음 28:19에 제시되어 있다. 우리가 앞에서 살펴본 것처럼 칼뱅은 『기독교 강요』 초판에서 이 구절을 상세히 설명했다. 칼뱅은 『기독교 강요』 13장 16절에 보다 뛰어난 진술을 개정해 이전 설명을 강화하고 명료하게 한다. 곧 칼뱅은 우리가 세례를 받으면 한 하나님을 믿기 시작하지만, 이 세례는 성부와 성자와 성령의 이름으로 주어지기 때문에 성부, 성자, 성령이 곧 한 하나님이라는 것이 "너무나 분명하다"고 주장한다. 그러므로 "삼위가 하나님의 본질 안에 거하시고(residere), 그 안에서 한 하나님으로 인식된다(cognoscitur)"는 것이 정말 분명하다. 그리고 "하나님은 여럿이 아니라 한 분이심이 명확해졌기 때문에, 우리는 말씀과 성령이 하나님의 본질 그 자체라는 결론을 내릴 수밖에 없다." 그는 계속해서 성경이 성자와 성령을 하나님과 동일하게 보는 것처럼 그분들을 구별한다(xiii.17)고 설명한다. 이것은 분리(divide)가 아니라 구별(distinguish)이다. 그는 요한복음 5:32; 8:16, 18; 14:16; 15:26의 "다른"[55]과 15:26; 8:16의 "나오시는", "보내신" 등의 구절을 그 근거로 제시한다. 그러나 이미 각 구절들이 성부와는 다른 "구별된 특성"이 성자에게 있음을 보여주어서 이 부분을 간단히 짚고 넘어간다. 칼뱅에 따르면 "말씀이 성부와 다른 존재가 아니고서는 말씀은 하나님과 **함께** 있지 않았을 것이다. 말씀이 성부와 구별된 존재가 아니고서는 성부와 **함께** 영광을 취할 수 없었을 것이다." 여기서 언급된 구별은 성육신과 함께 시작될 수 있는 구별이 아니다. 오히려 그 구별은 언제였는지는 모르지만 이미 "아버지의 품속"에서부터 시작되었을 것으로 여겨진다(요 1:18). 칼뱅은 성부, 성자, 성령 사이에 구별이 있다고 확정했기에 이 구별이 어떤 결과를 가져오는지 묻는다. 그리고 그 구별이 성경적이라고 생각하여 다음과 같이 말한다. "성부는 만물

---

55. 칼뱅은 『기독교 강요』 초판(1536)에서 이렇게 언급한다(Opera I.59). "성령이 그리스도와는 '다른' 분이시라는 사실을 증거하는 구절은 요한복음에서 열 개 이상 발견된다"(요 14-15장).

의 원인으로서 **모든 움직임의 기원**(*principium agendi*)이 되시고, 성자는 지혜와 모사가 되셔서 모든 것이 실제로 이루어지도록 하시며, 성령은 그 능력으로 모든 움직임이 유효하게 하신다." 다시 말해 만일 우리가 그 정의를 한 단어로 줄여도 된다면, 이는 성부가 모든 신적 행위의 근원으로, 성자가 감독자로, 성령이 집행자로 여겨진다는 의미다. 이는 성부가 하나님 형상의 원천이 되시고, 성자가 형상의 지혜가 되시고, 성령은 형상이 유효하도록 하는 능력이 되신다는 의미다(xiii.18).**56** 칼뱅은 이제 이 논의를 마무리하고 결론이 도출된 후 비로소, "이러한 구별이 하나님의 통일성을 전혀 손상시키지 않는다"고 지적한다(xiii.19). 그 이유는 "**본질 전체**(*tota natura*)가 각 본체 안에" 담겨 있으면서, 동시에 "각 본체 고유의 특성"을 가지고 있다는 데 있다. 그는 "성부가 성자 안에서 **충만**(*totus*)하시고, 성자는 성부 안에서 **충만**하시다"라는 말을 덧붙인다. 이는 그리스도가 요한복음 14:10에서 가르치신 내용과 같은 의미다. 하지만 우리는 여기서 삼위일체 교리를 뒷받침하는 증명을 다루는 부분을 지나서 삼위일체 교리를 해석하는 부분으로 넘어간다. 이것은 그 이후에 나오는 부분의 일부를 차지하는 주제다(xiii.19-20).

우리가 칼뱅이 가끔 삽입하는 인용들을 살펴보면, 분명히 그는 삼위일체 교리를 시작할 때 무엇보다 정통 교부들이 전한 사상에 근거를 두고 있다. 우리가 그의 사상을 좀 더 구분할 수 있다면 그는 동방 교회보다는 서방 교회에 가깝고, 아타나시우스보다는 아우구스티누스에 가깝다.**57** 다시

---

56. 이 구절은 이미 『기독교 강요』 초판(1536)에서 발견된다(*Opera* I.62). "삼위는 성경에 의해 그렇게 구별된다. 성부는 만물의 원인으로서 **모든 움직임의 기원**(*principium agendi*)이 되시고, 성자는 지혜와 **형상**(*consilium*)이 되시며, 성령은 그 **능력으로 모든 움직임이 유효**(*virtus et efficacia actionis*)하게 하신다. 그러므로 성자는 하나님의 말씀이라고 불린다. 그런데 성자는 우리가 설명할 수 없는 방법으로 성부에게 나오신다. 그래서 성자는 인간의 말이나 생각과는 달리 영원하고 변함없는 말씀이 되신다."

57. L. L. Paine, *The Evolution of Trinitarianism*, 1900, p. 95. "개신교 종교개혁이 특히

말해 칼뱅이 삼위의 구별을 구성하는 원칙은 종속화가 아니라 동일화다. 사실 칼뱅은 종속설을 살짝 내비치는 것처럼 보이는 옛 용어들을 아직 사용한다. 그 용어들은 니케아 공의회가 교회에 준 용어들이다. 그리고 그는 삼위의 관계에 첫째, 둘째, 셋째 등 일종의 "순서"가 있음을 명시적으로 허용한다. 그러나 칼뱅은 각 위격들 간의 관계를 생각할 때, 동일화의 원칙을 이전보다 더 분명히 인식하고 순전하게 적용한다. 그리고 이는 우리가 살펴본 것처럼 삼위일체 교리 역사에서 중요한 분기점이 된다. 이것이 가능할 수 있었던 것은 그가 삼위일체에 관해 가능한 한 단순하게 생각하려고 결심했기 때문이었다. 그는 사소한 문제를 둘러싼 무의미한 사변으로부터 자신의 마음을 과감히 돌려서, 명석함을 가지고 문제의 본질을 인식했다. 그래서 칼뱅은 삼위일체 교리와 관련된 문제의 본질을 힘 있고 명료하게 해석하면서 삼위일체 교리를 강조할 수 있었다. 만일 우리가 칼뱅의 삼위일체 교리에 있는 주된 특성을 찾아본다면, 우리는 가장 먼저 그 교리의 단순성과 그에 따른 명료함을 발견할 수 있고, 그리고 종속설과 관련된

아우구스티누스의 탁월함을 다시 한 번 확인시켰다는 것은 놀라운 사실이다.…삼위일체에 관한 문제는 논쟁의 대상이 아니었고, 아우구스티누스의 삼위일체 교리가 전통으로 자리를 잡았다. 니케아 신조의 모든 측면이 위-아타나시우스 신조가 해석했던 그대로 받아들여져 개신교 신앙고백서에 녹아들었다. 우리는 칼뱅이 사벨리우스주의의 가면을 벗기는 데 오직 '위격'이라는 용어만이 유용하다고 주장했다는 점에 주목할 것이다. 또한 칼뱅은 하나님의 본질이 수적으로 하나라는 견해를 고수했다. 이것은 칼뱅이 실제로 삼위가 있는 한 존재로서의 하나님을 인식했음을 뜻한다. 만일 그가 그렇게 인식했다면, 그는 하나님 안에서 본성과 위격이 동일하지 않다는 것을 받아들였음이 틀림없다. 그는 이 부분에 대해 특별한 의문을 갖지 않는다. 내가 보기에 또한 칼뱅은 자신의 삼위일체 교리가 아우구스티누스의 사상에서 시작한다는 것을 인식하지 못하고 있는 듯하다." 하지만 칼뱅은 "본질"과 "위격"이 동일한지에 대한 의문을 수차례 제기했다. 그는 두 가지가 동일하다는 결론을 내리곤 했다. 구별된 위격 안에 전체적 본질이 담겨 있다. 이것은 "각 위격"(*in unaquaque hypostasis*) 안에 **"본질 전체"**(*tota natura*)가 있으면서 본체 고유의 특성을 가지고 있다는 의미였다(I.xiii.19). 따라서 "하나님의 단일한 본질이 삼위 가운데 나뉜다는 의미"의 "삼중적 하나님"은 불가능하다(xiii.3). 본질은 다중적이지 않으며, 성자는 본질 전체를 그 안에 갖고 계신다.

모든 요소를 제거하고 그리스도의 충만한 신성을 확증했다는 사실을 발견할 수 있다. 단순화, 명료화, 동일화, 이 세 용어가 칼뱅의 삼위일체 개념의 특징을 잘 내포하고 있다. 물론 이 특징들 중에서 마지막 특징이 삼위일체에 대한 그의 설명의 특징을 잘 보여준다.[58]

칼뱅이 "간결하면서도 이해하기 쉬운 정의를 통해 (삼위일체 교리의) 오류를 방지"하는 것이 자신의 탐구 목적임을 밝혔을 때(I.xiii.2, 초반), 그는 단순화라는 특징을 논의 초반에 등장시킨다. 이후 그가 "우리는 한 하나님을 믿는다고 고백할 때, 하나님이라는 호칭을 사용해 하나의 단일한 본질 속에 세 위격 혹은 세 실체가 있는 분으로 그분을 이해한다"고 말했을 때, 그는 자신의 마음속에 가졌던 간결하면서도 이해하기 쉬운 정의를 간접적으로 드러낸다(xiii.20). 칼뱅은 테르툴리아누스의 정의에도 만족한

---

58. 마이어 역시 이와 동일한 견해를 보여준다(G. A. Meier, *Lehre von der Trinität*, etc., 1844. ii. pp. 58-59). 그는 개혁파 교회가 (앞서 언급한 동일화 개념이 포함된) 하나님의 통일성을 강조했다는 사실을 언급한 이후 이렇게 진술한다. "외적 상황이 우리로 하여금 이러한 특성을 형성하게끔 이끌었다. 칼뱅은 성자의 본질적 존재가 성부로부터 나온다고 주장한 젠틸리스와 논쟁할 때 그분의 위격과 신성에 있어서 성자는 스스로 계시고 시작이 없으시며, 오직 그분의 위격적 실재에 있어서 성부 안에서 시작을 가지신다"고 주장하라는 압박을 받았다. 물론 칼뱅은 다신론적 하나님이 유입될 것**을 염려해, 교회가 확증한 내용을 좀 더 날카롭게 다듬고자 했다. 하지만 페토(Petau) 같은 가톨릭 신학자들은 이 때문에 칼뱅을 이단으로 규정한다." 위의 표시된 부분에서 미주가 다음과 같이 추가된다. *'위에서 언급된 구절에서 여호와라는 호칭이 사용되기 때문에, 하나님의 아들은 그분의 신성과 관련하여 오로지 스스로 계신다'(*Valentini Gentilis impietatum brevis explicatio*, 1561; *Calv. Opp.*, Amstel. 1667, viii. p. 572). '성자의 본질에는 기원이 없지만, 위격의 기원은 하나님 그분이다'(위의 책, p. 573). '우리는 성자가 아들인 한에서 그 기원을 성부로부터 취한다는 것을 인정한다. 그러나 그것은 시간이나 본질의 기원이 아니다.…그것은 단지 순서상의 기원일 뿐이다'(위의 책, p. 580). **'성자께서 성부와 더불어 하나님으로 존재하지 않으신다면, 다신론적 신 개념이 생겨날 수밖에 없다'(*Ep. ad. Fratres Polonos*, p. 591). 따라서 칼뱅은 "하나님으로부터 나오신 하나님"(*Deus de Deo*)이 매우 어려운 말이라고 생각했다. 이에 반대하는 견해에 대해서는 Petau, *De theologicis dogmatibus*, II. *lib*. iii. c. 3, 주2-3을 참고하라. 반면에 벨라르미누스는 성자의 자존하시는 하나님 되심(αὐτοθεότης)을 유지하는 것과 관련해 교회의 교리에서 출발하는 것이 없다고 이해한다.

다. 우리가 그것을 제대로 이해한다면 다음과 같다. "하나님 안에는 하나님의 본질의 단일성을 침해하지 않는 분배나 경륜이 존재한다"(xiii.6, 후반). 그는 솔직히 그 교리의 내용 전체가 다음과 같이 단순한 진술로 요약될 수 있다고 고백한다. "성부, 성자, 그리고 성령께서 한 하나님이시다. 그러나 성자는 성부가 아니시고, 성령도 성자가 아니시다. 이 세 위는 고유한 특성에 의해 구분된다"(xiii.5). 이와 유사한 진술들이 논의 전반에 걸쳐 나타난다. 그는 처음부터 "하나님은 그분을 구별된 삼위로 나타내시면서 한 분으로 선언하신다"(xiii.2, 초반)라고 말한다. 그가 다시 하는 말에 따르면 "삼위들의 일체가 한 분이신 하나님 안에, 혹은 동일한 의미인 하나님의 통일성 안에 분명히 존재한다"(xiii.4, 후반). "하나님 안에는 세 가지 특성이 있다"(ibid.). "하나님의 한 본질 안에서 삼위가 일체"를 이루는데, 이 위격들은 "동일"하다(xiii.5, 후반). "신적 본질 안에는 삼위가 계시는데, 이 삼위를 통해 한 하나님이 인식된다"(xiii.16). "한 하나님 안에 삼위의 일체가 존재하는 것이며, 세 하나님이 일체를 이루고 있는 것이 아니다"(xiii.25). 이와 같이 간결한 진술들이 자주 나타난다. 삼위일체 교리에 꼭 필요한 모든 요소가 위의 진술에 분명하게 담겨 있다. 우리는 이러한 사실들을 통해서, 칼뱅의 마음속에 담긴 삼위일체 교리의 간결한 핵심 요소들을 파악할 수 있다. 한 분 하나님이 계시고, 성부, 성자, 성령은 각각 한 하나님이시다. 신적 본질 전체가 성부, 성자, 성령 세 분 안에 각각 존재한다. 이 세 분이 삼위이시고, 서로 공유할 수 없는 특성을 통해 서로 구별된다."[59]

---

59. "Adversus P. Caroli Calumnias" in *Opera* VII.312. "우리는 하나님의 한 본질 안에 성부와 함께 그분의 영원하신 말씀이 계시고 성령이 함께 계심을 이해한다. 그러나 이렇게 구분지어 이해하면서도 우리는 세 하나님을 생각하는 것이 아니다. 우리는 성부를 성자가 아닌 존재로 이해한다거나, 성부나 성자를 하나님의 행동에 따라 변화하는 단순한 호칭으로 이해하는 것도 아니다. 오히려 우리는 여러 신학자의 견해를 따라 하나님의 단일성 안에

칼뱅은 삼위일체 교리의 이 간단명료한 요소들 중 자신이 깊이 이해하는 삼위의 동일하심에 큰 흥미를 느꼈다. 성부는 어떤 의미에서 하나님이시다. 성자나 성령도 이와 같은 의미로 하나님이시다. 성자나 성령도 하나님의 본질 전체를, 부분이나 수정된 형태가 아니라 완성된 형태로 그 안에 갖고 계신다(xiii.2). 그러므로 성부의 본질은 성자와 성령 안에서 **완전한 형태**(se totum)로 다시 나타난다. 이것이 바로 삼위의 연합 속에서 수적으로 하나의 본질에서 반드시 나오는 결과다. 만약 "**본질 전체**"(tota natura, xiii.19)가 각 위격 안에 담겨 있다면, 우리가 신적이라고 부르는 여러 특성이 이를 통해 나타나게 된다. 따라서 칼뱅은 모든 신적 속성이 성부 안에서와 같이 성자와 성령 안에서 충만하게 나타난다고 지칠 줄 모르고 주장한다. 사실 그가 생각하는 삼위일체 교리의 핵심이 여기에 놓여 있다. 그러한 사상 안에서 그는 삼위일체 교리를 분명하게 이해하고 그 체계를 만드는 데 공헌했다. 이상하게 들릴지 모르겠지만, 극히 명백한 일부 예외를 제외하고 대부분의 신학자들은 칼뱅만큼이나 동일화의 원칙을 삼위의 각 위격에 잘 적용했다. 그리고 칼뱅이 예외 없이 동일화의 원칙을 적용할 때, 많은 사람이 이단성까지는 아니더라도 칼뱅에게 매우 생소한 인상을 받았다. 아리우스와 논쟁한 이후 소집된 니케아 회의에서 신학자들은 삼위일체 각 위격의 동일본질을 정통 교리의 핵심 사항으로 확립했다. 그런데 이 동일본질 개념이 충분히 인정되고 수용되는 데는 오랜 시간이 걸렸다. 니케아 신조의 삼위일체 교리를 수용했던 사람들이 "로고스 기독론"에서 말하는 성자의 임시 발생설이라는 옛 개념에 적합한 설명 방식을 완전히 버리지 못했기 때문이다. 니케아 교부들이나 아우구스티누스를 통

있는 세 위격을 떠올리고, 세 위격이 한 본질 안에 함께 존재하면서도 서로 혼동되지 않음을 받아들인다. 그러므로 성부가 그분의 말씀과 성령과 함께 한 하나님이 되시면서, 성부가 말씀이 되신다거나 말씀이 성령이 되시는 것이 아니다."

해 이러한 설명 방식이 새로운 개념으로 대체되었다. 그럼에도 불구하고 많은 신학자가 여전히 전통적 개념의 삼위일체 사상에 사로잡혀 있었다. 칼뱅이 삼위일체 교리의 핵심을 가르치며 당시 설교나 사상 속에 숨어 있는 종속설의 찌꺼기를 제거하려 했을 때, 옛 설명방식으로 훈련받고 옛 개념의 양식에 익숙했던 사람들은 칼뱅을 매우 급진적인 혁명가로 생각했다. 전혀 예상하지 못했던 부분에서 칼뱅에게 비난이 일어났다. 칼뱅이 성자에게 "자존성"(aseity, αὐτοουσία)을 귀속시킨 이후에 "자존하시는 하나님"(αὐτόθεος)이라는 용어로 그분을 부르자, 그에게 특별한 비난이 가해졌다. 자존하시는 하나님이라는 용어는 이후 논쟁에서 그리스도에 관한 칼뱅의 교리로 알려진다. 하지만 정작 칼뱅의 생애에서 이 용어는 발렌티누스 겐틸리스와 논쟁(1558, 1561)했던 그의 삶 마지막 시기에 사용되었다. 사실 그 용어는 칼뱅의 것이라기보다는 겐틸리스의 것이었다. 칼뱅이 그것을 스스로 차용하는 경우는 거의 없었다. 겐틸리스가 그 용어를 성부 하나님에게만 적용하려고 했을 때, 칼뱅은 성자(와 성령)에게도 그 용어를 적용할 수 있다고 주장하면서 사용했다. 겐틸리스는 다음과 같이 주장했다.

> 오직 성부만이 자존하시는 하나님이시기 때문에 다른 우월한 신적 존재를 통해 존재할 필요가 없으시다. 하나님은 **스스로 존재**(*a se ipso*)하신다. 하나님의 로고스는 자존하시는 하나님으로서의 로고스를 가지고 계신 분이 아니다. 마찬가지로 하나님의 성령은 광대하시고 영원하시며 자신의 성령을 가지고 계신 분이 아니다.[60]

칼뱅은 겐틸리스의 주장이 그리스도를 참 하나님으로 선포하는 성경

---

60. *Expositio impietatis Valentini* Gentilis, 1561(*Opera* IX.374, 380).

의 진술들과는 상반된다고 말했다. 왜냐하면 **"존재한다**(*vivere*)**는 것보다 하나님에게 더 적절한 표현이 무엇이겠는가? 다른 어떤 것이 하나님보다 더 스스로 자존**(αὐτόθεος)**할 수 있겠는가?"**[61] 그러나 칼뱅은 기독교 교사로 활동한 처음부터 "자존성"이라는 용어를 그리스도에게 적용했다. 『기독교 강요』 초판에서는 그리스도가 자존하신다는 것이 명확하게 언급되지 않는 것처럼 보인다. 하지만 칼뱅은 이미 『기독교 강요』 초판에 그리스도의 완전한 신성 뿐 아니라, 그리스도를 자존하시는 하나님으로 묘사할 수 있는 특별한 용어인 여호와를 그리스도에게 적용시켰다. 『기독교 강요』 초판에서 그는 우리에게 "유대인들은 예레미야서에서 자신들이 꺼리는 호칭인 여호와를 성자에게 돌리고 있다"(렘 23:33)라고 말한다.[62] 이듬해 봄에[63] 며칠 간격으로 열린 로잔 공의회와 베른 공의회에서 우리 주님의 자존성이 다양한 어휘로 공정하게 진술된다. 칼뱅은 카롤리의 비난에 맞서 변론할 때 다양한 용어를 사용해 이것을 충분히 설명한다. 우선 그는 삼위일체 교리를 명료하게 해석하는 데서 변론을 시작한다. 그런 다음에는 그리스도에 관한 언급으로 돌아와 그분의 두 본성에 대해 논의한다. 계속해서 그는 다음과 같이 말한다.

그리스도는 육체를 취하기 전에 영원한 말씀 그 자체로 존재하셨다. 그래서 시간이 생겨나기 전 그리스도는 성부에 의해 낳은 바 되셔서, 참 하나님으로

---

61. Ibid., 서론, p. 368. 베자는 『칼뱅의 생애』(*Life of Calvin*)라는 책에서 1558년 무렵의 젠틸리스를 언급한다. 젠틸리스는 오직 성부만이 자존하시는 하나님(αὐτόθεος)이라고 주장하고 싶어 했다(*Opera* XXI.154). 이 네 개의 참조(IX.368, 374, 380; XXI.154)는 "아우토테오스"(αὐτόθεος)라는 용어를 중심으로 한 칼뱅의 작품들 중 스트라스부르판의 목차(xxii.493)에 모두 나타난다(그러나 이 단어는 xxiii. 이후의 목차에서는 나타나지 않는다).

62. *Opera* I.58.

63. 1537년 5월 14일과 31일.

서 성부와 동일한 본질과 능력과 위엄을 가지고 계신다. 사실 그리스도는 곧 여호와 그분이시다. 그리스도는 언제나 존재해야 할 그대로 존재하시면서, 다른 생명들을 존재하게 하는 능력이 되신다.[64]

카롤리는 지체없이 이 진술에 반대하며 다음과 같이 비난했다. 그와 같은 칼뱅의 진술에는 "그리스도가 여호와이신 것처럼 제시되고, 마치 그분의 본질을 스스로 가지고 계신 것처럼 설명된다."[65] 칼뱅과 카롤리의 논쟁은 여기서부터 시작된다. 왜냐하면 카롤리는 자기가 가했던 바로 이 "비난들"을 통해 추종자들을 일부 얻었고, 칼뱅은 수년간 자신의 가르침의 요소로 사소한 비난을 받으면서 사람들에게 시달렸기 때문이다.[66]

칼뱅은 자신의 주장으로 소요가 일어난 것에 놀라움을 감출 수 없었다. 그는 우리 주님의 참된 신성을 변론하기 위해서는 그러한 주장이 자연스러울 뿐 아니라 꼭 필요하다고 생각했기 때문이다. 칼뱅은 카롤리의 비난들 중에서 이 특정 부분을 "가장 극악무도한 비난"으로 부른다. 그는 다른 사람들이 반복적으로 가하는 비난에 대해서도 신경질적 반응을 보인다. 하지만 그 비난의 영향으로 칼뱅은 그리스도가 자존하시는 하나님이라고 말한다는 것이 당연한 일이지만 그냥 수용되는 것이 아니라 주

---

64. *Opera* VII.314. 그분 스스로 자신의 존재를 언제나 소유하셨고, 다른 존재들이 존재하도록 힘을 불어넣으신 분(qui a se ipso semper habuit ut esset, et aliis subsistendi virtutem inspiravit). 또한, IX.707; XB.107, 121; Ruchat, *Histoire de la reformation de la Suisse*, 1835 sq., v. pp. 27-28; Bähler, as cited, p. 78; Merle D'Aubigné, *History of the Reformation in Europe in the Time of Calvin*, E. T. vi. 1877, p. 316을 참조하라.

65. Ibid., p. 315.

66. Ibid., p. 322. "하지만 무엇보다도 심한 비난은 그가 이 진술에 의심을 품는 데서 생겨난다. 그리스도는 그분이 항상 존재해야 할 모습 그대로를 가지고 계신다는 진술에 대한 의심이 그것이다. 그는 곧 추종세력을 얻는다. 이들은 크게 중요한 인물들은 아니었고, 선한 이들을 괴롭히는 사람들이었다. 그들 중 일부는 정말 카롤리와 같이 남을 속이는 사람들이었고, 자신을 코르테시우스(Cortesius)라고 부르곤 했다."

장과 변증이 필요한 것임을 깨달았다. 그래서 그는 이 주제에 대한 분명한 선언을 『기독교 강요』 2판(1539)에 삽입했다. 그리고 이 선언은 주로 (1543년과 1559년에 삽입된) 아우구스티누스의 주장에서 도출된 추가적인 증언과 함께 그 이후의 개정판에서도 계속 유지되었다. 칼뱅이 이 구절에서 하는 말은 다음과 같다.

> 게다가 절대적으로 단일한 하나님의 통일성은 이러한 구별에 의해 전혀 침해받지 않는다. 오히려 성자가 성부와 함께 하나의 동일한 성령을 소유하시기 때문에 하나님의 통일성은 하나님이 한 하나님이 되신다는 증거가 된다. 성령은 성부나 성자와 다른 존재가 아니시다. 왜냐하면 그분은 성부와 성자의 성령이시기 때문이다. 각 위격 안에서 본질 전체가 나타나고, 이것이 각 위격의 특성으로 나타난다. 성부는 그 전체로서 성자 안에 계시고, 성자도 그 전체로서 성부 안에 계신다. 이것은 성자가 직접 하신 말씀이다. '내가 아버지 안에 거하고, 아버지도 내 안에 거하신다.' 교회 저술가들의 견해에 따르면 어느 한 분이 본질의 차이 때문에 다른 분으로부터 서로 나누어지지 않는다.[67] 이러한 이해를 바탕으로 교부들의 견해를 살펴보지 않는다면 매우 이해하기 어려운 부분들이 있을 것이다. 왜냐하면 교부들은 때로 성부가 성자의 **기원**(*principium*)이 되신다고 가르치고, 때로 성자가 **그분 스스로**(*a se ipso*) 신성과 본질을 가지신다고 가르치기 때문이다.[68] 하지만 사벨리우스주

---

67. 여백에서 아우구스티누스와 키릴로스에 관해 언급한다. 그리고 1543년 다음의 내용이 여기 본문에 삽입된다. "아우구스티누스의 말에 따르면 '구별을 의미하는 이 호칭들이 의미하는 것은 상호 간의 관계이지 하나의 독립된 실체가 아니다.'"

68. 이런 내용이 1543년에 추가된다. "그러므로 **기원**(*principium*)은 성부에게 있다. 아우구스티누스는 이 다양성의 원인에 대해 탁월하게 설명한다. '그리스도는 **자신과 관련**(*ad se*)해서는 하나님이라 불리시고, **성부와 관련**(*ad patrem*)해서는 성자로 불리신다. 또한 성부는 **자신과 관련**해서는 하나님이라 불리시고, **성자와 관련**(*ad filium*)해서는 성부라 불리신다. 성자와 관련하여 성부라 불리는 분은 성자가 아니시고, 성부와 관련하여 성자라

의자들은 하나님을 언제는 성부, 언제는 성자, 언제는 성령으로 부르는 것은 하나님을 강한 분으로, 선한 분으로, 지혜롭고 자비로우신 분으로 부르는 것과 별반 다를 게 없다면서 교부들의 가르침을 비난했다. 그들의 주장은 다음과 같이 쉽게 반박할 수 있다. 곧 이렇게 드러난 호칭들은 우리와의 관계 속에서 하나님이 어떤 분이신지 보여주고, 다른 호칭들은 하나님 자신이 어떤 분이신지를 드러내는 이름이다. 하나님은 당신 전체가 영이시라는 것을 선포하셨다(요 4:24). 그래서 성령을 성부나 성자와 혼동할 이유가 없다. 하나님의 본질 전체가 영이 되지 않을 이유가 없다. 우리는 그 영적 본질 안에서 성부, 성자, 성령을 이해할 수 있다. 그리고 이것은 성경에 의해 분명해진다. 왜냐하면 우리는 하나님이 그 안에 계신 성령을 부르시는 것을 듣고, 또한 성령이 하나님의 영이나 하나님으로부터 왔다고 언급되는 것을 듣기 때문이다.[69]

그러나 상황은 칼뱅이 이렇게 간단하고 구체적인 선언에 만족하도록 내버려두지 않았다. 뇌샤텔(Neuchatel)과 그 주변 나라에 있던 두 목회자가 칼뱅이 말한 그리스도의 자존성에 대해 끊임없이 문제를 제기했기 때문이다. 장 샤폰노(Jean Chaponneau)와, 그의 딸[70]과 결혼한 장 쿠르투아

불리는 분은 성부가 아니시다. 자신과 관련하여 성부로 불리시는 분과 성자로 불리시는 분은 동일한 하나님이시다.' 그러므로 우리가 성부와 상관없이 그저 성자만을 말할 때, 우리는 그분이 스스로(a se) 존재하신다고 주장하는 것이 적절하다. 그러므로 우리는 그분을 고유한 기원이라고 부른다. 그러나 우리가 성자를 성부와 관련하여 언급할 때는, 성부가 성자의 기원이 된다고 주장하는 것이 적절하다." 1559년에 또 다른 내용이 추가된다. "아우구스티누스의 다섯 번째 저서 『삼위일체론』(De Trinitate)은 이 주제만을 집중해서 다룬다. 하나님의 신비를 파헤치고자 어리석은 사변을 일삼는 것보다는, 그가 가르치는 그 관계에 의존하는 것이 좀 더 안전하다." 1559년판에서 이 부분의 단락은 이렇게 마무리된다.

69. *Opera* I.490-491.

70. Haag, *La France protestante*, "Chaponneau" 항목, ed. 2, iii. p. 1084. "그 후 얼마 안 되어 샤폰노가 결혼했다. 그는 한 미망인과 결혼했다. 미망인의 딸도 곧 장 쿠르투아 목사와 결혼했다. 쿠르투아는 칼뱅과의 논쟁을 통해 유명해진 사람이었다. 쿠르투아의 장인인 샤폰노는 칼뱅과 논쟁하는 일을 망설였다. 그러나 예수님의 인성과 관련한 문제에서 논쟁이

(Jean Courtois)가 그 두 명이었다. 처음에 칼뱅은 이들의 비판에 가볍게 응수하려고 했다. 하지만 시간이 지날수록 그는 이들과 논쟁하는 일에 크게 집중하게 되었다. 칼뱅은 쿠르투아가 샤폰노의 도움을 받아 쓴 기사에 대해 해명하는 편지를 뇌샤텔 지역의 목회자들에게 보낼 때 그들이 왜 자신을 반대하는지 알 수 없다고 말한다. 하지만 그들 중 한 사람은 "그리스도가 마치 하나님처럼 그 스스로 존재하신다"고 표현하는 사람을 이단이라고 규정한다. 칼뱅은 자신의 견해가 그러하다고 인정하고 다음과 같이 말한다.

> 대답은 간단합니다. 먼저 그(쿠르투아)가 나에게 그리스도가 완전하신 참 하나님이신지 대답하게끔 해보십시오. 그가 하나님의 본질을 여러 개로 나누고 싶지 않다면, 그는 그 본질 전체가 그리스도 안에 존재한다고 대답해야만 합니다. 그리고 사도 바울은 분명하게 언급합니다. '그리스도 안에 온갖 충만한 신성이 몸이 되어 머물고 계십니다'(골 2:9). 다시 묻겠습니다. '그러한 신성의 충만함이 그 자신으로 오는 것입니까? 아니면 다른 근원에서 오는 것입니까?' 그러나 쿠르투아는 성자가 성부의 소유라고 말하면서 반대할 것입니다. 누가 이것을 반대한답니까? 나 역시 이 사실을 이해했을 뿐만 아니라 선포하기까지 했던 사람들 중 한 사람입니다. 그러나 바로 이 부분에서 저들의 어리석음이 드러납니다. 그들은 성자라는 호칭이 위격을 말하고 있음을 고려하지 않기 때문입니다. 그러면서 우리가 단순하게 그리스도의 신성을 말할 수 있는 것과 같은 관계적 측면을 포함하지 못하는 곤경에 빠진 것입니다.[71]

칼뱅은 이러한 구별을 뒷받침하고자 아우구스티누스를 인용하고, 주요 논쟁거리에 대해 키릴로스를 인용하는 데까지 나아간다. 우리는 결론

일기 시작했다."

71. *Opera* XI.560, Letter 474.

부분에서 이 구절로 돌아갈 것이다. 이 편지는 1543년 5월 말에 쓰였다. 그 후 같은 해에 칼뱅은 쿠르투아와 함께 회의를 개최했다. 이때 칼뱅은 회의 과정을 한 편지에 써서 그해 11월 뇌샤텔 지역 목회자들에게 보고한다.[72] 그러나 쿠르투아는 아무런 확신 없이 돌아갔다. 그로부터 몇 개월이 채 지나지 않아(1545년 초에) 칼뱅은 이 주제에 대해 뇌샤텔 지역 목회자들에게 장문의 편지를 다시 쓰면서 상당한 짜증을 냈다.[73] 그 편지는 다음과 같다.

> 논쟁의 상황은 이렇습니다. 그리스도가 마치 하나님처럼 그분 **스스로 존재하신다**(*se ipso*)는 표현이 그리스도를 제대로 설명하는가에 관한 것입니다. 샤폰노는 이것을 반대합니다. 왜일까요? 그리스도라는 호칭이 성부와의 관계 속에 있는 신성의 두 번째 위격을 설명하기 때문입니다. 만일 이것이 그리스도의 위격과 관련된 것이라면 우리는 그렇게 말해서는 안됩니다. 그러나 우리는 그리스도의 위격이 아니라 그리스도의 본질에 관해 말합니다. 나는 성령이 이렇게 말하는 방식의 진정한 저자라고 믿습니다. 왜냐하면 성령은 히브리서 1장처럼 다른 구절에서도 하나님의 자존성(αὐτοουσία)을 설명하는 모든 선언을 그리스도에게 귀속시키기 때문입니다.…[샤폰노]는 그리스도가 성부로부터 나오는 위격(*substance*)이시기 때문에 그분 **스스로 존재하신다**(*se ipso*)는 것을 반대합니다. 왜냐하면 그분(그리스도)은 그분의 기원을 다른 것에 두기 때문입니다. 나는 그리스도의 위격에 대해 이렇게 생각하는 샤폰노의 견해를 받아들일 수 있습니다. 그는 무엇을 더 바라는 걸까요?…나는 하나님의 아들이 성부로부터 나온다고 고백합니다. 왜냐하면 위격에 **원인**(*ratio*)이 있기 때문입니다. 따라서 우리는 (위격과 관련해서) 성자가 스스로 존재하시지

---

72. *Opera* XI.652, Letter 521.
73. *Opera* XII.16, Letter 607; *Opera* XI.781, Letter 590에 실린 샤폰노의 편지도 참고하라.

않는다고 고백합니다. 그러나 우리가 위격을 떠나서 성자의 신성이나 본질에 대해 생각한다면, 이 둘은 동일한 것이기에 성자가 스스로 존재하신다는 것이 바른 표현이라고 말하겠습니다. 하나님의 충만한 자존성($\alpha\dot{\upsilon}\tau o o \upsilon\sigma\dot{\iota}\alpha$)을 드러내는 내용이 여호와라는 이름에 담겨 있음을 누가 부인한다는 말입니까?

하지만 칼뱅이 이 주제를 가장 폭넓게 언급했던 것은 1545년에 『피에르 카롤리의 비난에 대한 변증』(Defense Against the Calumnies of Peter Caroli)을 발간했을 시기였다.[74] 또한 같은 해 초 카롤리가 다시금 내민 "거짓 주장"을 반박했을 때, 그는 지금껏 자신이 작업했던 모든 진술방식과 논쟁 형태를 이 변증에 하나로 모은다. 그리고 카롤리가 그리스도의 자존성에 대해 가한 비난을 카롤리의 비난 중 가장 사악한 것이라고 말한다. 이 주제들을 논하는 부분의 서문에서는 카롤리가 이 주제를 설명

---

74. 칼뱅의 비서인 니콜라 데 갈라(Nicholas des Gallars)가 이 책을 익명으로 출판했다. 배흘러는 이 책이 익명으로 출판되었다는 점과 부정확하고 거친 어조로 쓰였다는 것에 대해 비판적이었다(Bähler, 앞의 책, p. 153 이하). 그의 말에 따르면 "칼뱅의 논쟁적인 글들은 수도 없이 많을 뿐더러 모두 그 분야에서 매우 탁월하다. 그러나 그 어떤 것도 『정통 신학의 수호: 스페인의 미카엘 세르베투스의 심각한 오류에 반대하여』(Defensio orthodoxae fidei, contra prodigiosos errores Michaelis Serveti Hispani)만큼 거칠고 신랄한 어조로 쓰이지는 않았다. 대체로 그것은 칼뱅의 자랑할 만한 작품은 아니다.…문학사적 관점에서 볼 때, 『정통 신학의 수호』는 분명 한없이 칭송받을 만한 작품이다. 저자는 격조 있으면서도 분명한 문체를 통해 반대자를 적절하게 압도할 뿐만 아니라 그가 별 볼 일 없다는 낙인을 찍어버렸다. 400년이 지난 오늘날 읽어도 저자가 반대자 카롤리의 불의와 비진리에 대해 내비치는 분개를 엿볼 수 있어 읽는 재미가 더하다. 칼뱅의 행위는 비록 변명의 여지가 없다 하더라도 어느 정도 이해될 수는 있다. 카롤리는 거의 십 년에 걸쳐 제네바의 종교개혁가들을 끊임없이 괴롭히고 극심한 굴욕을 선사했다. 그의 비난은 칼뱅이 평생에 걸쳐 행한 작업을 가장 많이 위험에 빠뜨렸다. 우리가 이를 생각해보면 칼뱅의 행위를 이해할 수 있다"(p. 159). 그의 말을 아우구스트 랑의 좀 더 신중한 비난과 비교해보라(A. Lang, Johannes Calvin, 1909, p. 42). 카롤리를 향한 거친 비난과 모욕적인 언사들과 세 명의 개혁가들을 향한 칭송이 서로 잘 대조된다. "그것이 칼뱅 자신에 의해 쓰였는지는 의문이다. 하지만 그것은 그의 조수인 니콜라 데 갈라의 이름으로 출간되었다."

하는 내용을 인용하면서 그것을 "단순하고도 형편없는 설명"이라고 부르기도 했다. 그 내용은 다음과 같다. "우리가 그리스도의 신성에 대해 말할 때, 하나님에게 합당한 것이 모두 정당하게 그리스도에게도 돌려진다. 하나님의 본질을 경외하면서 성부와 성자 사이에 존재하는 구별에 대해서도 의혹이 제기되지 않기 때문이다. 이런 의미에서 그리스도가 **그분 스스로 존재**(*a se ipso existentem*)하시는 한 분이신 영원한 하나님이시라고 말하는 것은 참되다. 이와 동시에 심지어 그분의 영원한 본질과 관련해서도 우리는 말씀이나 하나님의 아들이 성부로부터 나온다는 이 진술을 반대할 수 없다. 교회의 저술가들도 이 진술을 분명히 가르친다. 성자가 성부와 구별되는 것이 기억될 때, 우리는 두 위격에 대한 단서를 발견하기 때문이다. 내가 말하고 있는 것은 신성이다. 여기에는 성부와 성령에 못지않게 성자도 포함된다. 그래서 많은 경우 키릴로스(Cyril)는 성부를 성자의 **기원**(*principium*)으로 부르는 것에 익숙했다. 그는 성자가 **그분 스스로**(*a se ipso*) 생명과 불멸성을 지니고 계신다는 것을 (사람들이) 믿지 못하는 것이 매우 우스꽝스럽다고 생각했다. 또한 그는 만일 형언할 수 없는 본성이 **그 스스로**(*a se ipsa*) 존재한다고 생각하는 것이 적절하다면, 우리는 그것을 성자에게도 돌릴 만하다고 가르쳤다. 게다가 그는 『삼위일체 백과사전』(*A Thesaurus*) 10권에서 성자가 **그분 스스로**(*a se ipso*) 가지고 계시지 않은 것은 성부도 **그분 스스로**(*a se ipso*) 가지고 계시지 않다라고 말했다."[75] 이렇게 시작된 글은 해당 주제에 대해 좀 더 세부적인 해설로 전개된다. 키릴로스는 이전에 쓴 글에서 그것을 자유롭게 인용하는데 그 논의의 어조가 다음의 말에 잘 드러난다. "나는 두 가지 사실을 인정한다. 그리스도는 두 번째 위격으로서 성부의 소유가 되시고, 하나님의 본

---

75. *Opera* VII.322.

질의 **단일성**(*simpliciter*)과 관련해서는 그분 스스로 존재하신다."[76] 칼뱅에 따르면 키릴로스의 이 말은 교부들 중에서도 특히 아우구스티누스에게서 도움을 받았다. "아우구스티누스와 (키릴로스는) 유사하다(*Sermo* 38 'de tempor'). 곧 '하나님의 본질이나 본체를 의미하는 호칭들, 혹은 하나님이 본질적으로 어떤 분이신지 언급하는 것은 모든 위격 안에서 동일하게 존재한다. 그러므로 성부에게는 있지만 성자나 성령에게는 없는 본성을 가리키는 호칭은 없다." 칼뱅은 전체 내용의 결론을 한 단락으로 마무리한다. 이 결론의 본질은 우리가 이미 앞에서 살펴본 단락이지만, 새로운 맥락에서 그 단락의 영향력을 다시 이해하기 위해서 그것을 약간 수정해 재인용할 가치가 있다.

> 그러나 우리는 위격이 아니라 본질에 관해 말하고 있습니다. 나는 성령이 이렇게 말하는 방식의 진정한 저자라고 믿습니다. 왜냐하면 성령은 히브리서 1장처럼 다른 구절에서도 하나님의 자존성(αὐτοουσία)을 설명하는 모든 선언을 그리스도에게 귀속시키기 때문입니다.…그들은 그리스도가 **성부로부터**(ex) 나오는 위격이시기 때문에 **그분 스스로**(se ipso) 존재하신다는 주장에 대해 반대합니다. 왜냐하면 그분은 그분의 기원을 다른 것에 두기 때문입니다. 나는 그리스도의 위격에 대해 이렇게 생각하는 그의 견해를 받아들일 수 있습니다. 그들은 무엇을 더 바라는 것일까요?…나는 하나님의 아들이 성부로부터 나온다고 고백하고 우리가 성자의 신성이나 본질에 대해 위격을 떠나서 생각한다면, 이 둘은 동일한 것이기에 성자가 스스로 존재하신다는 것이 바른 표현이라고 말하겠습니다. 하나님의 충만한 자존성(αὐτοουσία)을 드러내는 내용이 여호와라는 이름에 담겨 있음을 누가 부인한단 말입니까? 그들

---

76. *Opera* VII.323.

이 성자가 성부로부터 나온다는 사실을 반대할 때, 나는 그 주장을 이해할 뿐만 아니라, 나 역시 그러한 사실을 계속해서 선포한다고 말하고 싶습니다. 그러나 바로 이 부분에서 저들의 어리석음이 드러납니다. 그들은 성자라는 호칭이 위격을 말하고 있다는 것을 고려하지 않기 때문입니다. 그러면서 우리는 단순하게 그리스도의 신성을 말할 수 있는 것과 같은 관계적 측면을 포함하지 못하는 곤경에 빠지게 되었습니다. 아우구스티누스는 이 문제를 매우 잘 다루고 있습니다.

칼뱅은 이미 앞에서 언급한 아우구스티누스의 글을 이 글에 인용하고 있다.[77] 그는 『기독교 강요』 2판(1539)에 넣기 위해 이 주제에 대한 단락을 준비했다. 이것은 1543년과 1550년판에서 아우구스티누스의 글을 한두 단락 인용하여 보강한 것 말고는 실질적으로 바뀌지 않았다. 이런 사실은 칼뱅이 『피에르 카롤리의 비난에 대한 변증』에서 그리스도의 자존성이라는 주제와 관련해 변증하려던 관점과 해석을 충분하게 보여주었다는 것을 암시한다. 칼뱅이 자신의 책을 보강하고 발렌티누스 젠틸리스와의 논쟁(1558)이 극에 도달한 이후 제네바에 있는 이탈리아 교회에서 문제가 발생했다. 거기서 그리스도의 자존성을 주장해야 할 새로운 계기가 생긴 것이다. 칼뱅은 새로운 상황에 맞추어 『기독교 강요』 1559년판에 그리스도의 자존성이라는 주제를 좀 더 많이 다루었다. 물론 1539년판에서 그가 분명하게 주장했던 그리스도의 자존성에 관한 진술은 1559년판에 그대로 실렸다. 하지만 그는 젠틸리스와 그의 무리에 맞서 삼위일체 교리를 길게 변증하는 진술로 확장시켰고, 그리스도의 자존성과 관련해 더 많은 내용을 추가하며 논의를 마무리한다. 이 반대 세력들에 대항하는

---

77. *Opera* VII.323-324.

가운데 변증이 필요했던 삼위일체 교리의 특정 부분은 바로 두 번째 위격과 세 번째 위격의 참된 신성에 관한 부분이었다. 칼뱅은 열정 어린 자세로 이 변증에 뛰어들었다. 왜냐하면 그는 "그리스도의 신적 위엄에 관련된 진리를 무너뜨리거나 축소하고 방해하는 사람들을 혐오스럽고 불경한 자들이라고 생각했기" 때문이다.[78] 칼뱅에 따르면 요한은 예언자 이사야가 성전에서 만난 하나님(사 6:1)을 그리스도(요 12:41)라고 선포한다. 사도 바울은 예언자 이사야가 이스라엘의 걸리는 돌로 묘사한 그 동일한 하나님(사 8:14)을 그리스도(롬 9:33)라고 선포한다. 바울은 이사야가 모든 사람이 무릎 꿇어 경배하게 될 것이라고 말하는 하나님(사 45:23)을 그리스도(롬 14:11)로 전한다. 히브리서 저자는 이 땅의 기초를 세우시고 모든 천사의 예배를 받기에 합당하신 시편 기자의 하나님(시 102:25; 97:7)을 그리스도와 동일시(히 1:6, 10)한다. 칼뱅의 말에 따르면 이러한 각각의 구절에서 "여호와"라는 이름이 등장하고 이것이 그리스도의 신성과 관련된 자존성을 보여준다.[79] "만일 그가 여호와시라면 우리는 그분이 예언자 이사야를 통해 '나 외에 다른 신이 없느니라'라고 외치시는 하나님(사 44:6)과 동일한 분이심을 부정할 수 없다. 우리는 예언자 예레미야의 선포에도 귀를 기울일 필요가 있다. '천지를 짓지 아니한 신들은 땅 위에서, 이 하늘 아래에서 망하리라'(렘 10:11). 반면 이사야는 성자의 신성이 천지창조를 통해 드러난다고 말한다. 하지만 만물을 존재하게 하신 창조주가 어떻게 **자존**(*ex se ipso*)하지 않으시고 그분의 본질을 다른 이에게서 찾을 수 있는가? 왜냐하면 성자가 성부를 통해 나온다고 주장하는 사람들은 대부

---

78. *Opera* VII.314.
79. *Opera* II.110; 『기독교 강요』, 1559, I.xiii.23. "여호와라는 이름은 이처럼 여러 곳에서 [그리스도에게] 표현되고 있으므로, 이것이 그의 자존성과 관련이 있다"(nam quum ubique ponatur nomen Iehovae, sequitur respectu ex se ipso esse).

분 성자가 **그분 스스로**(*a se ipso*) 존재한다는 사실을 부정하기 때문이다. 그러나 성령은 성자를 여호와라 부르시면서, 그들의 주장을 반대하신다." 그는 조금 지나서[80] 다음과 같이 말한다. "그러므로 우리는 신성이 절대적으로 **자존**(*ex se ipsa*)한다고 말한다. 이를 통해 우리는 성자의 위격과 관련된 언급만 아니라면, 성자가 마치 하나님처럼 **자존**(*ex se ipso*)하신다는 것을 안다. 그러므로 우리는 그분이 아들이시기에 아버지로부터 나온다고 말한다. 본질에는 기원이 없고, 따라서 위격의 기원은 하나님 자신이시다."

다른 인용을 더 추가할 필요는 없어 보인다. 칼뱅은 그리스도의 완전한 신성의 본질로서 자존성을 명료하고 반복적으로 강조한다. 그는 이미 필요한 논의를 충분히 추가해 그리스도의 완전한 신성과 자존성을 설명했다. 이는 최소한 절대적 통일성, 다시 말해 신성 안에 있는 세 위격들의 신성이 일치함과 부합하는 그의 삼위일체 인식 방식을 암시한다. 물론 그의 개념은 본질과 위격 사이의 구별을 강하게 강조한다. 본질에 있어서 세 위격은 수적으로 하나(numerically one)다. 그리고 본질 전체가 각 위격에 담긴다.[81] 물론 본질 전체는 그것의 모든 특성과 함께 수반된다. 이는 이 특성들이 다른 위격이 아니라 본질에 따른 성질들이기 때문이다. 하지만 위격에 있어서 세 위격은 말 그대로 셋이다. 위격은 서로 다른 특성으로 구별되어 성부, 성자, 성령으로 존재한다. 이러한 사실들을 바탕으로 칼뱅은 삼위일체 교리의 핵심을 발견했다. 우리는 칼뱅이 삼위일체에 대해 간결하고 쉬운 정의를 찾겠다는 그의 목적에 부합하면서도 그가 삼위일체 교리에 꼭 필요하다고 여긴 모든 것을 담았다고 말해도 좋다.

비록 우리가 필연적으로 포함된 것을 정확하게 말하지 못한다 하더라

---

80. P. 113: I.xiii.25.
81. I.xiii.2 참조. 성자는 하나님의 본질 전체를 그분 안에 담고 계신다. 그것은 일부분으로 있거나 변형되어 있지 않다. 전체가 완전한 형태로 담겨 있다.

도, 사실 이것보다 더 많은 내용이 칼뱅의 삼위일체 개념에 담겨 있다. 그
것은 삼위일체의 세 위격에 있는 "순서"라는 원리다. 이 순서에 따르면 성
부가 첫 번째, 성자가 두 번째, 성령이 세 번째다. 그리고 그것은 낳으심
(generation)과 나오심(procession)이라는 교리를 포함한다. 그 순서의 효
력을 통해 성자는 성자로서 성부로부터 낳은 바 되시고, 성령은 성령으
로서 성부와 성자로부터 나오신다. 아마도 칼뱅의 이러한 삼위일체 개
념이 가장 잘 드러난 곳은 다름 아니라 『기독교 강요』 1권 13장 18절 부
분인 것 같다. 여기서 그는 다음과 같이 말한다. "비록 성부의 영원하심
은 성자와 성령의 영원하심이지만, 하나님은 그분의 지혜와 능력이 없
이 존재하시지 않기에, 그리고 영원 속에는 처음과 마지막에 대한 문제
가 없으므로, [세 위격 사이의] 순서를 살펴보는 것은 무의미한 일이 아
니며 불필요한 일도 아니다. 따라서 성부를 가장 먼저 생각하고, **그분으
로부터**(ex eo) 나오시는 성자를 생각하며, 마지막으로 **그 두 분으로부터**
(ex utroque) 나오시는 성령을 생각하는 것이다. 왜냐하면 본성적으로 하
나님을 가장 먼저 생각하고, 그분으로부터 흘러나오는 지혜를 그 다음
으로 생각하며, 그분의 계획들을 실행하시는 능력을 마지막에 생각하려
는 경향이 인간 지성에게 있기 때문이다. 이런 이유로 성자는 **성부로부터**
(a Patre) **나오신다**(existere)고 언급되며, 성령은 성부와 성자로부터 나오
신다고 언급된다." 이런 방식의 설명은 종종 반복된다. 예를 들어 "각 위
격의 특성들에 일종의 순서가 있어서 성부가 **기원과 시작**(principium et
origo)이 되신다.…**적절한 순서**(ratio ordinis)가 유지되지만, 성자나 성령
의 신성은 어떤 면에서도 훼손되지 않는다"(xiii.20). "성경 말씀에 따르면
하나님이 그 본질에 있어서 한 분이시기 때문에 성자와 성령의 본질은
낳은 바 된 것이 아니다(ingenitam). 그러나 성부가 순서상 첫 번째가 되
시고 그분의 지혜를 **그분으로부터**(ex se) 낳으셨기 때문에, 앞서 말한 바

와 같이 성부는 전체 신성의 **기원과 근원**(*principium et fons*)으로 여겨질 수 있다"(xiii.25). 이어서 칼뱅은 "성부만이 본질을 소유하고 계시기 때문에 성부를 성자의 신성의 수여자(*deificator*)로 여기는 것은 혐오스러울 정도"라고 말하면서도, "**적절한 순서와 국면**(*ratione ordinis et gradus*)이 있다고, 그리고 **신성의 기원**(*principium divinitatis*)이 성부 안에 있다고 인정"했다(xiii.24). "성부는 신성의 근원이 되시는데 이것은 질서와 관련된 것이지 본질과 관련된 것이 아니다"(xiii.26). 그리고 성부는 **신성의 근원과 기원**(*fons et principium deitatis*)이 되신다. 그분으로부터(*ex eo*, xiii.18) 성자가 나오시며(existere, xiii.18), 그리고 성자와 성부로부터(*ex utroque*, xiii.18) 성령이 나오신다. 그러하기에 성자의 영원히 낳은 바 되심과 성령의 영원히 나온 바 되심이라는 교리 내용이 여기에 담겨 있다. 이 두 가지 사실은 지속적으로 반복된다. 예를 들어 우리는 성자에 관련해서 이렇게 읽는다. "말씀은 **시간 이전에**(*ante saecula*) **아버지로부터 낳은 바**(*genitum ex Patre*) 되셨다"(xiii.7)고 이해되어야만 한다." "그러므로 우리가 다시 내리는 결론에 따르면 말씀은 시간이 시작되기 이전에 하나님에 의해 **인식**(*conceptum*)되었다"(xiii.8). "그분은 하나님의 아들이시다. 왜냐하면 그분은 시간 이전에 **성부가 낳으신**(*genitus a Patre*) 말씀이시기 때문이다"(xiii.23). "그분은 하나님의 아들이라고 불리신다.…그분이 시간 이전에 **성부로부터 낳은 바**(*genitus ex Patre*) 되셨으므로 그러하시다(xiii.24)."[82]

---

82. 이러한 구절들은 이미 『기독교 강요』 초판에서부터 정형화되어 나타난다. *Opera* I.64. "이를 통해 우리는 예수 그리스도가 하나님의 특별한 아들이심을 믿고, 일반 성도들처럼 양자 됨이나 은혜를 통해서가 아니라, 영원 전에 성부로부터 낳은 바 되셨음을 믿는다고 고백한다." 62쪽에서 그는 이렇게 말한다. "성부의 말씀은 인간의 생각이나 말과는 전혀 다르게 영원하시고 변하지 않으신다. 그 말씀은 우리가 이해할 수 없는 방법으로 성부로부터 나오신다."

하지만 우리는 그 구절들이 상당한 분량으로 어쩌면 칼뱅의 삼위일체 논의에 만연하다고 말하는 게 좋을지도 모른다. 그러한 구절들은 삼위일체의 위격들에 있는 순서와 국면이라는 교리를 가르친다. 그것들이 신성의 기원과 근원으로서의 첫 위격으로부터 두 번째 위격과 세 번째 위격이 파생된다는 교리를 가르치고 있음이 분명하다. 물론 시간 이전에 파생된다. 그러나 우리는 칼뱅의 개념을 정확히 이해하기 위해서 그가 자신의 의미를 지키는 데 사용한 구별에 주의를 기울여야 한다. 물론 칼뱅은 성자나 성령의 본질이 낳은 바 되심이나 보낸 바 되심의 결과라고 가르치지 않았다. 삼위일체 논쟁의 시작부터 교회는 성자와 성령의 위격에 관해서만 낳은 바 되심과 보낸 바 되심이라는 설명을 전통으로 유지해왔다.[83] 칼뱅 역시 이러한 전통적 이해로부터 유익을 얻었다. "본질에 있어서는 성자나 성령이 모두 낳은 바 되지 않으신다"(xiii.25). "성자는 본질에 있어서 다른 기원을 지니지 않으신다. 하지만 성자는 그분의 위격에 있어서만 하나님을 기원으로 한다"(xiii.25). 더 이상의 설명은 필요없다. 그 문

---

83. De Moor, *In Marckii Compend.*, I. 1761, p. 775. "니케아 교부들은 성자를 '하나님으로부터 나오신 하나님, 빛으로부터 나오신 빛'이라고 표현했다. 이것은 다름 아니라 위격적 질서에 대한 것이었다. 그들에게 성자는 성부와 함께 동일한 하나님이셨다." 쉐드 박사는 이 부분에 대해 다음과 같이 분명하게 강조한다. G. T. Shedd, *A History of Christian Doctrine*, 1873, I. p. 339 이하. "니케아 회의의 삼위일체론자들은 '아들 되심'과 '낳은 바 되심'이라는 개념을 위격적 성격에 국한시킨다. 낳은 바 되는 것은 신적 본질이 아니고 오히려 그 본질 안에 있는 **구별**이다. 이런 의미에서 '나온 바 되심'이라는 용어는 세 번째 위격이신 성령에게만 사용될 수 있는 용어지 신성의 본성에 적용될 수 있는 용어가 아니다. 니케아 삼위일체론에서 말하는 '낳은 바 되심'이라는 용어는 **오직 두 번째 위격에게 고유하고 국한된** 것을 묘사한다. 성자는 '아들 되심', 말하자면 인격(ἰδιότης)과 관련하여 발생하시는 것이지 그분의 본질이나 본성과 관련한 것이 아니다.…**몇 가지 요소만 바꾸면** 성령의 '나온 바 되심'도 동일하게 이해할 수 있다.…그러므로 우리는 니케아 신조의 삼위일체 교리가 '낳으심'과 '낳은 바 되심', '나온 바 되심' 등의 용어를 처음부터 끝까지 위격적 구별에 적용하고 있음을 알 수 있다. 이 용어들은 삼위일체 전체에, 다른 말로 하자면 위격과 상관없이 본질에 적용되었을 때, 다른 합리적이거나 기술적인 의미를 지니지 않는다." 이처럼 칼뱅은 이러한 위격적 구분을 크게 강조하였다.

제는 여기서 더 상술할 필요가 없다. 이것이 칼뱅이 제시하는 당연한 관점이었고, 그의 묘사와 논증방식이 이미 인용된 구절들에서 충분히 설명되었기 때문이다.[84] 그러나 분명하지는 않지만, 칼뱅이 만들어내는 또 다른 구별이 있는 것처럼 나타난다. 칼뱅은 성자가 성부로부터 시간 이전에, 우리가 말하듯 영원 전에 낳은 바 되셨다고 설명하고 있다. 하지만 니케아 교부들의 해석에 기초한 "영원발생"(eternal generation) 교리를 다시금 끌어들이고 있는 것처럼 보인다. 니케아 교부들은 ("영원"이라는 본성에 따라) "영원발생"이 (매우 오래된) 과거의 어느 특정한 때에 단 한 번만 일

---

84. 칼뱅은 이후에 겐틸리스와 그의 무리들과 논쟁하면서 당면한 문제에 대해 강력하게 제시하는 주장들을 정확히 끌어냈다. 가령 『기독교 강요』에 실린 토론을 보면(I.xiii.23 이하), 그가 무엇을 반박하고자 했는지 분명하게 정의한다. 그는 성부가 "유일한 본질수여자"로서 "성자와 성령을 만드시는 가운데 당신의 신성을 불어넣으신다"는 생각을 반대한다(xiii.23). 이런 생각에 따르면 오직 성부에게만 "하나님의 본질이 속해 있고", 성자와 성령은 "수여자"이신 성부에게 본질을 빚게 된다. 이에 대해 칼뱅의 선언에 따르면 "비록 우리가 순서와 국면에 관련해서 **신성의 기원**(*principium divinitatis*)이 성부에게 있음을 고백하더라도, 우리는 본질을 성부만의 고유한 특성으로 여기며 성부가 마치 성자를 하나님으로 만들어주는 것처럼 주장하는 것은 매우 혐오스럽게 생각한다. 왜냐하면 이런 방식의 설명은 본질을 하나 이상으로 만들거나, 성자를 명목뿐이거나 혹은 허상의 하나님으로 만들기 때문이다. 성자가 하나님이시지만 성부보다 못한 하나님이라고 말하는 것을 우리가 허용한다면, 본질은 성자 안에서 **낳은 바 되고 지은 바 되고**(*genita et formata*), 성부 안에서 **낳은 바 되거나 지은 바 되지 않을 것**(*ingenita et informis*)이다"(xiii.24, 후반). 그의 설명에 따르면 "우리는 성경에 따라 **본질이라는 측면**(*essentialiter*)에서는 한 하나님이 계시기 때문에 성자와 성령의 본질은 **낳은 바 되지 않는다**(*ingenita*)고 가르친다. 그러나 (위격의) 순서라는 측면에서는 성부가 맨 처음이시고, 그분의 지혜를 그분 자신으로부터 **낳으신다**(*genuit ex se*). 그래서 내가 앞에서 말한 것과 같이 성부는 **신성 전체의 시작이요 근원**(*principium et fons totius divinitatis*)이라고 정당하게 여겨질 수 있다. 그러므로 하나님은 분명히 **낳은 바 되지 않으시고**(*ingentitus*), 성부 역시 그 위격에 관한 한 **낳은 바 되지 않으신다**(*ingenitus*)"(xiii.25). 칼뱅이 삼신론자를 향해 휘두르는 무기는 하나님의 본질이었다. 하나님의 본질은 첫 번째 위격이나 두 번째 위격 혹은 세 번째의 그 어떤 위격 안에서도 낳은 바 되지 않는다. 낳은 바 되는 것은 오직 위격일 뿐이다. 좀 더 정확히 말하자면 성자의 위격만 낳은 바 되시고, 성부의 위격은 낳은 바 되지 않으시며, 성령의 위격은 "보낸 바 되신다"고 말하는 것이 더 적절하다. 하지만 그러한 견해는 칼뱅이 전통적인 표현을 활용한 것이지 그만의 새로운 견해는 아니었다.

어난 일이라고 생각하지 않는다. 그들은 그 개념을 항상 일어나는 영속적 활동으로서 신적 본질이 첫 번째 위격으로부터 두 번째 위격으로 이어지는 언제나 완성되지만 결코 끝나지 않는 것으로 설명하는 데 익숙했다.[85] 칼뱅은 이러한 개념이 무의미하거나 그렇지 않다면 매우 난해한 것으로 생각한 것 같다. 삼위일체에 관한 논쟁 부분을 마무리하는 곳에서 칼뱅은 이 개념이 불필요한 사변에 불과하다고 평했다(I.xiii.29, 후반). 그는 다음과 같이 묻는다. "성부가 항상 낳으시는지 그렇지 않으신지에 대해 논하는 것이 대체 무슨 유익이 있단 말인가? 세 위격이 이미 영원 전부터 하나님 안에 거하신다는 사실이 분명한데도 성부가 지속적으로 다른 위격을 낳으신다고 상상하는 것은 얼마나 어리석은 일인가?" 그가 뜻하는 바에 따르면 성부가 다른 위격을 낳으시는 행위는 이미 영원 전에 완성되었고, 낳은 바 된 위격은 영원 전부터 완성된 형태로 존재하셨다. 그러므로 그것이 지속적인 발생이라고 말하는 것은 의미 없는 일이다. 만일 칼뱅의 언급에 이러한 의미가 있다면, 이것은 니케아 신조의 사변적 설명인 "영원발생"을 명백히 거부하는 것을 의미한다. 하지만 이것은 니케아 신조 자체를 거부하는 것과는 거리가 멀며, 성자를 "하나님으로부터 나오신 하나님"이라고 표현한 것을 거부하는 것도 아니다. 우리는 칼뱅이 시간 이전에 성부에 의해 낳은 바 되었다는 의미에서 성자의 "영원한 발생"을 분명하게 가르치고 있음을 살펴보았다. 칼뱅에게 분명히 그것은 이미 확립된 문제였다. 사실 칼뱅은 여러 본문 속에서 이에 대한 증거 본문을 찾

---

85. Sheldon, *History of Christian Doctrine*, 1886, I. p. 202. "오리게네스와 같이 니케아 교부들은 발생이 단번에 이뤄진 사건이 아니라 성자의 영원한 생명과 평행하는 것으로 보았다. 결코 끝나지 않고 지속되는 사건으로 본 것이다." Shedd, *A History of Christian Doctrine*, I. 1864, p. 317. "영원발생은 영원히 존재하는 본질 가운데 내재적이고도 영속적으로 일어나는 활동이다."

으려는 당시의 관습을 거부했다.[86] 그렇다고 해서 그는 적절한 증거가 불
충분하다고 느끼지 않는다. 칼뱅은 왜곡된 여러 본문보다 훨씬 의미 있는
논증이 있다고 우리에게 말한다. "하나님의 독생자의 중보 사역이 아니고
서는 하나님은 인간에게 아버지가 아니시다. 이 특권은 오직 성자에게만
주어진다. 그것은 은혜를 통해서 우리에게도 적용된다. 그러나 하나님은
항상 그분의 자녀들로부터 아버지라는 이름으로 불리길 원하신다. 그러
므로 이미 존재하시는 성자를 통해 그러한 관계가 성립된다."[87] 그러므로
니케아 교부들과 같이 칼뱅도 성자가 "하나님으로부터 나오신 하나님"
이라고 확신한다. 그렇다면 칼뱅이 니케아 신조에 기록된 "하나님으로부
터 나오신 하나님, 빛으로부터 나오신 빛, 참 하나님으로부터 나오신 참
하나님"이라는 표현을 비판할 때, 그 비판은 이 진술의 내용이 아니라 그
것의 형식이었다.[88] 그리고 칼뱅이 **"하나님으로부터 나오신 하나님"**(*Deus*

---

86. 이에 대해 Scholten, *De Leer der Hervormde Kerk*, ed. 4, II. p. 237(I. p. 24; II. p. 229를
참조하라)을 보면 이러한 사실이 잘 나타나 있다. 그러나 『기독교 강요』의 중간 개정판,
I. p. 483을 보면 칼뱅은 증거가 될 만한 텍스트를 거부하면서도 우리 주님이 하나님의
아들 되심에 대한 믿음을 잘 드러내고 있다. 이러한 텍스트를 다루는 칼뱅의 정확하고
비판적인 시각에 대해 바움가르트너가 하는 언급은 살펴볼 만하다(Baumgartner, *Calvin
Hébraïsant*, 1889, pp. 37-38). 그는 당시 이러한 텍스트에 의존하던 사람들 사이에서
일었던 논쟁을 묘사한다. 그들은 아에기디우스 훈니우스의 오만한 제목이 붙은 책을
인용하곤 했다. Aegidius Hunnius, *Calvinus judaizans*, 1593. "칼뱅과 성경의 가장
훌륭한 증언은 영광스러운 삼위일체, 그리스도와 성령의 신성, 무엇보다도 메시아의
오심에 관한 예언자들의 예언, 그분의 탄생, 수난, 부활, 승천, 하나님 우편에 앉으심에 관한
유대인들의 해설과 왜곡을 포기하는 것을 두려워하지 않는다. 덧붙여진 것은 왜곡된 것으로
거부되었다"(Judaicae glossae et corruptelae quibus Johannes Calvinus illustrissima
Scripturae sacrae loca et testimonia de gloriosa trinitate, deitate Christi et Spiritus
Sancti, cumprimis autem vaticinia prophetarum de adventu Messiae, nativitate
ejus passione et resurrectione, ascensione in coelos et sessione ad dextram Dei,
detestandum in modum corrumpere non exhorruit. Addita est corruptelarum
confutatio).
87. 『기독교 강요』의 중간 개정판, *Opera* I.483.
88. *Opera* VII.315을 보면 칼뱅이 니케아 신조를 폄하하려는 의도가 없었던 것이 분명하다(p.

de Deo)이라는 니케아 신조의 표현을 "난해한 말"이라고 표현했을 때, 그는 그 표현을 작성한 사람들이 담고자 했던 의미를 거부하지 않았다. 그는 성자가 오직 성자 되심과 관련해서만 성부 안에서 그 기원을 갖는다는 내용을 거부하지도 않았다. 오히려 그는 그것을 진술하는 형식이 부정확하고 그 진술 형식이 자칫 "만들어진 신"이라는 개념으로 오용될 수 있기 때문에 그 표현을 거부했다. "**하나님**"(*Deus*)이라는 용어는 그것이 나타나는 각 경우에서 비인격적 개념으로 사용된다. 그러므로 젠틸리스의 표현은 매우 주의 깊게 설명될 필요가 있다.[89] 젠틸리스의 입장을 한마디

---

316 참조).

89. *Exposito impietatis Valentinus Gentilis*, 1561(*Opera* IX.368)의 서문을 보라. "하지만 니케아 공의회는 '**하나님이 하나님으로부터 존재한다**'(*Deum esse de Deo*)라고 표현했다. 나는 이것이 매우 난해한 표현이라고 생각한다. 이 표현의 난해함을 해소할 적합한 사람은 그것을 직접 작성했던 아타나시우스 말고는 없을 것이다. 그리고 분명히 니케아 교부들의 의도는 성자의 위격의 기원을 성부로부터 찾으면서도 두 위격 사이의 본질이나 신성이 동일하다고 말하는 데 있다. 따라서 본질에 있어서는 말씀(the Word)도 어떤 기원도 없는 하나님이 되신다. 그러나 위격에 있어서는 성자의 기원은 성부가 되신다." 페타비우스는 이 문제에 대한 비판을 폭넓게 다루고 있다(Petavius, *De Trinitate*, III. iii. 2, ed. Paris, 1865, pt. ii. p. 523; Bellarmine, *De Christo*, *Opera* 서문, I. p. 244). 그의 말에 따르면 칼뱅이 "이 어구가 난해하다고 말한 것은 성급하고 비신학적인 언급(*temere et prorus ἀθεολογήτως*)이었다. 그 이유는 그리스도가 그분 스스로(*a se ipso*) 하나님이 되신다고 가정하며 그분이 자존하시는 분(*αὐτόθεος*)이라고 그가 가정했다는 데 있었다." 칼뱅은 그리스도가 스스로 존재하시는 하나님이라고 확신했다. 따라서 칼뱅은 그리스도가 자존하시는 하나님(*αὐτόθεος*)이라고 마땅히 불릴 수 있다고 생각했다. 그는 "하나님으로부터 나온 하나님"(*Deus de*[혹은 *ex*] *Deo*)이라는 표현이 "난해"하다고 생각하지 않았다. 니케아 신조가 표현한 "하나님으로부터 나온 하나님"(*θεὸς ἐκ θεοῦ*)과 그리스도의 "자존하시는 하나님 되심"(*αὐτοθεότης*)을 전적으로 믿었다. 그는 그 두 개념을 조화시키는 데 아무런 어려움이 없었다. 칼뱅은 반삼위일체론자들이 오용할 가능성 때문에 이 표현을 "성급"하다고 말했다. 성자가 성부에 의해 만들어졌다는 인상을 주기 때문이다. 페타비우스가 덧붙이는 말에 따르면 "하나님께로부터 나오신 하나님이란 표현은 참일 뿐만 아니라 유용하기까지 하며, 기독교의 정통 가르침과도 동일하다. "자존하시는 하나님"이라는 표현을 옹호하는 자들(*Autotheani*)이나 칼뱅주의자들이 무지하여 이 표현이 모호하다고 투덜거리는 것과는 다르다"(주3, p. 524). 그가 이 말을 할 때 이는 칼뱅이 이 표현을 "난해"하다고 한 것과 같은 맥락이다. 더 정확히 말하자면 이 말은 성자가 위격과 관련해서는 그분의

로 정리하면, 그는 성자의 영원발생을 지지하면서도 니케아 교부들이 "영원발생"이라고 부르는 행위의 본질을 존중하는 니케아 교부들의 생각을 거부했다. 그는 실제로 성자가 성부로부터 나오시고 성령이 성부와 성자로부터 나오신다는 사실을 믿는 정도면 충분하다고 말했다. 우리는 이 위격들과 관련된 영원발생의 본질에 대한 사변으로 우리 자신을 괴롭게 할 필요가 없다. 칼뱅이 이 문제에 대해 보여준 태도는 신학 박사 찰스 하지(Charles Hodge)가 자신의 저서 『조직신학』(Systematic Theology)에서 보여준 태도와 정확히 일치한다.[90] 하지가 표현하는 방식은 칼뱅의 관점을 정확히 반영하는 듯 보인다. "우리는 (콘스탄티노플 신조에서 자세히 묘사하는) 니케아 신조와 니케아 교부들의 교리를 따로 구분해서 생각해야 한다. 성경이 제시하는 삼위일체 교리에 대한 사실들을 체계적으로 정리한 것이 니케아 신조다. 니케아 신조는 성부와 성자와 성령의 구별된 위격, 그리고 이 위격들 상호 간의 관계, 세 위격들에 있는 본질이나 실체의 통일성과 단일성, 존재와 운행의 방식에 있어서 성부에 대한 성자의 종속을, 그리고 성부와 성자에 대한 성령의 종속을 증거한다. 이러한 진술은 성경적 사실들을 묘사할 뿐이며, 다른 새로운 것을 더하지는 않는다. 바로 이러한 이유로 보편교회는 니케아 신조를 받아들였다. 그러나 니케아 교부들은 니케아 신조가 종속설을 지지한다는 사실을 설명하는 일에 좀 더 치중했다. 그리고 이러한 설명은 주로 성자와 성령이 성부에게 어떻게 종속되는지, 발생이 무엇을 의미하는지, 성부와 성자의 관계는 무엇인지

기원을 성부에게서 찾으신다는 중요한 진리를 표현한다. 칼뱅이 난해한 표현인 "하나님이 하나님으로부터"(Deus de Deo) 대신에 좀 더 명료한 다른 표현을 제시했으리라는 것에는 의심의 여지가 없다. 성자의 신성이 성부로부터 나온다는 사실을 오해 없이 가르칠 수 있는 용어 말이다. 이것은 젠틸리스가 가르친 것과도 같다. 아래의 미주 94번을 참조하라.

90. *Systematic Theology*, I. 1874, p. 462 이하. 466-467쪽을 보면 칼뱅의 입장을 명확히 밝히는 부분이 나온다. 하지는 이 입장에 전적으로 동의한다.

와 관련되어 있었다.…성자와 성령이 성부에게 종속되었다는 옛 신조들의 확증에서와 마찬가지로 니케아 교부들은 세 분 하나님의 종속관계에 어떤 예외적인 것도 없고 그런 종속관계는 영원발생 교리처럼 참이라고 설명했다."

3세기가 지난 후(1559-1871) 찰스 하지는 칼뱅의 입장을 정확히 글로 재현했다. 이 사실은 칼뱅의 삼위일체 논쟁이 가지는 역사적 중요성을 우리에게 상기시킨다. 칼뱅의 견해는 처음에 큰 문제가 되지 않았다. 그것은 반대를 불러일으켰지만, 동조세력도 만들었다. 그 동조세력은 곧 개혁파 교회를 형성했다. 이들은 그리스도가 하나님으로서 자존하신다는 사실을 가르쳤다. 그들의 특징은 "자존하시는 하나님"($αὐτόθεος$)이라는 용어를 그리스도에게 적용하는 데 있었다. 다시 말해 삼위일체 교리에 있어서 개혁파 교회는 위격들이 동일한 본질을 공유한다는 동일성을 강조했으며, 관계를 설명할 때 종속적 요소를 배격했다. 칼뱅이 그리스도의 자존성을 주장했을 때, 그는 세 가지 일을 할 수밖에 없었다. 첫째, 칼뱅은 명쾌하게 설명될 수는 없지만, 그렇다고 잘못될 리도 없는 용어를 통해 우리 주님에게 완전하고 충만하게 신성이 있다고 선포하였다. "자존하시는 하나님"($αὐτόθεος$)이라는 용어는 "동일본질"($ὁμοούσιος$)이라는 용어가 아리우스주의를 반박하면서 기능했던 역할과 "위격"($ὑπόστασις$)이라는 용어가 사벨리우스주의를 반박하면서 기능했던 역할을 동일하게 수행했다. 그리스도의 신성을 축소시키는 개념은 그리스도의 자존성과 그분이 자존하시는 하나님이 되심을 주장하는 곳에서 살아남지 못했다. 이것이 바로 그리스도의 신성을 주장하는 칼뱅의 목적이었고, 그것은 완전히 성취된다. 하지만 그것이 성취되면서 나머지 두 가지 결과가 불가피하게 초래되었다. 모든 형태의 종속설 지지자들이 가졌던 견해에 맞서는 확고부동한 견해가 발생한 것이다. 그 이유나 정도가 어떻든지 간에,

성부의 신성과 그리스도의 신성이 모든 점에서 동일하다는 것을 받아들일 수 없거나 받아들이기를 원하지 않던 사람들이 자존성이라는 궁극적인 신적 특성을 그리스도에게 있는 것으로 받아들이면서 종속절 지지자들의 견해가 반박되었다. 그리스도에게 참된 신성이 있다는 것을 받아들이려는 마음이 준비되었지만, 여전히 전통적인 니케아 정통교리를 바탕으로 세 위격 사이의 관계를 생각하고, 성자가 성부에게 확실하게 종속된다는 주장을 마음에 가졌던 사람들은 그리스도의 "자존하시는 하나님 되심"(αὐτοθεότης)과 "하나님으로부터 나오신 하나님"(θεὸς ἐκ θεοῦ)이라는 두 가지 분명하게 모순된 고백을 조화시키기 위해 마음이 혼란스러워지고, 칼뱅이 보여준 미묘한 구분에 도움을 받지 않을 수가 없었다. 카롤리가 시작해 샤폰느와 쿠르투아에까지 이어지는 논쟁은 그들과 함께 사라진 것이 아니었다. 이 사실은 그리 놀랄 만한 일이 아니다. 그 이후에도 그 논쟁은 수년간 지속되었을 뿐만 아니라, 우리 시대까지도 이어져 내려오고 있다. 사실 칼뱅이 삼위일체에 대해 독창적으로 지닌 개념은 지난 3세기 동안 공격의 대상이었다. 모든 유니테리언자들(Unitarians)이나 종속주의자들뿐 아니라 아타나시우스주의자들조차도, 그리스도가 "하나님으로부터 나오신 하나님, 빛으로부터 나오신 빛, 참 하나님으로부터 나오신 참 하나님"이란 고백과, 그리스도가 그분의 신성에 있어서만큼은 스스로 존재하신다는 주장 사이에 나타나는 언어적 모순에 혼란을 느꼈다.

칼뱅의 반대자들은 자연스럽게 다른 문제로 칼뱅과 대화할 때도 더욱 날카롭게 그를 비판했다. 예를 들어 로마 교황주의자들과 루터파 신학자들, 아르미니우스주의자들이 칼뱅을 매우 심하게 비판했다. 이미 예상한 것처럼, 로마 교황주의자들이 가장 분명한 형태로 칼뱅을 공격했다. 우리는 유감스럽게도 교황주의자들이 특정 교리에 대한 이해 때문이 아니라, 칼뱅과 칼뱅주의를 폄하하려는 목적으로 칼뱅주의자 프란키스쿠스 고

마루스(Franciscus Gomarus, 1563-1641)를 비판했다고 말해야 한다.[91] 게네브라르두스(Genebrardus, 1535-1597)가 비판을 시작한 것처럼 보인다. 그는 "삼위일체에 대한 자신의 첫 번째 논문에서 "아우토테오스주의자들"(Autotheanites)이라고 명명한 자들을 이단이라 부르며 비판했다. 아우토테아나이트들은 그리스도가 성부에게 속하지 않고 그분 스스로(a se ipso) 하나님이 되신다고 주장했던 사람들이었다. 게네브라르두스는 그들이 주장했던 이단 사상의 기원을 칼뱅과 베자로 보았고 자신의 책 서문에 이것이 프란키스쿠스 스탄카루스(Francis Stancarus, 1501-1574)로부터 왔다고 기록했다."[92] 하지만 수많은 로마 교황주의자들이 비판할 수 있는 발판이 게네브라르두스의 주장에 의해 마련되었고, 그들 중 유명한 1세대 학자들로는 안토니우스 포세비누스(Anthony Possevinus, 1533-1611), 알폰수스 살메론(Alphonsus Salmeron, 1515-1585), 윌리엄 린다누스(William Lindanus, 1525-1588), 페트루스 카니시우스(Peter Canisius, 1521-1597), 디오니시우스 페타비우스(Dionysius Petavius, 1583-1652)[93] 등이 있

---

91. Voetius, "Diatribe de Christo αὐτοθεῷ" in *Selectae Disputationes Theologicae*, Part I. 1648, p. 445. "아리우스주의자들의 오류를 향한 것보다 더욱더 열심히 중상모략하는"(calumniandi potius libidine quam erroris cum Arianis societate).

92. Bellarmine, *De Christo*, II, cap. xix(*Opera* I, p. 333). 페타비우스가 논의를 시작하는 부분을 참고하라. *De Trinitate*, VI, xi. 5(*Opera* III, p. 251). "좀 더 최근의 저술가들과 관련해서는, 가톨릭 신학자들과 이교도들 사이에 적지 않은 논쟁이 있다. 이 이교도들이란 특별히 칼뱅과 베자, 그의 동료들이다. 게네브라르두스는 『삼위일체에 관하여』(*De Trinitate*) 첫 권에서 이들을 날카롭게 비판하며 '아우토테오스주의자'라는 이름을 붙이기도 했다. 이는 그들이 성자께서 신성과 본질을 스스로 가지고 있다고 말했기 때문이다. 윌리엄 린다누스도 오류를 지적한다."

93. Voetius, *Disputationes Selectae*, I, pp. 453-454에서 푸치우스는 개혁파 교회가 그리스도를 자존하시는 하나님 되심(αὐτοθεότης)으로 묘사하는 것을 반대하는 사람들을 설명한다. 그들은 세 부류로 구분된다. 로마 교황주의자들과 루터파 신학자들, 아르미니우스주의자들이 그들이다. 여기에 더해진 네 번째 부류와 다섯 번째 부류가 바로 피에르 카롤리와 반삼위일체론자들이다. 푸치우스는 로마 교황주의자들을 다시 두 부류로 구분한다. 칼뱅이 이단 사상을 가르쳤다고 주장하는 무리, 칼뱅이 사용한 용어들만을 반대하는 무리였다.

다. 이들은 모두 칼뱅과 그의 동료들이 삼위일체라는 근본 교리에서 이단의 흔적을 지니고 있다는 것을 확증하기 위해 그들의 모든 변증자료를 뒤지기까지 했다. 좀 더 양심적인 연구를 훌륭하게 수행했던 로마 교회 신학자들이 있었다. 바로 스페인 신학자이자 독일 잉골슈타트 대학 교수 발렌시아의 그레고리우스(Gregory of Valentia, 1550-1603)와 이탈리아 예수회 신학자 추기경 로베르토 벨라르미누스(Roberto Bellarmine, 1542-1621)였다. 칼뱅과 칼뱅주의자들에게서 어떤 오류를 찾고자 하는 성향이 그들에게 전혀 없었던 것은 아니다. 하지만 그들은 좀 더 조심스럽게 다가섰다. 결국 그레고리우스와 벨라르미누스는 칼뱅과 칼뱅주의자들이 열정을 가지고 그리스도의 신성을 바르게 평가했으나 로마 가톨릭의 진리를 넘어서지 못했고, 자신들보다 표현 방법이 조금 부정확했다고 평가했다. 고마루스가 "교황주의자들의 광대"라고 불렀던 발렌시아의 그레고리우스는 아우토테오스주의자들의 오류에 대해 이렇게 언급한다. "게네브라르두스는 이 오류를 칼뱅의 탓으로 돌렸다(『기독교 강요』, I.xiii). 그러나 그가 좀 더 주의 깊게 읽었더라면, 칼뱅이 단지 성자가 본질에 있어서는 **그분 자신으로부터**(ex se) 나오시고 위격에 있어서는 **성부로부터**(ex Patre) 나온다는 것임을 의도했음을 알 수 있었을 것이다. 그리고 그것은 사실이다. 비록 교부들과 공의회는 [하나님이라는] 그 용어를 위격의 의미로 사용하여 그분을 **하나님으로부터 나오신 하나님**(Deus ex Deo)으로 표현함으로써 한 번에 성부와 성자의 위격을 의미했을 수 있다.[94] 그

이 두 번째 무리에 속하는 사람들이 벨라르미누스와 발렌시아의 그레고리우스다. 반면에 푸치우스는 첫 번째 부류에 속하는 사람들의 긴 목록을 구체적인 참고문헌과 함께 나열한다. De Moor, *In Marckii Compend.*, I, pp. 773-774를 참조하라.

94. 다시 말해 "하나님으로부터 나오신 하나님"이라는 표현은 "성부 하나님으로부터 나오신 성자 하나님"으로 해석될 수 있다. 첫 번째 하나님은 본질이 아니라 위격에 있어서 성부의 위격을 의미한다. 두 번째 하나님은 본질이 아니라 위격에 있어서 성자의 위격을 지칭한다. 그레고리가 동의하는 바에 따르면 이러한 전제를 바탕으로 할 경우에만

런데 성자는 본질적으로 하나님이시며 궁극적인 존재이시기 때문에 다른 것을 통해 존재하실 수 없다. 만약에 이것이 소위 "아우토테오스주의자"라 불리는 이단들이 주장하는 전부라면 (우리는 그들과) 싸울 이유가 없었을 것이다. 에피파니우스(Epiphanius)가 『이교도에 반대하여』(*Adversus Haereses*)의 69번 항에서 성자를 이런 의미로 "참 하나님"($\alpha\dot{\upsilon}\tau\acute{o}\theta\epsilon o\varsigma$)이라고 불렀기 때문이다."[95] 벨라르미누스는 그레고리우스만큼 공정하지는 않았다. 그는 칼뱅이 말하는 의미가 보편적이라고 인정하지만 그 의미를 진술하는 방식에 대해서는 비난받아 마땅하다고 생각한다. 그는 다음과 같이 말한다. "나는 이 문제와 관련해 칼뱅을 자세히 살펴보았는데 그의 견해에 오류가 있다고 주장하기 어렵다는 것을 깨달았다. 칼뱅은 성자가 위격이 아니라 본질에 있어서 **스스로**(*a se*) 존재하신다고 가르치기 때문이다. 그가 말하고자 하는 바에 따르면 위격은 아버지에 의해 낳은 바 되시지만, 본질은 낳은 바 되거나 생성되지 않고 그 **스스로**(*a se ipsa*) 존재한다. 그러므로 성자라는 위격에서 아버지와의 관계를 제거한다면, 오직 그 **스스로**(*a se ipsa*) 존재하는 본질만이 남게 된다." 다른 한편으로 벨라르미누스는 "칼뱅이 이 문제를 표현할 때 오류를 범했다. 그리하여 우리(로마 교황주의자들) 저술가들이 비난할 여지를 만들었다"고 생각한다. 이러한 판단은 다음의 진술에 의해 지지된다. "칼뱅은 『기독교 강요』 1권 13장 19권에서 다음과 같이 말했기 때문이다. '교부들은 언제는 성부가 성자의 시작이라고 가르치고, 언제는 성자가 **그분 스스로**(*a se ipso*) 신

"하나님으로부터 나오신 하나님"이란 표현이 그리스도께 적용될 수 있다. 그레고리우스 역시 칼뱅과 마찬가지로 그러한 표현이 부정확하다고 생각하여 그것을 "**난해한 표현**"(*dura locutio*)이라고 하였다.

95. 우리는 푸치우스의 *Disputationes Selectae*, I. 1648, p. 448에 있는 고마루스의 인용을 거듭 제시하고 있다. 고마루스는 그레고리우스의 *Ad summae Thomae*, Part I. disp. 2, quaest. 1, punct. 1, p. 718을 인용하고 있다. 그러나 이 인용문은 그레고리우스의 *De Trinitate*에서는 나타나지 않는다.

성과 본질을 가지신다고 가르친다. 그러므로 우리가 성부와의 관계를 고려하지 않고 성자를 말한다면, 성자가 **스스로**(a se) 존재하신다고 말해도 무방할 것이다.' 1권 13장 23절에서 그는 성자에 대해 언급하면서 다음과 같이 묻는다. '만물을 존재하게 하신 창조주가 어떻게 **그분 스스로**(a se ipso) 존재하실 수 없고 다른 존재를 통해 존재한단 말인가?' 또한 겐틸리스를 반대하며 폴스(Poles)에게 쓴 서신에서 칼뱅은 성자가 자존하시는 하나님(αὐτόθεος), 즉 **그분 스스로**(a se ipso) 존재하시는 하나님 되심을 자주 주장한다. 그리고 그는 니케아 신조의 '하나님으로부터 나오신 하나님, 빛으로부터 나오신 빛'이란 표현을 적절하지 않고 난해한 것으로 간주한다."[96]

우리는 이후의 단락(Bellarmine, *Opera* I, p. 334b, 하단)에서 벨라르미누스가 하는 비판의 핵심이 칼뱅이 "성자는 **스스로**(a se) 본질을 가지신다"라고 표현한 부분에 있다는 것을 확인할 수 있다. 벨라르미누스에 따르면 이 표현은 성경과 니케아 공의회의 정의, 교부들의 가르침, 합리성 자체, 칼뱅 자신의 견해와도 모순되는 것으로 "무조건 거부되어야 할 것"이다. 또한 그 표현은 칼뱅이 그 표현과 연관시켜 삽입한 논증과도 제대로 관련을 맺지 못한다. 하지만 벨라르미누스가 보기에 칼뱅 스스로가 이 부분에서 어리숙한 표현을 사용했다. 곧 칼뱅이 본래 의도했던 것은 성자가 성부와 마찬가지로 본질을 **그분 스스로**(a se ipso) 가지신다는 것이었다. 벨라르미누스는 칼뱅이 다른 곳에서 자신의 정통교리(orthodoxy)를 보여주는 용어를 설명하면서 이것을 입증했다고 생각했다. 예를 들어 그는 성자가 성부로부터 낳은 바 되신다고 말하고 있다. 만일 성자가 성부로부터 그분의 본성과 본질을 수여받지 않는다면, 이것은 의미 없는 것이 되고

---

96. 앞의 책, p. 334a.

만다. 왜냐하면 "성자라고 불리시는 것은 단순한 관계적 측면이 아니라 신적 본성 속에 존재하는 실제적인 그 무엇"이기 때문이다. 그리고 성자는 "단순한 특성이 아니라 **총체적 위격**(*integra hypostasis*)"이시기 때문이다. 칼뱅은 심지어 본질이 성부로부터 성자에게 수여된다고까지 분명히 말한다(I.xiii.28). "차이가 본질에 있다면, 성부가 성자와 그 본질을 **공유**(*communicaverit*)하시는지 그렇지 않으시는지 대답하라고 해보라.…본질은 성부와 성자에게 **전적으로 동일**(*tota et in solidum*)하다." 그리고 칼뱅은 성자가 스스로 본질을 취할 때 생기는 오류는 다루지 않는다. 가령 그는 삼위일체의 위격들에 단일한 본질을 적용한다. 그는 각 위격이 나타내시는 본질을 실제적으로 구분하지 않고 이성적으로만 구분한다.

프랑스 예수회 신학자이자 요한네스 크리소스토무스(John Chrysostom) 작품의 편집자였던 디오니시우스 페타비우스는 칼뱅의 무고함을 보여주는 이런 벨라르미누스의 진술을 따르는 것이 불가능하다고 생각한다. 페타비우스가 보기에 칼뱅은 때때로 일관성 없는 진술을 하는 것처럼 보였고, 성자가 성부로부터가 아니라 스스로 본질을 취하신다는 칼뱅의 진술은 거짓일 뿐만 아니라 불경스러울 정도여서 어떤 가톨릭 교회도 그 진술을 받아들일 수 없다고 평했기 때문이다. 그리고 그는 다음과 같은 주장을 지지했기 때문이다. "모든 존재는 자신을 낳은 존재로부터 본질을 수여받는다. 발생은 본성을 수여하는 과정이기 때문이다. 피조물의 발생에서든, 종류의 발생에서든, 혹은 말씀이라는 하나님의 작품에서든, 수에서든 마찬가지다. 사실 본성과 본질의 수여가 수반되지 않는 발생이라는 개념을 떠올리기란 불가능하다."[97] 이러한 작가들은 칼뱅이 "영원발생" 교리를 다루는 태도를 중심으로 칼뱅의 정통을 의심한

---

97. 앞의 책, p. 252a.

다. 벨라르미누스는 칼뱅이 비록 일관된 진술을 하고 있지는 않지만 "영원발생" 교리를 분명히 믿고 있었다고 판단한다. 그는 칼뱅을 정통이라고 규정한다. 그러나 페타비우스는 칼뱅이 비록 간간이 "영원발생"과 관련된 용어들을 사용하기는 하지만 그것을 진정으로 믿은 것은 아니라고 판단한다. 그래서 그는 칼뱅을 이단자로 규정한다. 벨라르미누스와 페타비우스가 정통성을 따질 때 그들 모두에게 공통적으로 중요한 요소는 니케아 교부들의 사상을 준수하는 것이다. 그리고 그들은 니케아 교부들의 사상과 그 사상의 결과로 주어지는 차이와 수정에서 벗어나서는 온전한 삼위일체 교리가 성립될 수 없다고 생각했다.[98] 칼뱅이 바로 이 부분에서 의혹을 받았음은 부인할 수 없을 것이다. 칼뱅의 삼위일체 교리의 본질은 그가 "낳으심"(generation)과 "보내심"(procession)이라는 두 용어를 사용해 성자가 성부에 대해 갖는 관계, 성령이 성부와 성자에 대해 갖는 관계로 형성한 개념에 있지 않다. 오히려 칼뱅은 삼위에게 있는 절

---

[98] 이 논의가 얼마나 지속적으로 니케아 신조의 발생 교리라는 제한된 전제에서 형식적으로 이루어졌는지를 살피는 것은 흥미로운 일이다. 벨라르미누스의 주장에 따르면 "성자가 그분 스스로(*a se ipso*) 본질을 취하신다고 말하는 사람들은 다음과 같은 측면 중 하나의 이유로 오류를 범한다. (1) 성자가 낳은 바 되시지 않으시면서 **성부와 동일한 위격**이 되도록 만든다. (2) 최소한 본질을 여러 개로 만들거나, (3) 실제적 위격으로부터 본질을 분리하여 사위일체를 만들기 때문이다"(p. 334b). 칼뱅은 이 중에서 어떤 오류도 범하지 않기 때문에 의미적 측면에서 정통이라고 규정한다. 그러나 위의 사항들은 다음의 가정을 바탕으로 한다. (1) 성자가 낳은 바 되시지 않는다는 것은 성자와 성부를 동일한 위격으로 만든다. 벨라르미누스는 2항과 3항에서 자유로우면서 성자가 낳은 바 되셨음을 부정하고, 그러면서도 여전히 그분을 성부와 동일한 위격으로 만들지 않는 것은 불가능하다고 말한다. 이와 비슷하게 "하나님이 스스로(*a se*) 하나님이 되시지 않으신다면, 그가 어떻게 하나님이란 말인가?"라고 묻는 다나이우스(Danaeus)에게, 페타비우스(p. 256)는 그렇게 말하는 것은 무지와 불신을 보여줄 뿐이라고 대답한다. 그의 말에 따르면 "그것은 성자로부터 신성을 제거하거나 성자가 성부에게서 낳은 바 되신 하나님이란 사실을 부정하기 때문이다." 페타비우스는 이 중 어느 하나도 용납할 수 없었다. 벨라르미누스와 페타비우스는 한 본질 안에 세 위격이 존재한다는 삼위일체 교리를 "영원발생" 교리와 따로 생각할 수 없었다. 그들에게는 이것이 바로 삼위일체 교리였다.

대적 동일함에서 삼위일체 교리의 본질을 발견했다. 니케아 교부들에 의해 형성된 "발생"(generation)과 "발출"(procession)이라는 개념은 칼뱅에게 매우 이질적인 것이었다. 칼뱅은 그 개념 자체가 생각할 가치가 없는 것은 아니더라도 난해하다고 생각했다. 그는 "발생"과 "발출"에 관련된 사실 자체는 인정했지만, 그것들을 삼위일체 교리의 가장 기초적인 사실로 받아들였을 뿐이며 필수적인 요소로 본 것은 아니었다. 그보다도 칼뱅은 모든 것을 각 위격의 절대적인 신성에 맞추었다. 그는 참된 하나의 신성 속에서 이루어지는 삼위들의 연합을 강조했다. 우리는 이 부분과 관련해 그가 니케아 교부들의 사변 전체를 경시하거나 심지어 부득이한 경우에는 그것을 희생시키려 했다고 의심할 수 없다. 더욱이 칼뱅이 성부는 "**신적 기원**"(*principium divinitatis*)이 되시고, 성자는 만세 전에 성부를 통해 "낳은 바" 되시며, 성령은 시간이 시작되기 전 성부와 성자에 의해 "보내진 바" 되었다고 강하게 주장하면서 "낳으심"(generation)과 "보내심"(procession) 개념을 유지한다. 그런데 그가 어떤 신적 본질이 전달되는 것으로 낳으심과 보내심 개념을 생각했다는 것은 매우 의심스러워 보인다. 칼뱅의 생각은 다음과 같다. 성부라는 위격이 성자라는 위격을 낳으시고, 성령이라는 위격은 성부와 성자라는 위격에서 나오기 때문에, 이 과정에서 낳은 바 되시는 것은 성부와 성자가 공통적으로 가지고 계신 본질이 아닌 성자만이 가지고 계시는 구별된 특성이다. 그리고 보내심의 결과는 삼위가 모두 공통적으로 가지고 계시는 본질이 아닌 성령만이 가지고 계시는 구별된 특성이다. 물론 그는 벨라르미누스가 말한 것처럼 "성자는 단순한 관계", "단순한 특성"을 가진 것으로 주장하지 않았다. 오히려 칼뱅에게 성자는 "**신적 본성 안에 실재하는 것**"(*aliquid subsistens in natura divina*), "**본질 전체**"(*integra hypostasis*)다. 하지만 그는 아들 되심(Sonship)은 관계이고, 성자는 관계로 표현되는 아들 되심이라는 특성에서만 성부와 다르다고 주장했다(I.xiii.6). 칼뱅은 삼위의 두 번째 위격은 성부로부터 나오신 성자이거나, 또는 성부에 의해서 낳은 바 되신 것을 아들 되심이란 용어로 표현하고 싶어 했던 것처럼 보인다. 그는 성부, 성자, 성령이 본질에 있어서는 하나이시고, 각자에게 있는 고유한 특성으로만 서로가 구별되고, 공통된 본질에 각자가 가지고 있는 고유한 특성이 덧붙여져서 삼위가 각기 성부, 성자, 성령으로 여겨진다고 생각한 것 같다. 칼뱅은 성부는 오직 성부로서만 성부가 되시고, 성자도 오직 성자로서만 성자가 되시거나, 아니면 성부는 성자를 오직 성자로 낳으시거나, 성부는 오직 낳으심이라는 행위에 의해서 성자를 낳으시고, 이 낳으심과 관련해 성부는 아들을 가지시고, 이것은 결국 성자의 아들 되심을 이루는 것으로 생각한 것 같다.

칼뱅이 성부로부터 성자에게 본질이 전달된다고 생각했다며 벨라르미누스가 제시한 증거는 확실히 근거가 빈약하다. 벨라르미누스는 칼뱅이 성자가 성부로부터 그분의 본질을 받는다는 것을 인정하지 않고서 성부가 성자를 참되게 낳으신다는 것을 진정으로 믿었다는 것을 이해하는 데 무능력했다. 그리고 자연스럽게 칼뱅의 동료들이나 제자들이 자기들 스승의 가르침을 정확히 재현했을 것이라고 하면서 칼뱅이 성자가 성부로부터 그분의 본질을 받았다고 가르쳤다고 주장했다. 예를 들어 칼뱅의 제자 베자(Beza)나 지믈러(Simler)는 의심할 여지없이 낳으심을 본질의 전달로 이해했기 때문이다. 벨라르미누스가 이와 관련해 제시한 증거는 기독교 강요의 한 구절에 국한되어 있다(I.xiii.23). 겐틸리스와 논쟁하면서 칼뱅은 그 구절에서 성부와 성자가 본질에 있어서 다르다는 개념을 반대하고, 성부가 성자와 본질을 "공유"하기 때문에 성부와 성자에게 공통된 본질이 **전체적으로 나뉘지 않은 채**(*tota et in solidum*) 있다는 진술을 반대한다. 물론 우리는 이 구절에서 사용된 "전달하다"라는 동사를 "공통으로 가지고 있다"라는 의미보다는 "부여하다"라는 의미로 이해할 수 있다. 하지만 그렇게 이해할 필요도 없고, 그런 이해는 그렇게 자연스럽지도 않다. 칼뱅의 다른 논의들을 보면 우리에게 전달하다는 동사를 부여하다는 의미로 이해하도록 요구하는 부분이 거의 없다. 페타비우스는 칼뱅이 겐틸리스를 반박하는 부분에서 그 문장을 반복해 사용한다고 언급한다. 그러나 페타비우스의 주장에는 그다지 설득력이 없다. 왜냐하면 칼뱅이 겐틸리스를 반대하는 부분에서 이 문장을 사용했을 것이라는 페타비우스의 견해가 분명하지 않기 때문이다. 그러나 성자가 성부로부터 본질을 취한다는 것을 칼뱅이 반대하는 것처럼 보이는 몇 개의 구절이 칼뱅의 글에 있다. 예를 들어 우리가 성자는 "그분 안에 단일하고 나뉘지 않는 하나님의 본질을 결여되지 않은 완전체로 가지고 계시지, **부분이나 변형된 것**(*portione aut deflexu*)이 없다"는 진술을 들었을 때, 이 진술의 의미가 분명하지 않다는 것은 의심의 여지가 없다. 하지만 **"변형"**(*deflexu*)이라는 용어를 사용해 칼뱅은 성자가 다른 존재로부터 신적 본질을 부여받지 않는다는 사실을 나타내고 싶었을 가능성은 있다(I.xiii.2). 마찬가지로 "특성"에 의해 위격들 사이에 순서가 생겨나 성부가 **기원**(*principium*)과 **시작**(*origo*)이 된다는 진술 형태에 중요성을 두어야 하는지 의문이다(I.xiii.20). 혹은 성자를 좀 더 정확하게 부르는 방법은 (아버지를 의미하는) "위격의 아들"이라고 부르는 것이고(I.xiii.23), "하나님의 아들"이라는 구절에서 하나님이라는 용어는 성부를 의미하는 위격으로 이해되어야 한다는 진술도 의문이다. "성자가 성부로부터 본질을 수여받는다고 주장하는 사람은 성자가 스스로 존재하시는 것을 거부하는 것이고"(xiii.23), "성자의 신성이 하나님의 본질에서 추출한 것이나 전체에서 빼내온 부분으로 전락시키는 것이고"(xiii.23), 성부가 성자에게 본질을 수여하신다는, 곧 성부가 성자를 창조하신다는 겐틸리스의 독특한 견해를 주장하는 사람은 누구든지 지금의 맥락에서 우리가 이야기하는 용례를 자신 있게 사용하지 못하도록 하는 것이다. 이와 마찬가지로 성부의 본질처럼 성자와 성령의 본질도 낳은 바 되지 않는다고 해석하여 성자가 성부로부터 나오는 것은 오직 위격에 관련된 것이라 말하는 것도(xiii.25), 우리의 용례에 힘을 실어주는 것이 아니다. 우리가 『기독교 강요』의 내용을 살펴보면, 칼뱅이 "낳으심"을 통해 성부로부터 성자에게 하나님의 본질이 전해지는 것으로, 그리고 "보내심"을 통해 성부와 성자로부터 성령에게 하나님의 본질이 전해지는 것으로 이해했는지를 확신 있게 결정할 수 있는 근거를 찾기란 매우 힘들어 보인다. 『기독교 강요』이외의 다른 자료에서도 동일한 모호함이 확인된다. 우리가 그리스도 스스로 "신격의 충만함"을 지니셨다는 칼뱅의 글(Opera xi.560)을 읽었다면, 우리는 동일하게 칼뱅의 다른 글에서 성자는 "그분의 영원한 본질에 있어서 성부로부터 나오시고"(Opera vii.322), 성부로부터 나오신 실체가 되신다는 교부들의 가르침도(Opera vii.324) 읽는다. 이러한 상황은 서로 다른 의견들에 정당성을 실어줄 뿐이다. 비록 칼뱅이 항상 완벽하게 일관된 진술을 하지 않더라도, 우리는 전체적으로 칼뱅이 낳으심과 보내심이라는 용어를 통해 하나님의 본질이 전달된다는 것을 말하고 싶어 하지 않는다고 생각해야 할 것 같다. 그래서 칼뱅이 "성자는 스스로 신성과 본질을 취하신다"고 말했을 때(I.xiii.19), 페타비우스는 이 말이 칼뱅의 분명한 생각을 보여준다고 해석했고, 그의 해석은 정확하다.

우리는 이 문제를 좀 더 충분히 살펴볼 가치가 있다. 앞에서 설명한 것처럼 다양한 사람이 삼위일체 교리를 독특하게 설명한 것과 관련해 칼뱅을 공격했기 때문이다. 로마 교황주의자들은 낳으심과 보내심이라는 생각을 중심으로 삼위일체 교리를 설명하고 유지하며 존재할 수 있다고 생각한다. 달리 말해 그들은 **신성의 시작**(*fons deitatis*)이 되시는 성부로부터 신적 본질이 성자에게 영속적으로 전해지면서 그것을 통해 성자가 구성되고, 또한 성부와 성자로부터 성령에게 전해지면서 성령이 구성된다고 생각했다. 로마 교황주의자들은 그동안 자기들이 알고 고백했던 삼위일체의 이해가 이제는 칼뱅의 이해로 바뀌는 것을 바라볼 수밖에 없었다. 물론 칼뱅의 삼위일체 이해는 그들이 이해한 삼위일체 개념이 없을 경우 사람들에게 주목을 받았거나, 기껏해야 아주 조금 사람들에게 전해졌고, 마침내 성부와 성자와 성령이 절대적으로 동일함이 강조되었을 때 전해졌다. 그들은 삼위일체에 관한 칼뱅의 개념에서 사벨리우스주의나 삼신론의 모습을 보았을 것이다. 왜냐하면 그들의 마음은 삼위의 모든 위격들에게 있는 공통된 본질을 수적 단일성으로 이해하거나 위격들의 분리로 이해하는 것을 강조하는 데 집중되었기 때문이다. 그러므로 로마 교황주의자들만 칼뱅의 삼위일체 교리에 대해 반감을 가지고 칼뱅을 이단자로 비난하려던 것은 아니다. 니케아 교부들의 사고 틀에서 삼위일체 교리를 이해했던 모든 사람이 반복해서 칼뱅에게 반감을 드러냈다. 비텐베르크 대학교의 교의학 신학자 마이즈너(Balhasar Meisner, 1587-1626)와 요한 타르노프(Johann Tarnov, 1586-1629) 같은 루터파 신학자들[99]이 칼뱅의 견해를 이따금씩 변호하기는 했지만, 대체적으로 루터파 신학자들은 칼뱅을 비난했다. 틸만 헤스후스(Tilemann Hesshus, 1527-1588)와 아이디기우스 훈니우스(Aegidius Hunnius, 1550-1603), 그 후 스테크마누스(Stechmannus)

---

99. 우리 시대의 루터파 신학자들은 대체적으로 밀튼 발렌타인의 탁월한 설명에 동의하면서 그에게 기대를 건다. Milton Valentine, *Christian Theology*, 1906, I. p. 309. "자존성이라는 속성이 신성 전체에, 신적 존재 전체에 속한다는 것이 강조되어야만 한다.…그러므로 우리는 마치 하나님이 삼위로 존재하지 않았던 때가 있기라도 한 것처럼 하나님이 신성의 삼위성의 기원이 된다고 생각해서는 안 된다." 따라서 그는 자존성을 성자에게 적용시킨다(pp. 321-322). A. Ritschl, *Justification and Reconciliation*, III. E. T. 1900, p. 470에는 "자존성을 명시적으로 배제하는 것과 같은 신학적 전통"이 잘 나타나 있다. 이것은 최소한 루터파 전통도 포함하고 있다.

등 많은 사람이 칼뱅의 견해를 열성적으로 비난했다. 요한 게르하르트 (John Gerhard, 1582-1637)는 『신학총론』(Loci Theologici)에서 전체적으로 온건한 표현을 사용하면서도 칼뱅의 견해에 분명하게 반대했다. 그는 우리에게 다음과 같이 말한다.[100]

헬라 교부들은 오직 성부만이 '자존하시는 하나님, 그리고 스스로 본질을 가지시는 하나님'(αὐτόθεος καὶ αὐτοούσιος)이라고 부른다. 성부가 성자보다 더 완벽한 본질을 가지고 계시기 때문이 아니다. 도리어 성부는 창조되지 않으시고(ἀγένητος), 그분 스스로(a se ipso) 존재하시며 발생이나 발출을 통해 신성을 갖지 않으시기 때문이다. 부카누스(Bucanus)는 이렇게 대답(Loc. i, De Deo, p. 6)한다. '성자는 하나님으로서는 그분 스스로 존재(a se ipso)하시고, 아들로서는 성부로부터 나오신다.' 그는 이러한 설명을 칼뱅에게서 인용 (I.xiii.25)했다. '성자는 위격이 아닌 하나님 되심과 관련해서 그분 스스로(ex se ipso) 존재하시고, 아들 되심과 관련해서는 성부로부터 나오신다'(I.xiii.25). 그러나 우리는 이러한 진술을 증명할 수 없다. 오히려 우리는 니케아 신조를 따라 '성자는 아버지로부터 낳은 바 되시는, 하나님으로부터 나오신 하나님, 빛으로부터 나오신 빛'이라고 고백하고, 요한복음 5:26의 그리스도의 말씀을 따를 뿐이다.…잠언 8:24…그러므로 자카리아스 우르시누스[101]가 이 부분에서 자기 스승의 가르침과 의견을 달리한 것은 옳은 판단이었다. '성자께서는 성부로부터 낳은 바 되셨다. 다시 말해, 성자는 우리가 이해할 수 없는 방식으로

---

100. Ed. Cotta, I. Tübingen, 1762, pp. 291-292(Loci. IV. pars ii. cap. v. 179).

101. 그러나 우리는 성자가 하나님으로서 스스로 존재하신다는 것과 관련해서 우르시누스가 칼뱅과 다른 견해를 취했다고 추측할 수는 없다. 우르시누스의 표현은 다음과 같다. "성자는 성부에 의해 낳은 바 되시고 성부와 동일한 본질을 가지신다. 그러나 성자의 본질은 낳은 바 되는 것이 아니라 그 스스로 존재(a se ipsa existens)하시고 성부로부터 낳은 바 되실 때(nascenti) 전달된다." 그가 덧붙이는 말에 따르면 "성부가 성자를 낳으시는 것에 대한 설명은 성령을 보내시는 것에 대해서도 적용될 수 있다"(Loci, p. 542).

성부로부터 신적 본질을 전달받으셨다'(Zacharias Ursinus, *Catech.*, p. II. q. 25, p. 179). 로베키우스는 이렇게 말한다. '하나님의 본질은 두 가지 측면에서 고려되어야 한다. 우리는 본질 그 자체나 본질의 존재와 관련해서 생각하거나, 본질의 전달이라는 측면을 살펴야 한다. 하나님의 본질에는 존재의 기원이 없다. 그러나 본질의 전달과 관련해서는 성자 안에는 성부로부터 주어지는 기원이 있다고 말할 수 있는데, 본질은 성부로부터 성자에게 전달되기 때문이다'(Lobechius, *disp.* 3 in *Augustinum Conf.* th. 26).

그럼에도 불구하고 게르하르트는 설명만 충분히 된다면 성자가 자존하시는 하나님으로 불릴 수 있음을 거부하지 않는다. 그렇지 않으면 우리는 그분의 참된 신성을 거부하게 되기 때문이다. 따라서 그는 다른 곳[102]에서 다음과 같이 묘사한다.

자존하시는 하나님이란 용어는 명확하지 않고 애매모호하다. 그리스도는 영원발생을 통해 성부로부터 본질을 전달받으시기 때문에, 우리는 신적 본질의 전달을 반대하거나, 이런 의미로 그리스도가 자존하시는 하나님이라는 것을 거부한다. 혹은 우리는 하나님의 본질이 동일하지 않음을 반대하거나, 이런 의미에서 그리스도가 자존하시는 하나님이라는 사실을 수용한다. 발렌시아의 그레고리우스는 이렇게 말한다. '성자는 위격과 관련해서 다른 존재로부터 나오시고, 가장 단일한 존재로서는 다른 존재로부터 나오지 않으신다'(Gregory of Valentia, *De Trinitate*, I. 22). 그리스도는 **본질적으로 참된 하나님**(*vere et se ipso Deus*)이시지만 **그분 스스로**(*a se ipso*) 하나님이 되지는 않으신다.

---

102. iii. Tübingen, 1764, p. 395(Locus IV. cap. v. 67).

어떤 사람은 게르하르트가 발렌시아의 그레고리우스에게는 동의하면서도 칼뱅에게 동의하지 않는 것을 보면서 그 차이가 종이 한 장 차이라고 생각할지도 모른다. 그레고리는 칼뱅에게 동의하고 그의 진술 방식을 사용한다.

아르미니우스주의자들의 종속설[103]은 루터파의 종속설과는 매우 다른 특징을 띠었다. 루터파 기독론의 핵심은 그리스도의 위엄에 있었다. 루터파 신학자들은 그리스도를 높이는 일 외에 다른 주제들에는 관심을 보이지 않았다. 그들은 그리스도가 자존하시는 하나님이 되신다($αὐτοθεότης$)

---

103. Herman Bavinck, *Gereformeerde Dogmatiek*, ed. 1, II. p. 263를 참고하라. 바빙크는 아리우스주의에서 그런 경향이 전형적으로 발견되는 것을 주목하면서 수 세기에 걸쳐 어떻게 그런 다양한 경향이 교회에 나타났는지 언급한다. "그것은 먼저 종속설의 형태로 나타난다. 성자는 분명 성부의 본질로부터 낳은 바 되신 영원하신 분이며, 피조물이 아니시고 무로부터 만들어진 존재도 아니시다. 그럼에도 성자는 성부보다 열등하거나 성부에게 종속된다. 오직 성부만이 신성의 근원이 되시는 하나님($ὁ θεός, πηγή θεότητος$)이시다. 성자는 자신의 본성을 성부로부터 전달받는 하나님($θεός$)이시다. 유스티누스(Justin)와 테르툴리아누스(Tertullian), 클레멘트(Clement), 오리게네스(Origen) 등의 가르침이 이러한 양상을 띠었다. 마찬가지로 반(半)-아리우스주의자였던 카이사레아의 유세비우스(Eusebius of Caesarea)와 니코메디아의 유세비우스(Eusebius of Nicomedia)는 성자를 성부 바깥($ἐκτὸς τοῦ πατρός$)에 있으면서 유사본질($ὁμοιοούσιους$)을 가진 존재로 보았다. 그 이후 항론파(*Conf. Art.* 3; Arminus, Op. theol. 1629, p. 232 이하; Episcopius, *Instit. theol.* IV. sect. ii. c. 32; Limborch, *Theol. Christ. II.* c. xvii. §25)나 초자연주의자들(Bretschneider, *Dogm.*, I. p. 602 이하.; Knapp, *Glaubenslehre*, I. p. 260; Muntinghe, *Theol. Christ. pars theor.* §134 이하 등)과 더불어 현대의 많은 신학자(Frank, *Syst. d. chr. Wahr.*, I. p. 207 이하; Beck, *Chr. Gl.* II. p. 123 이하; Twesten, II. p. 254; Kahnis, I. pp. 353, 398; van Oosterzee, II. 52; Doedes, *Ned. Gel.* 71 이하)가 이러한 견해를 수용했다." 또한 H. C. Sheldon, *History of Christian Doctrine*, II. 1886, p. 87를 참고하라. "아르미니우스주의자들은 신성 안에 있는 하나님의 삼위에 관한 교리를 고수하면서도, 성자와 성령의 종속을 강조하며 오늘날의 일반적인 가르침과 다른 견해를 취했다. 아르미니우스 자신은 이러한 전개에 특별한 관련이 없었다. 그는 칼뱅의 표현에 반대하여 성자의 자존성이 적절한지에 대해 의문을 품은 정도였다. 그러나 에피스코피우스(Episcopius)와 쿠르셀레우스(Curcellaeus), 림보(Limborgh) 등의 항론파들은 성부가 성자와 성령보다 어떤 점에서 반드시 우월해야 한다고 강력히 주장했다."

는 칼뱅의 주장을 다시금 빌려와 전통적인 니케아 방식의 삼위일체 교리를 형성하는 데 흥미를 두었다. 반면 아르미니우스주의자들은 오리게네스주의자들이 주장한 특유의 종속설을 지지하는 성향을 보였다. 그 이후에는 사실상 소키누스주의자들의 사상에 큰 영향을 받는다. 물론 그들에게는 오직 성부만이 자존하시는 하나님(αὐτόθεος)이셨다. 성자는 기원이 있는 하나님으로 이해되었기에 그 본성이 성부만 못한 존재로 여겨졌다. 아르미니우스는 자기 후계자들보다 자신의 신학 사상 전체에 대해서 더 잘 이해하고 있었다. 그는 자신의 정통성을 꽤 잘 유지했다. 그러나 성자가 자존하시는 하나님이 되심(αὐτοθεότης)은 극구 부정했다. 그의 설명에 따르면 성자는 아버지라 불릴 수도 있지만, 이 경우에는 "그분의 본질을 스스로(a se ipso) 갖거나 전혀 갖고 있지 않게 된다(a nullo)." 우리가 자존하시는 하나님이란 용어를 차용해 다음과 같이 그 용어를 사용하는 것은 정당화될 수 없다. 곧 우리는 하나님으로서, 하나님의 아들이 그분의 본질을 스스로(a se ipso) 가지신다고 주장하는 것은 신적 본질이 어딘가로부터(ab aliquo) 나오는 것이 아니다라고 말할 수 없다. 사실 성자를 자존하시는 하나님(αὐτόθεος)으로 말해야 하는 이유는 어디에도 없다.[104] 그럼에도 불구하고 아르미니우스는 자존하시는 하나님(αὐτόθεος)이라는 용어를 두 가지 의미로 이해할 수 있다고 말했다. 그 용어는 아마도 본질적으로 참된 하나님(vere et se ipso God) 혹은 자존하시는 하나님(God a se)을 묘사하는 데 사용될 것이다. 전자의 경우는 성자에게 적용되지만, 후자의 경우는 그럴 수 없다.[105] 아르미니우스는 성자가 가지고 있는 본질은 다른 어떤 것에서 나오지 않는다고 말하는 것과, 이 본질을 가지고 있

---

104. "Declaratio sententiae suae ad ordines Holl. et Westfr.," in *Opera Theol.*, 1635, pp. 100-101. 또한 James Nicholas가 번역한 E. T. *Works*, I. 1825, pp. 627-631을 참고하라.
105. "Resp. ad xxxi Articulos" in *Opera*, p. 131(E. T. *Works*, II. 1828, pp. 29-32).

는 성자는 다른 어떤 것에서 나오지 않는다고 말하는 것을 우리가 구분해야 한다고 말했다. 그의 말에 따르면 "'성자'는 위격을 지칭하는 명칭으로 성부와 맺는 관계를 나타낸다. 그래서 '성자'는 이 관계를 떠나서 정의되거나 생각될 수 없다. 반면 '본질'은 절대적인 어떤 것이다."[106] 그의 주장에 따르면 "'성자가 하나님이시다'라는 진술과 '성자는 본질을 아무에게서도 취하지 않으신다'는 진술이 동일한 진술이라고 주장하는 것은, 성부만이 하나님이라고 말하거나 나란히 존재하는 삼신(three Gods)이 있다고 말하는 것"이다. 아르미니우스는 이러한 모든 진술이 칼뱅이나 베자의 주장을 제대로 표현하지 못했음을 인정한다. 그에 따르면, 칼뱅과 베자는 단지 그리스도가 자존하시는 하나님(αὐτόθεος)이라고 표현함으로써 오해를 살 만한 용어를 사용한 것이다. 또한 그는 베자가 칼뱅에 대해 해명하는 설명을 받아들여, "칼뱅이 부사에 크게 신경을 쓰지 않아 '스스로'(a se)와 '자신 안에'(per se)를 뚜렷하게 구분하지 않았다"고 생각한다.

그러나 아르미니우스주의가 가졌던 중요성은 차츰 시들해졌다. 우리는 이미 항론파에 속한 에피스코피우스(Simon Episcopius, 1583-1643)의 가르침을 확인했다. 그는 "영원발생"과 "발출"이라는 니케아 신조의 이해를 토대로 삼위의 순서를 이해하면 그 어떤 종속이라는 특성이 더 이상 있을 수 없다고 가르쳤다. 하지만 발생과 발출을 중심으로 삼위를 이해하면 삼위는 본성적으로 종속적 특성을 가진다고 가르쳤다. 그는 성경을 따라 이해하면 "이 신성과 신적 완벽함은 평행하거나 동격이기보다는 종속적으로 세 위격 모두에게 존재하는 것이 분명하다"고 말한다. 또한 다음과 같이 부연한다.

---

106. Ibid., p. 132.

이 종속적 특성은 그 유용성을 고려해볼 때 주의 깊게 다루어져야 한다. 이 개념을 통해서 우리는 평행한 하나님이 내포할 수밖에 없는 삼신($\tau\rho\iota\theta\epsilon\acute{o}\tau\eta\varsigma$) 이라는 오류를 피할 수 있을 뿐만 아니라, 성부의 영광이 아무런 손상 없이 유지될 수 있기 때문이다.

그래서 그는 다음과 같이 계속 설명한다.

성자가 하나님이시기에 스스로 존재하신다고 주장하거나, 성자가 아버지의 아들이라는 방식으로 자존하시는 하나님($\alpha\grave{\upsilon}\tau\acute{o}\theta\epsilon o\varsigma$)이라고 주장하는 사람들 은 치명적인 오류에 빠지게 된다. 왜냐하면 이런 관점에 따르면 성부와 성자 사이의 참된 종속이 사라지기 때문이다.[107]

여기서 다음과 같은 말을 하기 위해 트리글란디우스(Jacobus Triglandius, 1583-1654)[108]의 말을 빌릴 필요는 없다. 곧 성자와 성령이 성부와 평행 하거나 동격인 하나님이 아니라고 말하는 것은 성자와 성령이 성부와 신적으로 동일하지 않다고 말하는 것이고, 성자를 자존하시는 하나님 ($\alpha\grave{\upsilon}\tau\acute{o}\theta\epsilon o\varsigma$)이라고 부르는 행위가 성부의 영광을 깎는다고 말하는 것은 성 자의 본질이 성부보다 못하다고 말하는 것이다. 에피스코피우스가 그에 못지않은 깊은 의미를 담아 "하나의 동일한 신적 본질"이 세 위격에 존재 한다고 말했음이 분명하다. 그런데 이 말을 그의 논의와 조화시키기란 쉽 지 않다. "하나의 동일한 신적 본질"이라는 표현을 통해 그가 수적으로 하

---

107. 암스테르담에서 1650-1655년에 출판된 에피스코피우스의 신학 작품들을 참고하라. 특히 *Instit. Theolog.*, lib. IV. 11의 하나님에 관한 부분을 참고하라(capp. 32-36). 그러나 여기 제시되는 설명은 트리글란디우스(Triglandius)로부터 인용하였다.

108. Triglandius, *Antapologia*, cap. v. p. 77 이하.

나임(numerical oneness)과 특별한 하나 됨[109]을 서로 혼동했거나, 혹은 몇 몇 위격들이 이 하나의 본성과 맺는 관계를 또 다른 것에서 기원하여 서로 다른 것으로 이해했다는 전제가 있을 경우에는 예외다. 한 위격은 그 관계를 본질적으로 맺으며, 다른 위격은 또 다른 위격에서 기원한다.

에피스코피우스의 추종자들은 자신들의 선생이 삼위를 이해하도록 열어놓은 길을 열렬히 따랐다. 에피스코피우스가 생각만 했던 모든 것이 스테파누스 쿠르셀레우스(Stephanus Curcellaeus, 1586-1659)에 이르러서 빛을 발했다. 그러나 우리는 그의 삼위일체 사상을 이해하기 위해 다른 사람의 묘사를 살펴보고자 한다. 로버트 넬슨은『조지 불 박사의 생애』(*Life of Dr. George Bull*)[110]에서 그것을 다음과 같이 묘사한다.

여러분이 쿠르셀레우스의 설명만 살펴본다면, 삼위일체와 그리스도의 성육신에 대해 쿠르셀레우스만큼 정통적이고 보편적인 견해를 지닌 신학자도 없을 것이다. 그리고 그는 자신이 설교나 강의를 할 때 항상 그가 세례받았던 그 믿음을 가르쳤고, 회중들에게도 일반적으로 수용되던 양식에 따라 전했다고 주장한다. 그는 반삼위일체론자라는 비판을 받던 바로 그 순간에도 동일한 것을 가르치고 주장했다. 그렇다. 그는 이 위대한 원리를 표현하는 정통 교리에 큰 열정을 보였고, 하나님이 이 영광스러운 기회를 자신에게 허락만 하신다면 자신의 피로 이 진리들을 지키고 싶다고까지 말했다. 그러나 이러한 모든 것에도 불구하고, 그의『변증학』(*Apology*)을 살펴보면 그는 자기 스승보다 심하지는 않지만 스승만큼이나 니케아 공의회를 적대하는 입장에 서 있었다. 그는 '삼위일체'라는 용어에 호의적이지 않았던 것으로 알려져 있다. 그리고 이 신비를 단지 신적 위격들 사이에 존재하는 '특별한 연합' 정도

---

109. Triglandius, pp. 579-580.
110. Robert Nelson, *Life of Dr. George Bull*, London, 1713, p. 290 이하.

로만 설명하고 있는 것으로 알려져 있다. 그는 삼신론자로 낙인 찍혀 스위스 베른에서 교수형에 처해진 발렌티누스 젠틸리스의 논점을 변증했다. 또한 그는 자신의 사상이 이그나티우스와 순교자 유스티누스, 이레나이우스, 아테나고라스, 테르툴리아누스, 알렉산드리아의 클레멘트 등과 같은 초대 교부들과 동일한 것이라고 주장했다. 그는 일반적 삼위일체론이 우리 시대의 삼위일체론이든 스콜라주의적인 삼위일체론이든 사벨리우스주의와 유사하여 구별하기 힘들다고 비난한다. 그 이론이 그리스도와 사도들의 가르침보다 천 년이나 앞서서 나왔다는 사실에 의혹을 품은 것이다. 그리고 그는 동일본질이라는 개념을 지금 일반적으로 받아들여지는 의미로 성부와 성자에게 적용하는 것을 끔찍이도 싫어했다고 알려져 있다. 그는 '신적 관계들'이나 신성 안에서의 '발생'과 '발출'의 방법, 혹은 '본질'이나 '위격'의 양식, 혹은 '상호 인식' 등의 용어로 자신의 지성을 어지럽게 하고 싶지도 않았던 것으로 알려져 있다. 그래서 그러한 모든 용어나 표현이 경건한 저술가들에게 적절하지 않다고 여겨 폐기한 것으로 알려져 있다. 그는 성부의 위격이 성자나 성령의 위격보다 훨씬 탁월하다는 우월성을 의심의 여지가 없는 것으로 여겼다. 누군가 초기 교회가 증거하는 것에 일치되는 증언에 호소하면 그는 그 증언을 전적으로 믿었다. 그리고 마지막으로 그는 자신의 독자들이 페타비우스와 『이레니쿰 이레니코룸』(*Irenicum Irenicorum*)[111]의 저자, 학식 있는 의사였던 단지크(Dantzick)를 정독하도록 조심스럽게 추천했다.…그의 독자들이 조사하여 그것들 안에 있는 증언들을 모았다. 그 안에서 그들은 초기 교회가 이 중대한 항목들에 대해 지닌 교회의 '믿음에 대한 설명'을 손쉽게 발견할 수 있다.

물론 이러한 방식의 종속설은 세 위격들의 동일성을 핵심으로 하는

---

111. Daniel Zwicker, *Allgemeine Deutsche Biographie*, xlv. 1900, p. 533을 보라.

칼뱅의 삼위일체론을 받아들일 수 없었다. 동일성은 자존하시는 하나님 되심(αὐτοθεότης)이라는 특성을 그리스도에게 귀속시켜야만 보장되기 때문이다.

사실 이것은 쿠르셀레우스나 항론파(Remonstrants)보다 덜 극단적인 형태의 종속설을 주장하는 사람들에게도 받아들여지기 힘든 표현이다. 우리는 앞에서 조지 불(George Bull, 1634-1710)의 전기작가 로버트 넬슨의 글에서 쿠르셀레우스의 삼위일체 사상을 살펴보았다. 조지 불은 아마도 덜 극단적인 형태의 종속설주의자일 것이다. 그는 지금 니케아 신조와 니케아 교부들의 설명을 토대로 확립된 종속설의 사례를 잘 보여주고 있다. 하지만 그것은 바르고 참된 삼위일체로부터 시작했다기보다는 모호하고 적절하지 못한 형태에서 좀 더 바르고도 참된 교리로 점차 발전했다고 해석된다. 불의 삼위일체 개념이 아르미니우스주의에 상당 부분을 빚고 있음에는 의심의 여지가 없다. 하지만 불의 개념은 최소한 아르미니우스주의와 같은 극단적 종속설에서는 한 발 물러서 있었다. 대륙에서 유입된 아르미니우스주의 운동은 영국의 17세기 가톨릭 개혁운동(Catholic Reaction)에 중요한 요소가 되었고, 불은 이 운동을 대표하는 사람들 중 하나였다. 흥미로운 것은 불이 『니케아 신조 변증』(Defensio Fidei Nicaenae)을 집필할 것을 계획하고 있던 1670년대, "대부분의 신학생들이 지금까지 출판된 신학 교재들 중 최고의 교재로 에피스코피우스의 『신학 강요』(Theological Institutes)를 사용했다"는 사실이다.[112] 불 자신도 에피스코피우스가 니케아 교부들을 향해 품은 태도를 제외하고는 그를 매우 존경한다고 말했다.[113] 사실 그가 고대 가톨릭이 가르쳤던 가르침을

---

112. Nelson, 앞의 책, p. 301.
113. George Bull, *Defence of the Nicence Fathers*, 서론. 당시 랄프 커드워스는 에피스코피우스나 그의 후계자들과 크게 다를 바 없는 삼위일체론을 가르쳤다.

그대로 변호하겠다며 단언했던 종속설에 대해 진술했을 때, 그는 다음과 같은 에피스코피우스의 표현을 그대로 활용했다.

니케아 공의회를 전후로 살았던 가톨릭 교회의 모든 신학자는 하나의 합의점을 가지고 신적 본성과 완벽함이 평행적이거나 동격으로 있는 것이 아니라 종속적으로 존재한다고 가르쳤다.[114]

하지만 불이 이해했던 종속설의 특정한 형태는 불 자신이 소속된 신가톨릭파가 초기 교회를 이해하는 견해를 따라 자연스럽게 형성된 것이었다. 그는 편협하게도 신가톨릭파에 기대어 자기 입장이 중요하다고 과장했다. 불은 아직 형식을 갖추지 않은 니케아 교부들 이전의 삼위일체론을 설명하려던 페타비우스의 계획이 "개혁된 가톨릭", 달리 말해 가톨릭 성향을 지닌 영국 국교회가 대체로 호소했던 기독교 초기 3세기 동안의 교부들과 관련이 거의 없음을 보여주면서 "교황의 대의"를 도우려 했다는 추측에 이르렀다.[115]

이러한 불의 추측에 대해 다양한 의견이 있을 수 있다. 그러나 불은 의심할 여지없이 삼위일체 문제와 관련해 기독교 "초기 3세기"에 호소하는 것이 결국 니케아 교부들이 만들었던 동일한 교리를 형성하게 된다는 사실을 보여주려고 계획했다. 하지만 이런 계획을 실현하기 위해 불은 니케아 교리에 종속설을 부과하라는 강요를 받는다. 물론 이런 종속설은 2-3세기 로고스 기독론에 있는 본질을 중심으로 초월적인 존재가 움직이는 것으로 적절하게 기술되는 것이었다. 이런 종속설에 대한 이해를 가진 불은, 자존하시는 하나님 되심($αὐτοθεότης$)이라는 특성을 성자에게 귀속

---

114. Nelson, 앞의 책, p. 315: Bull, Sect. iv. cap. i. 1.
115. Nelson, 앞의 책, p. 287: Bull, *Proem*, cap. i. 8.

시켜 성자와 성부를 동일시하는 칼뱅의 견해를 당연히 불쾌하게 생각했을 것이다. 성자는 "참 하나님"이시고 그런 의미에서 자존하시는 하나님($\alpha\dot{\upsilon}\tau\acute{o}\theta\epsilon o\varsigma$)이란 말로 정확하게 불리실 수 있다. 이것은 솔직히 불 자신을 비롯한 모든 교부가, 그리스도가 하나님(Godhead)이시라는 것을 진실하고도 견고하게 믿기 때문에 허용되는 부분이다. 하지만 불은 성자가 자존하시는 하나님($\alpha\dot{\upsilon}\tau\acute{o}\theta\epsilon o\varsigma$), 곧 "스스로 하나님"이 되신다는 주장을 거부한다. 그 주장은 성자를 "하나님으로부터 나오신 하나님"($\theta\epsilon\grave{o}\varsigma$ $\acute{\epsilon}\kappa$ $\theta\epsilon o\hat{\upsilon}$)으로 선언한 "보편적 합의"와 일치하지 않는다는 결정 때문이었다. 페타비우스의 견해에 의지해서 불은 "성자는 하나님이 아니라 아들이신 것처럼 성부하나님으로부터 나오셨고, 성자는 성부로부터 위격을 받으시는 것이지 성부의 본질이나 신적 본성을 받으시지 않았다"라는 주장을 반대했다. 그는 페타비우스의 견해를 따라서 낳으심은 단지 본질의 전달이라는 측면만을 의미한다[116]는 주장도 반대한다. 칼뱅 자신도 나와 같이 이야기했을 것 같은데, 곧 성공회의 관점(Anglican tripod)에서 칼뱅을 깔보는 불을 보는 것은 무척 재미있다. 불은 칼뱅이 "교황주의라는 미신으로부터 그리스도의 교회를 세우는 일에 큰 공헌"을 했기에 자신의 존중을 받을 만하다며 그를 자비롭게 받아들인다. 그러나 그는 "독실하고 열정적인 젊은 학생들에게 우리가 지금까지 고수하고 있는 전통을 위협하려는 정신에 주의하라고 진지하게 훈계했다." 여기서 전통을 위협하려는 정신은 칼뱅이 니케아 신조를 전혀 존중하지 않았으며 그 신조에 난해한 표현과 "공허한 반복 구절"이 있다고 감히 말하는 것을 의미한다.[117] 불에 대해 긍정적인 평론을 쓴 전기작가는 다음과 같은 일화를 전해준다.

---

116. *Defence of the Nicene Faith*, IV. i. 7 이하.
117. Ibid., i. 8.

심지어 삼위일체 교리를 올바르게 지키겠다는 열정을 가진 불은 그리스도가 자존하시는 하나님이 되신다는 위험천만한 사상의 저자를 존중하면서 평가하는 것을 막지 않았다. 불은 칼뱅의 위험한 사상을 반박했다. 하지만 동시에 그가 칼뱅에게 발견한 훌륭한 부분들 때문에 당시 가장 학식 있는 저술가들의 비방으로부터 칼뱅을 지켜내고자 힘을 기울였다.[118]

앞서 살펴본 불의 논의에서 우리는 불의 전기작가 넬슨이 전해주는 불의 성품을 찾아볼 수 없었다. 하지만 넬슨이 전해주는 일화에서 우리는 불이 페타비우스의 비방으로부터 칼뱅을 변호하려 했음을 추정할 수 있다.

영국에서도 이와 같은 퇴락의 움직임이 자연스레 나타난다. 조지 불의 뒤를 이어 영국 국교회에는 새뮤얼 클라크(Samuel Clarke, 1675-1729)와 그의 아리우스주의자 동료들이 나타나는데, 거기에 발맞춰 분리주의자들(dissenters)에게서는 소키누스주의의 성향이 발견된다. 그들에게는 칼뱅의 "아우토테오스" 논의가 사무엘 크렐리우스(Samuel Crellius, 1660-1747)[119]와 슐리흐팅(Jonas Schlichting, 1592-1661)[120]과는 달리 실제적인 논의의 범위를 벗어나는 것이었다. 적어도 크렐리우스와 슐리흐팅은 칼뱅에게 반대의사를 표명하는 것으로 그에 대한 존중을 표했다. 우리는 이 두 사람에게 관심을 가질 필요는 없지만 클라크에게는 잠시 관심을 둘 필요가 있다. 특히 하나님에 대한 클라크의 설명 전체를 살펴보기보다는 워터랜드(Daniel Waterland, 1683-1740)가 클라크를 반박하는 차이점을 살펴보고자 한다. 클라크는 성자가 성부의 본질을 통해 낳은 바 되셨다는 사실을 기꺼이 받아들이고자 했다. 그와 동시에 그는 성자가 무로부

---

118. Nelson, 앞의 책, p. 319 이하.
119. *Tract. de undo Deo Patre*, Book I. sect. ii. cap. 2.
120. *Contra Meisnerum*.

터 지은 바 되셨다는 사실도 가능하다는 것을 인정하고자 했다. 클라크에 따르면 "두 사실 모두 인정할 만하다. 한편으로 성자는 무로부터 지으신 바 되었고, 다른 한편으로 그분은 자존하시는 실체가 되신다."[121] 이와 관련해 워터랜드는 이러한 진술에 담겨 있는 어려움을 지적한다. 이 어려움은 니케아 신조의 종속설이라는 기준을 논의의 출발점으로 채택한 사람들이 그리스도의 완전한 신성을 올바르게 다루고자 할 때 나타난다. 워터랜드는 니케아 신조의 영원발생 교리를 발전시키고 향상시키기 위해 필연적 존재함과 스스로 존재함을 구분하는 것을 제안한다. 이것은 성자에게 필연적 존재가 있다는 것을 인정하고 자존은 성자에게 있다는 것을 부정하는 것이다. 그리고 그에 따르면 삼위의 두 번째 위격이 삼위의 한 실체 안에 참여하시기 때문에, 그분은 필연적으로 존재하신다. 하지만 그분은 스스로가 아니라 성부로부터 전달되는 방식으로 실체에 참여하신다. 그래서 그분은 자존하지 못하신다. 워터랜드는 다음과 같이 말한다.[122]

우리는 기원이 없으신 분이 아니라는 의미에서 성자가 자존하지 않으신다고 말한다. **당신**(클라크)도 동일한 것을 말할 뿐만 아니라 **필연적으로 존재하지** 않는다는 것을 주장한다. **필연적 존재**와 구분된 **자존**은 **질서**와 **양식**을 나타낼 뿐이다. 이 질서와 양식에는 탁월하심이 있는데 이 탁월하심은 성부에게 있는 것이지 다른 어떤 구분된 탁월함이 아니다.[123]

다시 말해 워터랜드의 견해에서 성자는 성부와 모든 면에서 동일하

---

121. *On the Trinity*, 1712, Part ii. 14, p. 276. 클라크의 재미있는 설명이 Nelson, 앞의 책, p. 322 이하에 실려 있다.
122. *Vindication*, etc., Q. xiii.
123. *Second Defense*, Q. iii.

게 존재하시지만, 성자는 성부와 동일한 양식으로 존재하지 않으신다. 반면 성부는 이 양식(manner)으로 존재하시는 모든 면에서 동일하게 존재하신다. 즉 성부는 스스로 그 양식이 되신다. 성자도 이 양식으로 존재하신다. 즉 성자는 아버지로부터 그 양식이 되신다. 두 분 다 필연적으로 그 모든 모습 그대로 존재하시기에 필연적으로 존재하신다. 그러나 성부만이 스스로 존재하시는 모든 정도로 존재하신다. 따라서 자존성은 오직 성부에게만 적용될 수 있다. 이 부분에서 분명하게 선언되는 것은, 오직 성자의 낳은 바 되심은 신적 본성에 필연적인 전개였지 자발적인 전개가 아니라는 것이다. 그리고 확증된 것은 성자의 존재하심은 단순하게 신적 의지에 의존하고 있지 않다는 사실이다. 그러나 성자가 참된 하나님이라는 사실을 확인하는 데 이것만으로 충분한가? 우리는 창조 자체를 필연적인 것으로 이해하는 것이 불가능하지 않다는 사실을 기억해야 한다. 신학 역사를 살펴보면, 이 세계는 신의 활동으로 만들어진 필연적 세계이고 영원한 세계라고 가르친 사람들을 많이 볼 수 있다. 그래서 우리가 성자에게 참된 신성이 있다는 것을 입증하려면, 성자도 성부와 동일하게 "존재라는 측면에서 필연적" 존재라고 주장하는 것만으로는 충분하지 않다.[124] 성자가 심지어 피조물이라 할지라도, 그분이 필연적 존재라는 것이 사실일 수 있다.

만일 우리가 성자를 참된 신으로 인식하고자 한다면, 우리는 성자가 존재하실 수밖에 없는 존재라고만 주장해서는 안 되고, 성자가 존재하시는 근거가 그분 자신에게 있다는 것을 주장해야만 한다. 다른 말로 표현한다면 그것은 성자가 필연적으로 존재하시는 것, 곧 신성을 외부에서 유입하는 것이 아니라 자존하신다고 말하는 것이다. 그리고 단순히 "비발생시키

---

124. Ibid.

다"(ingenerate)라는 유사한 용어를 사용하여 성자의 자존을 설명하려는 시도는 성자가 가진 가장 위대하고도 근본적인 속성을 깎아내리는 것이다. 비발생시키다라는 용어는 필연적 존재의 중요성과 관계를 보여주면서 성자에게 적용된 필연적 존재라는 용어를 대신할 수 있는 유의어다. 워터랜드가 성자에게 적용하기 위해 두 가지로 만들었던 인위적인 구분은 단지 니케아 신조의 "발생" 교리의 "체면을 세우기 위해" 고안된 것으로 보인다. 그는 실제로 성자가 성부 때문에 "존재와 관련해 필연적" 존재라는 사실을 인정하자고 말한다. 물론 이것은 "자존"을 의미한다. 필연적 존재라는 용어를 어떤 신적 존재에게 알맞은 의미로 적용한다면 말이다. 그러나 우리가 "자존"이란 용어를 사용하지 않고, 자존이라는 의미를 나타내기 위하여 "필연적 존재"라는 용어를 사용하고, "필연적 존재"와 구분되는 전혀 다른 의미로 "자존"이라는 용어를 사용하기로 합의한다고 생각해보자. 이제 "자존"이란 용어는 "필연적 존재와 구분"되어 "다른 어떤 탁월함"이 아니라 단지 "그 탁월함이 성부에게 있는 질서와 양식"을 나타낼 뿐이다. 그렇다. 만일 우리가 "자존"이라는 용어를 자존보다는 다른 어떤 생각을 표현하는 것으로 사용한다면, 그것은 자존하는 어떤 것을 표현하는 것일 것이다. 곧 성자이시면서도 필연적으로 존재하는 신은 자존하시지 않는다는 것을 표현하는 것이다. 그러나 만일 이 성자이시면서도 필연적으로 존재하는 신도 바로 이 순간에 유의어인 "필연적 존재"를 통해 자존하시는 하나님으로 고백되며 이 고백은 참으로 간주된다. 요약하자면 만일 우리가 "자존"이라는 용어를 "비발생"이라는 의미로 사용하기로 합의한다면, 우리는 "낳은 바 되신" 성자의 "자존하심"을 부정하게 될지도 모른다. 물론 "자존"이라는 용어는 그런 의미가 아니다. 그러나 우리가 그 용어를 "필연적 존재"라는 의미로 사용하여 하나님에게 적용하고, 그 용어의 최고의 의미가 바로 그것을 의미한다면, 우리는 성자가 "자존하신다"고 말해야만 한다. 좀 더 간결하게 말한다면, 니케아 신조에서 말하는 성자의 발생과 성령의 발출이라는 교리는 성부 하나님의 자발적 행위가 아니라 신적 본질 가운데 일어난 필연적인 결과다. 이와 함께 하나님에게 적용할 수 있는 용어의 측면에서 필연적 존재하심, 곧 "자존하심"이 성자와 성령에게 귀속되고, 각자 자존하시는 하나님($αὐτόθεος$)으로 불릴 것을 요구한다. 따라서 성령이 자존하시는 하나님 되심($αὐτοθεότης$)을 거부하는 일은 논리적으로 두 분을 성부의 의지로 만들어진 피조물이나 능력으로 만들어진 피조물로 전락시키는 것이다. 이 경우 성자와 성령의 참된 신성은 파괴된다. 그러므로 소위 니케아 신조를 엄격하게 따른다는 사람들이 우리 주님이 하나님으로서 그분 스스로(a se ipso) 존재하심을 거부하는 경향을 보이는 것은, 자신들의 사상 속에 숨어 있는 종속설의 잔재를 드러낸다. 이것은 니케아 신조를 처음 작성한 사람들이 영원발생 교리를 통해 성자와 성부의 절대적 동일성을 보호하려던 의도와는 다르게, 성자가 성부보다 열등함을 주장하는 성향을 보여주는 것이다. 왜냐하면 니케아 신조를 엄격하게 따른다고 말한 사람들은 발생하는 아들과 발생하지 않는 아버지는 반드시 달라야 한다고 생각했기 때문이다. 성자는 성부와 다르게 스스로 하나님이 되실 수 없다. 이 점이 다르다. 한마디로 말한다면, 이것은 성자가 전혀 하나님이 아니라고 말하는 것과 같다. 하나님이라는 분명한 관념은 자존이라는 관념을 수반하기 때문이다.[125]

---

125. De Moor, *In Marck. Compend.,* I, 1761 p. 772를 보면 하나님의 자존하심과 하나님으로 성자를 표현하는 것과 관련해 "독립성"이란 용어를 더 선호하는 것 같다. "유추해서 성자가 **참** 하나님이시라면, 그분은 **독립적인** 하나님이시다. 독립성은 하나님의 첫 번째 속성이자 분리될 수 없는 본질이기 때문이다.…그리고 이것은 사실이기 때문에 (신학자들에 따라 강세가 다른) 자존하시는 하나님($αὐτόθεος$)과 참 하나님($αὐτοθεός$)이라는 호칭을 성자와 성령에게 적용하는 것을 거부할 수 없다. 비록 그 호칭들이 성부에게만 적합한 것으로 여길 수 있지만 말이다." 그는 계속해서 다음과 같이 설명한다. "독립성이라는 용어는 우리가 제4장 20절에서 보았듯이 부정적인 의미로서 하나님이 아무 원인 없이(a se) 존재하신다는

그러므로 칼뱅이 확고하게 세 위격의 두 번째 위격과 세 번째 위격이 자존하시는 하나님 되심(αὐτοθεότης)이라고 주장한 것은 그가 기독교 신학계에 매우 크게 기여한 공헌이었다. 사람들이 삼위일체의 위격들을 구분하는 문제와 관련해 성자와 성령의 신성을 참되고 완전하게 인정하고 있는지에 대한 질문을 받았을 때, 그들은 자신들이 성자와 성령의 참되고 완전한 신성을 제대로 다루고 있는지 의문을 떨치기 어려웠다. 그들은 성자와 성령의 신성을 진심으로 믿으면서 그분들을 참 하나님(αὐτοθεός)으로 부르는 것을 거부할 수는 없었다. 사실 그들은 "자존하시는 하나님"(αὐτόθεος)과 "참 하나님"(αὐτοθεός)을 구별해왔을지도 모른다. 그리고 후자를 성자와 성령에 적용하면서 전자는 적용하지 않았을지도 모른다.[126] 하지만 그들은 그렇게 구분하고자 할 때 두 번째 위격과 세 번째 위

의미이지, 스스로 적절한 원인이 되신다는 의미는 아니다. 참 하나님(αὐτοθεός)이라는 호칭이 의미하는 것이 바로 이것이다. 1. 그렇다면 만일 성자가 절대적이고 독립적인 하나님이시라면 그분은 참 하나님(αὐτοθεός)이시다. 2. 그리고 하나님의 본질의 실재는 독립성 없이 존재할 수 없으므로, 성자는 참 하나님(αὐτοθεός)이시지 않고서는 진정한 하나님이 되실 수 없다. 3. 만일 성부가 참 하나님(αὐτοθεός)으로 이해된다면 성자가 성부와 더불어 동일한 하나님이라고 거부되지 않고, 여러 하나님이 생겨나 신적 본질이 수적으로 여러 개가 되지 않는다면 성자도 그렇게 이해되어야만 한다. 동일한 하나님과 동일한 신적 본질이 동시에 스스로 존재하면서 스스로 존재하지 않을 수 없기 때문이다. 물론 성자는 그분 스스로 아들(αὐτουίος, a se ipso)이 되지 않으신다. 오히려 그분 스스로 참 하나님(αὐτοθεός, a se ipso)이 되신다. 성자는 아들이 되신다는 관계적 측면에서 아버지로부터 나오신다. 그러나 성자는 성자 자신의 측면에서는 스스로 하나님이 되신다. 그는 다른 본질에 의해 나뉘어지거나 만들어지지 않는 스스로 존재하는 신적 본질을 소유하시기 때문이다. 그러나 그가 스스로의 본질을 가지고 있는 것이 아니다. 도리어 그는 '자존하시는 하나님'(God a se)이지, '그 스스로 하나님'(a se God)이 아니시다. 마찬가지로 그는 '자존하시는 아들'(Son a se)이 아니시다."

126. 신학자들은 성자가 자존하시는 하나님 되심(αὐτοθεότης)에 대한 논의로 인해 "스스로"(αὐτός)에 있는 힘과 자존하시는 하나님(αὐτόθεος)의 적절한 의미 혹은 의미들이 무엇인지에 대해 오랫동안 논쟁했다. 가령 개혁파 신학자 히스베르투스 푸치우스(Gisbertus Voetius, 1589-1676)의 말에 따르면 "스스로"(αὐτός)는 다섯 가지 의미를 이룬다. 1. 단일성을 강조하거나, 2. "탁월함"(κατ᾽ ἐξοχήν)처럼 구별되는 특징을 의미하거나, 3. 스스로(a se)를

격 사이에 참된 신성이 있음을 강조하였다. 그들은 "비발생"을 자존으로 혼동하여 자존을 거부한다는 의미에서 더 이상 두 위격을 자존하시는 하나님 되심(αὐτοθεότης)으로 이해하지 않았다. 하지만 개혁파 교회들이 자존하시는 하나님(αὐτόθεος)이라는 중요한 용어를 그리스도에게 사용할 수 있다고 주장한 것은 그들이 칼뱅에게 배우고 물려받은 유산의 일부였다.[127] 그리고 개혁파 교회의 특징은 우리 주님의 완전한 신성을 아주 분명하게 강조하는 것이다. 그들 사이에 신학적 차이점이 다소 있었을지라도 그리스도의 참된 신성에 대해서는 이견이 없었다. 그들의 선생들이 니케아 신조의 "영원발생"이라는 사변적 교리에 대해 보여준 태도가 문제가 되었다. 이 사변적 교리에 대한 차이가 그들 사이의 차이를 일찍감치 드

의미하거나, 4. 내재적이고 본질적으로 그 자신을 수단(per se)으로 했음을 의미하거나, 5. 그 자신을 수단(per se)으로 하는 적절하고 유효한 제1원리를 통해 어떤 것을 생산한다는 것을 의미한다. 따라서 신학자들이 자존하시는 하나님(αὐτόθεος)이라는 용어를 가져다 쓸 때 항상 세 번째 의미를 의도했다고 가정하는 것은 적절치 못하다. 그는 다음 다섯 가지 의미 중 하나를 의도했을 것이다. 1. 탁월하신(κατ᾽ ἐξοχήν) 하나님, 2. 유일하신 한 분 하나님, 3. 참여가 아니라 본질적인 하나님, 우연에 의해서가 아니라 스스로에 의한 하나님, 어떤 외적 인격에 의해서가 아니라 그 스스로의 본질에 의한 하나님, 4. 다른 것을 통해서가 아니라 스스로 하나님이 되시는 시작이 없으시고(ἄναρχος), 소위 원인이 없으신(καὶ ἀναίτιος) 하나님, 5. 가장 유효적인 최고의 원동자(primus agens, primus motor)가 되시는, 누구에게도 의존하지 않으시는 제1원인이 되시는 하나님을 의미한다.

127. Voetius, *Disputationes Selectae*, I. 1648, p. 460에는 푸치우스에게 그리스도가 자존하시는 하나님(αὐτόθεος)이라고 불려 마땅하다고 가르쳤던 개혁파 신학자들의 목록이 실려 있다. 그들은 이것을 전제하지 않고서는 모든 사람이 자존하시는 하나님 되심(αὐτοθεότης)이라는 그리스도의 속성을 보편적 진리로 선포하지 않고, 한두 사람이 여기저기서 주관적 감정에 이끌려 그것을 고백하는 상황이 생길까 염려했다. 칼뱅과 베자, 지믈러 이외에도 수많은 개혁파 신학자들이 목록에 실려 있다(Danaeus, Perkins, Keckermann, Trelcatius, Tilenus, Polanus, Wollebius, Scalcobrigius, Altingius, Grynaeus, Schriverius, Zanchius, Chamierus, Zadeel, Lectius, Pareus, Mortonus, Whittaker, Junius, Vorstius, Amesius, Rivetus). Heppe, *Die Dogmatik Der Evangelisch-reformierten Kirche*, 1861, p. 84. "성자는 하나님에 의해 피조되거나 만들어지지 않으셨고, 호의나 보상에 따라 입양되신 것도 아니다. 오히려 성자는 그분의 본성에 따라 성자 하나님으로 존재하시기에, 성부와 성령과 동일하게 진정으로 자존하시는 하나님(αὐτόθεος)이 되신다."

러내었다. 칼뱅이 이 문제에 다소 모호한 태도를 취했던 것과는 대조적으로 그의 직계 제자였던 테오도르 베자와 요시야 지플러 같은 사람들은 그 사변을 강하고 정확하게 고수했다. 베자의 말에 따르면 "성자는 영원 전에 모든 본성을 담지하신 채 우리가 이해할 수 없는 방법으로 아버지로부터 나오신다."[128] 지플러의 말에 따르면 "우리는 성자가 아버지로부터 본질을 취하신다는 사실을 부정하지 않는다. 우리가 부정하는 것은 본질이 낳은 바 된다는 것이다."[129] 벨라르미누스가 "가톨릭적"이라고 했던 것만큼이나 편향적인 권위가 이러한 진술들에 있지는 않다.[130] 사실 칼뱅의 영향에도 불구하고 개혁파 교회의 수많은 교사가 온건한 니케아주의자들이다. 그러나 우리가 그들을 중도적 "아우토테오스주의자"로 분류하는 것도 가능하다. 그들은 신성 안에서 위격들이 서로 가지는 관계를 이해할 때, 각 위격들에 신성 전체가 깃들어 있고 각 위격들에 있는 공통된 신성의 본질적 특성을 빼앗을 수 없다고 분명히 이해했다.[131] 그리고 그들은 완전하고도 전적인 신성이 모든 위격에 있다고 주장했다. 물론 막연하게 니케아 전통을 따르면서 칼뱅을 따르려고 했던 사람들도 있었다. 대표적인 신학자들로는 트렐카티우스(Trelcatius, 1542-1602), 케커만(Keckermann, 1572-1608), 마코비우스(Maccovius, 1588-1644) 등이 있다.[132] 케커만은 다

---

128. Axiomat. *de Trinitate, Axiom* 14.

129. Epist. *ad Polon. or Lib. de Filio Dei.*

130. 앞의 책, p. 334b.

131. De Moor, *In Marckii Compend.,* I. 775. "**실체의 양상**과 여기서 생기는 위격의 순서를 구분하는 것은 본질의 동일성에 영향을 끼칠 수 없다. 본질의 수적 동일성에서는 어떠한 열등이나 차이도 있을 수 없다."

132. Voetius, 앞의 책, p. 465. "트렐카티우스(*Loc. Com.*)와 케커만(*Syst. Theol.*)은 본질의 전달을 부정하는 것처럼 보인다. 그리고 마코비우스(*Metaphysica*, c. 8)는 이들의 사상을 바탕으로 아르미니우스의 견해를 반박할 때 본질이 아니라 위격이 아버지로부터 전해진다고 밝힌다." 푸치우스가 덧붙이는 말에 따르면 "비록 이 저자들이 '전달'이라는 용어를 지나치게 물리적인 개념으로 사용하여 발렌티누스 젠틸리스의 견해를 취했지만,

음과 같이 진술한다. 많은 사람이 "성자가 그 본질을 성부로부터 전달받는다"는 진술을 선호한다는 사실을 부정하지는 않는다. 하지만 그들은 다른 중요한 설명을 덧붙여 이 진술을 수정된 의미로 이해할 때만 그 진술을 수용할 수 있다고 여겼다. "만일 성자가 (그리고 또한 성령이) 이 본질을 **그분 스스로**(a se ipso) 갖고 계시기 때문에 절대적인 것처럼 말한다면 그 진술은 거짓"이 되기 때문이다. 케커만 자신은 "삼위일체 안에서 성자라고 불리는 두 번째 존재 양상이…아버지로부터 전달된다"는 진술을 선호하기 때문이다.[133] 우리가 앞에서 보았듯이 이것은 칼뱅의 견해다. 하지만 칼뱅의 견해는 케커만의 견해보다 진보한 입장이며, 본질이나 존재의 양상을 "전달"한다는 개념을 여전히 거부하거나 최소한 그것을 경시한다.[134]

엄밀히 따지자면 우리는 본질이 전달되는 가운데 위격이 낳은 바 된다고 말해야만 한다." 푸치우스의 개인적 견해는 『격언들』(Maxims, p. 461)에 잘 나타난다. "하나님 안에 있는 본질은 낳거나 낳아지지 않고, 아버지라는 위격이 그분의 **본질로부터**(in, de, ex) 낳으신다. 이것은 아들의 본질과 동일한 것이다." "그러므로 본질이 아버지에 의해 전달되고 주어진다고 말할 수 있다. 그리고 이 전달 혹은 선물이 아들에 의해 받아들여진다. 요약하자면 아버지라는 위격이 본질의 전달을 통해 성자라는 위격을 낳으신다."

133. *Systema SS. Theologiae*, Hanoviae, 1615, p. 54.

134. 17세기 말 프라네커(Franeker) 대학의 교수였던 헤르만 알렉산더 로엘(Herman Alexander Roëll)이 이러한 입장을 취했다. 그에 따르면 "영원발생" 교리는 전적으로 비성경적이고, 성부 하나님의 본질이든 성자 하나님의 본질이든 하나님의 완전한 본성과 대치된다. 삼위일체 안에서 두 번째 위격에 있는 아들로서의 자격은 먼저 아버지와의 동일본질에서 발견된다(*Dissertatio theologica de generatione Filii et morte fidelium temporali*, etc., 1689, p. 5. "'아들'이나 '낳으심' 등의 용어를 통해서 나타내려는 것은 두 번째 위격이 첫 번째 위격과 동일한 본질 및 본성을 가지고 있다는 것이다. 그리고 영원 전부터 첫 번째 위격과 함께 존재했다는 사실이다"). 그리고서 두 번째 위격의 신적 사명이 표현되며, 보내신 하나님과 보내어진 바 되신 하나님 사이의 분명한 관계가 드러난다. *Yepij and Dermout, Geschiedenis der Nederlandsche Hervormde Kerk*, II. 1822, p. 544 이하에 로엘의 견해가 잘 묘사되어 있다. 로엘보다 백 년 지난 18세기 말에 하드윅(Hardewijk)과 흐로닝엔(Groningen)에서 교수로 지냈던 헤르만 먼팅헤(Herman Muntinghe)도 이와 비슷한 견해를 취했다(Yepij and Dermout, IV. 1827, p. 271 이하). 이와 유사한 견해가 뉴잉글랜드 지역의 회중 교회에 유입된 것은 나다니엘 에먼스(Nathaniel Emmons, 1745-1840)의 영향 덕분이었다. *Works*, IV. 1842,

p. 114. "우리는 성자의 영원발생 교리와 성령의 영원발출 교리를 거부해야만 한다는 강력한 의무감을 느꼈다. 그러한 신비적 교리들을 실제적인 모순들과 구분하기 어렵고, 한 하나님 안에 세 위격이 동일하게 계시다는 참된 교리를 뒤흔들 수 있기 때문이다." "성경이 가르치는 바에 따르면 각 위격은 구원의 경륜 가운데 담당하는 자신의 고유한 **사역**에 따라 고유한 **호칭**을 갖는다.…첫 번째 위격은 모든 만물, 특별히 그리스도의 인성의 창조자라는 사역에 따라 성부라는 호칭을 취하신다. 두 번째 위격은 성육신과 중보사역으로 인해 성자 혹은 말씀이라는 호칭을 취하신다. 세 번째 위격은 삼위 하나님 안에서 성령이라고 불리는데, 거룩하게 하는 사역을 담당하시기 때문이다"(p. 109). 그 후 이 견해는 뉴잉글랜드 지역에 있는 교회들의 보편적인 견해로 자리 잡게 되고, 모세 스튜어트(Moses Stuart, *Letters on the Eternal Generation on the Son*, 1822)와 호레이스 부쉬넬(Horace Bushnell, *God in Christ*, 1849)에 의해 완성된 형태를 띤다. George P. Fisher, *Discussion in History and Theology*, 1880, p. 273. "홉킨스는 성부의 제1원인 되심과 성자의 영원한 아들 되심에 대해 니케아 교리를 마지막으로 고수했던 신학자였다. 삼위일체 교리가 형성되었을 때, 아타나시우스 시대의 뛰어난 옹호론자들에 의해 받아들여진 철학적 요소들은 일단 대상에서 제외되었다. 심지어 그것들은 비난의 대상이 되기까지 하여 연구 주제가 되지도 않았다. 스튜어트 교수는 성자의 발생이라는 니케아 공의회의 결정을 공감하지도 않았고 이해하지도 않았다." 성부의 "영원한 제1원리"와 성자의 "영원발생" 교리가 항상 함께 갈 필요가 없음을 여기서 짚고 넘어가야 한다. 로엘과 에먼스는 성자의 "영원발생"을 단호히 거절했다. 하지만 그는 성부가 그의 사역에서뿐만 아니라 순서에 있어서도 삼위일체 안에서 첫 번째가 되신다는 것은 확신하지 못했다. 에먼스는 이것을 일컬어 "거룩한 삼위일체 안의 머리"라고 표현한다(p. 137). 그러나 그들은 성부가 성자에 비해 본성적으로 우월하시다는 것은 거부했다. 그리고 성자의 영원발생을 거부하며 성자의 완전한 신성을 그들의 출발점으로 삼았다. 피셔가 "하나님이 영원하신 아버지이시고 성부가 선재하심은 정통적인 삼위일체 교리에서 성자의 신성만큼이나 중요한 부분"이라고 말했을 때(p. 273), 여기서 정통적인 삼위일체 교리가 지칭하는 것은 "정통 신조를 작성한 니케아 교부들"이 형성한 교리였다. 그런데 니케아 교부들은 이 문제를 지나치게 "성부가 선재하심"이라는 관점에서 다루었다. 그 결과 그들은 "성자의 신성"이라는 주제를 적절히 다루지 못하고 또 다른 변증과 보호책이 필요하도록 만들었다. 사실 삼위일체는 이 두 가지 강조점을 중심으로 한다. 삼위일체는 "성부가 선재하심"을 지나치게 강조하면 아르미니우스주의가 되고, "성자의 신성"을 지나치게 강조하면 사벨리우스주의에 빠진다. 그러므로 삼위일체 논쟁은 이 두 가지 모두를 적절히 설명할 수 있는 진술방식을 찾는 과정인 셈이다. 이것을 해결하기 위해서는 성경에서 어떤 의미로 "성부"가 성자에 "선재"한다고 말하는지 규명해야 하고, 동시에 어떤 의미로 성자가 하나님이라고 하는지 규명해야 한다. 로엘과 에먼스에 따르면 "하나님으로부터 나오신 하나님"이라는 표현처럼 아버지의 선재성을 증거하는 성경구절은 없다. 오히려 그들에 따르면 성경은 아들에게 절대적 신성을 부여하고 있다. 에먼스 이후 뉴잉글랜드 지역의 삼위일체 교리에 대해서는 L. L. Paine, *The Evolution of Trinitarianism*, 1900, p. 104 이하를 참고하라.

비록 우리가 이러한 성향을 칼뱅에게서 직접 발견할 수 없다 하더라도, 우리는 그 준비 작업을 칼뱅이 했다고 말할 수 있다. 칼뱅은 관습적으로 인용되던 성경적 증거들을 직접 제시하지 않았다. 그는 "왜곡된 본문"에 의지하여 도출된 교리들에 의존하지 않으려 했다. 그러므로 칼뱅은 "영원 발생" 교리를 뒷받침하는 성격적 근거를 거의 남기지 않았다. 그는 "성부" 와 "성자"와 "성령"이라는 용어를 통해 추론될 수 있는 것들만 남겼다. 그리고 우리가 그리스도 안에서 하나님의 자녀가 되어 하나님과 관계를 맺는다는 것이 그리스도가 좀 더 고차원적이고 내재적으로 아들이심에 나타나는 특성을 암시한다는 정도로 일반적인 사실을 고찰했을 뿐이다.[135]

---

135. 『기독교 강요』 개정판들에서 논의를 시작할 때 매우 놀라운 설명을 제시하는 것을 참고하라(*Opera* I.482-483). "모든 것이 [성자의] 신성을 가리키는 증거로부터 파생되기 때문에, 우리의 주된 관심을 그 주장에 집중하고자 한다. 성자가 아버지에 의한 영원발생이란 방법을 통해 존재하게 되셨다고 생각했던 고대 사람들은, 이것을 예언자 이사야의 증언(사 53:8)을 통해 증명하고자 했다. '그의 낳으심을 누가 선포하리요?' 그러나 그들은 이 본문에 대해 일종의 환상을 가지고 있었던 것 같다. 이사야는 이 부분에서 아버지께서 아들을 어떻게 낳으시는지에 대해 말하는 것이 아니라, 그의 나라의 부요함이 얼마나 크게 증가하는지를 다루고 있기 때문이다(1539년판은 동일하지만, 1550년판에서는 '그의 나라가 얼마나 오래 유지될 수 있는지'라고 나타난다). 시편 110:3을 통한 증명도 크게 설득력 있어 보이지는 않는다. '아침이 오기 전, 내가 모태로부터 너를 낳았다.' 그러나 이러한 해석은 히브리어 본문과 일치하지 않는다. 시편 본문은 오히려 '너의 출생이라는 이슬이 아침의 자궁으로부터 너에게 있다'라는 의미이기 때문이다. 따라서 사도 바울이 온 세상이 아들을 통해 지음 받았다고 하는 주장에 다른 특별한 의미가 있을 가능성이 생긴다. 아들이 이미 존재하지 않으셨다면, 그의 능력이 나타날 수 없기 때문이다. 그러나 다른 비슷한 문구들을 살펴보면, 이러한 논의에는 무게를 크게 실을 필요가 없어 보인다. 누군가 '그리스도'라는 용어를 이해할 때 유대인들이 그리스도를 시험(고전 10:9, 칼뱅은 분명 그리스도로 읽는다)했다고 바울이 말하던 그 시대로 돌아가야 한다고 해서 우리 중 누구도 큰 영향을 받지 않는다. 이런 한정된 적용은 그리스도의 인성과 관련된 것이기 때문이다. 히 13:8에서 분명하게 말하는 사실에 따르면 '예수 그리스도'께서는 어제도 계셨고, 오늘도 계시며, 영원히 계신다. 따라서 만일 누가 '그리스도'라는 이름이 항상 그분의 것이었다는 사실에 반대한다면, 그는 아무것도 이루지 못한다. 우리가 본문을 이런 식으로 왜곡한다면, 그것은 경건에 관한 거룩하고 정통적인 교리들에 대해 이교도들이 트집 잡을 빌미를 제공하는 것 말고 무엇이겠는가? 하지만 내가 보기에 지금까지의 논의는 영원하신 하나님의 아들에

물론 이 사실들을 다르게 설명할 수도 있다.[136] 다른 설명의 가능성, 혹은 다른 설명에 대한 선호는 머지않아 또 다른 설명에 의지하는 결과를 낳았다. 한편 니케아 신조의 삼위일체 교리가 어떤 상황에서 그 입장을 고수하게 되는지를 살펴보는 것보다 전통의 생명력을 더 명확하게 잘 드러내는 것은 없다. 그 교리의 근본 핵심은 칼뱅과 맥락이 같다. 그것은 사변적인 설명을 완성할 때 칼뱅의 계승자들의 견해와 동일하다. 우리는 아우구

___

대한 믿음을 확증해준다는 면에서 가치가 있다. 왜냐하면 하나님은 독생자의 중보가 아니고서는 인간의 아버지가 되지 않으신다는 것이 확실하기 때문이다. 성자는 그분이 사랑하시는 자들에게 그분에게 있는 특권을 허락하신다. 그런데 하나님은 항상 그분이 선택하신 사람들의 예배를 아버지라는 이름으로 받으시기 원하신다. 이를 통해 알 수 있는 사실에 따르면 그분은 이미 아들이셨고 그분을 통해 그러한 관계가 세워진다." 칼뱅은 성경 주석에서도 이와 비슷하게 설명한다. 그의 말에 따르면 미가 5:1-2은 성자의 영원한 발생을 다루지 않고 하나님의 영원한 작정을 다룬다. 바울이 사도행전 13:33에서 "'오늘'이라는 단어를 교묘하게 철학적으로 해석하여" 인용한 대로 그는 시편 2:7에 대해서는 그리스도의 영원한 발생으로 해석한다. 이런 원리는 몇 가지 예외를 제외하고는 신약에서도 그대로 적용된다. "예수님 자신을 비롯한 신약의 저자들은 그리스도를 그저 절대적 로고스로 부르지 않고, 인간이 되신 하나님으로 이해한다.…우리가 특히 요한복음에서 예수님이 자신에 대해 하시는 선포를 살펴보면, 그분이 절대적 로고스라는 인식이 아니라 하나님의 현현이라는 개념의 인식이 두드러진다. 그래서 요한복음 1:14 이후에는 8:58과 17:5을 제외한다면, 성육화하지 않은 로고스(*Logos ἄσαρκος*)나 그리스도의 순전한 신성(nuda divinitas Christi)에 대한 언급이 나타나지 않는다"(Scholten, *De Leer der Hervormde Kerk*, ed. 4, II. p. 231; 이 책의 229쪽과 1권 24쪽도 참고하기 바란다). 칼뱅은 성령의 삼위일체적 관계에 대해서도 요한복음 14:16이나 고린도전서 2:10에서 증거를 찾지 않으려 한다.

136. 예를 들어 "성자"나 "성령"이라는 용어를 "발생"이나 "발출" 등의 "파생"이 아닌 단순한 "동일본질"로 파악하는 것이다. 성자는 성부의 재현이고, 성령은 하나님의 외적 표현이다. 로엘도 처음에는 이런 견해를 지녔다. 심지어 스튜어트도 다음과 같이 적절하게 설명한다. "기질이나 성격이 닮은 경우 그 사람이나 그것의 아들이라고 부르는 관용적 표현이 히브리어권에 있다"(앞의 책, p. 105). 좀 더 넓은 개념에 대한 설명은 W. Robertson Smith, *The Old Testament in the Jewish Church*, ed. 1, p. 427에 나온다. "셈족 계열의 모든 언어에는 한 길드에 포함되는 것을 아들 됨으로 묘사하는 경향이 있다." 이것은 셈족 관점에서 볼 때 아들 됨이 종류나 등급의 하나 됨, 보다 구체적으로는 닮은꼴, 결론적으로 동일실체를 의미하지, 파생을 의미하지 않는다는 것이다. 사람의 아들도 사람이듯, 하나님의 아들도 하나님이 되신다. 성자나 성령이라는 용어에 파생적 개념을 입히는 것은 인도-유럽어권의 사고방식일 뿐이다.

스티누스가 삼위일체를 설명할 때 니케아 신조의 수많은 표현을 지속적으로 인용하고 있다는 데 놀라게 된다. 그는 세 위격의 관계를 형성할 때 동일성이라는 자신의 근본 원리를 적용해 전통적인 용어를 사용했다. 우리는 칼뱅이 자신의 삼위일체 개념을 형성할 때 니케아 신조로부터 근거를 찾는다는 점에 더 많이 놀라게 된다. 그리고 칼뱅의 계승자들이 이 오래된 사변에 아직 얽매여 있다는 사실에 다시 한 번 놀라게 된다.[137]

칼뱅이 자신의 삼위일체 논의와 세 위격 사이의 관계에 대한 변증을 위해 교부들의 글을 반복적으로 인용한다는 사실은 매우 주목할 만한 특징이다. 그가 이 목적을 위해 인용한 교부들의 글은 대부분 자연스럽게 반박된다. 우리는 한 가지 사례를 주의 깊게 살펴볼 필요가 있다. 칼뱅이 라틴어 전치사 "~에게"(ad)와 "~로부터"(a)를 구분할 줄 모른다거나, "대중의 인기를 목적"으로 그것을 모르는 체했다는 비난 때문이다. 당시 가장 고급스러운 라틴어를 구사했고, 중세 라틴어보다는 고전 라틴어에 가까운 문체를 지녔던 사람이 라틴어에 흔한 전치사의 의미를 몰랐다는 것은 어불성설이다. 논의를 전개하는 가운데 공정한 모습을 최대한 유지하려고 했던 한 사상가가 모호한 구절에 오도되었다는 것도 믿기 어렵

---

137. 웨스트민스터 의회는 모임 첫 주간 동안 39개 신조를 수정하는 데 집중했다. 세 개의 신조들에 대한 제8항이 논의 대상이 되어 "하나님으로부터"(ἐκ θεοῦ)라는 구절에 대한 반대가 일었다. 종속설을 지지하는 내용이 여기에 전혀 나타나지 않는다. 오히려 이 신조들을 계속 사용하자고 변호하는 바람에 종속설을 암시하는 내용이 전혀 담겨 있지 않다는 장점이 퇴색되고 말았다. 그래서 피틀리(Featley) 박사가 이러한 반대에 대해 하는 대답에 따르면 "비록 그리스도가 하나님으로부터 나오신 하나님이라 하더라도, 이것이 곧 성자의 신성이 성부의 신성에서 나왔음을 의미하지는 않는다.…왜냐하면 하나님이 고통당하심으로써 신성이 고통당하셨다거나, 혹은 하나님의 어머니 마리아는 신성의 어머니이다(quia Deus passus est ergo Deitas passa est, or quia Maria mater Dei, ergo est Maria mater deitatis)는 진술과 맞지 않기 때문이다." (그의 연설문은 *Dippers Dipt*, London, 1651, pp. 187-189에 실려 있다.) 이것을 문자 그대로 이해한다면, 우리 주님의 아들 되심은 순전히 그의 낮아지심에서 시작되고, 아들 되심과 성육신은 동일한 것으로 설명될 수 있다.

다. 문제가 된 구절을 자세히 읽어보면 우리는 잘못 이해하고 있는 사람이 칼뱅이 아니라 그를 비판하는 사람들임을 쉽게 알 수 있다. 벨라르미누스는 칼뱅이 우리 주님을 자존하시는 하나님($\alpha\dot{v}\tau\dot{o}\theta\epsilon o\varsigma$)으로 부르면서 제시한 이유가 적절하지 않다고 하면서 아우구스티누스의 설명을 그 근거로 든다. 아우구스티누스의 설명에 따르면 주님은 "**아버지와 관련**(*ad patrem*)해서는 아들이라 불리고, **자신과 관련**(*ad se ipsum*)해서는 하나님이라 불린다." 벨라르미누스가 덧붙이는 말에 따르면 "하지만 성자가 스스로에게(*ad se*) 하나님이 되시는 것과, 스스로(*a se*) 하나님이 되시는 것이 다르다." 그는 다음과 같이 다소 부적절하게 주장한다. "전자는 하나님이라는 호칭이 상대적이지 않고 성자에 속한다는 것을 의미하기 때문이다. 그리고 이것이 아우구스티누스가 진정으로 말하는 것이다. 왜냐하면 성자는 비록 상대적이라고 하더라도 존재하기 때문이며, 신적인 상대적 존재로 절대적인 본질을 포함하기 때문이다. 그러나 후자처럼 성자가 스스로 하나님이 되신다고 말하는 것은, 하나님의 아들이 하나님으로부터 나오신 아들이 아니며 낳은 바 되지 않으셨음을 의미한다. 이것은 아우구스티누스가 결코 말한 적이 없는 것이다. 칼뱅은 그것을 아우구스티누스의 설명으로 잘못 이해하고 있다."[138] 페타비우스[139]는 벨라르미누스의 견해를 더욱 확대시킨다. "칼뱅이 '스스로에게'(*ad se*)와 '스스로'(*a se*)라는 용어를 동일하게 취급한 것은 아주 교묘한 속임수이거나 그의 망상에 불과하다. 아우구스티누스가 삼위일체의 신비를 설명할 때 마음대로 사용하고 있는 '다른 것에게'(*ad alium*)와 '다른 것으로부터'(*ab alio*)도 마찬가지 경우다." 그리고나서 칼뱅이 아우구스티누스의 글을 인용한 예를 들며 이렇게 결론짓는다. "칼뱅이 '스스로에게'(*ad se*)와 '스스로로부터'(*a*

---

138. 앞의 책, p. 335.
139. 앞의 책, p. 252.

se)를, 그리고 '다른 사람에게'(*ad alium*)와 '다른 사람으로부터'(*ab alio*)를 동일한 것으로 가정하지 않았다면, 그는 아우구스티누스로부터 이 구절들을 인용하지 않았을 것이다."[140] 그러나 사실 칼뱅은 라틴어 전치사

---

140. 우리는 아르미니우스가 참 하나님(αὐτοθεός)을 그리스도에게 적용하는 수정된 방식에 대해 언급할 때(*Works*, E. T. II. 1828, p. 32) "스스로"(*a se*)와 "스스로에게"(*ad se*)의 혼동에 대한 벨라르미누스와 페타비우스의 비난을 그대로 반복하지 않았다는 것을 추정을 할 수 있다. "하지만 그들의 설명은 그들이 인용한 표현과 맞지 않는다. 이런 이유로 베자는 칼뱅을 위해 변명해주었다. '칼뱅은 두 전치사 스스로(*a se*)와 자신을 통해(*per se*) 사이에서 발견되는 차이점을 엄격히 구분하지는 않았다'고 공개적으로 고백하곤 했다." 베자의 언급은 그의 책 *Praef. in Dialog. Athanasii*과 관련이 있다. 그러나 우리는 베자가 이 위(僞)아타나시우스 논문을 고친 개정판을 볼 수 없다. 그래서 실제 베자가 무슨 의도로 이런 말을 했는지는 확실히 알 수 없다. 우리는 그가 칼뱅의 언어 능력을 비판하는 것이 아니라, 교리 체계를 비판하고 있다는 정도만 가정할 수 있다. 그리고 우리의 추측에 따르면 칼뱅은 그리스도를 자존하시는(*a se ipso*) 하나님이라고 부를 때, 그리스도가 자신을 통해 (본질적이고 스스로) 하나님 되신다는 것과 (그분 자신이) 스스로 하나님이 되신다는 것을 충분히 주의 깊게 구분하지 않았다. 그와 유사한 경우에 베자는 자신과 칼뱅의 차이점을 설명하고 있을 뿐이다. 칼뱅이 성자는 그분의 본질을 성부로부터 취한다는 것을 부인한 것과 베자가 성자는 그분의 본질을 성부로부터 취한다고 주장한 데에 차이점이 있다. 베자에 따르면 칼뱅은 바로 이 부분에서 스스로(*a se*) 하나님이 되시는 것과 자신을 통해(*per se*) 하나님이 되시는 것의 차이를 충분히 고려하지 않는다. 베자의 이러한 구분은 워터랜드의 구분과 유사하다. 워터랜드는 스스로 존재하시는 하나님과 필연적으로 존재하시는 하나님을 구분하고, 자존하시는 하나님 되심(αὐτοθεότης)을 단순히 비발생으로 규정한다. 우리의 추론이 맞는다면 칼뱅의 삼위일체 사상은 본질이 아버지로부터 아들로 전달된다는 것을 거부하고 있다는 베자의 증언이, 그의 진술에 담겨 있다. 베자가 라트찌빌 공(Prince Radziwil)에게 보낸 편지인 『하나님의 본질의 단일성과 그 안에 존재하는 세 위』는 폴란드의 유니테리언을 반박하는 글이다. 베자(*Tractationes theologicae*, 1582, I. p. 647)의 말에 따르면 "아버지만이 자존하시는 하나님(αὐτόθεος)이시다. 그들의 해석에 따르면 이것이 의미하는 바는 하나님은 그분 스스로(*a se ipso*) 존재를 가지고 계시기 때문에 하나님이라 불리실 수 있다는 것이다"는 부적절하다. 그 이유는 다음과 같다. "'스스로'(*a se*), '다른 것으로부터'(*ab alio*) 존재하는 것은 다른 종류의 본성을 구성하지 않는다. 그러므로 우리는 그것을 근거로 아버지가 유일무이한 하나님이 되시거나 되셔야만 한다고 말할 수 없다. 오히려 성자가 '유일하게 낳은 바' 되셔서 유일무이하신 것과 같은 의미의 유일무이한 성부로 불려야 하기 때문이다." 우리는 정말 스스로(*a se*), 다른 것으로부터(*ab alio*) 존재하는 것은 다른 종류의 본성(*aliam naturae speciem*)을 구성하지 않는다고 말할 수 있을까? 만일 자존하는 존재와 파생된 존재 사이의 대조라면 그렇게 말할 수 없을 것이다. 그러나 만일 낳은 바 되지 않은 존재와 낳은 바 된 존재 사이의

"~에게"(*ad*)와 "~로부터"(*a*)를 혼동하지 않으며, 아우구스티누스가 사용한 전치사 하나를 인용하면서 다른 것처럼 쓰지도 않는다.

그는 그 인용을 사용해 성자가 성부로부터 나오지 않으시고, 오직 스스로 존재하신다는 것을 가르치고 있음을 보여주려 하지도 않는다. 오히려 그는 우리가 성자를 두 가지 방법으로 고백할 수 있음을, 아니 고백해야만 함을 보여주고자 한다. 더 정확히 말해서 성자는 절대적인 측면에서는 본질적으로 존재하시고, 상대적인 측면에서는 성부와 관련하여 존재하신다. 따라서 우리가 우리 주님이 본질적으로 존재하신다고 절대적 측면을 말할 때 우리는 그분이 **스스로**(*a se*) 존재하신다고 말하는 것이다. 그리고 우리가 그분을 아버지와의 관계를 고려하여 상대적 측면을 말할 때에만 우리는 그분이 **아버지로부터**(*a Patre*) 존재하신다고 말하는 것이다. 이런 말은 아우구스티누스의 표현이 아니라 칼뱅의 진술이다. 이렇게 분명한 논지를 누군가 혼동한다는 것이 놀랍기만 하다. 그러한 혼동을 토대로 칼뱅이 라틴어의 제일 단순한 어휘를 잘 몰랐다거나, 라틴어를 인용하는 가운데 "교묘한 속임수"를 썼다고 비난하는 것이 더욱 놀랄 일이다. 칼뱅은 실제로 이렇게 설명한다. "아우구스티누스에 따르면 이렇게 서로 구별된 듯 보이는 각 위격들의 호칭은 서로 어떤 관계를 가지고 있음을 의미한다. 이는 세 위격을 하나로 만드는 본질과 관련된 관계가 아니다. 우리는 이런 설명을 통해 서로 모순되어 보이는 고대의 개념들을 바로 이해할 수 있다. 왜냐하면 그 고대의 개념은 언제는 성부가 성자의 기원이 되신다고 하고, 언제는 성자가 자신의 신성과 본질을 소유하시면서 성부와 함께 하나의 기

대조라면 그렇게 말하는 것으로 분명 충분하다. 모든 아버지와 아들은 동일한 본질을 소유한다. 성부와 성자를 이러한 관계성에서 말하는 것은 두 분 사이의 동일성을 주장하는 것이다. 베자는 여기서 후자의 대조를 의도한다. **자존하시는 하나님 되심**(αὐτοθεότης)이란 개념을 아들에게 적용할 때 그는 단지 성자가 낳은 바 되신다는 설명과 대립하지 않도록 한다. 낳은 바 되시는 분과 낳으시는 분은 결코 같은 존재가 될 수 없기 때문이다.

원이 되신다고 가르치기 때문이다. 아우구스티누스는 이런 차이의 원인을 다른 곳에서 다음과 같이 적절하고도 명료하게 설명한다. 그리스도는 자신과 관련해서는 하나님이라 불리시고, 성부와 관련해서는 성자라고 불리신다. 마찬가지로 성부도 자신과 관련해서는 하나님이라 불리시고, 성자와 관련해서는 성부라 불리신다. 성자와 관련하여 성부라 불리시는 분은 성자가 아니시다. 성부와 관련하여 성자라 불리시는 분 역시 성부가 아니시다. 성부와 성자는 자신과 관련하여 불리실 때 하나님이시다. 그렇다면 우리가 성부와 상관없이 성자를 말할 때, 성자가 스스로 존재하신다고 단언하는 것은 적절하고 타당하다. 그러므로 우리는 그분을 **유일한 기원**(*unicum principium*)으로 부른다. 그러나 성자와 성부의 관계를 생각할 때, 우리는 성부를 성자의 기원으로 본다."[141] 그 단락을 대충 훑어보더라도, 칼뱅이 그리스도가 "스스로" 존재하신다는 의미로 아우구스티누스의 글을 이해했다는 추측은 쉽게 반박된다. 아우구스티누스는 아버지와의 관계를 고려하지 않은 채 그리스도 스스로에 대해서만 그리스도가 하나님이시라고 주장했다. 하지만 만일 그 자체로 분명한 어떤 문제가 더 많은 증거에 의해 좀 더 분명해질 수 있다면, 그 문제에 직접적인 증거를 제시하는 것으로 충분하다. 왜냐하면 칼뱅은 다른 곳에서 자주 사용하는 자료들을 『기독교 강요』에 담았기 때문이다. 그리고 다른 곳에서 사용하는 이러한 자료들 중 하나 이상의 경우에서 칼뱅은 자신이 아우구스티누스가 이 구절들에서 성자의 자존을 주장하고 있는 것으로 이해한 적이 없다고 분명히 말한다. 우리는 1543년 11월 칼뱅이 뇌사텔에 있는 목회자들에게 쓴 편지를 그 예로 들 수 있다. 이 편지에 코르테시우스와 그리스도의 자존성, 혹은 "그리스도의 고유한 본질에 대해"(περὶ αὐτοουσίας *Christi*) 논쟁

---

141. 『기독교 강요』, I.xiii.19.

하는 부분이 나온다.

칼뱅은 논의가 진행되는 가운데 다음과 같이 말했다. "이제 우리가 직면한 어려움은 그(아우구스티누스)가 그리스도의 위격에 대한 언급이 없어도 본질을 말할 수 있다고 생각하지 않는 데 있다. 나는 먼저 아우구스티누스의 이러한 권위에 반대하고자 한다. 그는 두 가지 방법으로 그리스도를 하나님이라고 말할 수 있다고 진술한다. 그것은 곧 관계를 고려하거나, 존재 그대로를 고려하는 것이다. 논의를 질질 끌지 않기 위해 우리가 논의했던 부분에 대해 다양한 어휘로 설명하는 키릴로스의 특정 구절들을 인용했다."[142] 다시말해 아우구스티누스의 구절들은 그리스도의 고유한 본질($\alpha \dot{\upsilon} \tau o o \upsilon \sigma \dot{\iota} \alpha$)에 대한 직접 증언으로 제시된 것이 아니라, 우리가 주님에 대해 이중적인 방식으로 설명할 수 있는 종속적인 측면을 입증하기 위해 주어졌다는 것이다. 키릴로스는 그 이슈에 대해 다양한 어휘로 자신의 주장을 표명한다고 소개되는 반면, 아우구스티누스는 그처럼 명확하게 자기 입장을 표명하는 것으로 제시되지는 않는다.

그렇다면 칼뱅은 성자가 자존하시는 하나님 되심($\alpha \dot{\upsilon} \tau o \theta \epsilon \acute{o} \tau \eta \varsigma$)이라고 주장할 때 자신이 완전히 새로운 가르침을 준다고는 전혀 생각하지 않았다. 그는 니케아 교부들이 "다양한 어휘"로 설명하고자 했던 것을 그대로 인용할 수 있었기 때문이었다. 그럼에도 불구하고 그는 그것을 주장하면서 삼위일체 교리의 역사 가운데 큰 분기점을 만든다. 사람들이 그 이전에 성자가 하나님이시기 때문에 자존하신다는 사실을 믿지 않았기 때문이 아니다. 당시 삼위일체 교리에 대해 설명하는 방식이 성자의 신성을 침해할 수 있는 여지를 만들어놓았기 때문이었다. 이것을 막기 위해서는 성자가 "자존하시는 하나님 되심"을 통해 주어지는 것과 같은 그분의 절

---

142. *Opera* XI,653.

대적 신성을 강하게 주장할 필요가 있었다. 만일 우리가, 교회가 삼위일체 교리의 위대한 신비를 설명하고자 했던 역사를 적절한 말을 통해 살펴본다면, 우리는 단 하나의 동기가 그 과정의 처음부터 마지막까지 지배하고 있음을 인식하게 될 것이다. 그것은 바로 그리스도의 절대적 신성을 공정하게 다루려는 동기다. 그리고 이 동기에 이끌리어 그 문제를 해결하기 위해 수고를 아끼지 않았던 위대한 사상가들이 많이 있었다. 교회는 역사 속에서 그들을 돌아보며, 그 교리를 좀 더 체계적으로 형성해서 사람들에게 전해준 그들의 위대한 봉사에 감사를 느낀다. 우리는 그들 중에서 세 명의 돋보이는 이름을 알게 된다. 이 사람들은 목적을 향해 나아갈 때 큰 분기점을 만들었다. 테르툴리아누스, 아우구스티누스, 칼뱅이 바로 그 사람들이다. 칼뱅은 삼위일체 교리를 바르게 이해하는 데 기여했다. 이 점에서 칼뱅은 이렇게 좁게 선택된 사람들의 범주에 들어간다. 그 기여는 간단하고도 명료하며 흔들리지 않는 그의 주장, 즉 성자가 "자존하시는 하나님이시다"(αὐτοθεότης)는 주장으로 요약된다. 이 주장에 의해 니케아 교부들이 말한 "동일본질이심"(ὁμοουσιότης)의 참된 의미가 마침내 되살아나 삼위일체 교리의 핵심으로 자리 잡게 되었다.

V
칼뱅주의[1]

---

1. Benjamin Warfield, "Calvinism" in *The New Schaff-Herzog Encyclopedia of Religious Knowledge*, ed. Samuel Macauley Jackson, D.D., LL.D., ii. pp. 359-364.

1. 칼뱅주의라는 용어의 의미와 용례

칼뱅주의라는 용어는 현재 서로 밀접하게 연결된 두세 가지 의미로 사용되고 있기 때문에 다소 모호하다. 그 용어는 다양한 의미를 가지고 있어서 또 다른 용어의 일부가 되기도 한다. 첫 번째로 칼뱅주의는 단순하게 칼뱅 개인의 가르침을 의미한다. 두 번째로 칼뱅주의는 좀 더 넓은 의미에서 "루터파 교회"와 구분되어 역사적으로 "개혁파 교회"로 알려진 개신교 교회가 고백한 교리 체계를 의미하기도 한다. 그리고 개혁파 교회는 상당히 일반적으로 "칼뱅주의 교회"로 불리기도 한다. 개혁파 교회는 종교개혁 당시 자신들의 신앙을 매우 학문적으로 설명했다는 점과, 칼뱅의 영향력이 시대를 뛰어넘는다는 점에서 스스로를 그렇게 불렀다. 세 번째로 칼뱅주의는 좀 더 넓은 의미에서 거장 장 칼뱅의 영향을 받은 신학 사상, 윤리 사상, 철학 사상, 사회 사상, 정치 사상을 의미한다. 칼뱅주의는 종교개혁 이후 개신교 국가들에서 융성하여 인류의 사상에만 그 자취를 남긴 것이 아니라, 사람들의 생활사와 문명화된 민족의 사회질서, 심지어 국가의 정치 조직의 구성에 이르기까지 그 흔적을 남겼기 때문이다. 이 글에서 나는 칼뱅주의를 이 중 두 번째 의미로 사용할 것이다. 두 번째 의미로 칼뱅주의를 사용하는 분명한 이유는 사실 그것이 칼뱅주의가 내포하는 가장 중심적인 의미이기 때문이다. 그리고 이 두 번째 의미를 강조한다고 해서 다른 두 의미가 퇴색될 위험은 거의 없기 때문이다.

한편 개혁파 교회는 칼뱅을 자신들의 교리 체계의 창시자로 보기보다는 항상 해석자로 여기고 있다. 그럼에도 칼뱅은 개혁파 교회의 창시자 중 한 명으로 존경을 받고 있다. 뿐만 아니라 그들의 종교 체계가 칼뱅의 체계화시키는 재능과 창조력에 빚을 지고 있으므로 그들은 창시자 중 한 명으로 그를 추앙한다. 그러므로 개혁파 교회의 신학을 해석할 때도 장 칼뱅의 가르침은 언제나 중요하며 사실상 결정적인 위치를 차지한다. 다른 한편 칼뱅주의는 신학 사상이 단순하게 전달될 수 있는 거대한 수로를 개척했을 뿐 아니라, 인류의 실존에 거대한 혁명을 가져온 새로운 이상과 개념으로 사람들의 가슴에 거대한 파도를 물결치게 했다. 하지만 칼뱅주의의 근원은 신학 체계에, 또는 한 발 물러서서 더 정확하게 표현한다면, 경건에 대한 인식에 있다. 칼뱅주의의 뿌리는 경건이라는 특별한 태도에 심겨져 있기 때문이다. 이 경건이라는 태도에서 가장 먼저 칼뱅주의와 같은 독특한 신학이 자랐다. 이러한 칼뱅주의 신학에서 먼저 독창적인 교회조직이 출현했고, 그 다음으로 사회질서와 지금 우리가 가지고 있는 정치체제가 출현했다. 그래서 우리의 삶 구석구석에 나타난 칼뱅주의의 영향은 칼뱅주의의 근본 뿌리인 종교적 경건에 대한 인식이 만개한 것이고, 이런 영향에 대한 자세한 설명은 칼뱅주의 신학 체계에 있는 학문에서 확인할 수 있다.

2. 근본 원칙

지난 백 년간 수많은 사상가의 통찰력과 수고로 칼뱅주의가 가지고 있는 근본 원칙을 보다 정확히 표현할 수 있게 되었다.[2] 이런 그들의 노력으

---

2. 울만(Karl Christian Ullmann, 1796-1865)과 세미쉬(Karl Gottlieb Semisch, 1810-1888), 하겐바흐(Karl Rudolf Hagenbach, 1801-1874), 에브라르드(Johannes Heinrich August Ebrard, 1818-1888), 헤르초그(Johann Jakob Herzog, 1805-1882), 슈바이처(Schweizer),

로 만들어진 칼뱅주의의 근본 원칙을 가장 잘 설명한 내용은 다음과 같은 짧은 진술에 담겨 있다. 결국 칼뱅주의의 근본 원칙은 하나님의 장엄하심을 깊이 이해하는 것과 이것에 필연적으로 수반되는 것, 곧 죄에 물든 피조물과 하나님의 관계에 나타나는 본성을 깨닫는 것이다. 칼뱅주의자는 자신의 모든 생각과 감정과 의지에서, 즉 자신의 개인적·사회적·종교적인 모든 관계 속에서, 그리고 지적·도덕적·영적인 삶의 모든 활동 영역에서 전적으로 하나님을 자신의 하나님으로 삼기로 결정하는 사람이다. 칼뱅주의자는 다른 어떤 것에 이끌리어 그런 진술을 받아들이는 것이 아니라 자신의 생각과 삶을 주관하는 칼뱅주의의 원칙이라는 진술이 가진 엄격한 논리적 힘에 의해 그런 진술을 받아들인다.

이것을 좀 더 세분화해서 우리가 이런 칼뱅주의의 근본 원칙을 객관적으로 말한다면, 유신론은 칼뱅주의 안에서 자신의 정당성을 갖는다. 우리가 그것을 주관적으로 말한다면, 경건한 교제는 칼뱅주의 안에서 순전함을 얻는다. 그리고 칼뱅주의의 근본 원칙을 구원론적으로 말한다면, 개신교의 경건은 마침내 칼뱅주의에서 경건에 대한 완전한 표현을 발견하며 확고한 안정을 가질 수 있다. 유신론은 오직 우주가 어떤 목적을 가졌다는 목적론적 개념에서만 유신론의 정당성을 가질 수 있다. 우리는 목적론적 우주라는 개념에 대해 우주에서 일어나는 일들의 전체 과정을 하나님의 계획하신 질서 있는 사역으로 이해한다. 그리고 하나님이 만물의 조성자이시고, 보존자이시며, 통치자이심을 깨닫고 하나님의 의지가 결과적으로 만물의 궁극적 원인이라는 것으로 그 개념을 이해한다. 우리가

바우어(Baur), 슈네켄부르거(Schneckenburger), 구더(Guder), 쉥켈(Schenkel), 쇠베를라인(Schöberlein), 스탈(Stahl), 훈데스하겐(Hundeshagen) 등이 있다. 몇 가지 관점에 대한 논의를 보려면 H. Voigt, *Fundamental-dogmatik, Gotha*, 1874, pp. 397-480; W. Hastie, *The Theology of the Reformed Church in its Fundamental Principles*, Edinburgh, 1904, pp. 129-177를 참고하라.

오직 하나님을 전적으로 의지하면 우리는 하나님과 순전한 교제를 나눌 수 있다. 하나님을 전적으로 의지한다는 것은 우리가 기도의 행위로 보여줄 수 있는 그런 단순한 것이 아니라 우리의 지성과 감정, 행위가 모두 진실 되게 담긴 삶의 행동과 관련된 것이다. 우리가 삶의 모든 영역에서 하나님을 전적으로 의지할 때 우리는 하나님과 경건한 교제를 순전하게 나눌 수 있다. 그리고 개신교의 경건은 죄로 가득한 인간으로 하여금 자신을 비우고, 겸손한 자세로 은혜의 하나님을 신뢰하게 하며, 오직 하나님의 은혜만이 우리를 구원으로 이끄는 직접적이고 유일하게 효과적인 수단이라는 것을 의지하게 한다. 그리고 이런 모든 것이 칼뱅주의를 이루는 형식적 원칙들이다.

3. 다른 사상들과의 관계

칼뱅주의와 다른 형태의 유신론적 사상, 종교적 경험, 개신교 신학 사이의 차이는 종류의 차이가 아니라 정도의 차이다. 칼뱅주의는 다른 종류의 유신론, 종교 경험에 대한 다른 이해, 다른 개신교의 신학과 비교해서 완전하게 다른 종류가 아니다. 물론 이들은 칼뱅주의처럼 각자의 유신론 사상, 종교 경험에 대한 이해, 개신교 신학을 이루면서 칼뱅주의와 동일하게 자신들이 존재할 권리를 가지고, 각자 자신의 본질에 따라 자신들이 완벽하다고 주장한다. 하지만 칼뱅주의는 어떤 생물학적 종이 다른 생물학적 종과 다른 것처럼 이런 다른 형태의 유신론적 사상, 경건의 경험, 개신교 신학과 종류에 있어서 다른 것이 아니다. 칼뱅주의는 마치 어떤 완전하게 발전된 생물학적 표본이 같은 종에서 어떤 불완전하게 발전된 표본과 갖는 것과 비슷한 차이를 가진다. 우리가 살고 있는 세상에는 사람이 자신의 개인적 성향이나 특별한 필요에 따라 자유롭게 선택할 수 있는, 그래서 사람들의 구체적인 필요를 채워주는 것으로 동등하게 가치있다고 여겨질 수 있는 유신론과 경건과 개신교가 있는 것이 아니다. 그러나 우리에게는 단 한 가지의 유신론과 종교와 개신교가 존재한다. 몇 가지 서로 다른 체계들이 유신론, 종교, 개신교라는 이름을 차용하고 있을 뿐이다. 그것들은 하나의 큰 틀 안에서 유사한 종류가 아니라, 하나의 종류로서 좀 더 완벽하거나 덜 완벽한 형태이거나, 결함이 좀 더 있거나 결함이 덜 있는 것처럼 주장한다. 칼뱅주의는 덜 순수한 다른 종류의 유신론, 종교적 경험, 개신교 신학을 폐기하면서 단순하게 더 순전한 유신론이자 종교이며 개신교로 자신을 이해한다. 그러므로 칼뱅주의는 모든 종류의 참된 유신론 사상이 내포하는 유신론의 성격, 모든 종교적 행위에 담겨 있는 경건 개념, 모든 참된 개신교 신앙의 개신교적 특성을 담아내는 데 아무런 어려움이 없다. 칼뱅주의는 이것들이 그 불완전함을 어디에서 드러내든, 혹은 어떤 정도로 드러내든 그 어떤 것도 적대적으로 바라보지 않는다. 칼뱅주의는 그런 체계들이 자기들 스스로 발생했다는 주장과 관련해 그것들이 칼뱅주의에게서 파생되었다고 주장하고, 삶과 사상 속에서 그것들이 어디에 있어야 하는지에 대한 적절한 위치를 알려주려고 시도한다. 칼뱅주의는 하나님을 믿는 사람이면 누구든지, 구원에 관한 모든 생각에서 개신교 고백이 외치는 "**오직 하나님께 영광**"(*soli Deo gloria*)이라는 핵심을 가슴 깊이 이해하는 사람이면 누구든지 암시적인 칼뱅주의자로 인정한다. 그가 무슨 이름으로 자신을 부르든지, 또는 어떤 지적인 문제로 자신의 논리적 이해를 혼란스럽게 하든지 상관없다. 그리고 칼뱅주의는 단지 모든 참된 경건의 기저를 이루고 그 밑바탕을 구성하는 이러한 근본 원칙들을 수용하고 생각과 감정과 행동에서 이 원칙들을 자유롭고도 충만하게 표현하여 명시적인 칼뱅주의자가 되라고 요구한다.

4. 칼뱅주의와 루터주의

독일의 역사 신학자 막스 괴벨(Max Goebel, 1811-1857)이 칼뱅주의의 주요 원칙에 대한 문제를 분명하게 제시한 이후,[3] 수많은 사람이 칼뱅주의의 주요 원칙을 결정하는 관점에 대해 학문적 논의를 진행했다. 특히 그들이 다른 신학적 경향과 칼뱅주의의 차이를 규명하면서 대체적으로 같은 개신교회에 속한 루터주의와의 차이를 규명하려 했다는 것은 유감이다. 의심의 여지없이 서로 다른 정신이 칼뱅주의와 루터주의를 형성한다. 그리고 의심의 여지없이 칼뱅주의의 구별된 정신은 선조나 기원이 되는 어떤 외부 상황에 뿌리를 두지 않는다. 예를 들어, 그것은 츠빙글리가 지성주의에 대해 품은 경향이나 츠빙글리와 칼뱅이 고등한 인문주의 문화에 대해 보였던 선호, 스위스인들이 가진 민주주의적 본능들, 혹은 개혁파 교회 지도자들이 루터파 교회의 수정된 전통주의와 구분해서 가졌던 급진적 이성주의 같은 것에 뿌리를 두지 않는다. 오히려 칼뱅주의의 구별된 정신은 형식적 원칙에 근거한다. 하지만 다른 것과 구별된 것에서 개신교의 형식적 원칙을 찾는 것은 오해의 소지가 있다. 확실히 칼뱅주의와 루터주의 간에는 차이점보다는 공통점이 훨씬 많다. 하지만 누군가 이 둘의 차이는 예정이라는 원리와 믿음에 의한 칭의라는 원리를 좀 더 구체화시키는 점이라고 설명한다면, 그런 설명이 사람들에게 가장 큰 오해를 불러일으킨다. 예정론은 칼뱅주의의 형식적 원리나 칼뱅주의를 낳은 뿌리가 아니다. 그것은 형식적 원칙이라는 뿌리에서 나오는 논리적 결과들 중 하나이며 피할 수 없는 수많은 가지들 중 하나다. 칼뱅주의자들이 예정론을 확신하며 붙들고 선포하는 이유는 그것이 유신론과 연관이 있고

---

3. *Die religiose Eigenthumlichkeit der lutherischen und der reformierten Kirchen*, Bonn, 1837.

경건에 대한 자각에서 직접적으로 주어지며 개신교적 경건에 필수적인 요소라는 데 있다. 그리스도인이 예정론을 고수하지 않는다면, 구원을 가져다주시는 하나님의 값없는 은혜에 전적으로 의존한다는 주요 진리가 유지될 수 없기 때문이다. 그리고 그것은 개혁주의 신학에만 있는 것이 아니다. 그것은 종교개혁 운동 전체에 형식과 능력을 부여해서 그 운동의 기초를 이루었다. 예정론은 영적인 측면에서 보자면 경건을 향한 위대한 부흥이었고, 교리적 측면에서 보자면 아우구스티누스주의를 향한 부흥이었다. 이런 면에서 모든 종교개혁가에게는 차이가 없었다. 루터와 멜란히톤, 타협을 하던 부처 등도 츠빙글리나 칼뱅만큼이나 절대적인 예정에 대해 열정을 보였다. 오히려 예정론을 날카롭고 순전하게 주장하는 일에서 츠빙글리는 루터를 능가할 수 없었다. 개신교 신앙의 요소로 다루는 주요 학문적 진술에서 예정론에 공식적인 지위를 확보해준 사람은 칼뱅이 아니라 멜란히톤이었다.[4] 믿음에 의한 칭의라는 교리 역시 루터만의 신학적 특성이었던 것은 아니다. 이 교리는 처음부터 개혁파 교회의 중요한 신앙적 요소였다. 뿐만 아니라 그 교리는 믿음 때문에 칭의를 받는다는 교리로 발전하려는 경향으로부터 벗어났다. 그래서 오직 개혁파 교회 안에서만 이 칭의 교리를 순수하게 지켜냈고 또 지켜낼 수 있었다.[5] 또한 여기서 두 가지 유형의 개신교 진영에 있는 차이는 종류의 차이가 아니라 정도의 차이다.[6] 루터주의는 죄를 깊이 인식한 결과물이다. 무거운 죄책에 억눌린 영혼은 하나님이 선포하신 칭의에 힘입어 평안을 발견할 때까지 잠

---

4. Schaff, *Creeds*, I. 1877, p. 451; E. F. Karl Miller, *Symbolik*, Erlangen and Leipzig, 1896, p. 75; C. J. Niemijer, *De Strijd over de Leer der Praedestinatie in de IXde Eeuw*, Groningen, 1889, p. 21; H. Voigt, *Fundamentaldogmatik*, Gotha, 1874, pp. 469-470을 참고하라.
5. E. Bohl, *Von der Rechtfertigung durch den Glauben*, Leipzig, 1890을 참고하라.
6. C. P. Krauth, *The Conservative Reformation and its Theology*, Philadelphia, 1872를 참고하라.

잠할 수 없었다. 그래서 루터주의는 이 평안에 의존하려는 경향이 있다. 반면 칼뱅주의는 하나님의 압도적인 비전의 산물이다. 칼뱅주의는 자신의 영광을 피조물에게 양보하지 않으시는 하나님의 위엄에 대한 인간의 성찰에서 생겨난 "하나님에 대한 비전"의 산물이다. 칼뱅주의는 하나님의 구원 계획을 통전적인 세계관의 틀안에 위치시키는데, 여기서 그 계획은 전능하신 주 하나님의 영광에 복속된다. 사실 칼뱅주의는 루터주의와 동일한 질문을 제기한다. 구원을 얻기 위해서 나는 무엇을 해야 할까? 그리고 칼뱅주의는 루터주의와 동일한 답을 제시한다. 그러나 칼뱅주의를 짓누르는 좀 더 중요한 질문은 하나님이 어떻게 영광을 받으시는가이다. 하나님에 관한 묵상과 그분의 영광을 위한 열정 속에 감정이 고양되고 수고가 집약된다. 수많은 존재 가운데서 인간의 목적, 그리고 수많은 성취 가운데 구원의 목적은 만유의 주를 영화롭게 하는 데 있다. 구속의 계획과 구원의 경험은 만유의 주를 영화롭게 하는 것에서 충분히 다루어진다. 왜냐하면 하나님을 영화롭게 하는 일은 이 일을 이루는 요소들을 보여주는 경건 그 자체에서 온전히 다뤄지기 때문이다. 칼뱅주의는 하나님의 영광에 대한 비전에서 시작하고, 하나님의 영광에 대한 비전을 중심에 두며, 하나님의 영광에 대한 비전으로 마무리된다. 칼뱅주의는 다른 그 어떤 것보다도 하나님의 주권을 인간 삶의 모든 영역에서 인정하는 데 역점을 둔다.

5. 칼뱅주의의 구원론

칼뱅주의자의 감정과 생각에 있는 근본 태도, 곧 하나님의 주권을 인간 삶의 모든 영역에서 인정하자는 태도는 여러 결과들 중 고등한 초자연주의(high supernaturalism)라는 결과를 낳는다. 고등한 초자연주의는 칼뱅주의의 경건에 대한 인식과 교리 체계 모두에 영향을 미치고 있다. 어떤 사람들은 첫 번째 창조와 마찬가지로 두 번째 창조에서 하나님이 초자연적으로 직접 개입하신 것으로 초자연주의를 평가하는 경향을 따라 초자연주의를 정의한다. 하지만 칼뱅주의는 초자연주의를 그렇게 서투르게 정의하지 않는다. 칼뱅주의자는 (하나님을 의미하는) 초자연적 사실을 믿는 믿음의 힘과 순전함이 (기적을 의미하는) 초자연적 행위에서 발생하는 모든 난제를 해결해준다고 생각한다. 이 원리에 따라 칼뱅주의는 구속 과정으로 들어오는 모든 것이 하나님으로부터 시작된다는 입장에 선다. 하나님은 초자연적 계시를 통해 그분의 뜻과 은혜의 목적을 인간에게 알리신다. 이 초자연적 계시는 초자연적 방법을 통해 책으로 기록되었다. 하나님은 이 책을 통해 그분의 계시의 영속성과 범위를 정하신다. 칼뱅주의자들에게 이 사실은 너무도 자명한 것이다. 그리고 무엇보다도 구속의 실제 사역에서 직접적인 초자연성을 강조했고, 그리고 직접적인 초자연성의 적용만큼이나 탄원도 강하게 주장할 수밖에 없었다. 따라서 단독적 중생 교리(monergistic regenration)가 칼뱅주의 구원론의 핵심이 된다. 혹은 전통적 신학자들은 그 교리를 "거부할 수 없는 은혜"나 "유효적 부르심"이라고 부른다. 많은 사람이 예정론을 칼뱅주의의 특징으로 여긴다. 하지만 사실 단독적 중생 교리가 칼뱅주의에 좀 더 깊숙이 놓여 있다. 실제로 칼뱅주의자들에게 예정이 구원론적으로 중요한 것은 그것이 단독적 중생, 곧 순전히 초자연적인 구원에 보호 장치를 제공하기 때문이다. 칼뱅주의 구원론의 핵심은 구원 과정이 시작될 때 피조물의 역할을 완전히 배제하고 오직 하나님의 은혜를 확대하는 데 있다. 오직 그렇게 피조물의 역할을 완전히 배제하면서, 칼뱅은 죄인 된 인간이 하나님의 값없는 은혜에 전적으로 의지한다고 표현할 수 있었다. 또한 그는 신인협력설이라는 악한 누룩을 제거할 수 있었다. 인간이 신인협력설을 주장한다면, 하나님은 그분의 영광을 상실하며, 인간은 실제로 모두 은혜에 의해 이루어지는 구원에서 자신의 능력이나 선택 행위, 시작에 기여했다고 생각하게 된다. 이처럼 칼뱅주의는 어떤 모양이나 정도에 상관없이 철저하게 자력구원의 요소를 반대한다. 다른 무엇보다도 칼뱅주의는 하나님이 그분의 아들이신 예수 그리스도 안에서, 그분이 보내신 성령의 활동을 통해 우리의 진정한 구원자로 인정된다고 규정한다. 이러한 사실 앞에 죄인은 자신을 구원하기 위한 동기나 도움을 얻는 것이 필요한 것이 아니라 실제적 구원이 필요하다. 그리고 예수 그리스도는 죄인이 자기 스스로를 구원하도록 필요한 충고를 하거나 설득하거나 유도하거나 돕기 위해 오신 것이 아니라, 그 사람을 구원하기 위해 오신 것이다. 이것이 칼뱅주의 구원론의 핵심이다. 인간의 이러한 무능력을 깊이 인식하고 구원에 필요한 것이 모두 하나님의 값없는 은혜에 기인한다는 빚진 마음을 갖는 것이 칼뱅주의 구원론의 뿌리다. 여기서 선택의 교리가 복음의 핵심에 놓인다. 하나님이 인간을 선택하시는 것이지 인간이 하나님을 선택하는 것이 아니다. 인간의 모든 구원과정이 하나님의 이러한 선택으로부터 기인한다. 이러한 사실을 알고도 오직 하나님의 이해될 수 없는 선택의 사랑에 자신의 구원의 영광을 돌리지 않는 사람이 있다면, 그는 정말 배은망덕한 자일 것이다.

6. 칼뱅주의의 일관성 있는 발전

역사적으로 볼 때 사람들은 츠빙글리의 지도 아래 스위스에서 시작된 개혁운동(1516)에서 개혁주의 신학이 시작되었다고 생각한다. 그 개혁운동의 근본 원칙들은 이미 츠빙글리의 가르침 속에 들어 있다. 하지만 칼뱅이 깊은 통찰력과 꿰뚫는 탁월함을 가지고 그 원칙들을 해석한 이후로 그 원칙들은 최종적인 형태를 갖고 체계적으로 발전하기 시작했다. 칼뱅주의는 스위스에서 프랑스로, 라인 강을 따라서는 독일과 네덜란드로, 동쪽으로는 보헤미아와 헝가리로, 서쪽으로는 영국에까지 퍼져나갔다. 칼뱅주의가 이렇게 광범위하게 확장되는 가운데 수많은 칼뱅주의 신앙고백자가 생겨나기 시작했다. 그리고 칼뱅주의는 처음 형성된 이후 400년이 흐르는 동안 수많은 교의학 저작들 속에서 해석되었다. 같은 개신교 진영에 속한 루터주의가 좀 더 제한되고 단일한 환경에 있었던 것에 비해 칼뱅주의의 발전은 다양한 영역에서 풍성하게 이루어졌다. 하지만 칼뱅주의는 역사 전반에 걸쳐 놀랍게 일관되면서 뚜렷한 성격과 근본 특징을 유지했다. 개혁파 교회의 신앙고백서들을 살펴보면 우리는 그것들을 칼뱅의 개인적 영향을 더 받은 고백서와 덜 받은 고백서로 구별할 수 있다. 그리고 그것들은 좀 더 큰 두 부류로 나뉘는데 우리는 아르미니우스의 변절(1618년 무렵) 전후로 그것들을 구분할 수 있다. 논쟁의 대상이 된 주제들을 좀 더 상세하게 설명할 필요가 생긴 것은 아르미니우스 운동의 영향이었다. 그것들 중 일부는 독일에서 작성되어 루터파 사상의 영향을 받은 흔적이 있다. 물론 각각의 교리 체계를 설명한다고 고백하는 사람들은 자신들이 설명한다고 고백한 신앙에 충실했다. 이런 모습은 다른 누구보다도 개혁파 사람들이 가장 충실하게 보여주었다. 그럼에도 불구하고 역사적으로 검증된 모든 개혁파 교회의 신앙고백서들은 동일한 진리 체계를 가지고 있음이 분명한 사실이다. 신앙고백서가 취리히나 베른, 바젤, 제네바 중 어디서 작성되었는지는 중요하지 않다. 제2스위스 신앙고백서처럼 신앙고백서가 스위스 신학사상의 발전과정을 담고 있는지 그렇지 않은지도 중요하지 않다. 그것이 프랑스나 스코틀랜드, 네덜란드, 팔츠 주, 헝가리, 폴란드, 보헤미아, 영국 등의 국가적 개혁파 교회들의 신앙을 공표하는지도 중요하지 않다. (개혁파 교회 전체가 동의하는) 도르트 신조나 (영국 청교도 전체가 동의하는) 웨스트민스터 신앙고백서, (최근 제안된 새로운 교리에 대한 스위스의 성숙한 판단을 보여주는) 스위스 공식 합의문 (Swiss Form of Consent)처럼 새롭게 일어나는 반대세력에 대항해 만들어진 신앙고백서가 개혁파 교회의 확립된 교리를 다시 공표하는지도 중요하지 않다. 그리고 지난 4세기 동안 개혁파 교회의 신앙을 해석하고자 노력했던 사람들의 개인적 관점이 다양하고, 수많은 작가의 능력과 학식, 이해가 어쩔 수 없이 다르지만, 개혁파 교회 교의학의 큰 줄기는 본질적으로 순수한 상태로 명맥을 이어왔다. 츠빙글리와 칼뱅이 제시했던 원형 그대로 토마스 찰머즈(Thomas Chalmers, 1780-1847)와 윌리엄 커닝햄 (William Cunningham, 1805-1861), 프랜시스 크로포드(Francis Crawford Burkitt, 1864-1935), 찰스 하지(Charles Hodge, 1797-1878), 제임스 톤웰 (James Henley Thornwell, 1812-1862), 윌리엄 쉐드(William Greenough Thayer Shedd, 1820-1894) 등의 수많은 후예에게 전해 내려오고 있다.

7. 칼뱅주의의 다양성

처음부터 개혁파 교회의 가르침을 두 가지 유형으로 구분하려는 시도가 있었던 것은 사실이다. 좀 더 급진적인 유형은 칼뱅의 특정 가르침의 영향으로 전개되었다. 그리고 (소위) 좀 더 온건한 유형은 주로 독일 지역에서 퍼져나갔다. 처음에는 멜란히톤의 영향을 보여준다고 언급되었고 (Hofstede de Groot, Ebrard, Heppe), 최근에는 불링거의 영향이었다고 언급된다(Gooszen). 그러나 칼뱅주의의 본질과 관련된 모든 부분에서 칼뱅과 불링거, 스위스와 독일 사이에는 차이가 없었다. 하이델베르크 교리문

답서는 분명 신앙고백서가 아니라 교리문답서다. 그것의 전제나 가르침
은 제네바의 교리문답서나 웨스트민스터 의회의 교리문답서들 같이 철
저히 칼뱅주의에 토대를 두고 있다. 교리의 본질 역시 이른 바 스콜라주
의라고 불리는 학파의 특별한 방법론에 의해 손상되지 않았다.[7] 혹은 그
것은 언약신학자들이라 불리는 학파의 독특한 진술 방법에 의해 손상되
지도 않았다.[8] 개혁파 교회의 신학의 근본 개념들이 오염되기 시작했던
것은 17세기 초반 아르미니우스주의가 등장하면서였다.[9] 그리고 아르미
니우스파는 전체 개혁파 교회 진영이 그것을 정죄하면서 빠르게 사그라
들었다. 아르미니우스파가 칼뱅주의에 대항해 제시한 "5대 항론"은 도르
트 신조가 절대적 예정과 제한 속죄, 전적 타락, 불가항력적 은혜, 성도
의 견인이라는 근본 교리들을 재천명하며 설명되었다. 칼뱅주의가 자신
의 범주 안에서 처음으로 크게 수정된 것은 17세기 중반 프랑스의 소뮈
르 대학 교수들 때문이었다. 여기서 소뮈르주의가 생겨났는데 그것은 아
미랄두스주의나 가설적 보편주의(Hypothetical Universalism)라고도 불린
다.[10] 이들의 수정 역시 당대 개혁파 교회로부터 정죄를 받았다. 그리스도

---

7. 이러한 사실은 잔키우스(Hieronymus Zanchius, 1516-1590)에게서 확인될 수 있다. 그것은
   알스테드(Johann Heinrich Alsted, 1588-1638)나 푸치우스(Gisbertus Voetius, 1589-
   1676)와 같은 신학자에게서 확연히 나타난다.
8. 코케유스(Johannes Cocceius, 1603-1669)나 부르만(Frans Burman, 1628-1679),
   윗시우스(Hermannus Witsius, 1636-1708) 등을 의미한다. Diestel, *Studien zur
   Föderaltheologie*, in *Jahrbücher für deutsche Theologie*, X. 1865, pp. 209-276; G. Vos,
   De Verbondsleer in de Gereformeerde Theologie, Grand Rapids, 1891; W. Hastie, *The
   Theology of the Reformed Church*, Edinburgh, 1904, pp. 189-210을 참고하라.
9. 아르미니우스의 뒤를 이어 위텐보가르트(Uytenbogart)와 에피스코피우스(Simon
   Episcopius, 1583-1643), 림보르크(Philipp van Limborch, 1633-1712), 쿠르셀레우스
   (Stephanus Curcellaeus, 1586-1659) 등이 등장한다.
10. 대표적인 교수들로는 카메론(Cameron, 1625년 사망)과 아미랄두스(Amyraut, 1664년
    사망), 플라케우스(Placaeus, 1655년 사망), 테스타르두스(Testardus, 대략 1650년 사망)
    등이 있다.

는 그분의 성령을 통해 그분의 피 값으로 구속한 사람들만을 실제적으로 구원하신다는 교리의 중요성이 다시 한 번 재천명되었다.[11]

8. 타락전선택설과 타락후선택설

칼뱅주의 교리의 체계적 발전이라는 의의는 매우 미미하다. 하지만 만일 우리가 "칼뱅주의의 다양성" 자체를 중요한 것으로 좀 더 자세하게 언급한다면, 우리는 세 가지 유형의 교리를 언급해야 한다. 타락전선택설(supralapsarianism)과 타락후선택설(infralapsarianism), 그리고 이것과 관련하여 말할 수 있는 구속후선택설(postredemptionsim)이 그것이다. 이름이 말해주듯, 이 세 교리는 칼뱅주의를 지탱하는 근본 원리에 대한 합의에서 시작한다. 칼뱅주의의 범주 안에서 이 다양한 사상의 경향들 사이에 있는 차이는 각각 선택이라는 작정에 부여하는 위치를 중심으로 한다. 즉 선택에 대한 "하나님의 작정"(decrees of God) 사이의 논리적 순서를 중심으로 한다. 타락전선택설을 지지하는 사람들은 하나님의 선택이 타락이라는 작정 자체를 보여준다고 생각한다. 그리고 그들은 선택이라는 작정을 실현하는 수단으로 타락이라는 작정을 이해한다. 반면에 타락후선택설을 지지하는 사람들은 하나님의 선택은 타락이라는 작정을 전제한다고 말한다. 그래서 그들은 하나님이 일부 사람들에게 생명을 주기로 선택하시면서 그분의 마음은 **죄 덩어리**(*massa perditionis*)로 인류를 인식하신다고 주장한다. 많은 경우 타락전선택설과 타락후선택설 사이의 차이가 과장되는 경향이 있었고 실제로 언제나 극도로 과장되었다. 때로 저명

---

11. 웨스트민스터 신앙고백서와 스위스 공식 합의문에 잘 나타난다.

한 역사 신학자들도 하나님의 작정이라는 논리적 순서에 타락이 어떤 위치를 가진다는 사실을 부인하는 것을 포함하거나 허용하는 것으로 타락 후선택설을 설명한다. 그들은 하나님이 **작정의 순서**(*ordo decretorum*)에서 타락이라는 작정을 결정하신 이후에 선택하셨지만, 이런 작정의 순서에 타락이라는 작정이 있었는지 의문을 제기하기도 한다. 아니면, 그들은 하나님이 그분의 영원한 작정에서 타락이 아주 분명하게 전제되어 있는 것으로 결정하지 않으시고, 그분의 선택하시는 작정에서 타락한 것으로 인간을 생각하셨다고 주장하기도 한다. 실제로는 하나님의 작정에 타락을 포함시키는 일과 관련해서 칼뱅주의자들 사이에서는 커다란 견해 차이가 없으며, 있을 수도 없다. 하나님의 작정에 타락을 포함시키는 것을 의심하는 것은 실제로 우주에서 일어나는 모든 것이 궁극적으로 하나님의 의지에 따라서 일어나고 목적을 가진 것으로 발생하는 것으로 이해하는 칼뱅주의 근본 원칙을 반대하는 것이다.

9. 구속후선택설

구속후선택설(postredemptionsim)을 지지하는 사람들, 다시 말해 소뮈르주의자들(Salmurians)과 아미랄두스주의자들(Amyraldians)은 이 부분에서 큰 어려움을 느끼지 않는다. 선택이 논리의 순서상 타락이라는 작정만을 따르는 것이 아니라, 구속이라는 작정을 따른다고 주장하는 데서 그들의 특징이 드러난다. 여기서 구속이라는 용어는 그리스도가 우리의 구속을 위해 간구하신다는 정도의 좁은 의미로 사용된다. 따라서 그들의 생각에 따르면 하나님은 선택이라는 작정 가운데 인간을 타락한 존재인 동시에 이미 구속받은 존재로 받아들이신다. 이러한 견해는 가설적 보편주의에서 차용한 속죄론을 수정한 형태의 견해다. 이에 따르면 그리스도는 예외 없이 모든 사람의 죄를 위해 죽으셨는데, 모든 사람이 믿기만 하면 그 일이 그들에게 효력이 있다. 하지만 하나님은 그 어느 누구도 이것을 믿지 않을 것을 미리 내다보시고, 일부 사람들을 선택하셔서 성령의 유효적 사역을 통해 믿음을 허락하셨다. 역사적 칼뱅주의 안에서 구속후선택설을 주장하는 사람들의 중립적 입장은 역사적 신앙고백서들이 그것을 어떻게 다루는지를 통해서 알 수 있다. 공식적인 신앙고백서에서 구속후선택설은 "다양한 칼뱅주의" 중에서 유일하게 정죄의 대상으로 언급된다. 그리고 구속후선택설은 그것이 전개된 이후에 작성된 개혁파 교회의 모든 중요한 신앙고백서들로부터 정죄를 받았다. 사실 타락전선택설을 주장하는 신앙고백서는 없다. 그러나 많은 사람이 타락전선택설과 타락후선택설을 나누는 기준이 너무 한쪽으로 치우쳤다고 의문을 제기했다. 그리고 그들은 둘 중 어느 하나도 지지하려 하지 않았다. 그리고 타락전선택설을 직접 반대하는 사람도 없다. 반면에 모든 신앙고백서가 타락후선택설이 들어올 여지를 남겨두었다. 뿐만 아니라 상당수의 신앙고백서가 타락후선택설을 명시적으로 가르쳤다. 그래서 그것은 칼뱅주의의 전형으로 나타나기도 한다. 구속후선택설은 신앙고백서들의 정죄에도 불구하고 칼뱅주의의 한 형태로 인정받아왔다. 그것은 특히 미국의 칼뱅주의 교회 안에서 고유의 역사를 이루어왔다. 우리는 이 사실, 곧 미국의 칼뱅주의 교회가 구속후선택설을 받아들였다는 것을 칼뱅주의가 구속후선택설을 옹호한다는 증거로 받아들일 수도 있다. 물론 그것은 중요한 특정 부분에 있어서는 전형적인 칼뱅주의에서 벗어났다. 하지만 핵심 부분에서는 그 체계의 근본 원칙에 아직 충실했다. 하지만 거의 언급되지 않는 또 다른 형태의 구속후선택설이 있다. 19세기 중후반 무렵 뉴잉글랜드 회중교회주의자들[12] 사이에서 만연했던 이 형태의 구속후선택설은 로마 교회의 "조화설"(Congruists)을 따라 펠라기우스주의가 인간의 의지에 관해 생각하는 관점과 칼뱅주의가 하나님의 예정에 관해 취하는 관점을 조화시키고자 했다. 물론 그 결과 칼뱅주의의 "저항할 수 없는 은혜" 교리가 손상되었다. 그리고 "그리스도의 속죄" 교리는 그로티우스(Hugo Grotius, 1583-1645)가 속죄에 관해 주장한 통치설(governmental theory)에 밀려나야 했다. 이제 칼뱅주의에는 예정 교리만 남았다. 그러므로 이 "수정된 칼뱅주의"가 좀 더 새롭고 반칼뱅주의적인 교리체계에서 밀려나게 된 것은 전혀 이상한 일이 아니었다.[13]

10. 오늘날 칼뱅주의의 성쇠

대체적으로 오늘날 칼뱅주의가 번성하고 있다고 말하기는 어렵다. 미국에서는 19세기 중반 무렵까지 있었던 여러 논쟁을 통해 칼뱅주의 사상이 형성되다가 그 이후 점차 사그라졌다. 이 기간에 등장하여 그리스도의 교회를 한껏 성장시켰던 위대한 신학자들의 숨결이 아직도 느껴진다.[14] 그리고 최근 네덜란드에서는 개혁신학에 대한 인식이 다시금 일어나고 있

---

12. 테일러(Nathaniel William Taylor, 1786-1858), 찰스 피니(Charles Grandison Finney, 1792-1875), 에드워즈 파크(Edwards Amasa Park, 1808-1900) 등이 대표적이다. 『뉴잉글랜드 신학』(*New England Theology*)을 참고하라.

13. Williston Walker, in *American Journal of Theology*, April, 1906, p. 204 이하를 참고하라.

14. 찰스 하지(Charles Hodge, 1797-1878)와 로버트 브레킨리지(Robert J. Breckinridge, 1800-1871), 제임스 톤웰(James H. Thornwell, 1812-1862), 헨리 스미스(Henry B. Smith, 1815-1877), 쉐드(W. G. T. Shedd, 1820-1894), 대브니(Robert L. Dabney, 1820-1898), 알렉산더 하지(Archibald Alexander Hodge, 1823-1886) 등이 대표적이다.

다. 특히 자유교회에 속한 진영에서 시작되고 있다. 이는 개혁신학 전통을 가장 잘 잇고 있는 아브라함 카이퍼와 헤르만 바빙크의 네덜란드 개혁신학이 끼친 영향이 확산된 결과다. 그러나 솔직히 말해서 프랑스어권 나라에는 "여지없이 칼뱅주의자가" 거의 없는 것이 현실일 것이다. 독일어권 나라나 동유럽에 존재하는 칼뱅주의자들은 콜브뤼게(Hermann Friedrich Kohlbrügge, 1803-1875)의 가르침의 영향을 직접 받은 것으로 보인다. 심지어 스코틀랜드 역시 그 엄격한 구성에 있어서는 윌리엄 커닝햄과 토마스 크로포드 이후로는 하향세를 걷고 있다.[15] 그럼에도 불구하고 미래의 기독교는 과거와 마찬가지로 칼뱅주의의 성쇠에 달려 있다고 주장해도 과언이 아니다. 글래스고 대학교의 신학자 윌리엄 하스티(William Hastie, 1842-1903)는 다음과 같이 말한다. 신 개념을 바탕으로 형성되고, 칼뱅주의가 해석한 교리 체계만이 "세상의 모든 질서가 은혜의 교리와 합리적인 조화를 이루도록 하는 체계다.…여기서 우리는 오늘날 창궐하는 영적 도전과 위협을 정복할 수 있다는 희망을 갖게 된다. 이것은 생명력을 주는 방식으로 확립된 하나님에 관한 그러한 보편적 개념이다.…하지만 칼뱅주의는 이러한 영적 도전과 위협에 맞서 이 세상의 창조주이자 보존자, 통치자 되시는 하나님을 변증하고, 하나님의 인격성에서 비롯되는 정의와 사랑을 옹호할 때 충분히 깊고 충분히 광범위하며 충분히 신적이다."[16]

---

15. W. Hastie, *The Theology of the Reformed Church*, Edinburgh, 1904, p. 228.
16. W. Hastie, *Theology as Science*, Glasgow, 1899, pp. 97-98.

부록
신학자 칼뱅과 오늘날의 칼뱅주의[1]

신학자 칼뱅

이 강연의 주제는 "신학자 칼뱅"이다. 이 강연에서 나는 장 칼뱅이 어떤 유형의 신학자였는지, 신학적 사상가로 얼마나 탁월했는지에 관한 생각을 전달하려고 한다.

나는 여러분이 마음속에 칼뱅과 관련해 일반적으로 가지고 있는 인상을 바로잡아야 한다는 생각 때문에 강연 초반부터 적지 않은 부담을 느낀다. 어떤 사람들은 신학자로서 칼뱅이 (뻔뻔한 사변이라고 불릴지도 모르는) 대담한 사변을 가진 인물이라는 인상을 가지고 있다. 이와 달리 어떤 사람들은 냉철한 논리적 전개나 차갑고 냉랭한 스콜라주의자로 칼뱅을 이해하는 인상을 가지고 있다. 예를 들어 우리는 칼뱅이 하나님의 속성을 마치 삼각형의 성질을 생각하듯이 엄밀하게 추론한다는 말을 들었다. 칼

---

1. 여기에 실린 세 편의 강연은 미국에서 서로 다른 청중들을 대상으로 행해진 것이다. 이 강연들은 1909년에 출간되었다.

뱅과 관련해 이보다 더 큰 오해가 있을 수 있을까? 종교개혁 시기에 사변적인 신학자는 츠빙글리였지 칼뱅이 아니었다. 초기 종교개혁가들 가운데 피터 버미글리(Peter Martyr Vermigli, 1499-1562)가 스콜라주의의 방법을 철저하게 사용했고, 칼뱅은 그런 스콜라주의의 방법을 사용하지 않았다. 그 당시 사람들 모두가 나처럼 생각했다. 예를 들어, 요세프 스칼리게르(Joseph Scaliger, 1540-1609)는 다음과 같이 말한다.

> 우리 시대의 가장 위대한 두 신학자를 꼽는다면 그것은 장 칼뱅과 피터 버미글리다. 칼뱅은 성경이 마땅히 받아야 할 태도로 성경을 다루었다. 즉 그는 스콜라주의 방법을 사용해 모호하게 성경을 다루기보다는 신실하고 순결하며 단순하게 성경을 다루었다.…피터 버미글리는 궤변자들을 수용했다고 비난받아서인지 그들을 궤변적으로 극복했고 그들의 무기로 그들을 물리쳤다.

물론 나는 칼뱅이 대표적인 천재 사상가라는 것과 그가 자신의 반대자들을 무찌를 수 있는 명석한 논리적 분석 능력이라는 무기를 가졌다는 것을 부정하려는 것은 아니다. 그렇다고 해서 칼뱅이 이런 재능에 의지해 자신의 신학 사상을 구성하고 발전시킨 것은 아니었다. 어떤 사람은 내가 과장해서 말한다고 생각할지 모르지만, 칼뱅은 지속적이고도 엄밀하게 경험적인(*a posteriori*) 방법론을 사용해 신학을 다루었다. 그는 의도적으로 모든 선험적인(*a priori*) 추론 방식을 피했을 뿐만 아니라 그것을 엄격하게 거부했다. 그는 신학 연구 방법으로 논리를 확장시키는 것이 아니라 성경을 자세히 조사하는 주해를 사용했다. 한마디로 말해 그는 분명히 성경 중심의 신학자였다. 좀 더 명백하게 말한다면, 그는 당대의 탁월한 성경 중심의 신학자였다. 성경이 그를 어디로 데려가든 그는 그곳으로 갔다. 성경의 선포가 그에게 멈추라고 할 때 그는 그곳에서 멈췄다.

칼뱅의 신학적 가르침의 주요 성격을 규정하는 본질인 동시에 그를 비판하는 사람들에게 눈엣가시였던 것은 바로 그가 가진 명백함이다. 그의 가르침에는 확신하는 태도가 분명하게 있었다. 그리고 이 확신하는 그의 태도는 그를 비판하던 사람들의 심기를 불편하게 했다. 그들은 칼뱅이 선언으로 제시한 최종적인 결론에 대해서 분개했다. 그들은 자신들에게 준 칼뱅의 최종적인 결론을 사람들이 고찰하는 것을 저지할 수는 없었다. 왜냐하면 칼뱅이 이것을 자신의 가르침이 아니라 성령에 영감된 말씀이며 성령의 가르침이라고 설명했기 때문이다. 따라서 칼뱅의 명백한 어조는 그의 터무니없는 모습보다는 합리적이고 절제된 모습을 보여준다. 그는 심지어 사변적인 신학, 즉 우리가 추론적인 신학이라고도 부를 수 있는 신학의 성급함을 비난한다. 그리고 사상사를 연구하는 현대 역사가들은 그를 "한낱 성서 신학자에 불과"하다고 성급하게 비난한다. 곧 그들은 칼뱅이 츠빙글리처럼 하나님에 관해 실제적인 교리를 가지고 있지 않았다고 비난했다. 이러한 비난은—이것을 비난이라고 할 수 있을지는 모르겠지만—정당한 것이다. 칼뱅은 자연이라는 책과 계시라는 책에 명백하게 "기록된 것" 너머로 나아가기를 거부했다. 예를 들어 그는 우리가 하나님이 그분의 사역과 말씀을 통해 우리에게 알리기로 정하신 것 말고는 그분에 관하여 알 수 없다고 주장했다. 이것 이외의 것은 모두 뇌리에서 "떠도는" 공허한 망상에 불과하다. 칼뱅이 자신의 방법을 확신했던 이유는 그가 기록된 하나님의 말씀 너머로 나아가지 않았다는 데 있다. 그는 성령의 지시를 마치 논쟁의 대상이 되는 일단의 명제들처럼 보여줄 수 없었다.

성경에 대한 이런 칼뱅의 태도는 어쩌면 철두철미한 주지주의(主知主義)와 일치하는 것처럼 보인다. 그리고 대부분의 사람들이 철저한 주지주의자로 칼뱅을 생각했다. 다시 말하지만 이런 생각은 그들이 칼뱅을 완전히 오해한 데서 비롯된 것이다. 칼뱅은 자신이 단순하게 이해한 것보다는 훨씬 더 깊은 근원에 의지해 그런 명백함을 제시했다. 프랑스의 고대 언어학자이자 문화인류학자인 에르네스트 르낭(Ernest Renan, 1823-1892)은 칼뱅을 당대의 가장 기독교적인 사람으로 묘사했다. 그는 칼뱅을 높게 칭송하고자 그런 말을 한 것이 아니라 그를 너무 과대평가하지 말자는 의도로 그렇게 말했다. 하지만 그는 자신의 의도와는 다르게 칼뱅에 대해 더 참되고 심오한 견해를 남기게 되었다. 칼뱅의 본성에 있는 근본적인 특성은 정확하게 말해 "경건"(religion)이었다. 이것은 그가 그저 깊은 종교적 감상(religious sentiment)에 물들어 자신의 모든 생각을 발전시켰다는 것을 의미하지 않는다. 오히려 이것은 그의 생각의 전체적인 요지가 경건이라는 목적으로 규정된다는 것을 의미한다. 그래서 만일 "마음의 신학"이라는 것이 있다면, 칼뱅의 신학은 분명히 마음의 신학이었다. 그리고 칼뱅은 "신학자를 만드는 것은 바로 마음이다"라는 자신의 행동 원리를 실천적으로 가장 잘 보여준 인물이다.

칼뱅은 자신이 다루었던 모든 주제를 왕성하고도 강력한 지성으로 깊이 통찰한다. 하지만 그는 지성의 무의미한 호기심만을 충족시켜주는 방식을 따라서 경건과 관련된 주제를 다룰 수 없었다. 그가 하나의 단순한 지적 행위로 경건이라는 주제를 다루지 않을 수 있었던 것은 스스로를 억제하는 자기 절제력이 강해서가 아니다. 칼뱅이 관심 가졌던 경건 자체에서 흘러나오는 힘이 본능적으로 그를 억제했다.

칼뱅은 삼위일체에 관한 교리에서 큰 역사적 분기점을 만들었다. 삼위일체에 관한 교리는 탐구심이 강한 지적인 신학자들을 유혹했고, 많은 위대한 신학자가 난해함으로 가득한 삼위일체에 관한 교리의 문제를 해결하려는 원대한 꿈을 가지고 그 문제로 뛰어들었다가 그 문제에 빠져 허우적거렸다. 하지만 칼뱅은 그들과 다르게 문제에 빠져 허우적거리지 않았다. 오히려 칼뱅은 삼위일체에 관한 교리의 발전에 있어서 큰 획을 그었다. 그는 단순히 사변적인 관심이 아닌 생명력에 대한 관심을 가지고 그 교리를 다루었기 때문이다. 또는 칼뱅의 이름과 거의 동일시되는 예정에 관한 교리를 생각해보자. 칼뱅은 그의 이론들 중 예정에 관한 교리를 사변적으로 설명했고 어떤 것에도 정당화될 수 없는 극단까지 자신의 논리를 전개했다고 이해되고 있다. 물론 이런 이해와 다르게 칼뱅은 아주 명료하고 그 어떤 것에도 매수되지 않은 신실한 사고 속에서, 그리고 성경의 가르침을 충실하게 반영하면서 만물의 제1원인(*prima causa rerum*)으로 하나님의 의지를 완전하고도 강하게 고수했다. 그리고 이 교리는 그에게 삼위일체 교리와 마찬가지로 경건과 관련된 이해를 담고 있었다. 예정에 관한 교리는 경건과 관련된 이해였기 때문에 그는 예정에 관한 교리를 계속해서 확증했다. 더욱이 그것은 높고도 참된 의미에서 모든 경건과 관련된 이해들 중 가장 근본적인 이해였다. 칼뱅은 우주론적 예정(cosmical predestination)이 아니라 구원론적 예정(soteriological predestination)을 지속적으로 생각했다. 구원론적 예정에 의하면 인간은 무능력한 죄인으로서 하나님의 값없는 은혜에 의한 구원이 필요한 존재다. 그러므로 독일 에어랑엔 대학 신학교수 에브라르드(Johannes Heinrich August Ebrard, 1818-1888)가 칼뱅의 신학에 나타나는 예정에 관해 말한 것은 상당히 옳다. 곧 칼뱅이 말하는 예정은 하나님의 작정(*decretum Dei*)이 아니라 하나님의 선택(*electio Dei*)이다.

칼뱅이 하나님과 하나님의 섭리에 관한 교리를 다룰 때 예정을 언급하지 않고, 구원론을 다룰 때까지 그 주제를 미루어둔 것은 단지 논쟁의 기술로서가 아니었다. 칼뱅의 가슴을 가득 채우고 그의 영혼 구석구석까지 스며든 것은, 칼뱅 자신이 길 잃은 죄인으로서 구원자이신 하나님의 값없는 은혜에 빚진 자라는 사실에 대한 깊은 인식이다. 그는 자신이 지각한 분명한 사실(실제로 그와 더불어 모든 종교개혁자가 지각한 사실)을 바탕으로 이중예정을 열정적으로 확증한다. 그가 지각한 사실에 의하면, 오직 이중예정을 통해서만 "하나님과 인간의 협력에 의한 중생"(synergism)이라는 악한 누룩이 제거될 수 있고 구원의 과정에 나타난 하나님의 값없는 은혜가 순전한 형태로 보존될 수 있다. 한마디로 그의 열정의 뿌리는 우리가 죄인으로서 구원의 하나님께서 주시는 값없는 은혜에 전적으로 의지해야 한다는 의식에 심겨져 있다. 이처럼 칼뱅의 깊은 경건 의식을 구성하는 필수 요소는 은혜로우신 하나님의 주권이었다. 칼뱅은 이 점에서 그의 위대한 스승인 아우구스티누스와 입장을 같이 했다. 그는 루터나 츠빙글리, 부처와 같이 경건의 위대한 부흥을 가져온 그 밖의 모든 숭고한 정신을 지닌 사람들과 입장을 같이 했다. 우리는 그 부흥을 종교개혁이라 부른다. 죄인들은 파멸에 처해 있다. 그래서 그들은 자신들이 처한 파멸로부터 스스로 회복되기 위해 아무것도 할 수 없다. 칼뱅은 이 파멸로부터 죄인들을 구원하시는 일에 대한 영광을 하나님께서 받지 못하신다는 사실을 참을 수 없었다.

신학자 칼뱅의 근본적인 관심은 분명하게 구원론과 관련된 폭넓은 영역에 놓여 있다. 우리는 한걸음 더 나아가서 이렇게 덧붙일 수 있다. 구원론이라는 폭넓은 영역에서 칼뱅은 죄로 가득한 인간 영혼에 그리스도가 이루시는 구원을 적용하는 것에 관심을 집중했다. 한마디로 우리가 신학적인 용어를 사용해 그것을 설명한다면, 이는 "구원의 서정"(ordo salutis)이다. 일부 사람들은 이 부분에 있어서 칼뱅을 비난했다. 그들이 보기에 신학 연구서인 『기독교 강요』가 너무 주관적인 성격을 띤다는 것이다. 그들의 비난과 상관없이 『기독교 강요』를 출간한 결과 칼뱅은 뛰어난 성령의 신학자가 되었다.

칼뱅은 다른 분야의 신학사상에도 가장 중요한 내용을 형성하는 데 기여했다. 이미 언급한 사실에 의하면 그는 삼위일체 교리의 역사에서 한

획을 그었다. 또한 그는 그리스도의 사역을 설명하는 방식에서도 큰 역사적 분기점을 만들었다. 칼뱅이 그리스도의 사역을 예언자, 제사장, 왕이라는 삼중직으로 설명하는 방식을 처음 시작했고, 기독교 국가 전체(Christendom)가 그리스도의 삼중직 사역을 칼뱅에게 이어받아 사용했다. 물론 그들은 항상 칼뱅의 생각에 있는 것이나 그가 완전하게 발전시킨 것을 그대로 가져와 사용하지는 않았고 자신들에게 유익한 것만을 가져와 이용했다. 기독교 윤리 분야에서도 그의 영향은 획기적이었다. 이위대한 학문은 그의 제자들에 의해서만 한 세대 동안 열매를 맺었다.

하지만 칼뱅이 신학에 가장 크게 기여한 것은 아마도 그가 성령의 사역에 관한 교리를 크게 (그리고 최초로) 발전시켰다는 사실에 있다. 기독교가 시작될 때부터 기독교 사상을 수용한 모든 사람은 성령이 생명의 저자이자 수여자임을 믿었고 이 세상의 모든 선한 것을 그분에게, 특히 그분의 거룩한 사역에 돌렸다. 이 점은 의심의 여지가 없다. 아우구스티누스도 은혜를 다루면서 구원에 관한 교리를 굉장히 생생하고도 자세하게 주관적인 경험으로 설명했다. 그의 이해에 따르면 이 구원의 모든 과정은 성령의 사역임에 틀림없다. 우리는 죄와 은혜에 관한 교리의 시작을 아우구스티누스에게서 찾을 수 있고, 속죄에 관한 교리의 시작은 안셀무스에게서, 믿음에 의한 칭의에 관한 교리의 시작을 루터에게서 찾을 수 있다. 이와 동일한 의미에서 우리는 칼뱅이 성령의 사역에 관한 교리를 교회에게 선물로 주었다고 말해야만 한다. 처음으로 그가 구원의 전적인 경험을 구체적으로 성령의 사역과 연관시켰다. 칼뱅은 그것을 자세하게 구상했고 그것의 몇 가지 단계와 과정을 생각해냈다. 그는 그것을 성령이 구원을 순차적인 과정에 따라 영혼에 적용하시는 구체적인 사역의 산물로 설명했다. 따라서 그는 성령에 관한 전체 교리를 체계적이고도 적절하게 표현했고 하나님의 교회가 가져야 하는 확실한 소유물로 만들었다.

일반적인 논의에 의하면 칼뱅의 신학적인 업적은 다음과 같이 요약된다. 곧 칼뱅은 인간의 권위로부터 영혼을 해방시켰고 경건에 관한 일에 있어 인간의 중재라는 불확실성으로부터 영혼을 건져냈다. 그리하여 칼뱅은 영혼을 하나님의 직접적인 임재 가운데로 인도하여 오직 하나님의 값없는 은혜 위에서만 영적 강건함을 찾도록 영혼을 도왔다. 말하자면 로마 가톨릭 신학자들이 로마 교회를 위치시킨 자리에 칼뱅은 하나님을 모셔온 것이다. 우리가 이 말을 제대로 이해하고 적절한 내용을 덧붙인다면 그 말은 사실일지도 모른다. 그리고 그 말은 칼뱅의 신학적 가르침의 영향을 충분히 규정할지도 모른다. 하지만 그 말은 적절하다고 하기에는 너무 광범위하다. 칼뱅이 구체적으로 했던 일은 하나님을 아는 확실한 지식의 유일한 원천과 구원을 가져다주는 유일한 기관으로서 교회가 차지했던 자리를 성령으로 대체한 것이다. 이런 설명이 출현하기 이전에 살던 사람들은 하나님을 아는 지식과 하나님을 아는 신뢰할 만한 지식을 얻기 위해서 교회만을 바라보았고, 그들이 접근할 수 있는, 은혜의 전달을 위한 수단으로서 교회만을 바라보았다. 칼뱅은 이 두 가지 기능 모두가 교회에게 주어지지 않았다고 그들에게 가르쳤다. 그는 성령 하나님이 지식과 은혜를 그분의 손에 간직하고 계시고, 그분이 원하는 사람들에게 하나님을 아는 지식과 하나님과의 교제를 수여하신다고 가르쳤다.

요약하자면 『기독교 강요』는 죄로 가득한 인간에게 구원에 이르는 하나님을 알리고 죄인을 하나님과의 거룩한 교제로 데려가는 성령 하나님의 사역에 관한 글이다. 그래서 『기독교 강요』는 성령의 증언(*testimonium Spiritus Sancti*)에 관한 위대한 교리로 시작한다. 성령의 증언에 관한 교리는 칼뱅이 교회에 전해준 유익한 교리들 중 하나다. 그는 이 교리에서 죄인은 자신의 마음에서 일하시는 성령 하나님의 내적 사역을 통해서만 하나님을 아는 필수적이고도 생명력 있는 지식을 얻을 수 있다고 가르친다.

성령의 내적 사역이 없으면 죄인은 하나님의 영광이 드러나는 하늘을 바라보면서도 그것을 무의미하게 바라볼 뿐이며, 하나님의 은혜를 드러내는 세상을 보고도 그것이 무엇을 의미하는지 전혀 모른다. 그래서 『기독교 강요』는 중생에 관한 위대한 교리에 집중한다. 칼뱅은 중생이라는 용어를 넓은 의미로 사용해 인간이 하나님을 향해 회복되어가는 전 과정을 포괄하는 것으로 그것을 이해한다. 이 교리에서 칼뱅은 죄인의 마음에 살아 있는 믿음의 활동을 일깨우는 유일한 힘은 죽은 자들의 영혼에 거짓 없는 창조적 행위로 움직이시는 하나님의 성령과 동일하다고 가르친다. 이 위대한 생각들이 온전한 표현으로 전개될 때, 곧 하나님의 사랑과 그리스도의 구속에 담긴 모든 전제와 그 전제들이 서로 맺는 관계 그리고 전제들의 결과들이 온전하게 설명될 때, 우리는 칼뱅의 신학을 만나게 된다.

물론 "그분이 기뻐하시는 때에 기뻐하시는 곳에서 기뻐하시는 방법으로 일하시는" 하나님의 성령에 모든 것을 맡기는 신학은 하나님이 기뻐하시는 그분의 주권적인 뜻에 모든 것을 의존한다. 그러므로 칼뱅의 신학은 철저한 예정론이다. 그는 성경의 가르침에 충실하면서도 그것을 체계화시키는 탁월한 재능을 바탕으로 예정론을 온전하고도 힘 있게 전개하는 데 실패하지 않았다. 그는 일어나는 모든 일에서 하나님의 의지를 보았고, 하나님이 만물의 주님(Lord)이자 감독자로서 마땅히 지니셔야 할 영광을 하나님께 돌렸다. 하지만 이것은 칼뱅 신학의 고유한 특성이 아니다. 아우구스티누스는 칼뱅보다 천 년이나 앞서 이 모든 것을 가르쳤다. 루터와 츠빙글리, 부처는 칼뱅에게 이러한 높은 신비들을 가르쳐준 사람들이다. 그들은 칼뱅이 공부하고 있을 무렵 이미 이것들을 가르치고 있었다. 종교개혁 운동의 선구자들은 모두 한결같이 칼뱅과 더불어 그것을 가르치고 있었다. 칼뱅의 특별한 점은 다음과 같다. 그는 하나님이 새로운 창조 과정에서 일으키시는 모든 일의 원인을 분명하고도 힘 있게 성령 하나님에게서 찾았으며, 이런 관점에서 성령의 사역에 관한 풍부하고도 온전한 교리를 전개했다.

그렇다면 칼뱅이 신학적 발전에 기여한 점은 바로 이것이다. 곧 성령에 관한 교리는 교회의 역사 속에서 그의 손에 의해 처음으로 정당한 권리를 얻게 되었다. 하나님의 영광에 관한 통찰은 다른 어떤 사람들보다도 칼뱅의 마음속에서 빛났다. 칼뱅은 하나님의 영광을 다른 것에게 주지 않으려고 누구보다도 애썼다. 자신을 구원하기 위해서 피 흘리신 구세주를 위해서 칼뱅만큼 헌신했던 사람이 또 있을까? 하지만 다른 무엇보다도 칼뱅이 성령의 전능하신 능력에 의해 이루어지는 구원을 향한 주권적 사역을 인식했다는 사실은, 그가 하나님에 관해 품었던 생각의 성격을 말해 주고 있다. 그래서 그는 다른 무엇보다도 성령의 신학자라는 위대한 칭호를 받을만한 가치가 있다.

칼뱅의 신학

이 강연의 주제는 "장 칼뱅의 신학"이다. 나는 독자들이 이 주제를 좀 더 넓은 의미로 받아들일 것을 요청하고 싶다. 즉 신학자로서 장 칼뱅의 개인적 특징을 지나치게 많이 묘사하거나 그가 가르친 신학의 결정적인 특징들을 폭넓게 개괄하지 말자는 것이다. 다른 말로 표현하면, 나는 장 칼뱅의 이름을 담고 있는 경건에 관한 위대한 사상체계인 칼뱅주의(Calvinism)에 관하여 이야기하고 싶다. 물론 칼뱅은 칼뱅주의의 창시자가 아니라 칼뱅주의의 주요 대변자들 중 한 명이다. 하지만 칼뱅은 칼뱅주의를 구성하고 체계화시키는 데 있어서 그의 손길과 천재성의 흔적을 담았다.

우리가 종교개혁이라고 부르는 엄청난 격동 속에서 경건의 부흥이 일어난 이후 모든 교사가 자신의 지성과 마음에 경건을 새겼다. 하지만 우리는 이 사상 체계의 기원을 아마도 장 칼뱅으로부터 찾을 수 있을 것이다. 그러므로 종교개혁 이후 경건에 관한 사상 체계가 칼뱅의 이름을 담게 된 것은 정당해 보인다. 칼뱅이 인류에게 기여한 것 중에서 (그것들은 적지도 작지도 않은데) 가장 위대한 것은 경건에 관한 사상 체계를 새롭게 수립하고 그의 천재성으로 이 사상 체계에 새로운 생명을 불어넣었다. 이런 이유로 우리가 칼뱅주의로 칼뱅을 기억하는 것은 정당하다. 우리가 칼뱅주의의 핵심(heart)을 살피고자 할 때, 우리는 동시에 장 칼뱅의 마음을 온전히 탐험하게 된다. 칼뱅주의가 그의 가장 위대하고도 중요한 업적이다. 칼뱅주의를 적절하게 이해하는 사람만이 칼뱅을 가장 잘 이해할 수 있다.

독일 루터교 역사신학자 막스 괴벨(Max Göbel, 1811-1857)은 백여 년 전 많은 학자와 함께 칼뱅주의를 형성하는 원리를 명확하게 서술하는 일에 착수했다. 저명한 사상가들이 그 작업에 헌신했지만 일치된 결과를 얻을 수는 없었다. 가장 어려웠던 것은 칼뱅주의를 형성하는 뚜렷한 원리들에 대한 혼선이었다. 신학자들은 칼뱅주의가 다양한 모습으로 발전하기 이전의 초기 원리에 집중하기보다는 칼뱅주의와 자신들 간에 서로 다른 신학적 경향들에 집중했다.

칼뱅주의가 그런 논의에서 뚜렷하게 대조를 이루었던 신학적 경향은 자매 관계에 있는 루터주의였다. 칼뱅주의는 종교개혁의 유산을 루터주의와 함께 나누었다. 이제 서로 다른 정신이 칼뱅주의와 루터주의를 채우고 있다는 것은 의심의 여지가 없다. 칼뱅주의의 독특한 정신이 칼뱅주의를 형성하는 원리에 기인한다는 것에도 마찬가지로 의심의 여지가 없다. 칼뱅주의의 독특한 정신은 그것의 기원이나 선례들이 처했던 외적 정황, 예를 들어 스위스의 민주주의적 본능이나 칼뱅주의 창시자들의 높은 인문주의적 문화, 그들의 지적 성향이나 급진적 성향에서 기인한 것이 아니다. 하지만 개신교의 두 유형 중 한 유형을 형성하는 원리를 규명하기 위해서 다른 유형과의 뚜렷한 차이점에 집중하는 것은 큰 실수다. 일반적으로 개신교의 이 두 유형에는 차이점보다는 공통점이 더 많이 있기 때문이다. 그리고 두 체계 내에서 예정론이라는 원리와 믿음에 의한 칭의라는 원리 각각에게 주어진 근본적인 위치를 그 근원까지 추적하는 것만큼 잘못된 시도도 없다.

우선 예정에 관한 교리는 칼뱅주의를 형성하는 원리가 아니다. 그것은 칼뱅주의의 논리적 함의에 불과하다. 그것은 칼뱅주의가 자라난 뿌리가 아니다. 그것은 칼뱅주의에서 밖으로 표출될 수밖에 없었던 가지들 중 하나다. 그리고 그것은 종교개혁 운동 전체에 형식과 힘을 제공한 칼뱅주의만의 특이함이라고 할 수도 없다. 종교개혁 운동은 영적인 관점에서 보자면 경건의 위대한 부흥이었고, 교리적인 관점에서 보자면 아우구스티누스 사상의 위대한 부흥이었다. 따라서 이 점에서 종교개혁가들 사이의 차이점은 없다. 루터와 멜란히톤, 타협적이던 부처도 절대적 예정에 있어 츠빙글리나 칼뱅만큼이나 열정적이었다. 심지어 츠빙글리조차도 예정에 관한 교리를 분명하고도 전폭적으로 주장한 점에서 루터를 넘어설 수 없었다. 그리고 개신교 신앙의 요소들을 진술하는 서두에서 예정론을 공식적으로 주장하고 상술하려고 했던 사람은 칼뱅이 아니라 멜란히톤이었다.

두 번째로 믿음에 의한 칭의라는 교리도 특별히 루터주의의 원칙이라고 설명될 수 없다. 그것은 루터주의와 마찬가지로 개혁주의의 핵심이기도 하다. 뿐만 아니라 믿음에 의한 칭의(justification by faith)가 아니라 믿음 때문에 주어지는 칭의(justification on account of faith)에 저항해 칭의 개념이 순전하게 보존될 수 있는 것은 오직 개혁주의 체계 안에서만 가능하다. 루터주의가 믿음을 궁극적 사실로 간주하고 그것에 의지하려는 성향이 있는 것은 사실이다. 반면 칼뱅주의는 믿음의 원인까지 파고들어가며, 믿음을 인간의 구원을 바라시는 하나님의 활동의 또 다른 산물과의 적절한 관계 속에 놓는다. 우리는 이 차이점에 대해 적절하게 숙고하면서 다시 각 유형을 형성하는 원리로 돌아갈 수 있다. 하지만 그것은 형성하는 원리가 구체화된 것이라기보다는 형성하는 원리의 다양한 결과물이다. 루터주의는 하나님과의 화평을 추구하는 죄책이 가득한 영혼의 극심한 고통에서 시작하여 믿음에서 그 화평을 발견하고 바로 그 지점에서 멈춘다. 루터주의는 믿음으로부터 흘러나오는 복을 기뻐하고 누리는 데 몰두한다. 루터주의는 믿음이 어디에서 흘러나오는지 묻기를 거부한다. 따라서 루터주의는 일종의 신적 기쁨 안에서 헤매게 되고, 의롭게 된 영혼의 화평 뒤에는 아무것도 없음을 알고 또 알게 될 것이다. 칼뱅주의도 루터주의와 같은 열정으로 이렇게 질문한다. "나는 구원받기 위해 무엇을 해야 하는가?" 그리고 칼뱅주의도 루터주의와 정확하게 동일한 답을 제시한다. 하지만 칼뱅주의는 거기에서 멈추지 않는다. 더 깊은 질문이 칼뱅주의를 짓누른다. "나에게 칭의를 가져다주는 이 믿음은 어디로부터 오는가?" 그리고 더 깊은 곳에서 "오직 하나님의 값없는 선물로 주어지고, 그분의 은혜의 영광을 찬양하자"라는 반응과 찬양이 영혼 전체에 울려 퍼진다. 따라서 칼뱅주의는 우리의 시선이 영혼의 운명과 영혼에서 벗어나 하나님의 영광과 하나님을 향하도록 한다. 칼뱅주의에는 틀림없이 구원을 향한 열망이 있지만 칼뱅주의의 가장 큰 열망은 하나님을 높이는 것이다. 그리고 바로 이 열망이 칼뱅주의의 감정을 고양하고 칼뱅주의의 노력에 생명력을 불어넣는다. 칼뱅주의는 하나님의 영광을 위한 통찰에서 시작하고, 하나님의 영광을 위한 통찰에 집중하고, 하나님의 영광을 위한 통찰로 끝난다. 그리고 칼뱅주의는 다른 무엇보다도 삶의 모든 활동 영역에서 하나님의 권리를 하나님께 돌리는 것에 집중한다.

따라서 만일 칼뱅주의를 형성하는 원리가 칼뱅주의와 자매 관계에 있는 루터주의와 함께 발전하면서 차이점을 드러낸다면, 이와 마찬가지로 그 원리는 칼뱅주의와 적대 관계에 있는 아르미니우스주의를 분별해낼 수 있는 몇 가지 교리(부분적으로 혹은 전체적으로)를 보여준다. 우리는 그것을 "칼뱅주의 5대 교리"로 부르도록 배웠는데, 이것은 적절하다. 칼뱅주의 5대 교리들은 부분과 전체 모두가 칼뱅주의에 있어서 필수적인 요소들이다. 따라서 이 필수 요소들 중 어떤 하나를 거부하는 것은 논리적으로 칼뱅주의 전체를 거부하는 것이다. 그리고 5대 교리 전체는 무엇이 칼뱅주의의 전형으로부터 멀리 떨어져 있는지를 알려준다. 다음과 같은 칼뱅주의의 분명한 가르침은 칼뱅주의의 순전함을 유지하는 데도 필수적이고 모든 칼뱅주의자들의 가슴에도 소중한 것이 아닐까? 곧 그것은 하나님의 주권적 선택과 그리스도의 분명한 대속적 속죄, 선을 행할 수 없는 인간의 악한 의지, 성령의 구원하시는 은혜에 있는 창조적 힘, 구속자의 보호하심 가운데 구원받은 영혼이 얻는 안전함 등이다. 그러므로 이 "5대 교리"는 아르미니우스주의에 반대하기 위해 채택된 것으로 모든 칼뱅주의 진영에서 깊은 확신과 함께 끊임없이 재천명되었다.

우리는 이 5대 교리의 탁월함이 아르미니우스와의 논쟁에서 드러난다고 생각하는 경향이 있음을 기억할 필요가 있다. 하지만 그 교리들은 칼뱅주의 교리의 전형으로도 상당히 적절하다. 그 교리들은 역사적으로 "아르미니우스주의 5대 오류"에 대한 칼뱅주의의 반론 정도로 여겨졌다. 물론 그것들이 부분적으로나 전체적으로 칼뱅주의를 형성하는 원리라고 주장될 수는 없다. 하지만 칼뱅주의 5대 교리는 칼뱅주의 교리의 총체가 자라나도록 만든 유일한 뿌리인 그 형성 원리로 분명하고도 직접적으로 우리를 다시금 데려간다. 이 모든 가지들이 뻗어 나오는 뿌리에는 하나님에 대한 깊은 인식과 하나님과 (그냥 피조물로 인식되든 죄로 가득한 피조물로 인식되든) 피조물 사이의 관계에 대한 깊은 인식이 놓여 있다. 이것은 분명하다. 한 마디로 말해 그것은 하나님과 그분의 위엄을 보는 것이다. 그것이 칼뱅주의 사상 전체의 근간에 놓여 있다.

이미 언급했듯이 칼뱅주의를 형성하는 원리를 정확하게 표현하기 위해 수많은 뛰어난 사상가들의 통찰이 필요했다. 그리고 칼뱅주의를 진술하는 방식이 다양하게 제기되었다. 하지만 결국 가장 간단한 진술이 가장 적절한 진술이 되었다. 다시 한 번 말한다면, 칼뱅주의는 하나님을 그분의 위엄 속에서 깊이 이해하는 것과 여기에 반드시 뒤따르는 통렬한 깨달음, 피조물 특히 죄로 가득한 피조물이 하나님과 맺는 관계에 대한 이해에 놓여 있다. 그러므로 칼뱅주의자는 하나님을 본 사람이다. 칼뱅주의자는 하나님을 그분의 위엄 속에서 보는 동시에 한편으로는 하나님이 보시기에 자신이 얼마나 무가치한 피조물이고 죄인인지를 충분히 인식한다. 다른 한편 그는 그럼에도 불구하고 이 하나님께서 죄인을 받아주신다는 경이로움에 대한 칭송으로 가득한 사람이다. 하나님을 전적으로 믿고 자신의 모든 생각과 감정과 의지에 있어, 곧 자신의 지적·도덕적·영적인 삶의 모든 활동 영역과 자신의 모든 개인적·사회적·종교적인 관계에서 그분만을 자신의 하나님으로 확정한 사람이 바로 칼뱅주의자다. 칼뱅주의자는 자신의 생각과 삶에 반영되는 원칙들이 갖고 있는 논리적 힘과 그것의 필연성에 의해 하나님을 자신의 하나님으로 확정한 사람이다.

우리가 이러한 설명을 좀 더 형식적인 이론 형태로 설명하길 원한다면 우리는 아마도 칼뱅주의의 근본 관념이 세 가지를 내포한다고 말할 수 있을 것이다. 첫째, 우리가 객관적으로 칼뱅주의를 말한다면 유신론은 칼뱅주의에서 그 정당성을 얻는다. 둘째, 우리가 주관적으로 칼뱅주의를 말한다면 경건에 관련한 것들이 칼뱅주의 안에서 그 순수성을 회복한다. 셋째, 우리가 구원론적으로 칼뱅주의를 말한다면 개신교적 경건은 칼뱅주의에서 온전히 표현되고 확고해진다. 유신론은 오직 우주에 관한 목적론적 관점에서만 정당성을 얻는다. 이 관점에 의하면 우주에서 일어나는 모든 사건의 과정은 하나님이 계획하신 질서 있는 사역의 결과다. 따라서 하나님의 의지는 모든 일들의 궁극적 원인으로 여겨진다. 하나님께 전적으로 의지하는 태도가 그저 기도라는 행위에서만 취해지는 것이 아니라, 오직 지적·감정적·활동적인 삶의 모든 행위에서 유지될 때에만 경건에 관련된 것들이 그 순수성을 얻게 된다. 그리고 개신교적 경건은 죄로 가득한 영혼이 오직 겸손히 자기를 비우는 자세로 하나님의 은혜를 순수하게 신뢰하고, 그 은혜만이 영혼을 구원으로 인도하는 직접적이고도 유일한 원천임을 신뢰할 때에만 온전하게 드러나고 확고해진다. 칼뱅주의를 형성하는 원리는 이러한 것들로부터 우리에게 두드러지게 나타난다. 칼뱅주의자는 모든 현상 너머에 계신 하나님을 바라보고, 일어나는 모든 일에서 하나님의 손길과 그분의 뜻을 깨닫는 사람이다. 칼뱅주의자는 영혼이 하나님께 드리는 기도에서 가지는 태도를 삶의 모든 활동에서도 변치 않는 태도로 만드는 사람이다. 그리고 칼뱅주의자는 자신의 모든 구원 사역에 있어서 자신을 오직 하나님의 은혜에만 맡기고 자신을 의지하는 모든 흔적을 배제하는 사람이다.

내가 생각하기에 여기서 중요한 것은 칼뱅주의가 다양한 형태의 유신론적 사상이나 경건의 체험, 개신교적 신앙의 한 종류가 아니라 이러한 것들의 완전한 표현임을 주장하는 것이다. 칼뱅주의가 다른 형태의 유신론이나 경건, 개신교와 갖는 차이는 종류의 차이가 아니라 정도의 차이다. 각기 고유한 특성을 지닌 인간이 자신의 상황에 따라 자유롭게 고를 수 있는 다양한 종류의 유신론, 경건, 개신교가 있는 것은 아니다. 오직 한 종류의 유신론, 경건, 개신교가 있다. 만일 사람들이 이 명칭들을 자신들의 해석에 따라서 다양하게 사용한다면, 그 명칭들의 의미의 차이는 하나의 생물학적 종이 생물학적 분류 체계에 따라 상위의 속(屬)과 관련 있는 종(種)과 관련된 차이를 나타내는 의미가 아니라, 동일한 종 안에서 좀 더 좋거나 덜 좋은 혹은 좀 더 나쁘거나 덜 나쁜 정도를 보여주는 것이다.

칼뱅주의는 좀 더 순수한 형태의 유신론이자 경건과 개신교로서 우리 앞에 제시된다. 그것은 좀 덜 순수한 형태의 유신론과 경건, 개신교와 다르다. 칼뱅주의는 이러한 다른 유형들과 나란히 놓이지 않고 오히려 이러한 다른 유형들을 대체한다. 칼뱅주의는 다른 유형들이 취해야 마땅한 모습을 보여준다. 따라서 우리는 칼뱅주의를 통해 모든 참된 유신론적 사상에 있는 유신론적 특징을 이해하며, 모든 참된 경건의 표현이 갖는 경건의 지표를 이해하며, 모든 실제적인 개신교 신앙이 갖는 개신교적 본질을 어려움 없이 이해한다. 칼뱅주의는 이러한 형태들이 실제로 어떤 정도로 있든지 그것들과 적대적으로 놓이는 것을 거부한다. 칼뱅주의는 그것들이 어떠한 형태로 출현하든 그것들을 칼뱅주의의 것으로 주장하고, 생각과 삶에서 그것들의 적절한 위치를 찾아주려고 한다. 하나님을 믿는 사람이라면, 자신이 하나님께 의존하고 있음을 깨닫는 사람이라면, 개신교 선언인 **"오직 하나님께 영광"**(*soli Deo gloria*)이 자신의 마음속에 울리는 것을 듣는 사람이라면 누구든지 자신이 칼뱅주의자임을 깨닫는다. 그가 자신을 어떤 이름으로 부르든지, 어떤 논리적 난제 때문에 그의 이해에 혼선이 오든지 상관없다. 그는 명시적으로 칼뱅주의가 모든 참된 경건의 기저를 이루고 그 경건을 구체화하는 근본 원리들을 완전히 정당화하기 위해 유일하게 필요한 것이라고 깨달아 명시적으로 칼뱅주의자가 된다.

우리의 이해에 의하면 칼뱅주의는 하나님 인식에서 발생한다. 칼뱅주의자의 감정과 생각의 지평 전체는 하나님으로 채워진다. 이것에서 흘러나오는 결과들 중 하나가 고등한 초자연주의(high supernaturalism)다. 이 고등한 초자연주의는 칼뱅의 경건 의식과 교리 구성을 단번에 알려준다. 실제로 칼뱅주의는 첫 번째 창조와 마찬가지로 두 번째 창조에서 하나님이 초자연적으로 직접 개입하신 것으로만 초자연주의를 서투르게 정의하지 않는다. 칼뱅주의는 (하나님을 의미하는) 초자연적 사실을 믿는 믿음의 힘과 순전함이 (기적을 의미하는) 초자연적 행위에서 발생하는 모든 난제를 해결해준다고 생각한다. 칼뱅주의의 첫 번째 원리는 죄로 가득한 인간이 하나님과의 관계를 회복하고 선한 존재로 회복되는 과정에서 일어나는 모든 것이 하나님으로부터 시작한다고 가르친다. 하나님은 초자연적 계시를 통해 그분의 뜻과 은혜의 목적을 인간에게 알리신다. 이 초자연적 계시는 초자연적 방법을 통해 책으로 기록되었다. 하나님은 이 책을 통해 그분의 계시의 영속성과 범위를 정하신다. 칼뱅주의자들에게 이 사실은 너무도 자명한 것이다. 그리고 무엇보다도 구속의 실제 사역에서 직접적인 초자연성을 강조했고, 그리고 직접적인 초자연성의 적용만큼이나 탄원도 강하게 주장했다. 칼뱅주의자의 믿음에 있어서 초자연적인 구속자, 즉 동정녀의 태(胎)를 통해 이 땅에 내려오신 구속자, 죽음의 속박을 깨시고 아버지 하나님 곁에 앉으시기 위해 하늘로 돌아가신 구속자, 그리고 세상이 존재하기 전에 아버지와 함께 지니셨던 영광을 함께 소유하시는 구속자를 믿는 것은 전혀 어려울 것이 없다. 또한 그는 이렇게 초자연적으로 얻어진 구속이 동일하게 성령의 초자연적인 사역에 의해 영혼에게 적용되는 것도 의심하지 않는다.

따라서 칼뱅주의 구원론의 핵심은 (우리의 앞 세대 신학자들이 "저항할 수 없는 은혜"나 "유효적 부르심"으로 불렀던) 하나님 단독에 의한 중생 교리다. 그리고 대중들이 단독적 중생 교리가 칼뱅주의와 좀 더 연관된다고 생각하는 것 이상으로 그것은 칼뱅주의에 깊이 심겨 있다. 실제로 칼뱅주의자들에게 예정이 구원론적으로 중요한 것은 그것이 단독적 중생, 곧 순전히 초자연적 구원에 보호 장치를 제공하기 때문이다. 칼뱅주의자의 구원론의 핵심은 구원 과정을 시작할 때 피조물의 모든 효력을 배제하고 하나님의 순전한 은혜에 의한 구원을 강조한다는 데 있다. 오직 하나님의 순전한 은혜에 의한 구원을 강조하면서 칼뱅주의자는 죄인인 인간이 하나님의 구원하시는 값없는 은혜에 전적으로 의존할 수 있다는 인식을 표현할 수 있었다. 혹은 그는 오직 그런 주장을 하면서 하나님과 인간의 협력에 의한 중생이라는 악한 누룩을 제거할 수 있었다. 하나님과 인간의 협력은 하나님의 영광을 그분에게서 빼앗고, 인간이 구원을 향해 자신의 힘과 행위, 시작, 참여를 더하도록 한다. 실제로 구원은 인간에게 순전히 은혜로 주어지는 것인데도 말이다.

그러므로 칼뱅주의는 "자력구원"이 어떤 형태나 어떤 정도로 나타나든 그것을 강력하게 반대한다. 칼뱅주의는 다른 무엇보다도 하나님을 인정하는 데서 결정된다. 즉 그분의 아들 예수 그리스도 안에 계신 하나님, 그분이 보내신 성령을 통해 활동하시는 하나님을 우리의 참 구세주로 인정하는 데서 결정된다. 칼뱅주의에 의하면 죄인인 인간에게는 그 자신을 구원하기 위한 동기나 도움이 필요한 것이 아니라, 정확하게 구원 그 자체가 필요하다. 그리고 인간이 그 자신을 구원하도록 충고하거나 권고하거나 호소하거나 돕기 위해서 예수 그리스도께서 오신 것이 아니다. 예수 그리스도는 인간을 구원하기 위해 오셨다. 예수 그리스도는 인간을 향한 성령의 유효적 사역을 통해 인간을 구원하기 위해서 오셨다. 이것이 칼뱅주의 구원론의 핵심이다. 인간이 자신의 무능력을 깊이 인식하고 구원 과정에 들어오는 모든 것이 하나님의 값없는 은혜로 말미암는다는 것을 겸손하게 인정하는 것이 칼뱅주의 구원론의 뿌리다. 그리고 이것은 선택이 칼뱅주의의 핵심 중의 핵심(cor cordis)이 되는 이유이기도 하다. 자신이 하나님을 선택한 것이 아니라 하나님이 자신을 선택한 사실을 아는 사람, 그리고 자신의 구원의 모든 과정과 단계가 하나님의 이러한 선택의 결과임을 아는 사람이 하나님의 이해할 수 없는 사랑의 선택에 자신이 구원받은 모든 영광을 돌리지 않는다면 그는 배은망덕한 사람일 것이다.

하지만 칼뱅주의는 단지 구원론에 불과한 것이 아니다. 칼뱅주의가 구원에 깊은 관심을 가지고 있다는 사실은 다음과 같은 질문으로 이어진다. "그렇다면 하나님은 왜 죄인들의 삶에 개입하셔서 그들의 죄의 결과에서 그들을 구원하시는가?" 대답은 다음과 같을 수밖에 없다. "그 이유는 (죄인들이) 하나님의 은혜의 영광을 찬송하게 하기 위함이다." 따라서 칼뱅주의는 구원의 계획을 온전한 세계관과 관련된 자리에 놓을 때까지 멈출 수 없다. 그 세계관 내에서 구원의 계획은 전능하신 주 하나님의 영광에 종속된다. 만일 모든 것이 하나님으로부터 왔다면, 이와 마찬가지로 칼뱅주의도 모든 것을 하나님께로 돌릴 것이고 하나님은 칼뱅주의의 모든 것이 될 것이다. 칼뱅주의는 하나님이 다른 이에게 양보하시지 않는 자신의 영광을 인간이 자신의 마음속에서 성찰하는 데서 생겨나고, 이 위대한 형상을 지속적으로 바라보는 데서 생명력을 얻는다. 우리는 다음과 같이 정확하게 언급해야 할 것이다. "칼뱅주의는 은혜의 교리를 통해 세상의 모든 질서를 하나의 합리적인 통일성으로 묶을 수 있고, 하나님을 영화롭게 하는 것이 궁극적으로 완전하게 이루어질 수 있는 유일한 체계다." 그러므로 기독교의 미래는 (과거에 그러했던 것처럼) 칼뱅주의에 달려 있다. 이에 대해 우리 시대의 저명한 사상가가 말한 것은 분명한 사실이다. "우리는 오직 생명력 있는 방법으로 확립된 칼뱅주의라는 하나님에 관한 보편적인 개념을 통해서만 우리 시대가 직면한 모든 영적 위험과 공포들을 완전히 정복할 수 있다는 희망을 만날 수 있다." 그는 다음과 같이 계속 설명한다. "사람들이 칼뱅주의를 제대로 이해한다면 칼뱅주의는 충분히 깊고도 충분히 거대하고도 충분히 경건하다. 그래서 이 세상의 창조자, 보존자, 통치자를 입증하고 하나님의 인격이 나타내는 정의와 사랑을 변호하는 가운데 모든 영적 위험과 공포들에 맞서 싸우기에 충분하다."

장 칼뱅은 거의 400년 전에 자신의 모든 능력을 쏟아 부어 이 교리 체계를 설명하고 변호했다. 지금까지 우리가 살펴본 자신의 값진 재능을 세상에 내어준 칼뱅이라는 사람에 대해, 오늘날 우리가 하나님께 감사할 수 있는 이유는 그가 자신의 모든 능력을 쏟아 부어 우리에게 이 교리 체계를 주었다는 데 있다.

칼뱅주의에 대한 오늘날의 태도: 그 원인과 의미

이 강연의 주제는 확신하기에 쉽지 않은 다음과 같은 것을 규정하는 데 있다. 곧 오늘날 칼뱅주의를 향한 태도는 무엇인가? 이 질문에 대한 답은 관찰자의 관점이나 혹은 관찰자의 눈이 향하는 지평에 따라 다양해지는 경향이 있다.

오늘날 미국의 학문은 "독일의 것"이고, 미국의 문화는 대부분 영국에서 온다. 근래의 독일 학문은 슬프게도 합리주의적 경향을 띤다. 합리주의적 경향이 루터주의에 첨가되었고 기이한 모습으로 전혀 예상치 못한 곳에서 불쑥 튀어나왔다. 이와 유사하게 영국 문화는 그냥 침투했다기보다는 하나부터 열까지 영국 국교회의 색채로 얼룩져서 유입되었다. 루터주의는 칼뱅주의를 항상 관용하지는 않았다. 영국 국교회주의는 결코 칼뱅주의를 허용하지 않았다. 자연주의(Naturalism)는 정확하게 칼뱅주의와 모순된다. 그러므로 (학문적인 책이든 순수 문학적인 책이든) 자연주의 정서가 가득한 책에 심취한 사람들은 칼뱅주의에 숨 막혀 했다.

물론 이 문제의 다른 면도 있다. 오늘날 세계에는 전에 없이 많은 칼뱅주의자가 있는 것처럼 보인다. 또한 칼뱅주의적 교회임을 고백하는 교회들도 비교적 그 지위를 잘 고수하고 있음에는 의심의 여지가 없다. 근대 사상이 이런저런 칼뱅주의 개념들을 이용하려는 것은 중요한 경향이다. 무엇보다도 겸손한 영혼을 가진 사람들을 도처에서 발견할 수 있다.

그들은 조용한 삶 속에서 하나님의 위엄 가운데 하나님에 관한 통찰에 사로 잡혀 있다. 그리고 그들의 마음은 칼뱅주의의 본질이기도 한, 하나님께 전적으로 의존하려는 생명력 있는 불꽃으로 가득하다.

하지만 우리는 전체적인 면에서 이 점을 인정해야만 한다. 즉 오늘날 사상의 경향을 고려해보면 칼뱅주의의 번영은 현재 최고치에 있지 않다. 칼뱅주의를 유산으로 물려받은 사람들 중에서 상당수가 칼뱅주의로부터 멀어졌다. 칼뱅주의를 여전히 형식적으로 고백하는 사람들이라 해도 말과 행동에서 칼뱅주의를 언제나 표현하거나 선포하는 것은 아니다.

하지만 은혜의 선택에 따라 남은 사람들이 있다는 것에는 의심의 여지가 없다. 남은 사람들의 상태는 비교적 건강해서 그 안에 열매를 맺을 수 있는 씨앗의 형태로 미래의 성장을 위한 약속과 잠재성을 가지고 있다. 하지만 그 상태는 기뻐할 만한 수준은 아니다. 남은 사람들은 모든 면에서 비우호적인 세력을 만난다. 남은 사람들은 의심하거나 주저하는 태도를 보이지는 않는다. 하지만 그들은 최소한 변명하는 태도를 취한다. 그리고 이 변명하는 태도는 전능하신 주 하나님을 신뢰하는 칼뱅주의자들에게는 어울리지 않는다. 이런 상황에서 칼뱅주의는 그 힘을 잃고, 사람들과의 투쟁 속에서 두려워하고 부끄러워하려는 유혹을 받는다. 나는 우리 시대 칼뱅주의의 상황을 너무 어둡게 묘사하려는 것이 아니다. 내가 분명히 믿는 바에 의하면 과거 칼뱅주의가 개신교적 기독교에 원동력을 제공해 주었던 것처럼 칼뱅주의는 오늘날을 위한 힘이요 미래를 위한 희망이다. 하지만 전체적으로 보자면 칼뱅주의는 너무 방어적인 자세를 취하는 것처럼 보이지 않는가? 우리가 이것을 어느 정도로 체감하느냐는 곧 칼뱅주의를 향한 태도의 원인과 의미에 대해 물을 수 있는 준비가 얼마나 되어 있느냐를 말해준다.

내가 생각하기에 우리는 칼뱅주의가 정확하게 무엇인지를 되짚어보면서 시작해야 한다. 칼뱅주의는 다음 세 가지 명제로 요약될 수 있을 것이다. (1) 칼뱅주의는 정당한 권위를 회복한 유신론이다. (2) 칼뱅주의라는 개념의 정점에 경건이 있다. (3) 칼뱅주의는 가장 순전하고도 확고하게 표현된 개신교다.

(1) 칼뱅주의는 정당한 권위를 회복한 유신론이다. 유신론은 우주를 목적론적으로 보는 관점에서만 권위를 얻는다. 왜냐하면 이 땅이나 하늘에 (인간이 많은 것을 신이나 주인으로 섬기는 까닭에) 신이라고 불리는 것들이 많지만, 유신론자에게는 만물을 지배하시고 만물의 목적이 되시는 오직 한 분 하나님만이 계시기 때문이다. 우리는 여기서 칼뱅주의자의 선언을 만나게 된다. 즉 "하나님의 의지는 만물의 원인이다." 나는 여기에서 유신론과 칼뱅주의가 유사점을 지닌다거나 서로 밀접하다고 말하는 것이 아니다. 나는 그 둘이 동일하다고 말하고 있다. 내가 말하고자 하는 바에 따르면 유신론, 곧 참되고 변하지 않는 유신론이자 모든 유신론이 마땅히 되어야 할 그 유신론은 원칙적으로 이미 칼뱅주의다. 다시 말해서 칼뱅주의는 우주론적인 측면에서 볼 때 순전한 유신론과 다를 게 없다. 칼뱅주의로부터 멀어지는 것은 바로 그 정도만큼 우주에 관한 참된 유신론적 개념으로부터 멀어지는 것과 같다. 물론 순전한 유신론으로부터 멀어지는 정도는 칼뱅주의로부터 멀어지는 정도와 같다. 불완전한 유신론이 우리의 세계관에 스멀스멀 들어오는 바로 그 지점에서 칼뱅주의는 불가능하게 된다.

(2) 칼뱅주의라는 개념의 정점에 경건이 있다. 왜냐하면 의식적으로 행하는 경건에 관련된 것들에(신비체험이라는 모호한 느낌, 무한한 존재에 이르기 위한 몸부림, 경외와 두려움을 깊이 느끼는 것, 책임을 민감하게 인식하거나 둔감하게 파악하는 것 등) 다른 어떤 것이 유입되더라도, 경건의 본질은 초월적인 존재(Supreme Being)에 대한 절대적인 의존을 의미하는 것이다. 나는

슐라이어마허(Schleiermacher)가 절대 의존 감정이 지적 내용을 지니지 않는다고 말했던 것처럼 절대 의존 감정을 이야기하려는 것이 아니다. 절대 의존 감정은 지적 내용을 가지지 않는다는 슐라이어마허의 말은 모순이다. 경건의 본질이 하나님에 대한 절대 의존을 의미하고 오직 이 절대적 의존 감정이 생각과 감정과 삶에 완전하고 충만할 때 칼뱅주의가 이야기하는 경건 개념의 정점에 이를 수 있다. 우리는 이 단계에 이르러서야 비로소 칼뱅주의를 만나게 된다.

하나님에 대한 전적 의존으로 이해되는, 경건에 관한 유신론적 표현이 바로 칼뱅주의가 아닐까? 그러므로 우리는 경건이 순전하게 표현되는 바로 그 지점에서 칼뱅주의를 암시적으로 발견한다. 나는 칼뱅주의에 대해 크고 작은 정도로 접근하는 법을 그 지점에서 추적할 수 있다고 말하는 것이 아니다. 내가 말하고자 하는 것은 칼뱅주의가 암시적이기는 하지만 실제로 그 지점에 존재한다는 것이다. 순전한 경건은 삶에서의 칼뱅주의다. 우리가 칼뱅주의로부터 멀어지는 것은 곧 경건으로부터 멀어지는 것이다. 그리고 우리는 칼뱅주의로부터 멀어지는 만큼이나 순전한 경건으로부터도 멀어진다. 하지만 우리가 칼뱅주의라는 개념의 정점에 있는 경건으로부터 멀어지기란 너무나 쉽다. 우리는 우리의 마음과 지성이 지녀야 할 참된 경건의 태도를 잠시 동안 취할 수 있을지도 모른다. 하지만 우리가 그 태도를 견지하고, 그 태도가 우리의 생각과 감정과 행동을 지배하도록 만드는 것은 어렵다. 기도할 때 우리 영혼이 지니는 태도, 바로 그것이 경건한 태도의 극치다. 하지만 우리는 우리가 하나님께 기도할 때 취했던 그 태도를 기도를 마친 후에도 유지하는가? 아니면 우리는 "아멘!"과 함께 그 태도를 단숨에 끝내버리고 전혀 다른 마음으로 우리의 일상생활로 돌아가는가? 칼뱅주의는 하나님을 향한 철저한 의존, 즉 우리가 기도할 때 취했던 그 태도를 우리의 모든 생각과 감정과 행동에서 유지하는 것이다. 칼뱅주의는 우리의 모든 생각과 감정과 의지를 결정하는 경건의 마음이다. 그러므로 칼뱅주의는 그 개념의 정점에서 경건과 동일한 연장선에 있다. 경건이 어떤 정도에서든 삶에 대한 주도권을 잃고, 우리의 내면적인 생각이 경건의 통제에서 벗어나는 그 순간 칼뱅주의는 불가능해진다.

(3) 칼뱅주의는 가장 순전하고도 확고하게 표현된 복음이다. 우리는 복음을 말할 때 죄와 구원도 말한다. 복음은 구원론적 개념이기에 죄와 죄로부터의 구원을 내포한다. 복음과 상관없는 경건이 있을지도 모른다. 더 나아가서 그 개념의 극치에 경건은 있지만 복음은 없을지도 모른다. 하지만 죄인에게는 그렇지 않다. 복음은 죄인의 마음에서 형성되기 때문에 그 정점에는 경건이 있다. 복음주의는 구원을 위해 하나님께 의존하는 것을 의미한다. 그러므로 복음은 구원이 필요함과 이 필요성을 깊이 인식하는 것, 이 필요와 관련하여 우리가 전적으로 무능력함을 깊이 인식하는 것, 이 필요를 채우기 위해 우리가 하나님께 철저히 의존해야 함을 인식하는 것을 암시한다. 우리는 자신의 가슴을 치며 하나님께 부르짖었던 세리에게서 그 전형을 발견한다. "하나님이여, 불쌍히 여기소서. 나는 죄인이로소이다!" 우리는 여기서 그가 스스로 구원을 하는지, 하나님의 도움으로 구원을 얻는지, 하나님이 구원하시도록 뭔가를 시작하는지 물을 필요가 없다. "나는 죄인입니다. 나의 모든 소망은 구원자 하나님께 있습니다!"라는 고백이 중요할 뿐이다. 이것이 칼뱅주의다. 다시 한 번 언급하지만, 이것은 칼뱅주의와 유사한 것이나 칼뱅주의에 대한 접근법이 아니다. 이것은 칼뱅주의가 생명력 있게 표현된 것이다. 마음의 이러한 태도가 발견되고 직접적이고 명확한 용어로 표현되는 곳이라면 칼뱅주의는 어디든지 존재한다. 이러한 지성과 마음의 태도가 아주 조금이라도 멀어지게 된다면 그 지점에서 칼뱅주의는 불가능해진다.

칼뱅주의는 구원론적인 측면에서 볼 때 우리의 영혼이 구원을 얻기 위해 우리가 하나님의 값없는 은혜에 전적으로 의존해야 함을 인식하고 표현하고 옹호하는 것이다. 그와 관련한 (원죄에 관한 교리, 좀 더 명쾌하게 말하자면 전적 타락에 관한 교리와 선에 대한 전적 무능력에 관한 교리, 그리고 선택에 관한 교리, 좀 더 비판을 받는 말로 표현하면 예정과 유기에 관한 교리 등) 소위 난제들도 그저 이 사실을 의미할 뿐이다. 칼뱅주의는 하나님의 값없는 은혜를 아무렇게나 대하지 않는다. 칼뱅주의는 구원에 관한 모든 영광을 하나님께, 오직 하나님께만 돌리는 것에 초점을 맞춘다. 칼뱅주의자 말고도 이와 동일한 위대한 고백을 기꺼이 하는 사람들이 있다는 것에는 의심의 여지가 없다. 하지만 그들은 그 고백을 조건부로 하거나, 본성과 은혜를 혼동하는 빈약한 이론으로 아주 힘들게 그 고백을 한다. 그들은 여기저기에 논리적인 함정을 남겨둔다. 논리적 함정과 다른 평범한 함정 사이에는 차이점이 있다. 여행자들은 단지 평범한 웅덩이에 빠질 뿐이다. 하지만 단순한 사람은 그 단순한 지성으로 인해 논리적 함정에 빠질 수밖에 없다. 칼뱅주의는 논리적 함정의 여지를 남기지도 않고 어떤 조건을 내걸지도 않는다. 칼뱅주의는 사실을 설명하기 위한 이론과 관련되지 않는다. 칼뱅주의는 마음을 다해 감사함으로 구원과 구원의 전 과정이 하나님께, 오직 하나님께 있다고 고백한다. 칼뱅주의는 구원을 완성시키는 분이 하나님, 오직 하나님이라고 고백한다. 이 장엄한 고백에서 조금이라도 벗어나면 칼뱅주의로부터 벗어난다. 하나님의 구원 과정에 (그것이 은혜에 저항할 수 있는 힘이나 은혜를 더하는 능력을 말하는 것이든, 은혜를 수용하기 위해 영혼을 일깨우거나 이미 받은 은혜를 사용하는 것이든) 인간의 공로나 행위, 성향, 능력을 기초나 원인, 근거로 집어넣는다면 칼뱅주의와 결별하는 셈이다.

칼뱅주의는 모든 구원을 소유하신 하나님의 값없는 은혜에만 영혼을 맡긴다. 그리고 칼뱅주의는 그러한 특성을 지니기 때문에 칼뱅주의가 왜 어떤 시대에는 번영하고 왜 우리 시대에는 침체를 경험하는지 조사할 필요가 거의 없어 보인다. 칼뱅주의는 이 땅에서 사라지지 않는다. 그것은 죄 인식이 죄인 된 인간의 마음에서 사라지지 않는 것과 같다. 그것은 하나님 인식이 하나님께 의존하는 피조물의 지성에서 사라지지 않는 것과 같다. 그것은 하나님이 하늘에서 사라지지 않는 것과 같다. 칼뱅주의의 번영은 유신론과 경건, 개신교의 번영에 묶여 있다. 왜냐하면 칼뱅주의는 유신론과 경건, 개신교가 순전하게 이해되고 표현된 것이기 때문이다. 그것들이 순전하게 이해되고 표현 되는 것은 어렵다. 일반적으로 그 순전함을 얻기가 어렵지만 그것을 완벽하게 유지하는 일은 훨씬 더 어렵다. 그렇다면 이것들은 어떻게 순전하고 정확하게 유지될 수 있을까? 이 세상에 나타났다 사라지는 사상의 흐름을 생각해보라. 그것들은 우리가 사건의 결과나 사물의 발생에서 나타나는 하나님의 손길을 이해하는 일을 둔하게 하거나 흐리게 한다. 나는 무신론적 자연주의나 유물론적 진화론, 범신론적 진화론처럼 하나님 인식을 완전히 없애는 일을 말하는 것이 아니다. 인간이 오만하다는 사실을 생각해보라. 자신의 자유를 높이고, 자신의 힘을 자랑하고, 다른 사람의 뜻에 지배 받기를 거부하는 일을 생각해보라. 죄인이 자신의 본성을 근본적으로 선하다고 생각하고 자신에게 정당하게 요구되는 것을 모두 행할 수 있다고 생각하는 뿌리 깊은 자만을 보라.

그런데 우리가 이 세상에서, 특히 이 시대에 다음과 같은 것을 입증하는 것이 이상한가? 곧 우리가 하나님의 결정적인 손길을 수용하고 그분에 대한 절대 의존을 인식하고 우리 자신을 죄로부터 구원하기 위해 우리가 최소한의 것도 할 수 없음을 확신하는 일을 활발하게 유지하는 것뿐만 아니라 생생하고 지배적인 상태로 유지하는 것도 어렵다는 것을 입증하는 것을 말이다. 그리고 이런 모든 것은 다음과 같은 것을 나타내기에 충분하지 않은가? 곧 칼뱅주의가 오늘날 이 세상에서 겪는 모든 어려움을 설명하고, 우리가 모든 일에서 하나님이 다스리시는 손길을 완전하게 인식하는 것을 지속하기가 어렵고 우리가 더 높은 힘에 의존한다는 우리의 인식을 강하게 유지하기가 어렵고 죄와 무가치함, 무능함을 깊이 느끼는 것을 보존하기가 어렵고, 본성의 능력에 반하여 성공과 물질적인 번영이라는 자긍심으로 가득한 죄의 새롭게 인식된 힘을 인정하는 물질적인 시대를 나타내는 것 말이다. 만일 칼뱅주의의 침체가 사실이라면, 그것은 다음과 같은 것을 의미하는 것은 아닐까? 곧 우리 시대에 물질적인 업적이 증가하는 가운데 하나님에 대한 통찰이 흐려지고, 경건한 정서가 어느 정도는 더 이상 우리의 삶에서 결정적인 요인이 되지 못하고, 자신의 능력으로 자신이 원하는 모든 것을 해결하려는 데 익숙한 사람들과 자신이 왜 폭풍에 휩쓸려 하늘로 올라가지 않는지에 대한 이유를 알려는 것을 포기한 사람들에게는 구원을 얻기 위해 하나님께 전적으로 의지하는 복음적 태도가 익숙하지 않다는 것을 말이다.

어떤 사람들에게 이러한 추측은 분명하지는 않아도 일반적인 사실처럼 보일 것이다. 하지만 나에게 이러한 추측은 오늘날 칼뱅주의가 겪을지도 모르는 침체가 어떠한 성격의 것인지를 전체적이고도 바르게 설명해 주는 것 같다. 일원론적 진화론이든 다원론적 실용주의든 오늘날 철학에서 유신론은 그 권리를 보장받지 못하고 있다. 물질적인 삶의 활동이 활발하게 이루어질 때 경건한 삶은 그 순전함을 주장할 수 있는 기회를 거의 지니지 못한다. 개인의 능력과 가치를 끊임없이 주장하는 곳에서 개신교는 너무도 쉽게 뒤안길로 밀려난다. 이러한 상황 속에서 칼뱅주의가 어떻게 융성할 수 있을까?

물론 우리는 칼뱅주의의 침체에 관하여 좀 더 자세한 설명으로 나아갈 수도 있다. 하지만 좀 더 자세하게 설명하려 할 때 우리는 그저 전체적인 상황에서 특정 측면들을 꼬집어내는 것 말고 무엇을 더 할 수 있을까? 실제로 이 특정 측면들 중에서 하나를 꼬집어냄으로써 전체적인 상황을 분명하고도 핵심적으로 보여줄 수 있다. 그러므로 이 특정 측면들 중에서 한 가지를 잠시 살펴보는 것은 가치가 있다.

그렇다면 우리가 경건에 있어 일관된 초자연주의라는 이름으로 칼뱅주의를 말해보자. 칼뱅주의의 핵심 사실은 하나님에 관한 통찰이다. 칼뱅주의를 결정하는 원리는 하나님 영광을 위한 열정이며, 우리가 삶의 모든 활동 영역에서 하나님의 권리를 그분께 돌려드리도록 한다. 칼뱅주의는 하나님의 권리에서 시작해서 이것에 집중하고 이것으로 끝난다. 즉 우리가 칼뱅주의란 유신론이 그 권리를 보장받은 것이라고 말할 때, 이것은 이 세상에서 일어나는 모든 일이 하나님이 목적하시는 바의 직접적인 결과에 기인한 것을 의미한다. 즉 칼뱅주의는 그 개념의 정점에 경건을 두는 것이라고 말할 때, 우리는 우리가 하나님 안에서 살고 하나님 안에서 활동하고 하나님 안에서 존재함을 의식한다. 즉 우리가 순전한 형태의 칼뱅주의가 개신교라고 말할 때, 우리는 우리 자신을 하나님의 은혜로운 자비에 전적으로 내어놓는다. 칼뱅주의자가 세상이라는 거울을 응시할 때 그 세상이 자연의 세상이든 사건의 세상이든 그의 관심은 (학문 연구가 매우 분주하게 대상으로 삼고 있는 정교한 구성인) 거울 그 자체에 있지 않고, 그 거울에 반영된 하나님의 얼굴에 있다. 칼뱅주의자는 경건한 삶에 대하여 숙고할 때 (종교심리학이라는 새로운 학문의 숭배자들이 아무 소득 없이 몰두하는) 영혼에 밀려드는 감정들의 심리적인 본성이나 관계에 관심을 두지 않는다. 도리어 그는 그 감정들이 나오는 신적 기원과 그 감정들이 목표로 하는 신적 대상에 더 큰 관심을 지닌다. 칼뱅주의자는 영혼의 상태를 숙고하고 영혼이 죽음과 죄로부터 구원받을 가능성을 숙고한다. 이때 그는 영혼이 하나님의 은혜로 말미암아 하나님의 은혜에 가까워질 수 있는 반응들을 의식하지 못하는 것이 아니다. 그는 그 반응들보다는 하나님의 은혜에 전념하여 그가 선과 하나님께로 회복되는 모든 과정에서 하나님의 은혜의 전능한 사역을 바라본다.

한 마디로 말하자면 칼뱅주의자는 하나님을 바라보는 사람이다. 그는 말로 형언할 수 없는 통찰에 사로잡힌 사람이다. 그는 자신의 눈이 자연 속의 하나님과 역사 속의 하나님, 은혜의 하나님에게서 멀어지는 것을 한 순간도 허용하지 않을 것이다. 그는 모든 곳에서 하나님의 전능하신 발걸음을 발견하고, 하나님의 전능하신 팔이 일하는 것을 느끼고, 하나님의 심장이 고동치는 것을 느낀다. 그러므로 칼뱅주의자는 사유의 세계에서 초자연주의자다. 그에게는 이 세계도 초자연적인 산물이다. 초자연적이라는 것은 하나님이 시간 이전이라는 먼 과거 어느 곳에서 이 세계를 만드셨다는 정도의 의미가 아니다. 도리어 그것은 하나님이 지금도 모든 사건 속에서 이 세계를 만들어 가시는 중이라는 의미다. 칼뱅주의자는 모든 일어나는 변화에서 하나님의 손길을 볼 수 있다. 모든 일어나는 일에는 하나님의 "증대하는 한 가지 목적이 진행"되기 때문이다. 인간 스스로도 하나님의 영광을 위해 창조된 하나님의 소유물이다. 인간의 궁극적인 존재 목적은 자신의 창조자를 영화롭게 하고 그분을 영원히 즐거워하는 것이다. 그리고 구원은 모든 단계와 과정에 있어서 하나님이 주도하시는 것이다. 구원은 하나부터 열까지 초자연적인 사역이다. 구원은 하나님의 사랑 안에서 고안되었고, 하나님의 독생자는 이 죄악 된 세상에서 초자연적인 삶과 죽음을 통해 구원을 이루셨고, 하나님의 성령은 동정녀 잉태나 죽음에서의 부활과 같은 연속된 초자연적 행위로 구원을 적용하신다. 따라서 칼뱅주의자에게 있어서 교회는 첫 번째 창조와 마찬가지로 하나님의 직접적인 창조물이다. 칼뱅주의자의 모든 생각과 감정과 삶은 이 초자연주의에 담겨 있다. 이것이 없다면 칼뱅주의도 있을 수 없다. 칼뱅주의란 바로 이것이기 때문이다.

지금 우리가 살고 있는 시대는 결코 초자연주의적이지 않다. 이 시대는 초자연주의에 대해 명백하게 적대적이다. 이 시대의 가장 뚜렷한 특징은 생각과 감정에 깊이 박혀 있고 넓게 퍼져 있는 이성주의다. 우리는 근대 자연주의의 기원을 안다. 우리는 그 역사를 추적할 수 있다. 하지만 더 중요한 것은 우리가 그 영향에서 벗어날 수 없다는 사실이다. 근대 자연주의가 17세기 후반에 시작되면서 새로운 시대가 열렸다. 그 시대의 사람들은 자신의 권리에는 몰두하면서도 하나님의 권리에 대해서는 거의 생각하지 않았다. 근대 자연주의는 좀 더 전개되는 과정에서 몇 가지 열매를 낳았다. 영국의 이신론과 프랑스의 백과전서파, 독일의 계몽주의가 그것이다. 그리고 근대 자연주의는 오늘날 우리 시대에 신(新)개신교사상을 사칭하여 새로운 씨앗을 뿌리고 있다. 근대 자연주의는 루터와 그의 모든 열정적인 방법을 거부하고, 그 영적 유산의 기원을 찾기 위해 에라스무스의 종교 평등주의로 눈을 돌린다. 근대 자연주의는 모든 유형의 사상과 삶의 모든 행동양식에 침투했다. 근대 자연주의는 (모든 "있음"을 "되어감"으로 소거시키는) 자연주의적 철학과 (우주에게서 설계라는 개념을 없애려는 데 한마음으로 집착하는) 자연주의적 과학, (그 첫 번째 열매는 프랑스 혁명이었지만 그 마지막 열매는 무신론적 사회주의가 될 법한) 자연주의적 정치, (인간의 인격성을 위한 자리를 사건의 원인들 사이에서 거의 찾지 못하는) 자연주의적 역사, (하나님이 있는지, 만일 있다면 그 하나님은 인격적인지, 만일 인격적이라면 인간에 관심을 가질 수 있고 가지려고 하는 하나님을 생각하는 것이 방해가 된다면 하나님에게 '손떼!'라고 말하는) 자연주의적 종교를 우리에게 주었다.

우리는 복음의 사역자로서 우리의 소명을 수행하는 가운데 근대 사상의 이 자연주의 때문에 큰 방해를 겪어왔다. 우리가 은혜의 메시지를 전달한 사람들 중에서 얼마나 많은 사람들이 자연주의적 선입견에 사로잡혀 있을까? 우리의 지인들 중에서 이 세계가 발전하는 요인으로 하나님을 상정하는 사람이 과연 몇이나 될까? 우리는 역사 속에서의 사건 진행이 "자연적인" 과정에 의한 것이라는 말을 얼마나 자주 듣곤 하는가? 심지어 구원 역사에 관해서도 그렇다. 그래서 심지어 우리 자신의 신학이라는 영역에서조차 새로운 성경이 우리에게 주어졌다. 그것이 우리에게 단순히 주어진 것이 아니라, 합리적인 사람만이 유일하게 받아들일 수 있는 성경으로 우리에게 강제로 떠안겨졌다. 그 성경은 자연적인 발전이라는 원리에 따라 재구성된 새로운 성경이었다. 하나의 성경을 이루는 각각의 책들은 그것들의 "자연적인" 순서를 찾고 그 책이 기록으로 보존하는 종교의 "자연적인" 발전 과정을 찾으려는 압도적인 충동에 따라 갈기갈기 찢겨서 재배열되었다. 자연주의란 선입견에 사로잡힌 사람들은 성경에서 멈추지 않았다. 그들은 동일한 자연주의 노선에 따라서 우리의 구원자조차도 재구성했다. 한 세기 반이라는 시간에 걸쳐—헤르만 라이마루스[2]로부터 윌리엄 브레데[3]에 이르기까지—학문이 크게 발전했던 시대의 모든 해결책은 "자연인" 예수[4]를 제시하려는 작업에 크게 집중했다. 여기에서

---

2. Herman Reimarus, 1694-1768. 라이마루스는 18세기 독일 계몽기의 대표적 개신교 신학자로 유명하다. 그는 강력한 이신론을 바탕으로 유물론자나 무신론자와 싸웠다. 그는 개신교 신학자이면서도 이신론자였기 때문에 성경에 기록된 기적적인 요소들을 모두 부정했다. 따라서 그는 성경에 기록된 예수보다는 팔레스타인 지역에 실재했던 나사렛 예수에 대한 중요성을 강조했고, 결국 18세기 후반 "역사적 예수" 운동을 시작한 장본인이 되었다-역주.

3. William Wrede, 1859-1906. 브레데는 독일 루터교의 신학자다. 그는 마가복음에 담긴 "메시아적 비밀"을 연구한 것으로 유명하다. 그에 따르면 예수는 자신을 메시아로 내세우신 적이 없지만 초기 교회가 예수를 메시아로 믿었다. 그래서 마가는 이 두 사실 사이의 긴장을 해결하기 위해서 내부의 지지자들에게만 주어진 메시아 비밀 모티브를 채택했다. 결론적으로 브레데 역시 성경에 기록된 초자연적 요소를 거부했다-역주.

4. 우리가 "역사적 예수"로 알고 있는 운동을 말한다. 17-18세기 유럽의 합리주의와 계몽주의의 영향으로 나타난 운동이다. 이 운동은 성경이나 신조 등에 의해서 "선포된" 교리적 예수보다는 실제로 팔레스타인 땅에 거주했던 "역사적" 예수를 주목하고자 했다. 시간이 지나면서 알버트 슈바이처와 루돌프 불트만은 역사적 예수 연구가 사실상 불가능하고 의미 없다고 결론지었다. 슈바이처는 자신의 저서 『라이마루스에서 브레데까지』(*Von Reimarus zu Wrede*, 1913)에서

왜 구약과 신약의 기적들에 대해 말하는가? 그들이 진정 의문을 품었던 것은 구약과 신약이라는 유일한 기적이다. 왜 예수의 동정녀 탄생과 부활을 논하는가? 그들이 그 시대의 평범한 한 사람 정도로 (혹은 아마도 그 당시 다른 갈릴리 백성들과는 다르게 비일상적인 생생한 종교적 체험 정도로) 축소시키려 했던 분은 오늘날 우리 시대의 자연주의적 착란이 공격하는 예수다. 그 작업은 극단적으로 진행되었고, 그 시대가 끝나갈 무렵 우리 앞에 실제로 주어진 선택은 존재하지 않았던 예수가 아니면 편집증 환자까지는 아니더라도 광적인 예수 둘 중의 하나였다.

이렇게 초자연주의를 반대하는 분위기 속에서 사람들이 순전한 초자연주의를 말하는 칼뱅주의적 고백을 발견하기가 어렵다. 즉 하나님이 하늘과 땅을 다스리시고, 우리는 그분 안에서 살고 움직이고 존재하고, 우리가 아니라 하나님이 우리 안에 선한 것을 향해 나아가도록 하는 욕구를 창조하시고, 하나님이 우리를 죄에서 건지시고 우리의 무능력한 영혼을 구원으로 데려가신다는 확신이 흔들린다. 이러한 현상이 이상한가? 또한 사람들이 수많은 사람이 밟고 지나가서 잘 닦인 넓은 길로 여행하는 것이 이상한가? 칼뱅주의자의 문은 좁아서 그것을 발견하는 사람들이 매우 적고, 칼뱅주의자의 길은 너무나 고생길이어서 그곳으로 가는 사람들이 매우 적다는 것이 이상한가?

하지만 우리는 이 부분에서 분명하게 해두자. 칼뱅주의는 바로 기독교다. 칼뱅주의가 지지하는 초자연주의는 바로 기독교의 숨결이다. 기독교는 초자연주의 없이 존재하지 않는다. 우리는 우리가 초자연주의의 어떤 측면을 받아들일 것인지(예를 들어 기독교의 기원으로서의 초자연주의를 견지하는 것으로서) 취사선택하거나, 또는 칼뱅주의와 보다 직접적으로 관련된

역사적 예수를 연구하려고 했던 자유주의 신학자들의 시도는 그들이 가지고 있던 생각을 예수에게 투영한 것과 지나지 않는다고 말했다- 역주.

기독교적 적용으로서의 초자연주의를 배제할 수 있는 것처럼 착각해서는 안된다. 사람들은 종교가 이 세상에서 실제로 작용하는 것이 자연스러운 데도 초자연적인 장관과 외형을 띠고 이 세상에 도입되어야 할 필요성이 있다고는 믿지 않을 것이다. 이러한 초자연적인 것들은 함께 유지되거나 함께 무너진다.

초자연적 구속자는 자연적 구원을 위해 필요한 분이 아니다. 만일 우리가 할 수 있다면 우리 자신을 구원하자. 우리가 우리 자신을 구원할 수 있다면, 하나님이 우리를 구원하시기 위해서 그분의 영광의 구름을 나부끼며 이 땅에 내려오셔야만 한다는 것은 지극히 이상한 일이다. 소키누스파 신학의 논리에 의하면 우리에게는 인간 그리스도와 자력 구원의 종교가 있다. 오늘날도 동일한 논리가 작용한다. 그리고 이 세상의 마지막 날까지 그러할 것이다. 우리는 진정한 초자연적 구원과 관련해서만 진정한 초자연적 구속과 진정한 초자연적 구속자를 필요로 하거나 믿을 수 있다. 그리고 이 사실은 칼뱅주의가 오늘날의 논쟁에서 차지하고 있는 위치와, 칼뱅주의가 미래를 위해 기독교를 보존하려는 섬김의 모습을 우리에게 보여준다. 오직 칼뱅주의자만이 일관된 초자연주의자다. 그리고 오직 일관된 초자연주의자만이 세상을 위해서 초자연적인 종교를 보호할 수 있다.

하나님은 초자연적 사실이며, 기적은 초자연적 활동이다. 하나님의 계시된 뜻이 초자연적 사역이다. 하나님이신 그리스도의 신적 행위가 초자연적 구속이며, 하나님이신 성령의 신적 사역이 초자연적 구원이다. 이 모든 것이 하나의 체계를 이룬다. 우리가 이 중 하나를 빼내면 다른 것을 흔들어 놓는 결과를 낳는다. 칼뱅주의가 특히 강조하는 것은 구원에 있어서 우리 영혼 안에서 일어나는 성령 하나님의 직접적인 사역으로서의 초자연주의다. 즉 우리는 그 효력을 통해서 구속자 그리스도 안에서 새로운 피조물이 되고 하나님 아버지의 자녀들이 된다. 오직 구원에 관한 초자연주의를 전심으로 믿는 사람만이 우리를 향해 마치 승리라도 한 듯이 의기양양해하는 반초자연주의적인 세계관의 공격을 만났을 때 치명적인 상처를 입지 않는다. 할 수 있는 한 그것을 우리 자신으로부터 감추어라. 여기서 성의가 없는 모든 도식들과 낯 뜨거운 구성들의 길에 반대해서 거짓들을 물리쳐라. 유니온 신학교 조직신학 교수 헨리 보인튼 스미스(Henry Boynton Smith, 1815-1877)가 강력하게 선포했던 것은 바로 이런 의미에서였다. "한 가지는 분명하다. 불신앙은 철저한 기독교 정통주의를 제외하고 모든 것을 파괴할 것이다.…싸움은 완고하고도 철저한 정통주의와 완고하고도 철저한 불신앙 사이에서 일어날 것이다. 예를 들어 그 싸움은 아우구스티누스와 콩트 사이에서, 아타나시우스와 헤겔 사이에서, 루터와 쇼펜하우어 사이에서, 스튜어트 밀과 장 칼뱅 사이에서 일어날 것이다." 이 증언은 사실이다.

우리는 우리 생각의 일부를 초자연적인 것으로 채우면서 그것의 본질을 자연적인 것으로 채울 수는 없다. 우리는 역사의 오래된 사실들에 관해서는 초자연적인 태도를 취하면서도 정작 우리가 경험하는 사건들에 관해서는 자연적인 태도를 취할 수는 없다. 우리는 이천 년 전 팔레스타인 땅에서 발생했던 일들에 관해서는 초자연적인 태도를 취하면서 정작 오늘날 우리의 마음속에서 일어나는 일들에 관해 자연적인 태도를 취할 수는 없다. 기독교 초자연주의는 어떤 형태든지 초자연적인 구원과 함께 가지 않고는 우리의 삶과 생각에서 궁극적인 것으로 유지될 수 없다. 그리고 구원에 관해 일관되는 초자연주의는 칼뱅주의의 다른 이름일 뿐이다.

따라서 칼뱅주의가 바로 이 땅의 소망이다.

워필드 신학 시리즈 01

칼뱅
하나님·성경·삼위일체 교리 해설

Copyright ⓒ 새물결플러스 2015

1쇄발행_ 2015년 4월 15일
2쇄발행_ 2015년 8월 14일

지은이_ 벤자민 B. 워필드
옮긴이_ 이경직·김상엽
펴낸이_ 김요한
펴낸곳_ 새물결플러스
편   집_ 왕희광·정인철·최율리·박규준·노재현·최정호·최경환·한바울·유진·권지성
디자인_ 이혜린·서린나·송미현
마케팅_ 이승용
총   무_ 김명화·최혜영
영   상_ 최정호

홈페이지 www.hwpbooks.com
이메일 hwpbooks@hwpbooks.com
출판등록 2008년 8월 21일 제2008-24호
주소 (우) 158-718 서울특별시 양천구 목동동로 233-1(목동) 현대드림타워 1401호
전화 02) 2652-3161
팩스 02) 2652-3191

ISBN 979-11-86409-04-6 04230
        979-11-86409-03-9 04230(세트)

책값은 뒤표지에 있습니다.

이 도서의 국립중앙도서관 출판시도서목록(CIP)은 서지정보유통지원시스템 홈페이지
(http://seoji.nl.go.kr)와 국가자료공동목록시스템(http://www.nl.go.kr/kolisnet)에서
이용하실 수 있습니다(CIP제어번호: CIP2015009677).